D0828961

LANCELOT
OU
LE CHEVALIER DE LA CHARRETTE

La littérature du Moyen Âge
dans la même collection

CHRÉTIEN DE TROYES

LANCELOT
OU
LE CHEVALIER
DE LA CHARRETTE

Traduction, introduction et notes
par
Jean-Claude AUBAILLY

GF-Flammarion

INTRODUCTION

Le Chevalier de la Charrette :
un roman lourd de sens multiples

De l'aveu même de Chrétien de Troyes, *Le Chevalier de la Charrette* aurait été écrit sur l'ordre de sa protectrice, la comtesse Marie de Champagne, qui lui aurait fourni la *matière* (les éléments du récit) et le *san* (le sens à transmettre) du roman, lui-même se contentant, en bon artisan, d'assurer la mise en forme de ces matériaux. Or la comtesse Marie, fille d'Aliénor d'Aquitaine qui était elle-même la petite-fille du prince troubadour Guillaume IX, fut l'élément moteur du rayonnement intellectuel et littéraire de la Cour de Troyes qui, avec la Cour de Poitiers où se retira Aliénor après sa séparation d'Henri II d'Angleterre, furent des centres de diffusion de la matière arthurienne et de l'éthique courtoise. D'ailleurs la comtesse Marie avait elle-même coutume de présider à Troyes des *cours d'amour* au cours desquels elle rendait des jugements sur des points de casuistique amoureuse qui tendaient à transformer en doctrine l'esprit de la *fin'amor* dont son poète d'arrière-grand-père fut le promoteur.

De ce fait, on peut donc penser que *Le Chevalier de la Charrette* est **d'abord** — avec et après *Tristan et Yseult* — une bible romanesque de la pensée courtoise qui, partant de l' « éthique de la sexualité [1] » forgée par les trouba-

1. Cf. Emmanuelle Baumgartner, *Histoire de la littérature française, Moyen Age, 1050-1486*, Bordas, Paris, 1987, p. 86 : « [les troubadours] ont forgé une éthique de la sexualité. Ils ont affirmé [et peut-être cru]

dours du Midi, fait de l'amour « ce par quoi le monde
advient à ce modèle idéal de civilisation que le XIIᵉ siècle a
nommé *courtoisie*[2] », qui, en un mot, transforme un art
d'aimer en art de vivre.

Mais quels étaient donc, à la fin du XIIᵉ siècle, les
formes et les contenus de cette éthique courtoise qui
tendait à ériger en principe l'idée que la femme était le
pivot nécessaire et essentiel du fonctionnement de la
société ? Et comment même s'en était opérée la conceptua-
lisation ? Pour Jean Markale, « à partir du XIᵉ siècle, l'élite
intellectuelle de l'Europe, débarrassée de ses terreurs
millénaristes, commence à se demander si l'amour est un
simple jeu, une simple copulation destinée à perpétuer
l'espèce, ou si cela n'est pas un moyen de parvenir à la
transcendance, un moyen de dépasser l'humain vers le
divin. C'est alors que la femme, qui jusqu'à présent, et en
partie à cause des Pères de l'Église, avait été l'objet de
mépris et de méfiance, surgit de l'ombre où elle avait été
maintenue... [Mais] on s'entoure de multiples précautions. Le peuple chrétien n'a pas oublié que nos lointains
ancêtres honoraient une déesse-mère... Qu'à cela ne
tienne : la Vierge Marie (« qui a enfanté miraculeusement
un Enfant-Dieu, lui-même projection fantasmatique de
l'être humain à la recherche de sa transcendance[3] »)
recouvrira ce personnage sulfureux et présentera de celui-
ci une image épurée, pour ne pas dire expurgée. Des
sanctuaires sont bâtis pour *Notre-Dame,* la Mère de tous
les chrétiens, celle par qui l'on doit obligatoirement passer
pour atteindre Dieu... Si l'on enlève l'aspect amoureux,
l'aspect sexuel, elle n'est plus que la Mère. Que devient

---

que le désir charnel mais maîtrisé, discipliné dans et par le cadre
courtois, pouvait devenir une valeur [et non simplement une fonction],
que les pulsions érotiques, pour l'homme qui prend le risque de s'y
soumettre pour les mieux dominer, pouvaient être la source vive d'un
melhurar, d'une amélioration de l'être ».

2. *Ibid.*, p. 115.

3. Jean Markale, *L'Amour courtois ou le couple infernal*, Imago, Paris,
1987, p. 18.

donc l'amante dans tout cela (la Prostituée sacrée du temple d'Ishtar, la déesse des commencements qui initiait son prêtre-amant dans une union mystico-sexuelle qui était un véritable hiérogame)? Elle est refoulée du culte, de la dévotion. Mais elle rôde dans l'inconscient... Les contes populaires de la tradition orale en garderont le souvenir sous l'aspect de la fée... (qui) est une « Dame », c'est-à-dire une *Domina*, « maîtresse », féminin de *Dominus*, « seigneur ». On voit le parallélisme entre le couple Dieu-Marie et le couple seigneur-dame. Mais comme la dame des légendes... s'incarne le plus souvent en la personne de l'épouse du seigneur... elle s'individualise, ou plutôt sert de prisme cristallisant les désirs de chacun : elle n'est plus *Notre-Dame* elle devient *ma dame*.

C'est alors qu'intervient *l'amant*. Pour qu'il y ait *ma dame*, il faut qu'il y ait un sujet contemplant. Dans l'optique courtoise ce sera le chevalier, modèle masculin de l'époque... Attiré par la beauté, réelle ou symbolique de la dame, le chevalier... va tenter de l'approcher. Or la meilleure façon de l'approcher et de s'en faire remarquer est d'accomplir des prouesses guerrières... Ainsi s'instaure un jeu subtil entre la dame et l'amant, jeu raffiné qui n'est en définitive pas autre chose qu'une liturgie analogue à celle qui est célébrée dans les églises en l'honneur de la *Théotokos*. L'amant va devenir le prêtre d'une nouvelle religion qui ne dit pas son nom, mais qui se développe parallèlement à celle qui voit Notre-Dame trôner sur les autels... Ainsi naît le « service d'amour ». Il est à base de renoncement, de sacrifice, de loyauté, de charme, de prières, et surtout de gestes significatifs qui se transcendent dans ce que l'on appelle la *prouesse*...

Cette alliance de l'amour... avec l'action guerrière elle-même, permettant d'atteindre la prouesse dans un dépassement de soi-même, voilà l'idée neuve qui fait son chemin à partir du XIᵉ siècle... pour parvenir à une exaltation forcenée et parfois exagérée d'un rapport inédit entre l'homme et la femme. Certes, il ne s'agit pas de n'importe quel rapport, pas plus qu'il ne s'agit de

n'importe quel homme et de n'importe quelle femme. La
femme est idéalisée, transcendée, divinisée ; c'est une
femme de rang élevé, elle ne peut être moins que la femme
du seigneur. Quant à l'homme, ce n'est jamais le mari :
celui-ci serait l'égal de son épouse, et le jeu serait vain.
L'homme est nécessairement *plus bas* dans l'échelle
sociale... mais il possède une *potentialité d'être*. Et grâce à
la femme »[4] « qui va (le) conduire à transgresser les
interdits sociaux, moraux et même sexuels, afin de
parvenir à un état d'exaltation grâce auquel tout est
possible[5] », « dont il va adorer l'image et qu'il va *servir*
jusqu'à l'extrême limite de ses possibilités, il accomplira
donc des prouesses qui le feront aimer... et (il) pourra, si
toutes les conditions sont remplies, recevoir la récompense qu'il mérite. Mais, ce faisant, il va lui-même
franchir des stades d'évolution, il va en quelque sorte
subir une rigoureuse initiation qui le conduira à un rang
supérieur auquel il n'aurait pas eu accès sans la motivation
provoquée par la femme. Son " service d'amour ", même
dirigé de façon immorale vers la femme de son seigneur,
va engendrer une action bénéfique sur la société à laquelle
il appartient. Et c'est la société tout entière qui bénéficiera
en dernière analyse de ce curieux amour adultère[6] ».

Que l'on nous pardonne cette longue citation mais elle
fait mieux comprendre ce qu'illustre au premier chef dans
le contexte de l'époque la quête de ce héros d'exception
qu'est Lancelot dont l'abnégation et le dévouement à sa
dame sont tels que, pour elle, il accepte par deux fois la
honte (en montant dans la charrette d'infamie et en
acceptant de paraître lâche au tournoi de Noauz) et des
épreuves qui l'atteignent cruellement dans sa chair (en
traversant le Pont-de-l'épée), qui, associant la fureur
guerrière à la passion la plus extrême et la plus exclusive et
puisant sa force hors de lui dans la pensée ou la

---

4. Jean Markale, *op. cit.*, p. 28.
5. *Ibid.*, p. 29.
6. *Ibid.*, p. 28.

contemplation extatiques de l'élue de son cœur, accomplit, sans jamais dévier de sa route et dans le respect le plus scrupuleux du code courtois érigé en Loi, des prouesses qui lui permettent en même temps d'accéder au bonheur ineffable d'une union adultère mystique avec sa *dame*, la reine Guenièvre, et de libérer les sujets d'Arthur captifs au royaume de Gorre. Et, ajoutons-le, modèle proposé à la chevalerie d'alors, Lancelot accède de surcroît à un stade supérieur dans la perfection chevaleresque en éliminant son double noir, Méléagant, image de la chevalerie d'antan.

Mais *Le Chevalier de la Charrette* fait plus qu'illustrer l'éthique courtoise : il la défend en présentant sa justification sociale, ce que ne faisaient pas les *Tristan* de Béroul et de Thomas plus subversifs et inquiétants que convaincants et réconfortants pour la société médiévale. Et, à cet égard, comme l'a justement montré Jean-Charles Payen [7], Lancelot apparaît comme un *anti-Tristan*. L'éthique des *Tristan* présentait des aspects provocateurs : son idéologie était contraire à la morale religieuse du temps mais surtout aux yeux de la société aristocratique les droits des amants ne pouvaient prévaloir ceux du mari et du prince et même le héros, Tristan, lorsque l'effet de philtre ne se fait plus sentir sur lui (et il y aurait beaucoup à dire sur ce philtre qui fait de l'amour la conséquence d'un acte de sorcellerie !) pense que l'on ne peut être à la fois bon chevalier et bon amant. En fait « le *Tristan* de Béroul expose la faillite d'un amour de type courtois lorsqu'il se trouve confronté à la réalité féodale [8] » car la relation dame-ami isole l'individu de la société au lieu de l'inciter à accomplir ses devoirs de caste. C'est tout cela que tente de rectifier *Le Chevalier de la Charrette* en montrant que le même adultère peut s'épanouir au service d'autrui, que la quête

---

7. Jean-Charles Payen, *Lancelot contre Tristan : la conjuration d'un mythe subversif*, Mélanges offerts à Pierre Le Gentil, S.E.D.E.S., Paris, 1973, p. 617.
8. *Ibid.*, p. 621.

de l'amour est indissociable de la quête chevaleresque et que l'amour réputé coupable du parfait amant, mérité par la prouesse, se valorise et devient l'élément moteur d'une générosité déployée dans l'action. Avec Lancelot apparaît un nouveau type de *fin'amant* qui instaure une nouvelle éthique de l'amour *chevaleresque* qui reste cependant conforme par l'esprit à la *fin'amor* méridionale.

Si *Le Chevalier de la Charrette* est **d'abord** une « défense et illustration » de l'éthique courtoise, il est **aussi**, et cela n'a rien d'étonnant compte tenu du milieu culturel dans lequel il a été élaboré, un conte dont les multiples significations voilées débordent largement la prise de position apologétique dans un contexte social déterminé. Cela est dû au fait que Chrétien, l'habile artisan, n'a fait que calquer la quête courtoise de la dame — en donnant à chaque événement une résonance particulière conforme en tous points à la *fin'amor* — sur un schéma mythologique traditionnel : celui de la princesse ou de la reine enlevée par un personnage monstrueux ou diabolique ou par un dragon et qu'un jeune homme de basse condition sociale mais audacieux doit délivrer acquérant du même coup gloire, honneur et pouvoir. « Au deuxième degré, le mythe est cosmique : la femme-soleil est prisonnière de la nuit et seul, l'homme-lune, par le fait qu'il reçoit encore les rayons du soleil (son lien affectif et sexuel avec la reine), est capable de maintenir la lumière et de faire surgir à nouveau le soleil. Cela ne va pas évidemment sans turbulences, qui sont autant d'épreuves et d'aventures, mais qui correspondent aux éléments d'un rituel par lequel l'équilibre entre l'ombre et la lumière est maintenu. Car selon la logique du mythe, l'action humaine est nécessaire pour que l'univers tourne normalement[9]. » C'est ce même mythe qui apparaît transformé dans la tradition celtique que Chrétien connaissait parfaitement et qu'il a vraisemblablement utilisée : « la reine, symbole de

---

9. Jean Markale, *Lancelot et la chevalerie arthurienne*, Imago, Paris, 1985, p. 46.

la souveraineté et de la collectivité, est enlevée par un dieu de l'Autre-Monde, en l'occurrence Méléagant (que les textes gallois nomment Maelwas), et, au nom du roi — et de la collectivité — un héros va entreprendre de périlleuses aventures — également empruntées à la mythologie celtique — pour délivrer et ramener la reine [10] ».

Pour Jean Markale, « Lancelot n'est pas une création littéraire de Chrétien de Troyes et le mérite de celui-ci est seulement de l'avoir propulsé sur le devant de la scène, à sa place authentique. Aucun des héros arthuriens n'est d'ailleurs une création littéraire : le mythe transparaît derrière les visages des chevaliers courtois à la mode du XIIᵉ siècle. Arthur, *l'ours*, est une divinité indo-européenne de la deuxième fonction, la fonction royale et guerrière dont il est le symbole. Merlin l'enchanteur est une divinité de la première fonction, fonction sacerdotale par excellence, et sans l'appui de laquelle le roi ne peut agir : Merlin est le *druide* qui inspire et complète l'action du *roi* Arthur dans une société très nettement de structure celtique. Dans cette société, le roi ne peut pas prendre la parole avant le druide. De plus le roi *règne*, mais ne *gouverne* pas, et la légitimité de son pouvoir est représentée par la *reine*, symbole de la souveraineté. L'adultère de Guenièvre et de Lancelot s'inscrit dans la ligne politico-mythologique des sociétés de type celtique : la Souveraineté, incarnée par la Femme, se donne à celui qui est le plus qualifié pour la survie et l'expansion du groupe social dont elle est à la fois la mère, l'amante et la déesse. Lancelot du Lac ne s'explique que par référence à cette problématique celtique du pouvoir, même si, dans les textes " courtois ", il est présenté comme le symbole de l'amant parfait tel que l'ont rêvé les Cours d'Amour d'Aliénor d'Aquitaine et des grandes Dames de l'époque [11]. » Lancelot présente d'ailleurs de multiples traits qui le rapprochent du dieu panceltique Lug, du héros de

---

10. Jean Markale, *L'Amour courtois ou le couple infernal*, p. 126.
11. Jean Markale, *Lancelot et la chevalerie arthurienne*, p. 10-11.

l'épopée de l'Ulster, Cûchulainn et même de Batraz, héros
de l'épopée des Nartes, descendants des Scythes d'Asie
centrale : il est l'image même du *champion* telle que nous
l'a léguée un seul et même mythe commun à la tradition
indo-européenne primitive et sa quête, même modifiée
par la nécessité du respect de l'éthique courtoise, reste
conforme au modèle celtique qui est une recherche de la
Féminité à travers toutes les femmes, car Guenièvre n'est
pas autre chose que la cristallisation de *toutes* ses pulsions[12], ce que C.G. Jung subsume sous le concept
d'*Anima*. Car dans la pensée celtique, comme dans les
mythes antérieurs, l'initiation vient de la Femme[13],
divinité solaire dont les rayons peuvent faire vivre ou
mourir[14], Femme Divine, Grande Déesse mère et
amante, incarnée ici par Guenièvre[15]. Et Lancelot « est
son prêtre-amant, son unique prêtre. S'il avait le malheur
de faillir à sa mission, la femme-soleil se retirerait dans
l'ombre. Alors le monde, c'est-à-dire la société arthurienne serait plongé dans de profondes ténèbres... Guenièvre apparaît donc comme l'image la plus concrète et la
plus compréhensible du mythe de la Femme divine au
rayonnement solaire. Si Arthur est le pivot de la société
idéale, Guenièvre représente la totalité de cette société.
Par conséquent, l'amour soi-disant adultère de Guenièvre
et de Lancelot n'est qu'un contrat passé entre cette société
et un chevalier, un *champion*, qui est chargé de la défendre
et d'en accroître la puissance. Plus que jamais, Guenièvre
est la Reine du jeu d'Echecs, toute puissante, conscience

12. C'est elle qui apparaît sous les différentes figures de femmes que
rencontre Lancelot.
13. C'est ce que traduit la mythologie celtique en liant initiation
sexuelle et initiation guerrière.
14. On retrouve là le thème indo-européen primitif du dieu-foudre
qui tire sa puissance d'amour et de destruction d'une seule et même
source, le soleil, en l'occurrence la femme-soleil. Cf. Jean Markale,
Lancelot et la chevalerie arthurienne, p. 144.
15. Guenièvre est la seconde face de la fée Viviane, la Dame du Lac,
la mère devenue amante.

de la collectivité et son plus lumineux symbole. Et Lancelot est le cavalier fou d'amour qui lance ses tentatives les plus audacieuses pour célébrer les liturgies secrètes — et ambiguës — qui sont dues à la Déesse du Jour[16]. »

Mais cette quête de la Femme qui conduit Lancelot à la plénitude après avoir fait de lui — comme son sosie Cûchulainn — le meilleur chevalier, traduit aussi — et c'est un des sens du mythe — une nostalgie du retour à l'Unité primordiale. Pour lui, selon la belle formule de Jean Markale, le « mariage *des sens* » est aussi un « mariage *d'essence*[17] » ; son union avec Guenièvre reconstitue « la fameuse *dyade*, le couple sacré, l'androgyne mythique que certains pensent avoir été à l'origine de la vie[18] ». Et c'est seulement cette *dyade* primitive qui peut construire un monde nouveau.

L'éthique courtoise ne fait donc que ré-orienter le mythe, le réactualiser pour la société du XIIe siècle mais sans en modifier véritablement le sens profond ; le substrat religieux primitif païen subsiste sous le vernis courtois et transfère sur la Dame l'image de la déesse des commencements. Et en cela on comprend mieux que l'amour courtois puisse apparaître comme « une véritable religion dont les éléments mystiques se trouvent rehaussés et même exagérés par l'aspect profane et même érotique qu'elle revêt[19] ».

Ces aspects symboliques et mystiques indéniables de la quête de Lancelot, « chevalier modèle d'une société féodale chrétienne[20] » ont conduit de nombreux critiques comme Roger Sherman Loomis, Reto R. Bezzola, Süheyla Bayrav, Heinrich Zimmer et d'autres, qui tous s'accordent à reconnaître au héros « un caractère messia-

---

16. Jean Markale, *Lancelot et la chevalerie arthurienne*, p. 150-151.
17. Jean Markale, *L'Amour courtois ou le couple infernal*, p. 60.
18. *Ibid.*, p. 82.
19. *Ibid.*, p. 41.
20. Jean Markale, *Lancelot et la chevalerie arthurienne*, p. 13.

nique, christique même[21] », à proposer de rechercher
dans l'œuvre de Chrétien une finalité et une signification
profonde plus en rapport avec le sentiment religieux du
temps. Pour Jacques Ribard, sous le sens conjoncturel
apparent de la fiction « court un fleuve caché, porteur non
pas tant de mythes celtiques... que d'une doctrine religieuse chrétienne, qui, à l'esprit averti des lecteurs de ce
temps, ne pouvait manquer d'apparaître ici et là... et
conférait à un récit, en apparence profane, une profon-
deur et une cohérence d'une singulière richesse de
signification... *Le Chevalier de la Charrette* est vraiment
une allégorie du Salut. Lancelot y est le Sauveur engagé
dans la quête salvatrice[22] ». « Le roman s'ouvre sur la
cour d'Artus et se referme sur elle. C'est la Genèse et la
Parousie. Le Mal, Méléagant, s'est introduit dans le
monde et avec lui la Mort — la séparation de l'âme-
Guenièvre et du corps-Artus. A la fin des temps le Mal
sera vaincu, comme la Mort et Guenièvre rendue à Artus,
car ce sera la résurrection des corps retrouvant leur âme et
l'accès à un monde de bonheur, hors du temps, le paradis
céleste, dont le terrestre n'était que l'imparfaite image...
Comme nous sommes loin, en vérité, de ce prétendu
roman de l'adultère, puisque le rôle de Lancelot est
justement de rendre Guenièvre à Artus, reconstituant
ainsi dans son intégrité le " composé humain " — au sens
thomiste de ce terme — brutalement dissocié par l'intru-
sion du Mal, par ce " péché originel ", qui, aux origines
du roman, a brusquement tout vicié — ce péché originel
qui n'est peut-être que le statut même de créature, double
et donc fragile, cette " fêlure " de l'être que seul Dieu
pourra définitivement ressouder. Et, précisément, entre
la Genèse et la Parousie, c'est toute l'histoire du Salut qui
nous est contée, cette longue quête de l'âme exilée —
thème de l'enlèvement de Guenièvre —, des âmes exilées

21. Jacques Ribard, *Le Chevalier de la Charrette, Essai d'interprétation
symbolique*, Nizet, Paris, 1972, p. 15.
22. *Ibid.*, p. 173.

— thème des captifs au pays de Gorre —, et ce sera
l'œuvre d'un messie, porteur de sa Croix : le Chevalier de
la Charrette[23]. »

Composé en une époque de mutations politiques et
idéologiques pour une société qui cherche son âme et
oscille entre des tendances divergentes et parfois contra-
dictoires, *Le Chevalier de la Charrette*, résultat d'une
« délicate opération d'alchimie socio-intellectuelle », pour
reprendre le mot de Jean Markale, est sans doute *à la fois*
une illustration de l'éthique courtoise, une réactualisation
des vieux mythes celtiques païens et une fiction qui se
donne à lire comme une interprétation allégorique de la
doctrine religieuse chrétienne. Mais, peut-être plus que
cette véritable polysémie, ce qui attire et fascine en lui
c'est l'exceptionnelle et rigoureuse rigueur de sa composition selon une progression spiralée[24], à l'image même de
la vie, avec ses rappels et ses effets d'écho, progression qui
est une véritable dialectique et le donne à lire, de manière
intemporelle — mais le temps joue-t-il quand l'homme se
pose le problème de sa nature, de son existence et du
divin ? — comme l'un des grands romans **initiatiques** de
tous les temps.

Comme tous les romans initiatiques, *Le Chevalier de la
Charrette* est d'abord le récit d'une **quête** : le *sujet*
(Lancelot), héros présenté au destinataire du roman
comme un modèle de comportement doit délivrer l'*objet*
(Guenièvre), image symbolique de la Féminité — ou,
pour C. G. Jung, projection de l'*Anima* — des griffes de
l'*opposant* (Méléagant), personnification du Mal et de
l'*Ombre* — le double noir du héros lui-même — pour
redonner vie à la collectivité (libérer les captifs) et, ce
faisant, atteindre un stade supérieur de la Connaissance[25].

---

23. *Ibid.*, p. 159-160.

24. Et l'on pourrait ajouter, avec Pierre Gallais (*Dialectique du récit
médiéval*, Rodopi, Amsterdam, 1982), à l'intérieur de l'*hexagone logique*.

25. Ce qui revient à illustrer cette idée clairement exprimée par
C. G. Jung que la survie d'une société en voie de pétrification passe par

Pour parvenir à son but, le héros, tel un *chaman*, doit passer par une série d'épreuves soigneusement graduées — qui sont autant d'étapes de son *processus d'individuation* — qui le conduisent du monde d'ici-bas, royaume du conscient (Royaume de Logres) vers l'Autre-Monde, le monde de l'inconscient (Royaume de Gorre[26]) d'où il reviendra enrichi — initié — pour réintégrer le monde du conscient qu'il contribuera ainsi à revivifier[27].

Le récit même de la quête, illustré par le cheminement « géographique » du héros est solidement structuré. Il s'ouvre sur l'énoncé du problème posé à la collectivité : la perte de la Féminité (l'enlèvement de Guenièvre) tombée dans le domaine du Mal inaugure pour elle une crise qui peut la conduire à la pétrification et dont, seul, un héros exceptionnel peut la sortir. De fait, un champion anonyme, venu de nulle part (Lancelot), surgit, pour venir à son secours ; il signale son statut d'être unique en se soumettant à deux épreuves qualifiantes (la charrette et le lit périlleux) qui révèlent son aptitude à franchir les limites du monde conscient d'ici-bas puis — si l'on admet que, comme dans tout récit merveilleux médiéval, la « géographie » symbolique de la quête est déterminée par le franchissement de frontières aquatiques —, après avoir franchi de haute lutte, et comme en état d'hypnose, un symbolique gué interdit, il entre dans une zone intermédiaire, celle d'un monde subconscient, dans laquelle il doit déjouer les pièges qui lui sont tendus, se montrer apte à lire au-delà de la Mort (la tombe marbrine) et trouver le

---

le rétablissement des liens avec les sources régénératrices de l'inconscient, rétablissement qui passe par l'extraction de la gangue de l'*Ombre* qui la voile, de l'*Anima*, guide et médiatrice vers la réalisation du *Soi*, condition de l'équilibre et de la Sagesse. Ce qui est le sens profond de l'éthique courtoise.

26. Le royaume de Verre sur la signification duquel la critique est unanime.

27. Si l'on s'arrête là où Chrétien lui-même s'est arrêté d'écrire, le héros, comme ceux des *lais* merveilleux qui fleurissent à la même époque ou comme le Gauvain du *Perceval*, reste prisonnier de l'Autre-Monde, le royaume de l'inconscient.

passage étroit (le passage des pierres) qui lui permettra de
progresser, pour enfin franchir la limite aquatique (le
Pont-de-l'épée) du monde de l'inconscient dans lequel il
délivre la Féminité et réalise avec elle le *hiérogame* [28] avant
de réintégrer — difficilement ainsi qu'en témoignent ses
va-et-vient entre les deux mondes : de sa prison au
tournoi de Noauz, du tournoi de Noauz à l'enfermement
dans la tour et de la tour à la cour d'Arthur — le monde
du conscient, le monde d'ici-bas auquel il ramène la
Féminité perdue (le couple Arthur-Guenièvre est recons-
titué au royaume de Logres) et duquel il élimine définitivement le Mal (mort de Méléagant).

   Le caractère initiatique de ce récit est d'autant mieux
souligné qu'il suit une construction spiralée dont la
progression s'appuie sur des effets de répétition, d'alternance et de reprise en écho qui guident le lecteur et
l'incitent à ne pas se satisfaire du sens immédiat de la
fiction. Essayons d'en dégager les grandes lignes. La
progression d'abord : en dehors même du déplacement
spatial symbolique du héros, elle est rendue de diverses
manières. Dans la première partie, qui conduit le héros
jusqu'au Pont-de-l'épée, l'écoulement temporel est marqué par l'alternance des aventures diurnes et nocturnes
auxquelles il est confronté, aventures provoquées par
deux groupes d'adjuvants et/ou d'opposants qui, globale-
ment, se succèdent en se correspondant pourtant presque
terme à terme, les femmes d'abord, principales instiga-
trices des épreuves nocturnes ou orientatrices de la quête
(la demoiselle du château au lit périlleux ; la demoiselle du
carrefour ; la demoiselle entreprenante et la demoiselle qui
réclame la tête du chevalier) et les hommes ensuite,
confinés dans les rôles d'opposants lors des aventures
diurnes (le chevalier du gué, le prétendant orgueilleux, le
défenseur du passage des pierres, le chevalier qui essaie

---

28. Il intègre l'*Anima* réalisant ainsi le Un primordial — cette totalité
qui est le *Soi* — image de la fusion équilibrée du conscient et de
l'inconscient.

d'attirer Lancelot dans un piège, le chevalier provocateur), comme si la quête onirique, inconsciente, de la
Féminité poussait le héros à s'opposer à la Masculinité,
cette part de lui-même qui l'inhibe. Car la demoiselle du
carrefour envoie Lancelot se confronter au chevalier du
gué et, par voie de conséquence, au défenseur du passage
des pierres et l'on pourrait même avancer qu'elle se
dédouble en son aspect négatif sous les traits du chevalier
qui veut attirer le héros dans le piège d'un château fermé.
La demoiselle entreprenante le contraint à la défendre de
son prétendant orgueilleux et la demoiselle du château au
lit périlleux joue le même rôle fonctionnel que le chevalier
provocateur vers lequel elle a implicitement envoyé notre
héros, ouvrant et fermant ainsi la première phase de ses
aventures. Ajoutons que toutes les figures féminines ne
sont que des représentations sous une seule facette de la
Féminité incarnée par Guenièvre, facettes qui s'ajoutent
pour guider le héros dans sa tâche initiatique : se débarrasser de l'*Ombre* incarnée par Méléagant dont chaque
chevalier opposant représente une facette. A cet égard la
fonction de la dernière figure féminine qui apparaît dans
la première partie, celle dont Godefroi de Leigni — le
continuateur du roman — fera abusivement la sœur de
Méléagant, est significative : elle demande la tête du
chevalier provocateur. Mais le sentiment de la progression
du héros dans sa quête est aussi rendu par la nature des
étapes qu'il franchit : de la *charrette*, symbole de l'exclu-
sion de la collectivité qui représente le conscient, il passe
au *lit périlleux* symbole bivalent de naissance et de mort,
pour aboutir à la *tombe marbrine*, symbole de la vie d'après
la mort, de l'inconscient ; il franchit le *gué défendu* qu'une
troupe peut traverser de front, puis le *passage des pierres*
que l'on ne peut emprunter qu'un par un, et enfin le *Pont-
de-l'épée* dont l'accès est réservé à un seul élu ; enfin, dans
la perception du but de sa quête, il passe d'une vision
floue et somme toute onirique de celle qui représente la
Féminité, Guenièvre — image entrevue dans les brumes
du matin après l'épreuve du lit périlleux — à la décou-

verte de son peigne et de cette partie symbolique d'elle-même que sont ses cheveux, pour aboutir à la rencontre de son enveloppe charnelle et à la fusion : le complexe se constelle peu à peu au fur et à mesure que se précise sa projection.

Mais, nous l'avons dit, à l'image du déroulement même de la vie — et du *processus d'individuation* —, cette progression se déroule selon une spirale qui implique des retours à des états et des situations identiques bien que placés à un niveau différent — car rien ne peut se reproduire de manière parfaitement identique —, retours qui se traduisent par d'apparentes répétitions d'états ou de situations qui s'évoquent, s'annoncent ou se rappellent en écho. Lancelot va d'extase en extase (après l'épreuve du lit périlleux, au moment de traverser le gué, lorsqu'il trouve le peigne, lorsqu'il combat Méléagant et lorsque enfin il se noie en Guenièvre), d'hésitation en hésitation (au moment de monter dans la charrette, à la porte de la chambre de son hôtesse entreprenante, lorsqu'une demoiselle lui demande la tête du chevalier provocateur) et de dépit contre lui-même en dépit contre lui-même de tant tarder à vaincre ses adversaires (lorsqu'il se bat contre le défenseur du gué, le chevalier provocateur et Méléagant). Par *deux* fois il se laisse entraîner par un nain (le conducteur de la charrette et celui qui le fait tomber dans le piège tendu par Méléagant) et il lui faut *trois* combats pour venir à bout de Méléagant. Sa route, parsemée de *tours*, symbole ascensionnel, le conduit du *lit périlleux* au *lit* de Guenièvre en passant par le *lit* — refusé — de la demoiselle entreprenante. Il est confronté à des situations ou placé dans des conditions qui s'évoquent et se renvoient l'une à l'autre par analogie[29] ou par opposition — signes qu'il ne donne pas l'impression de percevoir — mais qui, malgré leur identité structurelle, laissent entrevoir une progression dans son initiation : dans l'épisode

---

29. En dehors du fait que toute aventure est *toujours* déclenchée par une femme.

du Pré-aux-jeux, Lancelot est placé, face au trio relation-
nel que forment la pucelle entreprenante, son prétendant
orgueilleux et le père de celui-ci, le vieux roi chenu, dans
une situation qui préfigure celle où il se trouvera, au
royaume de Gorre face au trio formé par Guenièvre,
Méléagant et le roi Baudemagu à ceci près qu'il ne s'y sent
pas impliqué de la même manière [30]. Parfois l'analogie est
plus difficile à déceler parce que bien que patente, elle se
situe uniquement sur le plan fonctionnel : c'est ainsi que
l'on peut rapprocher l'épisode de la charrette et celui du
viol simulé de la pucelle entreprenante, le lit périlleux du
lit de Guenièvre, la chute de la lance enflammée de
l'ouverture de la tombe marbrine... le *gué* ajoute ses
caractéristiques au *passage des pierres* pour préfigurer le
Pont-de-l'épée. Souvent aussi une situation en rappelle une
autre en présentant son contraire : une demoiselle
demande la grâce du défenseur du gué, une autre la tête
du chevalier provocateur ; au château du lit périlleux
Lancelot contemple Guenièvre du haut d'une tour, au
pays de Gorre il est au bas de la tour et lève les yeux vers
elle [31] ; la nuit qu'il passe avec Guenièvre est exactement
l'inverse de celle que la pucelle entreprenante avait tenté
de lui faire passer avec elle et cela explique que son
comportement au tournoi de Noauz efface son hésitation à
monter dans la charrette : l'*éros* triomphateur a chez lui
définitivement équilibré un *logos* jadis dominateur.

Le Chevalier de la Charrette apparaît donc au terme
d'une lecture attentive aux rappels mémoriels — mode
d'approche de l'œuvre qui était celui du Moyen Age —
comme un roman minutieusement construit, savamment
orchestré où rien n'est laissé au hasard pour guider le
lecteur d'alors et de toujours vers le fil d'une signification
profonde sous-jacente au sens immédiat ou conjoncturel

---

30. C'est peut-être là son tort mais cela montre sa progression.
31. Dans le premier cas on peut penser que Lancelot, dominé par la
pulsion sexuelle biologique voit la femme dans la reine ; dans le second
cas, passé au stade de la sublimation, c'est la Femme, l'*Anima*, qu'il voit
en elle.

de la fiction et pour l'inciter à reprendre et à approfondir une réflexion guidée sur le problème fondamental du devenir de l'homme et de la collectivité. C'est cette signification profonde qui s'ajoute aux autres, tel un *nouveau cercle concentrique*, que nous voudrions, pour finir, tenter de dégager en reprenant une analyse plus détaillée des grandes étapes de la quête initiatique de Lancelot.

Le roman s'ouvre, nous l'avons dit, sur l'enlèvement de la reine Guenièvre : en plein milieu du festin de l'Ascension, un chevalier en armes vient, tel une divinité noire, provoquer un roi Arthur sans réaction en l'accusant d'être incapable de délivrer ses sujets que lui-même retient en captivité et en le mettant au défi de faire une tentative dont Guenièvre serait l'enjeu ; Keu contraint Arthur à accepter qu'il relève le défi mais il échoue et le chevalier noir emmène la reine. Pour Jean Markale, Guenièvre est la personnification de la lumière et de la souveraineté et son enlèvement prive le royaume d'Arthur de toute légitimité, de toute vie réelle et le roi lui-même n'est plus capable de régner. C'est là une interprétation qui s'appuie sur la mythologie celtique. Mais ne peut-on aller plus loin ? Que représente chacun des protagonistes du drame ? Le roi d'abord. Il incarne un principe divin dont dépend entièrement le bien-être psychique et physique du pays, de la collectivité. Autrement dit, il est le symbole manifesté et donc temporel de l'archétype du *Soi* — image de la totalité équilibrée de la psyché individuelle et collective — une représentation centrale devenue dominante du conscient collectif qui sous-tend toutes les doctrines politiques et religieuses d'une collectivité donnée. Or tout rituel ou dogme devenu conscient a tendance à s'épuiser au bout d'un certain temps car son impact émotif original s'émousse ; tout symbole qui a pris forme dans la conscience perd ses qualités numineuses et sa valeur culturelle : le roi solitaire des contes de fées est bien souvent un roi malade. C'est la raison pour laquelle les contenus représentés par l'image symbolique du roi sont préservés d'une usure trop rapide lorsqu'à l'image du roi se substitue celle du couple royal qui, à l'image du hiérogame mythique, réalise l'union des opposés et dans lequel la reine[32] représente les émotions, sentiments et attachements irrationnels qui accompagnent les contenus du conscient collectif les maintenant ainsi en contact avec les sources vitales de l'inconscient collectif et préservant leur numinosité. Si donc la reine représente la tonalité de sentiment d'une société nécessaire à son équilibre psychique, son « enlèvement », qui laisse le roi seul, traduit l'évolution de la société vers une attitude collective dominante dans laquelle le principe d'*éros* — de la relation à l'inconscient, à l'irrationnel, à la féminité — s'est perdu et dans laquelle le conscient collectif tend à se pétrifier ce qui conduit cette société à l'inertie[33] : c'est ce que traduit dans le roman l'inertie d'Arthur[34] — qui répond à son provocateur qu'il lui faut bien supporter son impuissance s'il ne peut y porter remède (v. 61-62) — et celle de ses sujets qui bien qu'éplorés par l'enlèvement de la reine, ne se risquent pas à se lancer à la poursuite du ravisseur (v. 222-223). La situation initiale du roman évoque donc l'entrée de la collectivité dans une crise liée à la perte de la Féminité — problème que soulèvent aussi à leur manière la mythologie celtique et la pensée courtoise — c'est-à-dire de la relation aux sources vitales de l'inconscient. Et la cause lointaine de cette crise est exprimée par la nature même du ravisseur — dont on apprendra plus tard qu'il se nomme Méléagant — qui, dans cette scène d'exposition, symbolise le Mal, l'*Ombre* collective, c'est-à-dire la mentalité patriarcale de la société chevaleresque primitive[35].

32. Figuration de l'antique Déesse-Mère des origines.

33. Cf. Marie-Louise von Franz, *La Voie de l'individuation dans les contes de fées*, La Fontaine de Pierre, Paris, 1978 et C. G. Jung, *Mysterium conjunctionis*, Albin Michel, Paris, 1982, pp. 15-156.

34. On pourrait dire ici « l'impuissance » d'Arthur, identique à celle du Roi-pêcheur du château du Graal et comme elle cause possible de la ruine et de la dévastation du pays.

35. Son comportement le prouvera par la suite : uniquement préoccupé de prouesse guerrière, il place la femme au rang d'objet soumis à ses désirs.

Or toute société qui est en crise fait appel pour se sauver à un homme providentiel, à la fois héros et bouc émissaire, qu'elle charge de montrer la voie en devenant un modèle de comportement. C'est ici Gauvain, mythique parangon des vertus chevaleresques, qui s'arroge cette tâche. Mais, pur produit de cette société conduite à l'inertie parce que régie par un conscient collectif devenu simple automatisme, Gauvain est *nécessairement* voué à l'échec de par ses origines. Il *faut* que le héros sauveur *vienne d'ailleurs* et Gauvain ne pourra que l'accompagner en spectateur. C'est effectivement ce qui se produit : surgit un chevalier venu *de nulle part*, tel cette pulsion [36] qui, souvent au point culminant de la crise, émane de l'inconscient pour pousser à la réalisation du *Soi* et faire (re)trouver l'équilibre perdu. Dès lors c'est implicitement à ce héros sauveur que va être dévolue la fonction de modèle de comportement. Mais encore faut-il qu'il subisse des épreuves qualifiantes et ce en compagnie de Gauvain afin de mieux s'en différencier. Ce sera le rôle des épisodes de la *charrette* et du *lit périlleux*.

Gauvain rejoint donc Lancelot au moment où ce dernier s'apprête, après sa fameuse hésitation de deux pas, à sauter dans la charrette d'infamie (cf. vv. 321-344) conduite par le nain auquel il avait demandé s'il avait vu passer la reine. Outre l'explication courtoise — un peu plaquée — qu'en donne le texte lui-même en soulignant la victoire d'Amour sur Raison et celle de Charles Méla, qui y voit de la part de Lancelot un choix volontaire de la honte pour s'ouvrir l'accès « à l'impossible de sa jouissance », quelles sont donc les significations multiples et essentielles de cet épisode ? La charrette, comme le souligne Charles Méla, est le symbole de la négation de la Loi, « de tout ce qui fonde la société médiévale, la foi jurée, le code des armes, le bien d'autrui [37] », et du même coup, elle devient le

---

36. D'ailleurs, pendant longtemps on ignorera le *nom* de ce chevalier venu d'ailleurs : il n'est au début qu'une force pulsionnelle qui ne sera nommée qu'à partir du moment où elle aura été orientée positivement.

37. Charles Méla, *La Reine et le Graal*, Seuil, Paris, 1984, p. 262.

symbole de ce sur quoi s'appuie le conscient collectif de la
société chevaleresque en crise. En y montant, Lancelot se
met hors la Loi, de l'autre côté de ce qui garantit le monde
humain, au-delà du bien et du mal [38] : il choisit la voie de
l'inconscient [39]. Il s'abandonne au bon vouloir du nain qui
personnifie les manifestations incontrôlées de l'inconscient et la logique de son mystère. Dès lors on comprend
sa brève mais inévitable hésitation ainsi que le fait que
Gauvain refuse de l'imiter [40]. Premier test positif donc
pour Lancelot qui n'a eu, et lui seul, qu'une très brève
hésitation avant de renoncer à sa *persona* — à la considération attachée à son statut social de chevalier — pour
monter dans la charrette qui, selon la tradition védique,
est le véhicule d'une âme en expérience. Ce faisant
d'ailleurs il s'élève à un stade que n'atteindra pas Gauvain
car, si l'on se réfère à la symbolique du Tarot qui présente
dans le Chariot l'Amoureux de la sixième lame vieilli mais
couronné d'or, il unifie ainsi ses tendances contraires par
effet de sa volonté et s'engage dans la voie de l'unité
propice à tout homme qui a résolu ses conflits. Et cela
d'autant plus que, comme le remarque Charles Méla, dès
son entrée en scène — sa question au nain conducteur de
la charrette le prouve — Lancelot sait ce qu'il cherche et il
n'a rien à apprendre sur lui. Pourtant l'essentiel de sa
raison d'être, celle qui fait de lui un modèle de comportement destiné à mettre la collectivité sur la voie du salut,
demeure « car s'il est contraint de chercher dans une terre
inconnue Celle qui vit au plus intime de son être, une

---

38. Si la charrette symbolise aussi la mort, Lancelot entre dans la
« Vie d'après la Mort » : il choisit la voie de la révélation initiatique.

39. Au niveau individuel c'est un choix volontaire pour la voie de
l'introversion qui ouvre le processus d'individuation car respecter
l'interdit social de la charrette c'est rester sur la voie de l'extraversion.

40. Il ne le peut pas car, représentant du conscient collectif de la
société chevaleresque patriarcale, il est dominé par le *logos* ce que traduit
sa réponse qui fait passer à l'arrière-plan la finalité de sa quête dont il ne
perçoit pas le sens profond au profit de la seule considération de sa
persona : un chevalier ne peut troquer un cheval contre une charrette !

question, inhérente au seul fait de la quête, subsiste donc, mais sans réponse cette fois : non plus « qui suis-je ? » mais « que veut-Elle ? » et « qui est-Elle[41] ? » Questions auxquelles son long cheminement sur la voie de l'introversion et de l'individuation qu'il vient de choisir en montant sur la charrette, lui apportera — à lui et à la collectivité — des réponses. Mais ce premier test probatoire n'est pas suffisant pour prouver que Lancelot possède en lui toutes les qualités qui le désignent comme le héros élu car s'il a choisi la voie de l'inconscient, aura-t-il la force nécessaire pour la parcourir jusqu'au bout ? Ce sera l'objet de la seconde épreuve qualifiante, celle du *lit périlleux*, de le déterminer.

A la différence de la précédente, cette épreuve est une épreuve *nocturne ;* elle est imposée par une *femme* et s'effectue sous le signe de la *trinité*[42]. Lancelot y transgressera un nouvel *interdit* en s'allongeant sur le *lit* défendu mais il sortira vainqueur de l'épreuve de la *lance enflammée*. Le caractère nocturne de l'épreuve en signale la nature onirique : conformément à son rôle de figure psychopompe, le nain a conduit Lancelot au seuil de l'inconscient et il y entre maintenant, impression qui est corroborée par l'apparition des trois demoiselles dont la description évoque le trio des Parques ou des fées des récits merveilleux. D'ailleurs à partir de là, comme le remarque Charles Méla, chaque aventure de Lancelot est marquée par des figures de femmes derrière lesquelles se profile la fée Morgain et « chaque jeu de figures fait miroiter une vérité de ce que le chevalier inconnu est allé chercher auprès d'une femme[43] métamorphosée par son passage en Féerie[44] ». La demoiselle du château au lit périlleux est déjà une première projection de son *anima*,

41. Charles Méla, *op. cit.,* p. 258.
42. 3 hommes [le nain, Gauvain et Lancelot], 3 femmes [la demoiselle et ses deux suivantes], 3 lits.
43. Guenièvre ou Gwenhwyvar, le « Blanc Fantôme ».
44. Charles Méla, *op. cit.,* p. 265.

objet de la quête dans laquelle il s'est lancé : en lui proposant une épreuve que le conscient juge funeste — et que de ce fait il range au nombre des interdits — elle le guide vers un état supérieur ; c'est en fait une épreuve de *souveraineté* à laquelle elle le convie. La richesse du lit en témoigne. Mais il y a plus : ce lit est le *troisième*. Or le chiffre *trois* nombre fondamental qui exprime un ordre intellectuel et spirituel, en Dieu, dans le cosmos ou dans l'homme, est le chiffre du héros — qui franchit souvent trois épreuves —, le chiffre du rite, le chiffre qui, dans les récits des visionnaires, est lié à la réalisation d'un fait de caractère magique et psychique, le chiffre enfin qui désigne le troisième niveau de la vie humaine, le niveau spirituel ou divin. Quant au lit lui-même symbole bivalent de vie et de mort, centre sacré des mystères de la vie, il évoque la régénérescence dans le sommeil et l'amour [45] et en cela il préfigure l'autre lit auquel sa quête conduira Lancelot : celui de Guenièvre. Correspondance que le héros ne peut encore percevoir, vérité qu'il apprendra à connaître : l'initiation qui se fait dans et par l'amour ouvre l'accès à la Vie d'après la Mort.

Allongé sur le lit, au lieu le plus propice à son initiation, au centre du cosmos figuré comme l'intersection entre l'horizontalité du lit et la verticalité de la chute de la lance, Lancelot va y subir le test qui fera de lui l'élu : au milieu de la nuit, une lance enflammée fond du ciel sur lui... mais ne le blesse que très légèrement. Fantasme onirique hautement signifiant car cette lance dans laquelle Jean Markale voit la lance de Lug [46], symbole de puissance guerrière et de force, est aussi, par son symbolisme axial et sa nature de feu, assimilable au rayon solaire qui figure l'action de l'Essence sur la Substance indifférenciée et d'une certaine manière la pulsion venue de l'inconscient qui ressource et revivifie le *moi*. Mais elle est de surcroît

45. Dans la symbolique chrétienne le lit symbolise aussi le corps, corps de péché restauré par la grâce et purifié.
46. Et qui évoque aussi celle du Graal.

un avertissement adressé à celui qui entame son initiation : son caractère meurtrier signale le danger qui guette ceux qui franchissent les limites de l'inconscient et peuvent en être détruits. En surmontant le danger, Lancelot prouve qu'il est maintenant apte à commencer sa quête, son *processus d'individuation*, qui ouvrira à la collectivité la voie du salut : il a la force, il s'est placé au-delà du bien et du mal, il a choisi la voie introvertie de l'inconscient et il a commencé à en percevoir la vivifiante numinosité.

Mais l'orientation qu'il a choisie, jointe aux efforts qu'il a fournis le font entrer, comme quiconque débute son processus d'individuation, dans un état de crise et d'isolement que Gauvain, qui n'a pas franchi les limites du conscient [47], ne pourra pas comprendre : au matin, alors qu'il se trouve en *haut* de la tour, parvenu au premier stade de la connaissance initiatique [48], il entre dans un état d'asthénie caractéristique au cours duquel il a comme une vision diffuse de l'objet de sa quête. Il entrevoit fugitivement l'image de la Féminité-Guenièvre entraînée et comme recouverte par l'*ombre*-Méléagant. Cette brève vision le fait entrer dans une extase qui le rend étranger à lui-même et au monde qui l'entoure et sa disparition, douloureusement ressentie, lui fait éprouver la tentation du suicide, la tentation d'une entrée sans retour dans l'inconscient. Geste que Gauvain qui n'a rien vu parce qu'il ne *pouvait* rien voir, interprète mal.

Dès cet instant, la distinction entre les deux quêteurs, celui qui émane de la collectivité chevaleresque extravertie et qui, par nature, est voué à l'échec, Gauvain, et celui qui émane de l'*ailleurs de l'inconscient* et qui a choisi la voie de l'introversion, Lancelot, est clairement établie. Leurs routes vont devoir se séparer. Dès la première heure de la journée, ils rencontrent à un *carrefour*, lieu de passage et

---

47. Conformément à son image, il passe son temps en entretien galant avec la demoiselle.
48. La tour est en effet un symbole ascensionnel.

de rencontre avec son destin dont la symbolique est universelle — siège de prédilection de la terrifiante Hécate aux trois visages où l'on dressait aussi, d'après C. G. Jung, la statue d'Hermès, le dieu psychopompe, médiateur entre des univers différents et guide des âmes sur les routes souterraines des Enfers — une sibylline demoiselle [49], nouvelle image, sous une autre facette, de l'*anima* qui oriente leur quête après leur avoir demandé un *don contraignant* qui traduit la nécessité d'un abandon total aux sollicitations de l'*anima* et auquel, seul, Lancelot souscrit en pleine conscience de sa signification [50] : elle leur révèle que l'*ombre*-Méléagant — et l'on apprend là son nom pour la première fois — a entraîné la Féminité-Guenièvre au pays *d'où l'on ne revient pas*, le pays de Gorre, l'Autre-Monde, le monde de l'inconscient et que le seul moyen d'accès à cet Autre-Monde est un pont périlleux, le *Pont-sous-les-eaux* ou le *Pont-de-l'épée*. On ne saurait trouver langage plus clair : la symbolique du pont traduit le caractère initiatique de l'épreuve : il est le passage difficile, la voie étroite et périlleuse où l'on est mis dans l'obligation de choisir, et qu'il est nécessaire de franchir pour se sauver — et l'on songe à la traversée du pont ou *Sirât* qui, dans la tradition de l'Islam, permet d'accéder au Paradis en passant au-dessus de l'Enfer et qui est fin comme un cheveu et tranchant comme un sabre ; il est comme le pont *Chinvat* de la tradition iranienne, un passage entre l'état humain et l'état suprahumain que seul peuvent franchir les justes et les initiés ; il est enfin le symbole du passage difficile et douloureux qui conduit au cœur de l'inconscient là où se cache,

49. Emanation même du *carrefour* dans lequel C. G. Jung voit un symbole de la *mère*, l'union des opposés, symbole ambivalent bénéfique ou maléfique.

50. Cf. vv. 622-634 : Lancelot avec l'obscure conscience que lui a donné sa pénétration dans l'inconscient — les sollicitations d'Amour, dit le texte — s'abandonne entièrement à sa volonté alors que Gauvain, qui se confond avec sa *persona* chevaleresque, ne fait que lui promettre son service.

derrière l'*ombre*, l'*anima* guide et médiatrice vers la
réalisation du *Soi*, là où l'on accède à la Totalité dans
l'union des contraires. On sait dès lors que Gauvain ne
pourra qu'y échouer. L' « aventure » peut désormais se
focaliser sur Lancelot et sur les étapes signifiantes de son
initiation et de son *individuation*.

Solitaire comme quiconque entreprend le long périple
de l'*individuation*, Lancelot s'éloigne sur la voie indiquée
par l'énigmatique pucelle mais il entre dans une nouvelle
crise extatique qui le rend étranger à lui-même et le laisse
l'esprit vide, ouvert aux sollicitations de l'inconscient.
Naviguant dans son monde onirique, il arrive à une
première frontière aquatique symbolique qu'il ne peut
franchir que grâce à sa faculté de retour au conscient
marqué par son réveil, son dépit contre lui-même et son
réinvestissement par la fureur guerrière qui lui permettent
de vaincre le *défenseur du gué*. Victoire qui est un test vers
lequel l'avait dirigé, sans doute[51], la demoiselle du
carrefour qui réclame la grâce du vaincu : une rupture des
liens avec le conscient eût signifié l'irrémédiable enfonce-
ment du héros dans une crise névrotique qui aurait
conduit à la dissolution de sa psyché et rendu impossible
la poursuite de son processus d'individuation qui repose
sur de constants allers-retours, à l'image de la *libido*, entre
le conscient et l'inconscient. Ce test réussi — qui est aussi
dans la signification conjoncturelle du roman un test de
valeur guerrière à caractère social — Lancelot peut
s'enfoncer dans cette zone intermédiaire qui le conduira
au Pont-de-l'épée, zone dans laquelle il rencontrera
d'abord une nouvelle figure féminine — la demoiselle
entreprenante — puis, après l'épreuve initiatique et
qualifiante de la *tombe marbrine*, des figures masculines.

Nouvelle épreuve nocturne comme celle du *lit périlleux*,
et donc liée aux pulsions de l'inconscient, la rencontre
avec la *demoiselle entreprenante* va confronter Lancelot à
une nouvelle figure de l'*anima* d'abord *négative* — mais de

51. Cf. vv. 922-923.

tout mal sort un bien — parce que tentatrice et stimula-
trice de la pulsion sexuelle biologique, mais, à y lire de
plus près, respectueuse de son rôle médiateur et initia-
teur. Charles Méla l'a bien vu lorsqu'il rapproche structurellement cette nouvelle épreuve des deux épreuves
qualifiantes de la *charrette* et du *lit périlleux* : la séquence
débute sur un dialogue avec la demoiselle qui rappelle la
rencontre avec le nain de la charrette ; celle-ci impose à
Lancelot une condition humiliante analogue à celle de
monter dans la charrette : partager sa couche ; elle le
soumet à une épreuve nocturne violente — le viol simulé
— qui rappelle celle de la lance enflammée et la séquence
se termine, comme celle du *lit périlleux* par l'extase : la
vision du peigne de Guenièvre a le même effet que celle du
cortège. La demoiselle entreprenante est une fée (sa
demeure a toutes les caractéristiques d'une demeure
féerique [52]) qui convie Lancelot à un spectacle qui « s'ap-
parente à quelque fantasme qui interpelle le héros pour
qu'il en reconnaisse la vérité [53] ». Mais quelle vérité ? Il est
évident que la situation à laquelle Lancelot est convié en
tant que spectateur, fortement teintée d'érotisme, vise à
lui évoquer celle de Guenièvre et de Méléagant, donc le
but de sa quête. Mais il ne faut pas oublier que Méléagant
— et, par transfert, le violeur de la demoiselle — est son
double noir, son *ombre* : c'est donc, en dernier ressort à
lui-même que Lancelot est confronté ; épreuve capitale
qui doit le conduire d'abord, s'il veut poursuivre sa quête
de l'*anima*, à dominer sa pulsion sexuelle instinctuelle
biologique, la manifestation de l'*ombre*. La scène du viol
est explicite en la matière : la fée-tentatrice y déploie tous
ses efforts pour stimuler en même temps le réflexe
chevaleresque et l'appétit sexuel de Lancelot : elle lui
rappelle que le violeur a pris la place qu'il avait promis
d'occuper. Mais Lancelot reste imperméable au désir et,
malgré une courte hésitation, compensant une promesse

---

52. C'est un lieu clos initiatique vide mais violemment éclairé.
53. Charles Méla, *op. cit.*, p. 281.

trop légèrement consentie par un engagement méritoire, il retrouve sa fureur guerrière pour libérer son hôtesse de ses six assaillants, nombre qui est celui de Vénus-Aphrodite — déesse de l'amour physique —, du péché et de l'épreuve entre le bien et le mal. Il gagne ainsi le droit de s'allonger, insensible comme Tristan, près de sa tentatrice. Comme il avait dominé la lance enflammée, il domine maintenant l'aiguillon de sa pulsion sexuelle instinctive ; ii a atteint un stade supérieur [54] et sa tentatrice peut dès lors se transformer en *anima positive* pour le faire progresser sur la voie de l'*individuation*. Charles Méla avait raison d'écrire : « la scène présentée peut donc ainsi être lue : le héros doit traverser de redoutables épreuves pour arracher la reine à son mortel ennemi, mais il doit encore affirmer une éthique de l'amour du tout opposée à la violence sexuelle [55] ». Cette séquence prépare ainsi celle de la nuit avec Guenièvre en éclairant par avance sa véritable signification.

Au matin la tentatrice, redevenue médiatrice, va poursuivre sa tâche initiatique en orientant Lancelot vers des figurations plus précises des objets de sa quête — Guenièvre à travers le *peigne* et Méléagant à travers l'image du *prétendant orgueilleux* — de son rôle et de sa situation — la *coutume de Logres* — et de ce que sera son épreuve finale — la scène du *Pré-aux-jeux* préfigure celle de l'arrivée au *Pays de Gorre*. Comme le fait remarquer Charles Méla on assiste à un nouveau départ du récit car la situation réciproque des protagonistes de la séquence, la demoiselle, Lancelot et le prétendant, est en tous points comparable à celle du début où Guenièvre, placée sous la protection de Keu est enlevée par Méléagant. Mais nous

---

54. Pourtant ce test semble plutôt destiné à la seule édification du lecteur car bien que ce soit sa première rencontre avec la femme sexuelle, Lancelot s'y montre conforme à ce que l'on attendait de lui dès auparavant et tel que ses épreuves qualifiantes l'avaient laissé supposer être.

55. *Ibid.*, p. 282.

sommes maintenant à un autre niveau : c'est maintenant le héros, modèle de comportement, qui est impliqué et a pris la place du représentant de la société chevaleresque primitive et c'est à lui que l'on confie la tâche symbolique de rendre impossible l'application de la *coutume de Logres* qui représente ici, puisque liée au royaume d'Arthur, un des contenus du conscient collectif de la société chevaleresque primitive, et dont l'effet réel, déguisé par une fausse courtoisie, est de réduire la femme et la Féminité au rang de butin enlevé par les armes. Ce qui oriente doublement le rôle de Lancelot tout en se présentant pour lui comme un nouveau test de sa valeur guerrière qui le contraint de garder la relation au conscient.

Lancelot poursuit donc sa route guidé, sans qu'il s'en rende compte, par la demoiselle-*anima* et, comme après l'épreuve du *lit périlleux*, il entre dans une profonde rêverie qui l'éloigne du conscient... C'est dans cet état qu'il est conduit devant un véritable *mandala* : une source d'eau vive qui jaillit d'une fontaine au milieu de la prairie, symbole de régénération et d'accession à la connaissance des mystères de la vie. Sur le perron de la fontaine se trouve un peigne d'ivoire et d'or dans les dents duquel restent encore quelques cheveux de Guenièvre : la pulsion inconsciente qui émane du *Soi* a conduit Lancelot à opérer une nouvelle projection de son *anima*, but de sa quête. Mais celle-ci est à la fois plus précise — plus concrète — et plus sublimée [56] que celle qu'il avait faite du haut de la tour après l'épreuve du *lit merveilleux* : les cheveux équivalent à la personne mais en sont une représentation distanciée, comme les trois gouttes de sang sur la neige qui évoquent Blanchefleur à Perceval. Lancelot a progressé sur la voie de l'individuation ; il a atteint un stade supérieur dans sa quête, dans sa tentative d'intégration de l'*anima* : c'est ce que traduit le fait qu'il ramasse le

---

56. C'est une progression dans la projection qui commence à distinguer l'objet de l'image projetée et cette progression oriente préfigurativement le sens de l'union avec Guenièvre lors de la fameuse nuit d'amour.

peigne [57] et qu'il s'approprie cette partie de l'*anima* que
sont les cheveux. On comprend mieux que cette révélation, comme la première fois, le conduise à un désir de
plongée irrémédiable dans l'inconscient — qu'illustre son
évanouissement — qui le laisse dans un état extatique :
toute progression se résout en des crises où plane le
danger d'une dissolution de la psyché dans l'inconscient.
De là la double nécessité de l'épisode suivant, celui du
prétendant orgueilleux, qui est une reprise structurelle de la
situation des protagoniste lors de la scène du viol simulé.
Cet épisode contraint d'abord Lancelot à renouer avec le
conscient en témoignant sa valeur chevaleresque mais de
plus il doit contribuer à lui faire prendre conscience, par
une projection plus précise, de l'*ombre* qu'il doit éliminer
en lui : telle est la fonction du *prétendant,* image de la
pulsion sexuelle instinctive — et du chevalier type de la
société patriarcale — qui redouble en l'épurant celle
donnée auparavant par le violeur et préfigure celle qui se
constelle en Méléagant, le double noir de Lancelot, dont il
prend ici structurellement la place. Lancelot est donc en
fait confronté à son *ombre* mais l'affinement de la projection qui en est faite (c'est la *première* fois qu'il *voit*
clairement un *substitut fonctionnel* de Méléagant) montre
qu'il en a commencé le processus d'intégration parallèlement à sa perception sublimée de l'*anima.* En renouvelant
pour Lancelot la situation de départ et en l'y impliquant,
la *demoiselle entreprenante,* qui est une figuration onirique
encore floue de l'*anima*-Guenièvre et qui, comme elle, l'a
appelé à la délivrer — dans une circonstance où l'aspect
symbolique et mystique restait voilé par le sexuel —, a
donc joué son rôle en le guidant vers la sublimation et en
le mettant face à son *ombre.* Elle fait même plus en le
plaçant devant une figuration de l'étape ultime de sa
quête, celle qu'évoque le *Pré-aux-jeux.*

---

57. Dans la symbolique, le peigne ramassé — moyen de communica-
tion avec les puissances surnaturelles dans la mythologie japonaise — est
susceptible de modifier l'individualité de qui le trouve.

Le *Pré-aux-jeux*, projection préfigurative du *Pays de Gorre*, l'Autre-Monde de l'inconscient, est caractérisé par la danse ininterrompue de ceux qui l'habitent, danse qui, sans avoir les caractères de la danse macabre, symbolise la libération des limites matérielles ; il est un monde de l'au-delà onirique, une sorte de Paradis ou plutôt de Purgatoire, de Limbes, qui, cependant conserve encore des liens avec le conscient puisque la coutume de la charrette y est connue et respectée : les danses s'arrêtent en signe de réprobation lorsque arrive le « chevalier de la charrette ». C'est dans ce monde intermédiaire donc entre le conscient et l'inconscient que Lancelot est confronté pour la première fois à une image de *Père* en la personne du vieux roi qui essaie de préserver la *demoiselle entreprenante* du désir possessif de celui qui se révèle être son fils, le *prétendant orgueilleux*. Et en cela il préfigure le roi Baudemagu — lui-même substitut agissant, dans l'Autre-Monde de l'inconscient, du roi Arthur dont il compense la pétrification[58] — qui protège l'*anima*-Guenièvre des atteintes de l'*ombre*-Méléagant qui signifieraient sa destruction. Il est une figure du *Vieux Sage*, projection du *Soi*, qui indique la voie de l'équilibre psychique individuel et collectif : réfréner les ardeurs du Mal, les pulsions instinctives, et donner sa juste place à la Féminité, à l'*anima*. Devant cette situation-rébus dont le dévoilement marque une des étapes de sa progression, Lancelot reste passif : il n'a pas à combattre. C'est que, malgré sa progression, il n'est pas parvenu au terme de son ascèse et qu'il a encore du chemin à parcourir sur la voie de la Connaissance pour réussir définitivement — à des fins

---

58. C. G. Jung a insisté sur ces relations compensatoires entre le conscient et l'inconscient, le second venant suppléer à la carence du premier pour le pousser à la réalisation du *Soi* en créant des images qui répondent à la manière d'un écho à la situation de crise qu'il traverse et apportent les éléments nécessaires à l'autorégulation de la psyché. Cf. *Dialectique du Moi et de l'Inconscient*, Gallimard, Paris, 1964, pp. 122-124. Baudemagu est, dans l'inconscient, l'image de ce que devrait être Arthur au niveau conscient.

collectives — l'intégration de ses complexes et parvenir à la sérénité. Il lui faut encore subir une dernière épreuve qualifiante analogue à celle au voyage chamanique dans l'Au-Delà, celle du *cimetière du futur*.

Toujours suivi de la demoiselle, Lancelot arrive à un étrange cimetière dont les pierres tombales portent les noms de chevaliers vivant à la cour d'Arthur mais dont l'une d'entre elles, plus grande et plus belle que les autres, ne porte aucun nom. Pour percer son secret, il faut la soulever ce qui nécessite les efforts conjugués de *sept* hommes. Lancelot, sans effort apparent, réussit le prodige de la lever. Il accomplit ainsi un test analogue à celui de la *lance enflammée*, qui le désigne comme l'*élu*, le détenteur virtuel de la Souveraineté [59] : il a la force de *sept* hommes chiffre qui symbolise la totalité humaine et la perfection, qui est aussi le nombre de l'Androgyne hermétique et du cycle accompli. Et dans la tombe une inscription lui révèle — éclair de conscience venu de l'Au-Delà — qu'il *est* le libérateur des captifs retenus au pays de Gorre, celui qui sortira de sa pétrification la collectivité chevaleresque. Ainsi lui est-il signifié son rôle de modèle de comportement et la valeur sociale et édifiante de sa quête. Mais si, avec C. G. Jung, on rattache la tombe à l'archétype féminin — en tant qu'un des aspects de la Terre-Mère et de son ambivalence vie et mort — cela signifie aussi que la régénération de la collectivité ou plutôt du conscient collectif passe nécessairement par le ressourcement au sein de la Féminité. Lancelot *connaît* maintenant son destin : il lui reste à l'accomplir. Seul, car la *demoiselle entreprenante* qui l'avait jusqu'alors guidé, le quitte.

Dès lors, toutes ses aventures dans le monde intermédiaire, jusqu'au Pont-de-l'épée, vont se dérouler sous le signe du *masculin*, du *logos* : ce sont maintenant des

---

59. Si l'on rapproche cet exploit de celui d'Arthur retirant Excalibur du rocher où elle était fichée, on peut le considérer comme un test de souveraineté.

hommes, des chevaliers, qui vont l'orienter ou s'opposer à lui. Et la montée de l'espoir, exprimée par les captifs autour de lui, traduit la progression de Lancelot dans cette phase caractérisée par un effort de prise de conscience[60] pour intégrer l'*ombre,* condition préalable à la « découverte » de l'*anima* que le but de sa quête est de ramener au conscient. Sa *libido* s'est inversée. Mais sa progression est aussi marquée par le fait qu'il emprunte des passages de plus en plus étroits comme le *Passage des pierres* et que, à travers les opposants qu'il rencontre, sa projection de l'*ombre* se précise de plus en plus pour coller étroitement à la figure de Méléagant qu'évoque comme un frère le *chevalier provocateur* qui, tel Satan, essaie de le tenter en lui proposant de lui faire franchir le Pont-de-l'épée à condition qu'il s'abandonne à lui. Dernière tentative des pulsions instinctuelles pour submerger le conscient et que Lancelot repousse : c'est le combat. Sa victoire le met sur le point d'intégrer l'*ombre* en détruisant le Mal que personnifie son adversaire. Mais il a alors une hésitation fatale qui résulte des restes de l'emprise sur lui des contenus du conscient collectif symbolisés par l'idée de *Largesse,* hésitation qui renvoie à celle éprouvée devant la charrette et signifie qu'il n'a pas encore une conscience claire de la valeur *réelle bien que voilée* du geste libérateur qu'il devrait accomplir même à l'encontre des normes — sclérosantes — établies par la société. C'est alors que, comme toujours en pareil cas, se manifeste une pulsion émanant du centre régulateur de la psyché, le *Soi,* qui pousse à dépasser le conflit pour poursuivre le *processus d'individuation* ou au moins en faire retrouver la voie, pulsion matérialisée par une figure féminine féerique[61], dernière facette de Guenièvre, qui vient réclamer à

---

60. Dans cette série d'aventures, il fait corps avec *ceux de Logres* dont il est le champion.
61. La demoiselle a toutes les caractéristiques de la fée — figure d'*anima* — : elle monte une mule fauve, porte les cheveux défaits et tient à la main une *escourgée.*

Lancelot ce qu'on attend de lui : la tête de son adversaire. C'est non seulement lui rappeler sa tâche[62] ou la lui annoncer de manière préfigurative mais c'est aussi lui indiquer clairement que la relation à l'*anima* libérée passe d'abord par la domination définitive du Mal, l'intégration de l'*ombre*. Lancelot s'exécute mais a-t-il perçu le sens de cette dernière épreuve préparatoire que l'inconscient exige de lui ? Il est néanmoins prêt à accomplir la phase finale.

La phase finale de l'initiation — le sommet diront certains — s'ouvre sur le franchissement de la seconde frontière aquatique par le fameux *Pont-de-l'épée* qui enjambe un fleuve que ses caractéristiques assimilent au fleuve des Enfers, le Styx. Lancelot entre donc maintenant véritablement au cœur de l'Autre-Monde de l'inconscient par un douloureux effort d'introversion qui laisse des stigmates jusque dans sa chair[63]. Mais cet effort que la pulsion vitale qui émane de l'inconscient — et que le texte appelle *Amour* — l'aide à soutenir, lui permet de se débarrasser des illusions suscitées par les affects instinctuels incontrôlés que symbolisent les *lions* qu'il avait cru voir enchaînés aux pilastres du pont. Dès lors vont se renouveler pour lui toutes les situations auxquelles son cheminement l'avait jusqu'alors confronté mais de manière plus dense, plus claire et plus précise. Car il a lentement appris à *voir*. Il retrouve au *haut d'un donjon*, signe d'élévation dans la perception intuitive, la trilogie qu'avait préfigurée pour lui celle du *Pré-aux-jeux,* mais cette fois sous son visage réel : Baudemagu, Guenièvre et Méléagant, le *Vieux Sage*, l'*anima* et l'*ombre* — *son* ombre, « sa propre image, répudiée dans le miroir (car) en l'autre maléfique s'est projeté tout ce que la voie du désir selon la *fine amor* abhorre et frôle à la fois, c'est à savoir ce reflet maudit de la satisfaction et de la toute-puissance. Méléagant incarne les forces mauvaises dont le héros doit lui-

---

62. Elle complète ainsi l'initiation par la *demoiselle entreprenante*.
63. Le texte insiste sur ses profondes blessures.

même se libérer[64] ». Mais cette fois, initié par son long cheminement, le héros *sait* ce qu'il doit faire et c'est lui qui prend l'initiative de l'action et qui veut, sur l'heure, s'opposer à Méléagant, son double noir. Le combat dont l'enjeu est l'élimination de l'*ombre* et l'intégration de l'*anima* a lieu sous les yeux du *Vieux Sage* qui joue ici un rôle de juge et d'équilibrateur conforme à celui du *Soi*[65]. Mais ce combat contre l'*ombre* qui est d'abord un effort violent d'amenée au conscient est difficile : il risque de se solder par la dissolution du moi dans le complexe combattu ou, s'il se borne au refoulement, d'interrompre la relation aux sources de l'inconscient et d'aboutir à un échec : c'est ce qui semble se dessiner pour Lancelot qui a le dessous. Mais au milieu de la crise, cette pulsion venue de l'inconscient qui pousse à la réalisation du *Soi* rétablit le lien interrompu : le cri d'une *pucelle* pousse Lancelot à opérer une projection sublimée de son *anima* ; il aperçoit pour la première fois Guenièvre[66] au haut de la tour et entre pour la troisième fois dans un état extatique où il se ressource pour renverser l'issue probable du combat. Mais celui-ci est arrêté avant qu'il ait réussi totalement à éliminer son double noir : il lui faudra pour cela s'y reprendre en *trois* fois — nombre traditionnel des épreuves du héros qui conditionne l'accomplissement intégral de sa tâche —, signe de la difficulté de mener à bien cette entreprise et de la nécessaire évolution en dents de scie du processus. Mais il est vrai que Chrétien, en multipliant les contretemps et les rebondissements justifiés par des raffinements psychologiques répondait aussi à l'horizon d'attente de son auditoire courtois.

64. Charles Méla, *op. cit.*, pp. 304-305.
65. Combat qui est aussi, au premier degré du mythe, le combat du jour et de la nuit pour la possession de la femme-soleil comme le rappelle Jean Markale. *Lancelot et la chevalerie arthurienne*, p. 50.
66. Après l'image lointaine et le peigne, c'est maintenant la reine qu'il *voit* : le processus de cristallisation est à son terme, la projection est complète et précise et elle garde le caractère numineux lié à l'archétype de la *reine*.

La menace que fait planer une *ombre* encore non intégrée peut expliquer la difficulté qu'éprouve encore le héros à percevoir pleinement la réalité de son *anima*, ce que traduit le fait que la *froideur* inexplicable de Guenièvre l'empêche alors de la rejoindre. L'*anima* échappe souvent quand on croit la saisir et cet évanouissement de l'archétype guide et médiateur peut faire sombrer le *Moi* totalement inhibé dans une grave crise névrotique ; c'est ce qu'illustre la tentation du suicide éprouvée — une nouvelle fois — par Lancelot[67] fait prisonnier, alors qu'il vient de *s'éloigner* de la Cour, par un parti d'habitants de Gorre favorables à Méléagant[68]. Pourtant le lien avec l'*anima* va être rétabli[69] ; la pulsion régulatrice s'est à nouveau manifestée ; l'activité spontanée de l'âme s'est éveillée pour suppléer à l'incapacité du *Moi* : Guenièvre a perdu sa froideur[70]. Reste l'explication de cette rupture illustrée par la *froideur* de l'*anima*. Il est vrai que l'éthique courtoise imprègne fortement ce passage : c'est l'hésitation manifestée par Lancelot devant la charrette qui en est la raison avancée. Mais quel est le sens de ce reproche d'une *fin'amante ?* Il signale en fait l'autre danger qui a guetté Lancelot car l'hésitation rappelle la prédominance du conscient collectif qui, si elle s'était poursuivie, aurait pu conduire à l'échec, à la rupture des liens avec

---

67. En cela il suit le même cheminement psychologique que Graelent ou Lanval.

68. Et qui représentent donc les pulsions incontrôlées de l'inconscient.

69. On ne peut s'empêcher de rapprocher cette péripétie de celle que connaissent Lanval et Graelent tirés de leur *prison*, alors que tout espoir est perdu, par l'arrivée imprévue de leur fée-*anima*. Cf. Jean-Claude Aubailly, *La Fée et le Chevalier*, Champion « Essais », Paris 1986, pp. 96 sq.

70. Sa *froideur* fond dans le désespoir éprouvé d'une « réalisation » manquée [cf. Jean Markale, *L'Amour courtois*, p. 132]. Il est vrai que, dans la pensée courtoise, si l'amant n'existe que par la dame, la dame ne peut exister sans l'amant. C'est elle qui impulse sa quête, pour lui comme pour elle. C'est l'*anima* qui fait le quêteur, mais sans lui elle ne peut parvenir à l'existence.

l'inconscient[71] ; elle évoque l'état d'une société figée
vouée à la pétrification. Un modèle de comportement se
devait de ne pas hésiter. Reproche didactique qui fait
planer l'horreur de ce qui aurait pu ne pas être.

Pourtant, parvenu à ce stade, Lancelot est presque
parvenu au terme de sa quête : déjà les captifs de Logres
ont été libérés ; la société chevaleresque est sur la voie de
la régénération. Reste l'apothéose qui soulignera la souveraineté mythique du héros et l'importance de son rôle :
c'est l'épisode de la *nuit d'amour*, de l'union avec Guenniè-
vre. Certes, là encore, la signification courtoise est
dominante mais derrière elle se cache un message initiatique. La critique est unanime pour voir dans cet épisode
une *liturgie*. Lancelot pénètre au Saint des Saints, dans la
chambre qui équivaut au *verger*, et il y réalise l'union
mystique avec l'*anima*, la *conjonctio oppositorum*, condition
de la réalisation du *Soi*. Mais, du même coup, se
substituant à Arthur — tel est son rôle social — il
reconstitue le mythique couple royal, l'*Androgyne Primordial*, gage de la régénération de la collectivité et de son
retour à l'équilibre.

Le texte insiste sur la difficulté de cette phase finale :
pour accéder au Saint des Saints, Lancelot doit à nouveau,
comme lors du passage du *Pont-de-l'épée*, franchir une
voie étroite et interdite à tout autre que l'initié qu'il est —
la fenêtre aux barreaux — et il s'y blesse une nouvelle fois.
Peut-être parce qu'il n'a pas totalement éliminé l'*ombre* :
la nature de sa blessure en témoigne car l'annulaire et
l'auriculaire sont liés tous les deux aux fonctions de la
sexualité. Son accession au Saint des Saints est aussi
difficile parce qu'elle ne peut — ni ne doit — être perçue
par le conscient collectif rebelle aux voies de l'initiation :
ce que témoigne la présence de Keu endormi dans la

71. Mais, d'autre part, sans l'hésitation, le long cheminement initiatique de la quête était inutile : ce faisant, le héros aurait déjà prouvé son
accès aux voies de la Connaissance ; l' « aventure » était close avant
d'être ouverte. De là la valeur didactique du reproche.

chambre[72]. Mais Lancelot rejoint l'*anima*-Guenièvre qu'il a sublimée :

> *Si l'aore et se li ancline*
> *car an nul cors saint ne croit tant.*

(Il s'incline devant elle et lui rend une véritable adoration car jamais il n'a cru autant en nul saint.)

Dans la projection qu'il en a faite, l'objet commence à se distinguer de l'image projetée : il est en voie de l'intégrer. C'est alors l'union mystique[73], la réalisation de l'*Un primordial*, cette fusion d'où naît l'extase liée à l'accès de l'initié à la Connaissance du Tout. Il est devenu Dieu. Tel est *aussi* le sens de ce que le texte présente comme l'aboutissement le plus remarquable d'une *fin'amor* exemplaire.

Pourtant, rebondissement romanesque, mais aussi conséquence de la blessure signifiante de Lancelot à l'entrée du sanctuaire mystique, le sang versé — et dénoncé comme preuve du déchaînement des pulsions sexuelles — provoque un réinvestissement par l'*ombre* générateur d'un nouveau conflit. Pourtant à y regarder de près c'est Keu que Méléagant accuse d'adultère en s'appuyant sur la preuve du sang versé : ne pourrait-on l'interpréter comme une accusation lancée contre le conscient collectif de ne percevoir dans l'union mystique que le niveau physique de la sexualité ? Dès lors Méléagant deviendrait une projection de l'*ombre collective* et c'est cette *ombre collective* que le héros initié, devenu le champion de la collectivité dont il a pour tâche de régénérer le conscient collectif, doit éliminer — en même temps que les derniers résidus de la sienne propre — dans un nouveau combat qui, une nouvelle fois, n'aboutit pas à son terme malgré sa victoire.

Résultat d'une intégration imparfaite de l'*ombre personnelle* et *collective*, le héros perd de nouveau le lien à l'*anima*

---

72. L'*individuation* est un processus solitaire perçu par la société comme une faute parce qu'il isole l'individu.

73. L'intégration de la Féminité, la réalisation de l'équilibre entre le *logos* et l'*éros*.

dans sa tentative d'amenée au conscient : parti à la
recherche du parangon de la société chevaleresque, Gauvain, il est entraîné par un *nain porteur d'une escourgée* —
messager chtonien symbolisant les forces obscures de
l'inconscient — vers une prison de Méléagant. C'est une
nouvelle dissolution de la psyché. Pourtant son action a
permis, en reformant le couple royal, de redonner à ce
symbole du conscient collectif la numinosité nécessaire à
la régénération et à la vie même de la collectivité :
Guenièvre retrouve sa place auprès d'Arthur au *royaume
de Logres.*

Le problème est maintenant pour le héros de renouer le
lien à l'*anima*, de l'intégrer définitivement en éliminant
l'*ombre*, mais **surtout** d'amener au conscient collectif la
signification profonde de son cheminement initiatique
exemplaire. C'est la raison pour laquelle, à partir de cet
instant, les péripéties du récit vont se dérouler au
royaume de Logres qui symbolise le monde conscient. La
première, c'est le fameux *tournoi de Noauz* qui, fonction-
nellement, redouble au niveau conscient le premier combat de Lancelot contre Méléagant au pied de la tour où se
trouvait Guenièvre au pays de Gorre. Par un renverse-
ment du flux de sa libido, mais cette fois par un effort de
conscience — que marque l'orientation de son cheminement — le héros renoue pleinement avec son *anima* [74] —
c'est le sens de son abandon total aux ordres de Guenè-
vre, abandon qui efface l'hésitation de la charrette et
éloigne le danger qu'elle laissait planer — qui lui commu-
nique la force nécessaire pour vaincre au plan social : il est
bien désormais « celui qui donne la mesure ». Pourtant
cet effort se solde pour lui par la rechute dans une crise
encore plus grave : il est emmuré dans une tour au pays de
Gorre. L'intégration de l'*anima* au conscient *personnel* et
collectif serait-elle une œuvre impossible vouant celui qui

---

74. A la différence de ce qui s'était produit lors de sa rencontre avec la
demoiselle entreprenante, cette fois-ci Lancelot ne promet rien — si ce
n'est revenir — à la femme de son gardien ; il domine entièrement sa
pulsion sexuelle.

la tente à la dissolution psychique ? Ou tout au moins ne pourrait-elle être réalisée que partiellement ? Apparemment telle est la pensée de Chrétien qui arrête là son récit. Vision pessimiste qui cadre peut-être avec les mentalités de la société chevaleresque aristocratique d'alors mais que, consciemment ou non, Godefroi de Leigni va rectifier.

En effet, le continuateur de Chrétien fait libérer Lancelot par la sœur de Méléagant[75] qu'il assimile à la demoiselle à la mule fauve pour laquelle le héros avait coupé la tête au chevalier arrogant. Celle-ci est donc une fée, projection de l'*anima*, qui avait déjà guidé le héros, au niveau inconscient — à la limite du pays de Gorre — au terme de la mission qui lui avait été confiée[76]. C'est encore elle qui lui permet de renouveler, au niveau conscient cette fois, l'acte qui lui permet l'intégration définitive de l'*ombre* et de l'*anima* et qui est présenté à la collectivité comme l'acte salvateur seul capable de la régénérer en rétablissant définitivement la Féminité dans sa place perdue[77]. Lancelot revient donc au pays de Logres, au royaume du conscient, pour un dernier combat contre Méléagant auquel il tranche la tête. La scène du combat n'est pas sans rappeler celle du premier combat au pays de Gorre qu'elle renouvelle au niveau conscient : Guenièvre — dont le texte laisse deviner qu'elle s'est de nouveau jointe à Lancelot en pensée, au niveau mystique — y assiste au haut d'une tour ; mais cette fois Arthur a remplacé Baudemagu dans son rôle d'arbitre, et il trône sous un sycomore dont l'ombrage symbolise la sécurité retrouvée, au milieu d'une prairie où coule, par un conduit d'or pur, une source d'eau limpide, vision paradisiaque d'un pays de Logres revivifié par l'action de Lancelot. Si ce dernier combat se déroule au pays de

---

75. C'est souligner l'étroitesse des liens qui unissent l'*ombre* et l'*anima*, la seconde étant noyée dans la gangue de la première.

76. L'élimination *définitive* de l'*ombre*.

77. Avec la mort de Méléagant tout danger d' « enlèvement » est dorénavant écarté.

Logres, c'est que l'*ombre*-Méléagant a été amenée au conscient. Dès lors l'issue n'en est plus douteuse : l'*ombre* ne peut être que *définitivement* intégrée, dominée et son aspect négatif détruit. On est revenu au point de départ mais à un autre niveau car l'aspect d'*ombre* qui dominait alors les contenus du conscient collectif est maintenant effacé — le Mal victorieux qui imposait sa volonté par la bouche de Méléagant est vaincu — et la Féminité, source vitale de régénération[78], a retrouvé sa place. La société chevaleresque primitive a vécu.

Véritable périple initiatique proposé à l'individu et à la collectivité, la quête de Lancelot illustre cette idée qui remonte à l'aube des temps — et au culte de l'antique Déesse-Mère — et selon laquelle l'initiation et l'accès à la Connaissance du Tout ne peut se faire que par la Femme, seule source de Vie. Eternel retour du mythe de l'Age d'Or et nostalgie de l'enfouissement au sein de l'Utérus Primordial. Mais ce périple initiatique de Lancelot sur le succès duquel repose la survie de la collectivité s'appuie sur la transgression constante des interdits. Ethique subversive s'il en est que celle qui assure ainsi que seule la subversion est source de progrès ! Pourtant n'est-elle pas le seul moyen de conduire l'homme au dépassement de lui-même ?

Roman des temps anciens construit sur des effets d'écho qui donnent tout son sens à la *synchronicité* telle que l'appréhendait C.G. Jung, *Le Chevalier de la Charrette* qui réactualise les mythes primitifs, qui propose à la société de son temps une éthique répondant à ses manques[79] mais qui la dépasse en une réflexion plus générale sur la nature de l'homme et son devenir — en lui ouvrant la voie de son dépassement —, restera un roman de toujours car *il est lourd de sens multiples.*

Jean-Claude Aubailly.

---

78. Elle a redonné au symbole du couple royal sa numinosité perdue.
79. Peut-être appuyée, si l'on en croit Jacques Ribard, sur une justification métaphysique.

NOTE LIMINAIRE

Nous avons choisi de suivre la version du texte présentée par l'édition de William W. Kibler[1] qui nous paraît, pour l'instant, la plus correcte et la plus sûre sur le plan scientifique. Elle s'appuie en effet sur le manuscrit C (Paris, Bibl. nationale, 794) dit manuscrit Guiot, du nom de son copiste présumé au début du XIIIe siècle, manuscrit qu'avait édité — non sans erreurs — Mario Roques dans la collection des Classiques français du Moyen Age en 1958[2], mais elle le corrige en maints endroits en s'appuyant sur l'édition présentée par Wendelin Foerster à partir des sept manuscrits connus[3] — et qui n'est pas elle-même exempte d'erreurs —, sur les remarques et corrections proposées au texte de Mario Roques par Jean Frappier dans sa *traduction*[4], sur celles avancées par Jean Dufournet[5] dans son compte rendu élogieux de la *traduction* de Jean Frappier et, enfin, sur les propositions faites par Alexandre Micha dans son étude sur *La tradition manuscrite des romans de Chrétien de Troyes*[6].

1. *Lancelot, or The Knight of the Cart* — Le Chevalier à la Charrette —, Garland Library of Medieval Literature, 1, Series A, New York et Londres ; Garland Publishing, Inc., 1984. Cette édition présente en regard du texte en ancien français une traduction anglaise.
2. Cf. *Bibliographie* à la fin du volume.
3. *Ibid.*
4. *Ibid.*
5. *Ibid.*
6. *Ibid.*

En ce qui concerne la traduction, nous nous sommes surtout efforcé de « coller » au texte en essayant d'en rendre le mouvement et l'esprit par des phrases simples qui évitent toute grandiloquence poétique surannée afin de mettre, autant que faire se peut, au goût du jour ce « conte » d'autrefois et d'ouvrir au plus grand nombre le riche imaginaire médiéval. Les seules libertés que nous nous sommes permises concernent le jeu des temps : pour éviter de trop nombreuses ruptures dans le rythme du récit nous avons limité au profit du passé simple, plus habituel dans les textes modernes, l'emploi du présent narratif très fréquent en ancien français. Veuillent les puristes nous le pardonner.

LANCELOT
OU
LE CHEVALIER DE LA CHARRETTE

[27b] Puis que ma dame de Chanpaigne
    vialt que romans a feire anpraigne,
    je l'anprendrai molt volentiers,
    come cil qui est suens antiers
5 de quanqu'il puet el monde feire,
    sans rien de losange avant treire.
    Mes tex s'an poïst antremetre
    qui li volsist losenge metre ;
    si deïst (et jel tesmoignasse)
10 que ce est la dame qui passe
    totes celes qui sont vivanz,
    si con li funs passe les vanz
    qui vante en mai ou en avril.
    Par foi, je ne sui mie cil
15 qui vuelle losangier sa dame ;
    dirai je : « Tant com une jame
    vaut de pelles et de sardines,
    vaut la contesse de reïnes ? »
    Naie voir ; je n'en dirai rien,
20 s'est il voirs maleoit gré mien ;
    mes tant dirai ge que mialz oevre
    ses comandemanz an ceste oevre
    que sans ne painne que g'i mete.
    Del Chevalier de la Charrete
25 comance Crestïens son livre ;
    matiere et san li done et livre
    la contesse, et il s'antremet
    de panser si que rien n'i met
    fors sa painne et s'antancïon ;
29 des or comance sa raison.

29a

PRÉAMBULE

Puisque ma dame de Champagne[1] désire que j'entreprenne un roman[2], je le ferai de bon cœur en homme qui lui est entièrement dévoué en tout ce qu'il peut faire en ce monde et cela sans recourir à la moindre flatterie. Pourtant, tel autre, qui voudrait la flatter, commencerait peut-être par là en disant — et je ne pourrais que l'approuver — qu'elle est la dame qui surpasse en qualités toutes celles vivant aujourd'hui de la même manière que la brise qui souffle en avril ou en mai surpasse par sa douceur et son charme tous les autres vents. Par ma foi, je ne suis pas un flatteur qui veut couvrir sa dame de louanges. Dirai-je : « Comme le pur diamant éclipse les perles et les sardoines[3], la comtesse éclipse les reines » ? Non, certes, je ne le dirai pas et bien malgré moi car c'est pourtant la pure vérité. Je me bornerai simplement à affirmer que dans cette entreprise son commandement a plus d'effet que la réflexion ou les efforts que j'y apporte. Chrétien va donc commencer son récit
25 sur le Chevalier de la Charrette ; la comtesse lui en donne la matière et l'esprit et lui se charge de la mise en œuvre sans y apporter rien de plus que son travail et son application. Et, sur-le-champ, il commence sa narration.

30 Et dit qu'a une Acenssïon
30a fu venuz devers Carlïon
li rois Artus et tenu ot
cort molt riche a Chamaalot,
si riche com a roi estut.
Aprés mangier ne se remut
35 li rois d'antre ses conpaignons.
Molt ot an la sale barons,
et si fu la reïne ansanble ;
si ot avoec aus, ce me sanble,
mainte bele dame cortoise,
40 bien parlant an lengue françoise ;
[27c] et Kex qui ot servi as tables
manjoit avoec les conestables.
La ou Kex seoit au mangier,
atant ez vos un chevalier
45 qui vint a cort molt acesmez,
de totes ses armes armez.
Li chevaliers a tel conroi
s'an vint jusque devant le roi
la ou antre ses barons sist ;
50 nel salua pas, einz li dist :
« Rois Artus, j'ai en ma prison
de ta terre et de ta meison
chevaliers, dames et puceles ;
mes ne t'an di pas les noveles
55 por ce que jes te vuelle randre,
ençois te voel dire et aprandre
que tu n'as force ne avoir
par quoi tu les puisses avoir.
Et saches bien qu'ainsi morras
60 que ja aidier ne lor porras. »
Li rois respont qu'il li estuet
sofrir s'amander ne le puet,
mes molt l'an poise duremant.
Lors fet li chevaliers sanblant

Lors d'une Ascension[4] le roi Arthur était venu à Carlion[5] et avait tenu en son château de Camaalot[6] une brillante cour plénière aussi somptueuse qu'il convenait à un roi. Après le festin le roi était resté parmi ses compagnons. Il y avait dans la salle une grande assemblée de barons à laquelle s'étaient jointes la reine et, me semble-t-il, maintes belles et courtoises dames parlant le français avec élégance. Quant à Keu, qui avait dirigé le service de table, il mangeait avec les officiers de bouche. Alors que Keu était encore assis à table, voici qu'arriva à la cour un chevalier superbement équipé et armé de pied en cap. Ledit chevalier s'avança en cet équipage jusque devant le roi assis au milieu de ses barons. Sans le saluer, il lui adressa la parole en ces termes : « Roi Arthur, je détiens dans mes prisons plus d'un chevalier, d'une dame et d'une pucelle de ton royaume et de ta maison ; mais je ne te parle pas d'eux dans l'idée de te les rendre : au contraire je tiens à te faire savoir que tu n'as ni la puissance ni la richesse qui te permettraient de les libérer. Et sache bien qu'il en sera ainsi jusqu'à ta mort car jamais tu ne pourras les secourir. » Le roi répondit qu'il lui fallait bien supporter ce malheur s'il ne pouvait y porter remède mais que cela le tourmentait vivement[7]. Alors le chevalier fit mine

65 qu'aler s'an voelle ; si s'an torne ;
devant le roi plus ne sejorne
et vient jusqu'a l'uis de la sale ;
mes les degrez mie n'avale,
einçois s'areste et dit des la :
70 « Rois, s'a ta cort chevalier a
nes un an cui tu te fiasses
que la reïne li osasses
baillier por mener an ce bois
après moi la ou ge m'an vois,
75 par un covant l'i atandrai
que les prisons toz te randrai
qui sont an prison an ma terre
se il la puet vers moi conquerre
et tant face qu'il l'an ramaint. »
80 Ce oïrent el palés maint,
s'an fu la corz tote estormie.
La novele en a Kex oïe
qui avoec les sergenz manjoit ;
le mangier leit, si vient tot droit
[27d] au roi, si li comance a dire
tot autresi come par ire :
« Rois, servi t'ai molt boenemant
par boene foi et lëaumant ;
or praing congié, si m'an irai
90 que jamés ne te servirai ;
je n'ai volenté ne talant
de toi servir d'ore en avant. »
Au roi poise de ce qu'il ot,
mes quant respondre mialz li pot,
95 si li a dit eneslepas :
« Est ce a certes ou a gas ? »
Et Kex respont : « Biax sire rois,
je n'ai or mestier de gabois,
einz praing congié trestot a certes.
100 Je ne vos quier autres dessertes
n'autre loier de mon servise ;
ensi m'est or volantez prise
que je m'an aille sanz respit. »
« Est ce par ire ou par despit, »

de vouloir
partir ; il fit demi-tour et, sans s'attarder davantage
auprès du roi, il regagna la porte de la salle mais il
n'en redescendit pas le perron ; il s'arrêta et, de là,
lança au roi : « Roi, s'il y a en ta cour un chevalier, ne
serait-ce qu'un seul, en qui tu aies totale confiance au
point d'oser lui confier la reine pour la conduire après
75 moi dans ce bois où je me rends, je l'y attendrai et te
fais le serment solennel de te rendre tous les captifs
emprisonnés sur mes terres s'il peut la conquérir sur
moi de haute lutte et parvenir à la ramener. »
Nombreux furent ceux du palais qui entendirent ces
propos qui déchaînèrent un grand tumulte parmi la
cour. La nouvelle en parvint aux oreilles de Keu qui
déjeunait avec les officiers de bouche ; il interrompit
son repas, se précipita vers le roi et lui dit, comme en
proie à une violente colère : « Roi, de grand cœur je
t'ai loyalement et fidèlement servi mais aujourd'hui je
prends congé car je vais partir et jamais plus je ne te
servirai. Je n'ai plus désormais la moindre envie de te
servir. » Le roi fut très affecté d'entendre ces propos
mais quand il se fut suffisamment ressaisi pour
pouvoir répondre, il lui demanda brutalement : « Par-
lez-vous sérieusement ou est-ce une plaisanterie ? » Et
Keu lui répondit : « Beau sire roi, je ne suis pas
d'humeur à plaisanter : c'est très sérieusement que je
100 prends congé de vous. Je ne vous demande pas d'autre
récompense ni d'autre salaire pour mon service. Je
suis pris du brusque désir de partir sur l'heure. »
« Est-ce par colère ou par dépit

105 fet li rois, « qu'aler an volez ?
    Seneschax, si con vos solez,
    soiez a cort et sachiez bien
    que je n'ai en cest monde rien
    que je, por vostre demorance,
110 ne vos doigne sanz porloignance. »
    « Sire, » fet il, « ce n'a mestier ;
    ne prandroie pas un setier
    chascun jor d'or fin esmeré. »
    Ez vos le roi molt desperé,
115 si est a la reïne alez.
    « Dame, » fet il, « vos ne savez
    del seneschal que il me quiert ?
    Congié demande et dit qu'il n'iert
    a ma cort plus ; ne sai por coi.
120 Ce qu'il ne vialt feire por moi
    fera tost por vostre proiere.
    Alez a lui, ma dame chiere ;
    quant por moi remenoir ne daigne,
    proiez li que por vos remaigne
125 et einz l'an cheez vos as piez,
    que jamés ne seroie liez
    se sa conpaignie perdoie. »
    Li rois la reïne i anvoie
[27e] au seneschal, et ele i va ;
130 avoec les autres le trova,
    et quant ele vint devant lui,
    si li dit : « Kex, a grant enui
    me vient — ce sachiez a estros —
    ce qu'ai oï dire de vos.
135 L'an m'a conté, ce poise moi,
    que partir vos volez del roi.
    Don vos vient ? et de quel corage ?
    Ne vos an tieng or mie a sage
    ne por cortois, si con ge suel.
140 Del remenoir proier vos vuel :
    Kex, remenez, je vos an pri ! »
    « Dame, » fet il, « vostre merci,
    mes je ne remanroie mie. »
    Et la reïne ancor l'an prie

que vous voulez partir ? » demanda le roi. « Sénéchal [8], restez à la cour ainsi que vous le faites habituellement et sachez bien que je ne possède rien en ce monde que je ne vous donnerais sur-le-champ pour vous garder. » « Sire, fit Keu, il n'en est nul besoin. Pour chaque jour passé à la cour je ne prendrais pas même un setier [9] d'or pur. » Le roi, désespéré, s'est alors approché de la reine. « Dame, lui dit-il, vous ne savez pas ce que me demande le sénéchal ? Il me demande son congé et déclare qu'il ne veut plus rester à ma cour. Et je ne sais pas pourquoi. Mais si vous l'en priez, il vous accordera ce qu'il me refuse. Allez le trouver, ma tendre amie ; puisque pour moi il ne daigne rester,
125 priez-le qu'il le fasse pour vous et, s'il le faut, jettez-vous à ses pieds car si je perdais sa compagnie, j'en perdrais toute joie à jamais. » Le roi chargea ainsi la reine d'aller trouver le sénéchal et elle s'empressa de le faire. Quand elle le rejoignit, il était fort entouré. « Keu, lui dit-elle, sachez sans l'ombre d'un doute que je suis fort affligée par ce que j'ai entendu dire de vous. On m'a rapporté, à mon grand déplaisir, que vous voulez quitter le roi. D'où vous vient cette intention ? Et quel sentiment profond la justifie ? Après cela il m'est difficile de vous considérer, ainsi que j'avais coutume de le faire, comme un homme sage et courtois ! Je veux vous prier de rester : Keu, restez à la cour, je vous en prie. » « Dame, répondit-il, pardonnez-moi mais je ne resterai pas. » La reine renouvela sa prière

145 et tuit li chevalier a masse ;
    et Kex li dit qu'ele se lasse
    de chose qui rien ne li valt ;
    et la reïne de si haut
    com ele estoit, as piez li chiet.
150 Kex li prie qu'ele se liet,
    mes ele dit que nel fera :
    jamés ne s'an relevera
    tant qu'il otroit sa volenté.
    Lors li a Kex acreanté
155 qu'il remandra, mes que li rois
    otroit ce qu'il voldra einçois,
    et ele meïsmes l'otroit.
    « Kex, » fet ele, « que que ce soit
    et ge et il l'otroierons.
160 Or an venez, si li dirons
    que vos estes einsi remés. »
    Avoec la reïne an va Kes ;
    si sont devant le roi venu :
    « Sire, je ai Keu retenu, »
165 fet la reïne, « a grant travail :
    mes par un covant le vos bail
    que vos feroiz ce qu'il dira. »
    Li rois de joie an sopira
    et dit que son comandemant
170 fera, que que il li demant.
    « Sire, » fet il, « ce sachiez dons
    que je voel et quex est li dons
[27f] don vos m'avez asseüré ;
    molt m'an tieng a boen eüré
175 quant je l'avrai, vostre merci :
    la reïne que je voi ci
    m'avez otroiee a baillier,
    s'irons après le chevalier
    qui nos atant an la forest. »
180 Au roi poise et si l'an revest,
    car einz de rien ne se desdist ;
    mes iriez et dolanz le fist,
    si que bien parut a son volt.
    La reïne an repesa molt,

et tous les chevaliers en chœur
joignirent leur voix à la sienne. Mais Keu lui déclara
qu'elle se fatiguait pour bien peu de chose. Alors la
150 reine, de toute sa hauteur, se laissa tomber à ses pieds.
Keu la supplia de se relever mais elle refusa en
déclarant qu'elle ne le ferait pas jusqu'à ce qu'il
accède à ses désirs. Alors Keu lui promit de rester à la
condition expresse que le roi lui accorde par avance [10]
ce qu'il allait lui demander et qu'elle-même ne s'y
oppose pas. « Keu, fit-elle, quoi que ce soit, lui et moi
nous vous l'accorderons. Maintenant venez et allons
lui dire que vous acceptez de rester à cette condition. » Keu suivit la reine et tous les deux vinrent
trouver le roi. « Sire, fit la reine, j'ai réussi non
sans peine à retenir Keu : je vous le ramène mais je me
suis engagée à ce que vous acceptiez de lui accorder
ce qu'il demandera. » Le roi en soupira d'aise et
déclara qu'il accéderait à sa demande quelle qu'elle
soit. « Sire, fit Keu, sachez donc ce que je veux et
quel est le don que vous m'avez accordé. Quand je
175 l'aurai, je serai un homme comblé grâce à vous. Vous
venez de remettre entre mes mains la sauvegarde de la
reine ici présente et nous allons rejoindre le chevalier
qui nous attend dans la forêt. » Le roi en fut fort
attristé et pourtant il confirma officiellement à Keu la
mission réclamée car jamais il n'était revenu sur sa
parole. Mais il en fut agacé et chagriné et cela se vit
sur son visage. La reine aussi en fut fort affectée

185 et tuit dïent par la meison
    qu'orguel, outrage et desreison
    avoit Kex demandee et quise.
    Et li rois a par la main prise
    la reïne, et si li a dit :
190 « Dame, » fet il, « sanz contredit
    estuet qu'avoec Keu en ailliez. »
    Et cil dit : « Or la me bailliez
    et si n'an dotez ja de rien,
    car je la ramanrai molt bien
195 tote heitiee et tote sainne. »
    Li rois li baille et cil l'an mainne.
    Aprés ax deus s'an issent tuit ;
    n'i a un seul cui molt n'ennuit.
    Et sachiez que li seneschax
200 fu toz armez et ses chevax
    fu enmi la cort amenez ;
    uns palefroiz estoit delez,
    tex com la reïne covient.
    La reïne au palefroi vient,
205 qui n'estoit braidis ne tiranz ;
    mate et dolante et sopiranz
    monte la reïne, et si dist
    an bas por ce qu'an ne l'oïst :
    « Ha ! Amis, se le seüssiez,
210 ja ce croi ne l'otroiesiez
    que Kex me menast un seul pas. »
    (Molt le cuida avoir dit bas,
    mes li cuens Guinables l'oï
    qui au monter fu pres de li.)
215 Au departir si grant duel firent
    tuit cil et celes qui le virent
[28a] con s'ele geüst morte an biere ;
    ne cuident qu'el reveigne arriere
    jamés an tretost son aage.
220 Li seneschax par son outrage
    l'an mainne la ou cil l'atant ;
    mes a nelui n'an pesa tant
    que del sivre s'antremeïst,
    tant que messire Gauvains dist

et
tous, dans le palais, déclarèrent que Keu avait agi par
orgueil, outrecuidance et totale déraison. Alors le roi
prit la reine par la main et lui dit : « Dame, il n'est pas
possible de s'y opposer, il vous faut partir avec Keu. »
Et Keu de s'écrier : « Confiez-la-moi et ne craignez
rien, je vous la ramènerai saine et sauve et en parfait
état ! » Le roi la lui confia donc et Keu l'emmena.
Derrière eux, tout le monde sortit du palais en proie à
une sombre inquiétude. Sachez que le sénéchal eut
200 vite revêtu son armure et on amena son cheval au
milieu de la cour accompagné d'un palefroi[11] digne
d'une reine. La reine s'approcha du palefroi qui
n'était ni trop rétif ni trop fougueux ; triste et abattue,
elle se mit en selle en soupirant et dit tout bas pour ne
pas être entendue : « Ah ! Ami, si vous l'aviez su,
vous n'auriez jamais admis, je pense, que Keu
m'entraînât même d'un seul pas[12] ! »

Elle pensait ne l'avoir que murmuré mais le comte
Guinable, qui se trouvait près d'elle alors qu'elle
montait à cheval, l'entendit. Au moment de leur
départ, tous ceux et celles qui étaient là laissèrent
éclater leur douleur comme si la reine reposait morte
dans son cercueil. Ils ne pensaient pas que de sa vie
elle revienne jamais. Le présomptueux sénéchal l'em-
menait par orgueil là où l'attendait le chevalier.
Pourtant personne n'en fut affligé au point de s'élan-
cer sur leurs traces jusqu'à ce que messire Gauvain[13]
dise

225 au roi son oncle en audïence :
« Sire, » fet il, « molt grant anfance
avez feite et molt m'an mervoil ;
mes, se vos creez mon consoil,
tant com il sont ancor si pres
230 je et vos irïens aprés,
et cil qui i voldront venir.
Je ne m'an porroie tenir
qu'aprés n'alasse isnelemant.
Ce ne seroit pas avenant
235 que nos aprés ax n'alessiens
au moins tant que nos seüssiens
que la reïne devandra
et comant Kex s'an contandra. »
« Alons i, biax niés, » fet li rois.
240 « Molt avez or dit que cortois ;
et des qu'anpris avez l'afeire,
comandez les chevax fors treire
et metre frains et anseler,
qu'il n'i ait mes que del monter. »
245 Ja sont li cheval amené,
appareillié et anselé ;
li rois monte toz primerains,
puis monta messire Gauvains
et tuit li autre qui ainz ainz ;
250 chascuns an volt estre conpainz,
si va chascuns si con lui plot :
armé furent de tex i ot,
s'an i ot sanz armes asez.
Messire Gauvains fu armez
255 et si fist a deus escuiers
mener an destre deus destriers.
Et einsi com il aprochoient
vers la forest issir an voient
le cheval Kex, sel reconurent
260 et virent que les regnes furent
[28b]   del frain ronpues anbedeus.
Li chevax venoit trestoz seus,
s'ot de sanc tainte l'estriviere
et de la sele fu derriere
265 li arçons frez et peçoiez.
N'i a nul qui n'an soit iriez ;
et li uns l'autre en cingne et bote.

au roi son oncle sur le ton de la confidence :

225 « Sire, vous avez agi en enfant et je m'en étonne
beaucoup, mais si vous voulez accorder quelque crédit
à mes conseils, tant qu'ils ne se sont pas encore trop
éloignés, vous et moi devrions les suivre avec tous
ceux qui voudront nous accompagner. Je ne saurais
me retenir de me lancer à leur poursuite. Et il ne serait
pas convenable que nous ne les suivions pas au moins
jusqu'à ce que nous sachions ce que la reine va devenir
et comment Keu va se comporter. » « Allons-y, gentil
neveu », répondit le roi. « Vous venez de parler en
homme de cœur et en courtois chevalier. Et puisque
vous avez pris l'affaire en main, donnez l'ordre de
faire sortir les chevaux et de leur mettre les selles et les
rênes de sorte qu'il n'y ait plus qu'à les enfourcher. »

Les chevaux sont rapidement amenés, harnachés et
sellés ; le roi saute en selle le premier, suivi par
Gauvain et tous les autres à qui mieux mieux car
chacun veut prendre part à l'expédition. Chacun part
250 dans l'état qui lui convient : certains sont armés mais
beaucoup ne le sont pas. Messire Gauvain, lui, était
armé de pied en cap et il fit mener à main droite par
deux écuyers deux chevaux de bataille [14]. Alors qu'ils
approchaient de la forêt, ils en virent sortir le cheval
de Keu, facilement reconnaissable, dont les rênes,
reliées au mors, étaient rompues toutes les deux. Le
cheval n'avait plus de cavalier ; son étrivière était
maculée de sang et l'arçon arrière de la selle était brisé
et éclaté. Il n'y a pas un seul homme de la troupe qui
n'en soit contrarié ; tous se poussent du coude et
échangent des clins d'œil.

Bien loing devant tote la rote
messire Gauvains chevalchoit ;
270 ne tarda gaires quant il voit
venir un chevalier le pas
sor un cheval duillant et las,
apantoisant et tressüé.
Li chevaliers a salüé
275 monseignor Gauvain primerains,
et puis lui messire Gauvains.
Et li chevaliers s'arestut,
qui monseignor Gauvain conut,
si dist : « Sire, don ne veez
280 con mes chevax est tressüez
et tex qu'il n'a mes nul mestier ?
Et je cuit que cist dui destrier
sont vostre. Or si vos prieroie,
par covant que je vos randroie
285 le servise et le guerredon,
que vos ou a prest ou a don
le quel que soit me baillessiez. »
Et cil li dit : « Or choisissiez
des deus le quel que il vos plest. »
290 Mes cil, cui granz besoigne en est,
n'ala pas querant le meillor
ne le plus bel ne le graignor,
einz monta tantost sor celui
que il trova plus pres de lui,
295 si l'a maintenant eslessié.
Et cil chiet morz qu'il a lessié,
car molt l'avoit le jor pené
et traveillié et sormené.
Li chevaliers sanz nul arest
300 s'an vet poignant par la forest,
et messire Gauvains aprés
lo siut et chace com angrés
tant qu'il ot un tertre avalé...

Messire Gauvain chevauchait bien en avant de la troupe ; il ne tarda guère à voir venir un chevalier qui
275 avançait au pas sur un cheval harassé, couvert d'écume et tout en sueur. Le chevalier salua messire Gauvain le premier et celui-ci lui rendit son salut. Et le chevalier, qui avait reconnu Gauvain, s'arrêta et lui dit :

« Sire, je pense que vous voyez comme mon cheval est trempé de sueur et épuisé au point de ne m'être plus d'aucun secours. Je crois que ces deux destriers vous appartiennent. Aussi je vous prierai, en m'engageant à vous rendre un jour un service identique, de m'en prêter ou de m'en donner un, n'importe lequel.

— Choisissez celui des deux qui vous convient », répondit Gauvain.

Mais celui-ci, poussé par l'urgence du besoin, ne perdit pas de temps à chercher le meilleur, le plus beau ou le plus puissant : il bondit sur celui qui se trouvait le plus près de lui et le lança au grand galop. Celui qu'il venait d'abandonner tomba raide mort car il l'avait, ce jour-là, beaucoup trop surmené et forcé. Et le chevalier, sans ralentir son allure, s'éloigna en
300 éperonnant à travers la forêt. Messire Gauvain, rageusement, se lança à sa poursuite et dévala la colline à bride abattue...

Et quand il ot grant piece alé,
[28c] si retrova mort le destrier
qu'il ot doné au chevalier,
et vit molt grant defoleïz
de chevax et grant froisseïz
d'escuz et de lances antor.
310 Bien resanbla que grant estor
de plusors chevaliers i ot ;
se li pesa molt et desplot
ce que il n'i avoit esté.
N'i a pas granmant aresté,
315 einz passe outre grant aleüre
tant qu'il revit par avanture
le chevalier tot seul a pié,
tot armé, le hiaume lacié,
l'escu au col, l'espee ceinte.
320 Si ot une charrete atainte.
De ce servoit charrete lores
don li pilori servent ores ;
et en chascune boene vile
ou or en a plus de trois mile
325 n'en avoit a cel tans que une ;
et cele estoit a ces comune,
aussi con li pilori sont,
qui traïson ou murtre font,
et a ces qui sont chanp cheü,
330 et as larrons qui ont eü
autrui avoir par larrecin
ou tolu par force an chemin.
Qui a forfet estoit repris,
s'estoit sor la charrete mis
335 et menez par totes les rues ;
s'avoit totes enors perdues,
ne puis n'estoit a cort oïz
ne enorez ne conjoïz.
Por ce qu'a cel tens furent tex
340 les charretes et si cruex,
fu premiers dit : « Quant tu verras
charrete et tu l'ancontreras,
fei croiz sor toi et te sovaigne

Assez longtemps après, il retrouva, étendu mort, le destrier qu'il avait donné au chevalier. Tout autour la terre avait été labourée par les sabots de plusieurs chevaux et il vit partout des débris de lances et d'écus, signe qu'à cet endroit s'étaient violemment affrontés plusieurs chevaliers. Cela l'irrita : il était très affecté de n'avoir pu participer à la bataille. Mais il ne s'arrêta pas longtemps et reprit le grand galop tant et si bien qu'au hasard de sa route il finit par apercevoir de nouveau le chevalier qui cheminait seul, à pied, tout armé, le heaume lacé, l'écu au cou et l'épée ceinte au côté. Il venait d'atteindre une charrette.

A cette époque-là, la charrette[15] était utilisée comme le sont de nos jours les piloris. Dans chaque 325 bonne ville où l'on en compte maintenant de grandes quantités, il n'y en avait alors qu'une seule et celle-ci, comme les piloris, était commune aux traîtres, aux meurtriers, aux vaincus des duels judiciaires, aux voleurs qui avaient dépouillé autrui en chapardant ou en attaquant sur les grands chemins. Celui qui était pris sur le fait était hissé sur la charrette et promené par toutes les rues de la ville. Il était déshonoré et, dans toutes les cours, on refusait dès lors de lui prêter attention et de lui faire bon accueil. C'est la raison pour laquelle à cette époque, les charrettes avaient une aussi sinistre réputation et c'est de là que vient ce dicton : « Si tu croises une charrette, fais le signe de la croix et pense

de Deu, que max ne t'an avaigne. »

345 Li chevaliers a pié, sanz lance,
après la charrete s'avance
et voit un nain sor les limons
qui tenoit come charretons
[28d] une longue verge an sa main.
350 Et li chevaliers dit au nain :
« Nains, » fet il, « por Deu, car me di
se tu as veü par ici
passer ma dame la reïne ? »
Li nains cuiverz de pute orine
355 ne l'en vost noveles conter,
einz li dist : « Se tu viax monter
sor la charrete que je main,
savoir porras jusqu'a demain
que la reïne est devenue. »
360 Tantost a sa voie tenue
360a qu'il ne l'atant ne pas ne ore ;
360b tant solemant deus pas demore
li chevaliers que il n'y monte.
Mar le fist et mar en ot honte
que maintenant sus ne sailli,
qu'il s'an tendra por mal bailli,
365 Mes Reisons, qui d'Amors se part,
li dit que del monter se gart ;
si le chastie et si l'anseigne
que rien ne face ne anpreigne
dom il ait honte ne reproche.
370 N'est pas el cuer, mes an la boche,
Reisons qui ce dire li ose ;
mes Amors est el cuer anclose
qui li comande et semont
que tost an la charrete mont.
375 Amors le vialt et il i saut —
que de la honte ne li chaut
puis qu'Amors le comande et vialt.
Et messire Gauvains s'aquialt
après la charrete poignant,
380 et quant il i trueve seant
le chevalier, si s'an mervoille.

à Dieu pour qu'il ne t'arrive pas malheur. »

Le chevalier, qui cheminait à pied, sans lance, s'avança vers la charrette et avisant un nain, assis sur les limons, qui, comme les charretiers, tenait en sa
350 main une longue verge [16], il l'interpella en ces termes :

« Nain, au nom de Dieu, dis-moi si tu as vu ma dame la reine passer par ici. »

Le nain, un être vil et de la plus basse engeance qui soit, ne voulut pas lui en donner des nouvelles mais il lui rétorqua :

« Si tu veux monter dans la charrette que je conduis, d'ici demain tu pourras savoir ce que la reine est devenue. »

Et il poursuivit son chemin sans plus attendre. Le chevalier a alors une courte hésitation avant de sauter dans la charrette : à peine le temps qu'elle avance de deux pas. C'est pour son malheur qu'il ne bondit pas sur-le-champ et qu'il en a honte car il le regrettera fort ! Mais Raison qui s'oppose à Amour lui ordonne de se retenir de monter ; elle le sermonne et lui enseigne à ne rien faire dont il pourrait avoir honte ou qu'il pourrait se reprocher. Raison, qui ose lui tenir ce discours, n'a pas son siège dans le cœur mais seulement dans la bouche. Alors qu'Amour, lui, qui
375 l'exhorte à sauter rapidement dans la charrette, réside au fond du cœur. Puisque Amour l'ordonne, le chevalier bondit dans la charrette : que lui importe la honte puisque tel est le commandement d'Amour [17] !

Messire Gauvain pique des éperons et se dirige à son tour vers la charrette ; il est fort surpris d'y voir le chevalier assis.

Puis li dit : « Nains, car me consoille
de la reïne, se tu sez. »
Li nains dit : « Se tu tant te hez
385 con cist chevaliers qui ci siet,
monte avoec lui se il te siet,
et je te manrai avoec li. »
Quant messire Gauvains l'oï,
si le tint a molt grant folie
390 et dit qu'il n'i montera mie,
car trop vilain change feroit
[28e] se charrete a cheval chanjoit.
« Mes va quel part que tu voldras
et g'irai la ou tu iras. »
395 Atant a la voie se metent —
cil chevalche, cil dui charretent,
et ansanble une voie tindrent.

Le moment de surprise passé, il demande au nain :

« Nain, renseigne-moi au sujet de la reine si toutefois tu en sais quelque chose.

— Si tu te hais autant que ce chevalier qui est assis ici, répond le nain, monte à côté de lui si tu en as envie et je vous conduirai l'un et l'autre. »

Quand messire Gauvain l'entendit parler ainsi, il jugea ses propos insensés et répondit qu'il n'y monterait pas car il ferait un bien trop mauvais change en troquant son cheval contre une charrette. « Mais, ajouta-t-il, va où tu veux et je te suivrai là où tu iras. »

Alors ils se mirent en route, l'un à cheval, les deux autres dans la charrette, et ils poursuivirent leur chemin de compagnie.

De bas vespre a un chastel vindrent,
et ce sachiez que li chastiax
400 estoit molt riches et molt biax.
Tuit trois antrent par une porte.
Del chevalier que cil aporte
sor la charrete se mervoillent
les genz, mes mie nel consoillent;
405 einz le huient petit et grant
et li veillart et li anfant
parmi les rues a grant hui;
s'ot molt li chevaliers de lui
vilenies et despit dire.
410 Tuit demandent : « A quel martire
sera cist chevaliers randuz?
Iert il escorchiez ou panduz,
noiés ou ars an feu d'espines?
Di, nains, di — tu qui le traïnes —
415 a quel forfet fu il trovez?
Est il de larrecin provez?
Est il murtriers? ou champ cheüz? »
Et li nains s'est adés teüz
qu'il ne respont ne un ne el.
420 Le chevalier mainne a l'ostel,
et Gauvains siut adés le nain
vers une tor qui ert a plain,
qui delez la vile seoit.
D'autre part praerie avoit
425 et d'autre part estoit assise
la torz sor une roche bise,
haute et tranchiee contre val.
Aprés la charrete, a cheval
entre Gauvains dedanz la tor.
430 An la sale ont de bel ator
une dameisele ancontree,
n'avoit si bele an la contree;

Vers le soir ils arrivèrent à un château qui, je peux vous l'affirmer, en imposait par sa richesse et sa
400 puissance. Tous les trois en franchissent la porte. Les habitants du lieu sont fort surpris en voyant le chevalier que le nain véhiculait dans sa charrette mais ils se gardent bien de lui adresser la parole ; au contraire, tous, petits et grands, vieillards et enfants le suivent parmi les rues en le huant avec violence. Et le chevalier doit supporter de s'entendre couvrir d'injures infamantes et outrageantes. Les questions fusent :

« A quel supplice livrera-t-on ce chevalier ?

— Sera-t-il écorché vif ou pendu ? Noyé ou brûlé sur un bûcher d'épines ?

— Dis-nous, nain, toi qui le véhicules dans ta charrette, quel forfait commettait-il quand il a été pris ?

— Est-il convaincu de larcin ?

— Est-ce un meurtrier ou a-t-il été vaincu en duel judiciaire ? »

Mais le nain ne daigna pas ouvrir la bouche et il ne répondit à personne. Il conduisit le chevalier au lieu où il devait être hébergé, une tour bâtie de plain-pied près de la ville. Gauvain les suivait de près. En
425 contrebas s'étendait une prairie ; quant à la tour, elle était appuyée sur une roche grise qui tombait en abrupt sur la vallée. A la suite de la charrette, Gauvain pénétra à cheval dans la tour.

En entrant dans la grande salle, ils rencontrèrent une demoiselle fort élégamment vêtue et d'une beauté sans rivale dans la contrée.

et voient venir deus puceles
avoeques li, gentes et beles,
435 Tot maintenant que eles virent
[28f] monseignor Gauvain, si li firent
grant joie et si le salüerent
et del chevalier demanderent :
« Nains, qu'a cist chevaliers mesfet
440 que tu mainnes come contret ? »
Cil ne lor an vialt reison rendre ;
einz fet le chevalier descendre
de la charrete, si s'an va ;
ne sorent ou il s'an ala.
445 Et messire Gauvains descent ;
atant vienent vaslet avant
qui anbedeus les desarmerent.
Deux mantiax veirs qu'il afublerent
fist la dameisele aporter.
450 Quant il fu ore de soper,
li mangiers fu bien atornez.
La dameisele sist delez
monseignor Gauvain au mangier.
Por neant voississent changier
455 lor ostel por querre meillor,
car molt lor i fist grant enor
et conpeignie boene et bele
tote la nuit la dameisele.
Qant il orent assez mangié,
460 dui lit furent apareillié
anmi la sale haut et lonc ;
et s'en ot un autre selonc,
plus bel des autres et plus riche,
car — si con li contes afiche —
465 il i avoit tot le delit
qu'an seüst deviser an lit.
Quant tel couchier fu tans et leus,
la dameisele prist andeus
ses ostes qu'ele ot ostelez ;
470 deus liz molt biax et lons et lez
lor mostre, et dit : « A oés voz cors
sont fet cist dui lit çà defors ;

Deux pucelles aussi nobles que belles l'accompagnaient. Dès qu'elles virent monseigneur Gauvain, elles le saluèrent d'une manière avenante et s'enquirent du chevalier :

« Nain, quel crime a commis ce chevalier que tu mènes comme un coupable ? »

Mais le nain ne leur donna aucune explication ; il se borna à faire descendre le chevalier de la charrette et à partir. On ne sut où il se rendit. Messire Gauvain mit pied à terre à son tour et aussitôt deux valets s'approchèrent pour désarmer les deux chevaliers. La demoiselle leur fit apporter deux manteaux fourrés de petit-gris [18] qu'ils revêtirent. Quand vint l'heure de dîner, on servit un plantureux repas. La demoiselle prit place à côté de Gauvain. Pour rien au monde ils n'auraient voulu changer de logis dans l'espoir de trouver mieux car la demoiselle les reçut avec beaucoup d'égards et, tout au long de la soirée, elle leur tint une agréable compagnie.

Quand ils furent repus, on prépara au milieu de la salle deux lits hauts et longs. Près de ceux-ci s'en trouvait un troisième encore plus luxueux et plus richement paré car, ainsi que le prétend le conte, il offrait tout le confort qu'on puisse imaginer pour un lit. Quand vint le moment d'aller dormir, la demoiselle prit ses deux hôtes par le bras et les conduisit vers les deux grands lits en leur disant :

« C'est pour vous et pour votre bien-être qu'ont été préparés ces deux lits un peu retirés.

```
          mes an cest lit qui est deça
          ne gist qui desservi ne l'a.
475      Ne fu pas fez cist a voz cors. »
          Li chevaliers li respont lors
          (cil qui sor la charrete vint)
          qu'a desdaing et a despit tint
          la desfanse a la dameisele.
[29a]    « Dites moi, » fet il, « la querele
          por coi cist liz est an desfanse. »
          Cele respondi, pas ne panse,
          qui en ere apansee bien :
          « A vos, » fet ele, « ne tient rien
485      del demander ne de l'anquerre.
          Honiz est chevaliers an terre
          puis qu'il a esté an charrete ;
          si n'est pas droiz qu'il s'antremete
          de ce don vos m'avez requise,
490      entesmes ce que il i gise,
          qu'il le porroit tost comparer.
          Ne ge ne l'ai pas fet parer
          si richemant por vos colchier.
          Vos le comparrïez molt chier
495      se il vos venoit nes an pans. »
          « Ce verroiz vos, » fet il, « par tans. »
          « Jel verrai ? » — « Voire. » — « Or i parra ! »
          « Je ne sai qui le conparra, »
          fet li chevaliers, « par mon chief.
500      Cui qu'il enuit ne cui soit grief,
          an cestui lit voel ge jesir
          et reposer tot a leisir. »
          Maintenant qu'il fu deschauciez,
          el lit, qui fu lons et hauciez
505      plus des autres deus demie aune,
          se couche soz un samit jaune,
          un covertor d'or estelé.
          N'estoit mie de veir pelé
          la forreüre, ainz ert de sables ;
510      bien fust a oés un roi metables
          li covertors qu'il ot sor lui.
          Li liz ne fu mie de glui
```

Mais, dans ce lit
475 qui est devant nous, ne saurait reposer celui qui ne l'a
pas mérité. Il ne vous est pas destiné. »

Le chevalier qui était arrivé sur la charrette lui
répondit alors qu'il faisait peu de cas de sa défense :

« Dites-moi, fit-il, la raison pour laquelle ce lit nous
est interdit. »

Et celle-ci lui répondit du tac-au-tac, car elle avait
déjà mûri sa réponse :

« Ce n'est surtout pas à vous de poser des questions. Tout chevalier qui est monté sur une charrette
est déshonoré à jamais et il ne lui est pas permis de se
mêler d'adresser de telles requêtes et encore moins de
s'étendre sur ce lit car il pourrait sans tarder chère-
ment le payer. Je ne l'ai pas fait dresser aussi
luxueusement pour que vous vous y couchiez. Même
si vous n'en aviez que l'intention, cela pourrait vous
coûter cher !

— C'est ce que nous allons voir, fait-il, et avant
peu !

— Je le verrai ?

— Sans aucun doute.

— Eh bien, nous verrons ce qui se passera !

— Par ma tête, on verra bien qui le paiera ! Peu
500 m'importe celui qui s'en vexera, j'ai la ferme intention
de me coucher dans ce lit et d'y dormir à loisir. »

Il quitte ses chausses, monte sur le lit qui était plus
long et plus haut que les deux autres d'environ une
demi-aune, et il s'étend sur une courtepointe de soie
jaune richement brodée de fils d'or. La fourrure qui la
doublait n'avait rien à voir avec du petit-gris un peu
pelé : c'était de la zibeline. C'était là une couverture
digne du confort d'un roi[19]. Quant au matelas, il
n'avait pas été fabriqué avec du chaume,

ne de paille ne de viez nates.
A mie nuit de vers les lates
515 vint une lance come foudre,
le fer desoz, et cuida coudre
le chevalier parmi les flans
au covertor et as dras blans
et au lit la ou il gisoit.
520 En la lance un panon avoit
qui estoit toz de feu espris ;
el covertor est li feus pris
et es dras et el lit a masse.
[29b] Et li fers de la lance passe
525 au chevalier lez le costé,
si qu'il li a del cuir osté
un po, mes n'est mie bleciez.
Et li chevaliers s'est dreciez,
s'estaint le feu et prant la lance ;
530 enmi la sale la balance.
Ne por ce son lit ne guerpi,
einz se recoucha et dormi
tot autresi seüremant
com il ot fet premieremant.
535 L'andemain par matin, au jor,
la dameisele de la tor
lor ot fet messe apareillier,
ses fist lever et esveillier.
Quant an lor ot messe chantee,
540 as fenestres devers la pree
s'an vint li chevaliers pansis
(cil qui sor la charrete ot sis)
et esgardoit aval les prez.
A l'autre fenestre delez
545 estoit la pucele venue,
si l'i ot a consoil tenue
messire Gauvains an requoi
une piece. Ne sai de quoi ;
ne sai don les paroles furent.
550 Mes tant sor la fenestre jurent
qu'aval les prez lez la riviere
an virent porter une biere ;

de la paille
ou des vieilles nattes !

A minuit, des lattes du toit, jaillit comme la foudre,
et fer en avant, une lance qui faillit clouer le chevalier
par le flanc à la couverture, aux draps blancs et au lit
sur lequel il était couché. A la lance était fixée une
banderole en feu. Très vite le feu se communiqua à la
couverture, aux draps blancs et au lit entier. Et le fer
525 de lance est passé si près du flanc du chevalier qu'il lui
a enlevé un peu de peau sans toutefois le blesser
sérieusement. Il se redresse, éteint le feu, saisit la
lance et la jette au milieu de la salle. Mais il n'en
abandonna pas pour autant son lit : il se recoucha et se
rendormit aussi calmement qu'il l'avait fait la première fois.

Le lendemain matin, au lever du jour, la demoiselle
de la tour fit tout préparer pour célébrer la messe et
envoya ses gens réveiller ses hôtes qui se levèrent.
Après avoir entendu la messe, le chevalier qui était
arrivé dans la charrette vint s'accouder pensivement à
la fenêtre qui donnait sur la prairie et laissa son regard
errer sur la vallée. La demoiselle, elle, s'était installée
à la fenêtre voisine où Gauvain l'avait rejointe pour
l'entretenir en tête à tête pendant un long moment.
Je ne sais à quel sujet et j'ignore ce qu'ils purent
550 en dire. Mais, alors qu'ils étaient appuyés sur le
rebord de la fenêtre, ils virent en contrebas, près de la
rivière, passer une civière portée par deux chevaux

s'avoit dedanz un chevalier,
et delez ot duel grant et fier
555 que trois dameiseles feisoient.
Aprés la biere venir voient
une rote, et devant venoit
uns granz chevaliers qui menoit
une bele dame a senestre.
560 Li chevaliers de la fenestre
conut que c'estoit la reïne ;
de l'esgarder onques ne fine,
molt antentis et molt li plot,
au plus longuemant que il pot.
565 Et quant plus ne la pot veoir,
si se vost jus lessier cheoir
et trebuchier aval son cors ;
[29c] et ja estoit demis defors
quant messire Gauvains le vit ;
570 sel trait arrieres, se li dit :
« Merci, sire, soiez an pes !
Por Deu nel vos pansez jamés
que vos faciez tel desverie ;
a grant tort haez vostre vie. »
575 « Mes a droit, » fet la dameisele.
« Don n'iert seüe la novele
par tot de la maleürté
qu'il a en la charrete esté ?
Bien doit voloir qu'il fust ocis,
580 que mialz valdroit il morz que vis.
Sa vie est desormés honteuse
et despite et maleüreuse. »
Atant lor armes demanderent
li chevalier, et si s'armerent.
585 Et lors corteisie et proesce
fist la dameisele et largesce ;
que, quant ele ot asez gabé
le chevalier et ranponné,
si li dona cheval et lance
590 par amor et par acordance.
Li chevalier congié ont pris
come cortois et bien apris

sur
laquelle reposait un chevalier accompagné de trois
demoiselles qui laissaient éclater une grande douleur.
Derrière la civière suivait une petite troupe conduite
par un grand chevalier menant à sa gauche une dame
d'une grande beauté [20]. Le chevalier qui était accoudé
pensivement à la fenêtre reconnut la reine : il se mit à
la fixer intensément et comme en extase, aussi longtemps que cela lui fut possible. Et quand elle fut hors
de sa vue, il voulut se laisser choir dans le vide. Son
corps avait déjà à moitié basculé par la fenêtre lorsque
messire Gauvain s'en aperçut ; il le tira prestement en
arrière en lui disant :

« De grâce, sire, calmez-vous ! Ne vous mettez pas
pareille folie en tête. Vous avez tort de vous haïr à ce
point !

575   — Non, il a bien raison, fit la demoiselle. La
nouvelle de sa déchéance et de son transport dans la
charrette d'infâmie ne va-t-elle pas bientôt se répan-
dre partout ? Il doit bien souhaiter sa mort car cela
vaudrait mieux pour lui que de rester en vie. Sa vie est
désormais vouée à la honte, au désespoir et à l'oppro-
bre. »

Là-dessus les chevaliers réclamèrent leurs armures
et ils les endossèrent. La demoiselle fit alors preuve de
courtoisie et de générosité : après avoir ainsi autant
raillé et rabroué le chevalier, elle lui fit don d'un
cheval et d'une lance en témoignage de sympathie et
de réconciliation. Les deux chevaliers, en hommes
bien éduqués et courtois, prirent congé

a la dameisele, et si l'ont
salüee ; puis si s'an vont
595 si con la rote aler an virent ;
mes si fors del chastel issirent
c'onques nus nes i aparla.
Isnelemant s'an vont par la
ou la reïne orent veüe ;
600 n'ont pas la rote aconseüe,
qu'il s'an aloient eslessié.
Des prez antrent an un plessié
et truevent un chemin ferré.
S'ont tant par la forest erré
605 qu'il pot estre prime de jor,
et lors ont en un quarrefor
une dameisele trovee.
Si l'ont anbedui salüee,
et chascuns li requiert et prie,
610 s'ele le set, qu'ele lor die
ou la reïne an est menee.
Cele respont come senee,
et dit : « Bien vos savroie metre,
tant me porrïez vos prometre,
615 el droit chemin et an la voie,
et la terre vos nomeroie
et le chevalier qui l'en mainne.
Mes molt i covendroit grant painne
qui an la terre antrer voldroit !
620 Einz qu'il i fust molt se doldroit. »
Et messire Gauvains li dist :
« Dameisele, se Dex m'aïst,
je vos an promet a devise
que je mete an vostre servise
625 quant vos pleira tot mon pooir,
mes que vos m'an dites le voir. »
Et cil qui fu sor la charrete
ne dit pas que il l'an promete
tot son pooir, einçois afiche
630 (come cil cui Amors fet riche
et puissant et hardi par tot)
que, sanz arest et sanz redot,

de la demoi-
selle et, après l'avoir saluée, ils s'éloignèrent dans la
direction où la petite troupe avait disparu. Et ils
sortirent du château sans que personne ait eu l'occasion de leur adresser la parole.

Rapidement donc les deux chevaliers se sont dirigés
dans la direction où ils avaient vu la reine disparaître
600 mais ils n'ont pas réussi à réjoindre la petite troupe
qui devait chevaucher à bride abattue. Quittant la
prairie, ils pénétrèrent dans une forêt domaniale où ils
trouvèrent un chemin empierré. Longtemps ils chevauchèrent à travers la forêt et la journée était déjà
bien entamée lorsqu'ils rencontrèrent une demoiselle
à un carrefour[21]. Ils la saluent tous les deux et la
prient de leur dire où l'on a emmené la reine, si elle le
sait. Et, en personne avisée, elle leur répond :

« Si vous pouviez m'assurer de votre reconnais-
sance, je saurais bien vous mettre sur la bonne voie et
vous nommer aussi la terre où elle va et le chevalier
qui l'emmène. Mais il faudrait beaucoup de courage à
celui qui voudrait entrer dans ce pays car, avant d'y
être il aurait beaucoup à souffrir.

— Demoiselle, lui répondit messire Gauvain, Dieu
m'en soit témoin, je fais le serment de consacrer
625 toutes mes forces à vous servir dès que vous l'exigerez
à la seule condition que vous me révéliez la vérité. »

Quant à celui qui était monté sur la charrette, il ne
prit pas l'engagement solennel de la servir de toutes
ses forces, mais, en homme qui doit à Amour sa force,
sa hardiesse et sa fortune, il l'assura simplement que
sans hésitation ni crainte,

quanqu'ele voldra li promet
et toz an son voloir se met.
635 « Donc le vos dirai ge, » fet ele.
Lors lor conte la dameisele :
« Par foi, seignor, Meleaganz,
uns chevaliers molt forz et granz,
filz le roi de Gorre, l'a prise
640 et si l'a el rëaume mise
don nus estranges ne retorne,
mes par force el païs sejorne
an servitune et an essil. »
Et lors li redemande cil :
645 « Dameisele, ou est cele terre ?
Ou porrons nos la voie querre ? »
Cele respont : « Bien le savroiz,
mes — ce sachiez — molt i avroiz
ancombriers et felons trespas,
650 que de legier n'i antre an pas
se par le congié le roi non :
li rois Bademaguz a non.
Si puet l'en antrer totevoies
par deus molt perilleuses voies
655 et par deus molt felons passages.
Li uns a non : li Ponz Evages,
por ce que soz eve est li ponz,
et s'a des le pont jusqu'au fonz
autant desoz come desus,
660 ne de ça moins ne de la plus,
einz est li ponz tot droit en mi ;
et si n'a que pié et demi
de lé et autretant d'espés.
Bien fet a refuser cist mes,
665 et s'est ce li moins perilleus ;
mes il a assez antre deus
avantures don je me tes.
Li autre ponz est plus malvés
et est plus perilleus assez
670 qu'ainz par home ne fut passez,
qu'il est com espee tranchanz ;
et por ce trestotes les genz

il accéderait à ses désirs et qu'il s'en remettait à son bon vouloir.

« Alors je vais vous le dire », fit-elle.

Et elle leur tint les propos suivants :

« Par ma foi, seigneurs, c'est Méléagant, un chevalier de grande taille et d'une force peu commune, fils du roi de Gorre[22], qui l'a faite prisonnière et l'a conduite dans ce royaume dont nul étranger ne revient car il est contraint par la force d'y finir sa vie dans la servitude.

— Demoiselle, où est cette terre, questionna à nouveau celui que vous savez ; où pourrons-nous en trouver le chemin ?

— Vous allez le savoir, répondit-elle. Mais, sachez-le bien, votre route sera semée d'obstacles et d'embûches car on n'entre pas aisément dans ce pays si l'on n'a pas la permission expresse du roi qui se nomme Baudemagus. Pourtant on peut y pénétrer par deux routes périlleuses qui aboutissent à deux passages terriblement dangereux. L'un s'appelle le Pont-sous-les-eaux car il est entièrement sous l'eau et il y a autant d'eau au-dessous qu'au-dessus, ni plus ni moins : il est très exactement à mi-profondeur et il n'a qu'un pied et demi de large et autant d'épaisseur. Le traverser est un plaisir que l'on se refuse volontiers et pourtant c'est le passage le moins périlleux bien qu'il s'y passe maintes aventures dont je ne parlerai pas. L'autre pont est plus difficile d'accès et de loin beaucoup plus dangereux : jamais homme ne l'a franchi car il est tranchant comme une épée. C'est la raison pour laquelle tout le monde

l'apelent : le Pont de l'Espee.
La verité vos ai contee
675 de tant con dire vos an puis. »
Et cil li redemande puis :
« Dameisele, se vos daigniez,
ces deus voies nos anseigniez. »
Et la dameisele respont :
680 « Vez ci la droite voie au Pont
desoz Eve, et cele de la
droit au Pont de l'Espee an va. »
Et lors a dit li chevaliers,
cil qui ot esté charretiers ;
685 « Sire, je vos part sanz rancune :
prenez de ces deus voies l'une,
et l'autre quite me clamez ;
prenez celi que mialz amez. »
« Par foi, » fet messire Gauvains,
690 « molt est perilleus et grevains
li uns et li autres passages.
Del prandre ne puis estre sages,
je ne sai preu le quel je praigne ;
mes n'est pas droiz qu'an moi remaingne
695 quant parti m'an avez le geu :
au Pont desoz Eve me veu. »
« Donc est il droiz que je m'an voise
au Pont de l'Espee sanz noise, »
[29f] fet l'autres, « et je m'i otroi. »
700 Atant se departent tuit troi,
s'a li uns l'autre comandé
molt deboneiremant a Dé.
Et quant ele aler les an voit,
si dit : « Chascuns de vos me doit
705 un guerredon a mon gré randre
quele ore que jel voldrai prandre ;
gardez, ne l'obliez vos mie. »
« Nel ferons nos, voir, dolce amie, »
font li chevalier anbedui ;
710 atant s'an va chascuns par lui.

l'appelle le
⁶⁷⁵ Pont-de-l'épée²³. Je vous ai dit toute la vérité autant
qu'il en est en mon pouvoir de le faire. »

Et le même chevalier lui a encore demandé :

« Demoiselle, si vous le voulez bien, enseignez-
nous ces deux routes.

— Voici celle qui conduit directement au Pont-
sous-les-eaux, répondit la demoiselle, et voilà celle qui
mène tout droit au Pont-de-l'épée. »

Alors le chevalier qui avait voyagé dans la charrette
dit à son compagnon :

« Sire, je vous donne le choix sans arrière-pensée :
prenez l'une de ces deux routes et laissez-moi l'autre.
Choisissez celle que vous préférez.

— Ma foi, fit messire Gauvain, ces deux passages
sont l'un et l'autre fort dangereux et sans doute fort
dommageables. Je ne me sens guère capable de choisir
car je ne sais lequel j'aurais intérêt à prendre. Mais,
puisque vous m'avez proposé le choix, il n'est pas
séant que j'hésite : j'opte pour le Pont-sous-les-eaux.

— Alors il est juste que je me rende sans discuter
au Pont-de-l'épée, répondit l'autre, et j'y consens bien
volontiers. »

⁷⁰⁰ Ils se séparèrent tous les trois, se recommandant les
uns les autres de grand cœur à Dieu. En les voyant
partir, la demoiselle leur rappela :

« Chacun de vous me doit en retour un service de
mon choix à me rendre au moment où je l'aurai
décidé : prenez garde à ne pas l'oublier²⁴.

— Nous ne l'oublierons pas, soyez-en certaine,
douce amie », répondirent-ils tous les deux.

Et chacun s'éloigna dans la direction qu'il avait
choisie.

Et cil de la charrete panse
con cil qui force ne desfanse
n'a vers Amors qui le justise ;
et ses pansers est de tel guise
715 que lui meïsmes en oblie ;
ne set s'il est, ou s'il n'est mie ;
ne ne li manbre de son non ;
ne set s'il est armez ou non,
ne set ou va, ne set don vient.
720 De rien nule ne li sovient
fors d'une seule, et por celi
a mis les autres en obli ;
a cele seule panse tant
qu'il n'ot ne voit ne rien n'antant.
725 Et ses chevax molt tost l'en porte,
que ne vet mie voie torte,
mes la meillor et la plus droite ;
et tant par avanture esploite
qu'an une lande l'a porté.
730 An cele lande avoit un gué
et d'autre part armez estoit
uns chevaliers qui le gardoit ;
s'ert une dameisele o soi
venue sor un palefroi.
735 Ja estoit prés de none basse,
n'ancor ne se remuet ne lasse
li chevaliers de son panser.
Li chevax voit et bel et cler
le gué, qui molt grant soif avoit ;
740 vers l'eve cort quant il la voit.
Et cil qui fu de l'autre part
s'escrie : « Chevaliers, ge gart
[30a] le gué, si le vos contredi ! »
Cil ne l'antant ne ne l'oï,
745 car ses pansers ne li leissa ;
et totesvoies s'esleissa

Le chevalier de la charrette s'est enfoncé dans ses pensées comme un homme qu'Amour gouverne entièrement au point de le rendre sans force et sans défense. Il est tellement plongé dans ses pensées qu'il s'en oublie lui-même. Il ne sait s'il existe ou s'il n'existe pas ; il a oublié jusqu'à son nom ; il ne sait s'il est armé ou non ; il ne sait d'où il vient ni où il va. Il ne se souvient d'aucun visage, excepté d'un seul qui lui a fait reléguer tous les autres dans l'oubli. Il y pense si fort qu'il n'entend plus rien, ne voit plus rien ⁷²⁵ et ne réfléchit plus à rien. Et son cheval l'emporte à grande allure, en évitant les détours, par le chemin le plus direct et le meilleur. Et il fit tant et si bien que, par aventure, il le conduisit jusque dans une lande où coulait une rivière que l'on pouvait taverser par un gué [25]. De l'autre côté du gué, un chevalier armé de toutes pièces montait la garde, accompagné d'une demoiselle venue sur un palefroi. Il était déjà plus de midi et notre rêveur de chevalier n'était pas encore sorti de ses pensées. Son cheval, qui avait grand soif, vit l'eau claire et transparente ; sans attendre, il galopa vers le gué. Sur l'autre rive, une voix retentit :

« Chevalier, je garde ce gué et vous interdis formellement d'y entrer [26]. »

Mais le rêveur ne l'entendit même pas et ne lui prêta aucune attention : il restait confiné dans ses pensées. Et son cheval, qu'il laissait aller librement,

li chevax vers l'eve molt tost.
Cil li escrie que il l'ost :
« Lai le gué, si feras que sages,
750 que la n'est mie li passages ! »
Et jure le cuer de son vantre
qu'il le ferra se il i antre.
752a Mes li chevaliers ne l'ot mie,
et cil tierce foiz li escrie :
« Chevalier, n'antrez mie el gué
sor ma desfense et sor mon gré,
que par mon chief je vos ferrai
752f si tost come el gué vos verrai ! »
Cil panse tant qu'il ne l'ot pas ;
et li chevax eneslepas
755 saut an l'eve et del chanp se soivre,
par grant talant comance a boivre.
Et cil dit qu'il le conparra,
ja li escuz ne l'an garra
ne li haubers qu'il a el dos.
760 Lors met le cheval es galos
et des galoz el cors l'anbat,
et fiert celui si qu'il l'abat
enmi le gué tot estandu
que il li avoit desfandu.
765 Si li cheï tot a un vol
la lance et li escuz del col.
Quant cil sant l'eve, si tressaut ;
toz estormiz an estant saut
ausi come cil qui s'esvoille ;
770 s'ot et si voit et se mervoille
qui puet estre qui l'a feru.
Lors a le chevalier veü,
si li cria : « Vasax, por coi
m'avez feru — dites le moi —
775 quant devant moi ne vos savoie
ne rien mesfet ne vos avoie ? »
« Par foi, si avïez, » fet cil.
« Don ne m'eüstez vos molt vil
quant je le gué vos contredis
780 trois foiees et si vos dis
au plus haut que je poi crier ?
Bien vos oïstes desfier
au moins, fet cil, deus foiz ou trois,
et si antrastes sor mon pois,
785 et bien dis que je vos ferroie
tantost qu'an l'eve vos verroie. »

se précipita vers l'eau. Alors le gardien du gué lui
ordonna vivement de retenir sa monture :

« Laisse ce gué, tu feras preuve de sagesse, car ce
n'est pas là que l'on doit passer. »

750   Et il jure sur ce qu'il a de plus cher qu'il le frappera
s'il fait mine d'y entrer. Mais le rêveur ne l'entend
toujours pas. Une troisième fois le gardien lui crie :

« Chevalier n'entrez pas dans le gué contre ma
défense et ma volonté car, par ma tête, je vous
frapperai de ma lance dès que je vous y verrai
entrer ! »

Mais le rêveur est toujours si accaparé par ses
pensées qu'il ne l'entend pas et son cheval, d'un bond,
quitte la berge et saute dans l'eau où il commence à
s'abreuver goulûment. Le gardien du gué crie alors à
l'intrus qu'il va payer cher son insolence et que ni son
écu ni son haubert[27] ne le protégeront du châtiment.
Il lance son cheval au galop, pique droit sur lui et
le frappe si violemment qu'il l'étend de tout son long
au milieu du gué dont il lui défendait l'accès. Sous le
choc, la lance et l'écu du rêveur lui échappent et
volent dans l'eau. En sentant la brusque froideur de
l'eau, celui-ci tressaille et se relève d'un bond en
s'ébrouant comme un dormeur arraché au sommeil. Il
retrouve ses esprits et se demande avec étonnement
qui a bien pu le frapper. C'est alors qu'il aperçoit le
gardien du gué :

« Vassal[28], lui crie-t-il, pourquoi m'as-tu frappé,
775 alors que j'ignorais ta présence et ne t'avais en rien
porté préjudice ? Dis-le-moi.

— Si fait, répond celui-ci. Ne m'avez-vous pas
tenu pour moins que rien lorsque par trois fois je vous
ai interdit d'entrer dans le gué et encore en hurlant
autant que je l'ai pu ? Vous avez fort bien entendu
mon défi au moins deux fois si ce n'est trois. Et
pourtant malgré mon interdiction et ma menace de
vous frapper dès que je vous verrais franchir le gué,
vous êtes entré dans l'eau !

[30b] Li chevaliers respont adonques :
       « Dahez ait qui vos oï onques
       ne vit onques mes, qui je soie !
790 Bien puet estre — mes je pansoie —
       que le gué me contredeïstes.
       Bien sachiez que mar le feïstes
       se ge au frain une des mains
       vos pooie tenir au mains. »
795 Et cil respont : « Qu'an avandroit
       Tenir me porras orandroit
       au frain, se tu m'i oses prandre.
       Je ne pris pas plain poing de cendre
       ta menace ne ton orguel ! »
800 Et cil respont : « Je mialz ne vuel :
       que qu'il an deüst avenir,
       je t'i voldroie ja tenir. »
       Lors vient li chevaliers avant
       enmi le gué ; et cil le prant
805 par la resne a la main senestre
       et par la cuisse a la main destre.
       Sel sache et tire et si l'estraint
       si durement que cil se plaint,
       qu'il li sanble que tote fors
810 li traie la cuisse del cors.
       Se li prie que il le lest,
       et dit : « Chevaliers, se toi plest
       a moi conbatre par igal,
       pran ton escu et ton cheval
815 et ta lance, si joste a moi. »
       Cil respont : « Non ferai, par fói,
       que je cuit que tu t'an fuiroies
       tantost qu'eschapez me seroies. »
       Quant cil l'oï, s'en ot grant honte,
820 si li ra dit : « Chevaliers, monte
       sor ton cheval seüremant,
       et je te creant lëaumant
       que je ne ganchisse ne fuie,
       Honte m'as dite, si m'enuie. »
825 Et cil li respont autre foiz :

— Puissé-je être maudit si jamais je vous entendis ou vous vis ! Il est fort possible que vous m'ayez interdit l'accès du gué mais j'étais perdu dans mes pensées. Et sachez que vous vous repentiriez d'avoir agi ainsi si seulement je pouvais d'une main saisir votre cheval au mors !

— Et qu'arriverait-il ? répliqua le chevalier. Si tu l'oses, tu peux sur-le-champ essayer de saisir le mors de mon cheval. Je n'attache pas plus d'importance à ton arrogante menace qu'à une poignée de cendres !

800   — Je ne demande pas mieux ! Quoi qu'il en advienne, je voudrais l'avoir déjà saisi ! »

Alors l'autre s'avança jusqu'au milieu du gué. Vif comme l'éclair, celui qu'il avait frappé le saisit de la main gauche par la rêne et de la droite il lui agrippe la cuisse. Il la serre comme dans un étau et la tire avec une telle violence que l'autre gémit car il a l'impression qu'on la lui arrache du corps ; et il le supplie de le relâcher en lui disant :

« Chevalier, s'il te plaît de te mesurer à moi en égal, prends ton écu, ton cheval et ta lance et joute contre moi.

— Il n'en est pas question car, par ma foi, j'ai comme l'impression que tu prendrais la fuite dès que je t'aurais relâché ! »

En entendant ces mots, le gardien du gué blêmit de honte. Il rétorqua :

« Chevalier, enfourche ton cheval en toute quiétude : je m'engage loyalement à ne pas m'esquiver. Tu m'as injurié et j'en suis ulcéré. »

Mais celui qui le maintient encore fermement lui réplique :

       « Einz m'an iert plevie la foiz :
       se vuel que tu le me plevisses
       que tu ne fuies ne granchisses,
       et que tu ne me tocheras
830   ne vers moi ne t'aprocheras
[30c] tant que tu me verras monté.
       Si t'avrai fet molt grant bonté
       quant je te tieng, se ge te les. »
       Cil li plevist, qu'il n'an puet mes.
835   Et quant il en ot la fiance,
       si prant son escu et sa lance
       qui par le gué flotant aloient
       et totesvoies s'avaloient,
       s'estoient ja molt loing aval.
840   Puis revet prendre son cheval ;
       quant il l'ot pris et montez fu,
       par les enarmes prant l'escu
       et met la lance sor lo fautre ;
       puis point li uns ancontre l'autre
845   tant con cheval lor poeent randre.
       Et cil qui le gué dut desfandre
       l'autre premieremant requiert
       et si tres duremant le fiert
       que sa lance a estros peçoie.
850   Et cil fiert lui si qu'il l'envoie
       el gué tot plat desoz le flot,
       si que l'eve sor lui reclot.
       Puis se trest arriers et descent,
       car il an cuidoit bien tex cent
855   devant lui mener et chacier.
       Del fuerre treit le brant d'acier
       et cil saut sus, si treit le suen
       qu'il avoit flanbeant et buen.
       Si s'antrevienent cors a cors ;
860   les escuz ou reluist li ors
       traient avant et si s'an cuevrent ;
       les espees bien i aoevrent,
       qu'eles ne finent ne reposent ;
       molt granz cos antredoner s'osent
865   tant que la bataille a ce monte

825 « Avant, je veux que tu t'engages d'abord envers moi par un serment. Jure-moi que tu ne t'enfuiras pas, que tu ne me toucheras pas et que tu ne t'approcheras pas de moi tant que je ne serai pas monté à cheval. Je t'aurai fait une grande faveur en te lâchant alors que je te tiens. »

Le gardien du gué prêta serment car il n'avait pas d'autre solution et son adversaire, rassuré par la parole donnée, alla récupérer son écu et sa lance qui descendaient le courant en flottant au fil de l'eau et se trouvaient déjà assez loin, puis il revint prendre son cheval et sauta en selle. Il passa son bras dans les courroies de son écu et cala sa lance en arrêt sur l'arçon de sa selle. Alors ils éperonnèrent leurs chevaux et fondirent l'un sur l'autre aussi vite que leurs montures pouvaient galoper.

Celui qui avait pour charge de défendre le gué fut le premier à porter un coup à son adversaire et il le 850 frappa avec une violence telle que sa lance vola en éclats ; mais ce dernier riposte avec tant de vigueur qu'il l'envoie valser les quatre fers en l'air au milieu du gué où il est vite recouvert par les eaux. Après quoi l'auteur de cet exploit revint vers la rive où il mit pied à terre car il se sentait de taille à mettre en fuite devant lui cent adversaires du même acabit. Il tire du fourreau son épée d'acier pendant que l'autre se remet sur pied et dégaine à son tour une solide épée bien luisante. Ils se ruent au corps à corps, se protégeant de leurs écus incrustés d'or et, sans un instant de répit, font merveille de leurs épées. Ils se portent des coups terribles et la bataille se prolonge tant

qu'an son cuer en a molt grant honte
li chevaliers de la charrete,
et dit que mal randra la dete
de la voie qu'il a enprise
870 quant il si longue piece a mise
a conquerre un seul chevalier.
S'il an trovast en un val hier
tex sen, ne croit il pas ne panse
qu'il eüssent vers lui desfanse,
[30d] s'an est molt dolanz et iriez
quant il est ja si anpiriez
qu'il pert ses cos et le jor gaste.
Lors li cort sore et si le haste
tant que cil li ganchist et fuit ;
880 le gué, mes que bien li enuit,
et le passage li otroie.
Et cil le chace totevoie
tant que il chiet a paumetons ;
lors li vient sus li charretons,
885 si jure quanqu'il puet veoir
que mar le fist el gué cheoir
et son panser mar li toli.
La dameisele que o li
li chevaliers amenee ot ;
890 les menaces antant et ot ;
s'a grant peor et se li prie
que por li lest qu'il ne l'ocie.
Et il dit que si fera voir ;
ne puet por li merci avoir
895 que trop li a grant honte feite.
Lors li vient sus, l'espee treite ;
et cil dit qui fu esmaiez :
« Por Deu et por moi l'en aiez
la merci que je vos demant. »
900 Et cil respont : « Se Dex m'amant,
onques nus tant ne me mesfist
se por Deu merci me requist
que por Deu, si com il est droiz,
merci n'an eüsse une foiz.
905 Et ausi avrai ge de toi,

que le chevalier
de la charrette en ressent en son cœur une grande
honte. Il se dit qu'il tiendra bien mal la promesse qu'il
a faite en entrant dans la voie qu'il suit s'il lui faut
autant de temps pour vaincre un seul chevalier. Hier
encore, en eût-il rencontré cent de la même force en
un vallon qu'ils n'auraient pas été capables de lui
875 résister, pense-t-il ; et il en est tout attristé car il se
sent diminué et a l'impression de perdre ses coups et
de gaspiller sa journée. Alors il se jette sur l'autre et le
harcèle avec une vigueur[29] telle qu'il le contraint à
lâcher pied et à s'enfuir en lui abandonnant bien
malgré lui le passage du gué. Ce qui n'empêche pas le
chevalier de la charrette de le poursuivre jusqu'à ce
qu'il en tombe sur les mains d'épuisement, et de
bondir sur lui en jurant par tout ce qui lui passe par la
tête qu'il paiera cher pour l'avoir fait choir dans l'eau
du gué en le tirant brutalement de ses pensées.

La demoiselle que le gardien du gué avait amenée
avec lui entend les menaces que profère le chevalier de
la charrette ; elle en est effrayée et le supplie, pour
l'amour d'elle, d'épargner le vaincu. Mais il répond
qu'il n'en fera rien : il ne peut lui faire grâce car
l'insolent lui a infligé une trop grande honte. Et l'épée
nue, il s'approche du vaincu qui, tout épouvanté lui
demande :

— Pour l'amour de Dieu, et pour moi, accordez-lui
la grâce que moi aussi je vous demande.

900 — Aussi vrai que je crois profondément en Dieu[30],
je peux bien affirmer que jamais personne, aussi
déloyal qu'il ait été à mon égard, ne m'a demandé
grâce en Son Nom sans que je ne la lui accorde au
moins une fois pour l'amour de Lui, comme c'est
justice. De toi aussi j'aurai pitié

car refuser ne la te doi
des que demandee la m'as ;
mes ençois me fianceras
a tenir la ou ge voldrai
910 prison quant je t'an semondrai. »
Cil li plevi cui molt est grief.
La demeisele derechief
dit : « Chevaliers, par ta franchise,
des que il t'a merci requise
915 et tu otroiee li as,
se onques prison deslïas
deslie moi cestui prison.
Clainme moi quite sa prison,
[30e] par covant que quant leus sera
920 tel guerredon con toi pleira
t'an randrai selonc ma puissance. »
Et lors i ot cil conuissance
par la parole qu'ele ot dite :
si li rant le prison tot quite.
925 Et cele en a honte et angoisse
qu'ele cuida qu'il la conoisse,
car ele ne le volsist pas.
Et cil s'an part eneslepas ;
et cil et cele le comandent
930 a Deu et congié li demandent.
Il lor done, puis si s'an va

car je ne peux te refuser la grâce puisque tu l'as implorée. Mais avant, tu vas me promettre solennellement de te rendre prisonnier là où je le voudrai quand je t'en donnerai l'ordre. »

Le vaincu, qui en est mortifié, s'exécute. Mais la demoiselle ajoute :

« Chevalier, j'en appelle à ta générosité : puisque tu lui as fait grâce dès qu'il te l'a demandé, si jamais tu rendis la liberté à un prisonnier, accorde-moi la sienne. Pour moi déclare-le quitte de sa peine et je te promets qu'en retour tu recevras de moi au moment opportun la récompense qui te plaira si je peux te la donner. »

Alors le chevalier de la charrette comprit à ses paroles qui elle était [31] et il lui accorda la liberté du prisonnier. Celle-ci en ressentit une certaine gêne teintée d'angoisse car elle se douta qu'il l'avait reconnue, ce qu'elle aurait préféré éviter. Mais le chevalier avait hâte de les quitter ; la demoiselle et celui qu'il venait de libérer le recommandèrent à Dieu en prenant congé de lui et il se mit en route.

tant que de bas vespre trova
une dameisele venant,
molt tres bele et molt avenant,
935 bien acesmee et bien vestue.
La dameisele le salue
come sage et bien afeitiee,
et cil respont : « Sainne et heitiee,
dameisele, vos face Dex. »
940 Puis li dit : « Sire, mes ostex
vos est ici pres apareilliez,
se del prandre estes conseilliez.
Mes par itel herbergeroiz
que avoec moi vos coucheroiz —
945 einsi le vos ofre et presant. »
Plusor sont qui de ce presant
li randissent cinc cenz merciz,
et il an fu trestoz nerciz
et li a respondu tot el :
950 « Dameisele, de vostre ostel
vos merci ge, si l'ai molt chier ;
mes, se vos pleisoit, del couchier
me soferroie je molt bien. »
« Je n'an feroie autremant rien, »
955 fet la pucele, « par mes ialz. »
Et cil, des que il ne puet mialz,
l'otroie si com ele vialt ;
de l'otroier li cuers li dialt.
Quant itant seulemant le blesce,
960 molt avra au couchier tristesce ;
molt i avra travail et painne
la dameisele qui l'an mainne.
[30f] Espoir tant le puet ele amer,
ne l'en voldra quite clamer.
965 Puis qu'il li ot acreanté
son voloir et sa volenté,
si l'en mainne jusqu'an un baile —

LA DEMOISELLE ENTREPRENANTE

Comme le soir tombait, il rencontra une demoiselle qui venait dans sa direction. Elle était fort élégamment vêtue, très belle et d'un abord agréable. Elle le salua en personne bien éduquée et courtoise et lui répondit à son salut :

« Que Dieu vous accorde joie et santé, demoiselle. »

A quoi elle répondit :

« Sire, mon manoir, situé tout près d'ici, vous est ouvert si vous acceptez d'y être hébergé, à la seule condition que vous partagiez mon lit. Telle est mon offre. »

Beaucoup l'auraient mille fois remerciée d'un tel présent ! Mais lui s'en rembrunit et répondit aussitôt :

⁹⁵⁰ « Demoiselle, je vous sais gré de votre invitation. Croyez que je l'apprécie beaucoup. Mais si cela ne vous ennuyait pas, je me dispenserais volontiers de partager votre lit.

— Par la prunelle de mes yeux, répliqua la pucelle je regrette mais c'est tout ou rien ! »

Le chevalier, voyant qu'il ne pouvait la fléchir, accepta d'en passer par où elle voulait, mais cela lui brisait le cœur. Si cela suffit à le tourmenter, quelle ne sera pas sa tristesse au moment d'entrer dans le lit ! La demoiselle qui l'emmène en sera cruellement déçue. Peut-être même refusera-t-elle de le laisser aller, tellement elle semble éprise de lui ! Après donc qu'il l'eut assurée qu'il se plierait à ses désirs, elle l'entraîna vers une enceinte fortifiée.

n'avoit plus bel jusqu'an Thessaile,
qu'il estoit clos a la reonde
970 de hauz murs et d'eve parfonde;
et la dedanz home n'avoit
fors celui que ele atandoit.
Cele i ot fet por son repeire
asez de beles chanbres feire,
975 et sale molt grant et pleniere.
Chevauchant lez une riviere
s'an vindrent jusqu'au herberjage,
et an lor ot por le passage
un pont torneïz avalé.
980 Par sor le pont sont anz alé;
s'ont trovee la sale overte,
qui de tiules estoit coverte.
Par l'uis qu'il ont trové overt
antrent anz et voient covert
985 un dois d'un tablier grant et lé;
et sus estoient aporté
li mes et les chandoiles mises
es chandeliers totes esprises,
et li henap d'argent doré,
990 et dui pot, l'uns plains de moré
et li autres de fort vin blanc.
Delez le dois, au chief d'un banc,
troverent deus bacins toz plains
d'eve chaude a laver lor mains;
995 et de l'autre part ont trovee
une toaille bien ovree,
bele et blanche, as mains essuier.
Vaslet ne sergent n'escuier
n'ont trové leanz ne veü.
1000 De son col oste son escu
li chevaliers et si le pant
a un croc, et sa lance prant
et met sor un hantier an haut.
Tantost de son cheval jus saut
1005 et la dameisele del suen.

Jusqu'en Thessalie on
n'aurait pu trouver un plus beau lieu. Il était clos de
hauts murs et entouré de douves profondes. A
l'intérieur, pas un homme, excepté celui que la
demoiselle attendait [32].

Celle-ci, pour son usage personnel, avait fait construire en ces lieux un grand nombre de chambres
975 somptueusement décorées autour d'une salle d'appa-
rat aux vastes proportions. En suivant une rivière, ils
chevauchèrent jusqu'au manoir dont on abaissa le
pont-levis pour les laisser entrer. Ils franchirent le
pont et s'avancèrent vers la grande salle au toit de
tuiles dont la porte était ouverte. Ils pénétrèrent à
l'intérieur et virent une grande table recouverte d'une
longue et large nappe sur laquelle avaient été placés
des plats garnis, des chandeliers portant des flambeaux tout allumés et des hanaps en argent doré ainsi
que deux cruches remplies l'une de vin de mûre et
l'autre d'un capiteux vin blanc. Près de la table, au
bout d'un banc, ils trouvèrent, pour se laver les
mains, deux bassins emplis d'eau chaude et, à l'autre
bout du banc, une serviette richement ouvragée et
d'une blancheur éclatante pour s'essuyer. Mais ils
n'aperçurent aucun serviteur, ni valet, ni écuyer.
1000 Le chevalier enleva de son cou son écu et le
suspendit à un crochet puis il posa sa lance sur un
râtelier ; il sauta à bas de son cheval imité par la
demoiselle.

Au chevalier fu bel et buen
[3la] quant ele tant nel vost atendre
que il li eidast a descendre.
Tantost qu'ele fu descendue,
1010 Sanz demore et sanz atandue
tresqu'a une chanbre s'an cort ;
un mantel d'escarlate cort
li aporte, si l'en afuble.
La sale ne fu mie enuble,
1015 si luisoient ja les estoiles ;
mes tant avoit leanz chandoiles
tortices, grosses et ardanz,
que la clartez estoit molt granz.
Quant cele li ot au col mis
1020 le mantel, si li dit : « Amis,
veez ci l'aigue et la toaille ;
nus ne la vos ofre ne baille,
car ceanz fors moi ne veez.
Lavez voz mains, si asseez
1025 quant vos pleira et boen vos iert ;
l'ore et li mangiers le requiert,
si con vos le poez veoir.
Car lavez, s'alez asseoir. »
« Molt volantiers. » Et cil s'asiet
1030 et cele lez lui cui molt siet,
et mangierent ansanble et burent
tant que del mangier lever durent.
Quant levé furent del mangier,
dist la pucele au chevalier :
1035 « Sire, alez vos la fors deduire,
mes que il ne vos doie nuire ;
et seulemant tant i seroiz,
se vos plest, que vos panseroiz
que je porrai estre couchiee.
1040 Ne vos enuit ne ne dessiee.
que lors porroiz a tans venir
se covant me volez tenir. »
Et cil respont : « Je vos tendrai
vostre covant, si revandrai
1045 quant je cuiderai qu'il soit ore. »

Il apprécia fort qu'elle mît pied à terre
sans vouloir attendre son aide. Dès qu'elle fut descendue, elle partit sans attendre en courant vers une
chambre dont elle revint avec un court manteau de
fine écarlate qu'elle lui mit sur les épaules. La grande
salle n'était pas obscure et pourtant les étoiles lui-
saient déjà dans le ciel. Il y avait là tant d'énormes
flambeaux allumés que la clarté était presque aveu-
glante[33]. Quand la demoiselle lui eut attaché le
manteau au cou, elle dit au chevalier :

« Ami, voici l'eau et la serviette : il n'y a personne
pour vous les présenter selon la coutume car, vous le
1025 voyez, je suis seule ici. Lavez-vous donc les mains et
passez à table quand cela vous conviendra. Ainsi que
vous pouvez le constater, l'heure et ces plats préparés
vous y invitent. Allez ! Lavez-vous les mains et venez
vous asseoir !

— Très volontiers », fit-il.

Il prit place à table et elle s'assit près de lui avec
grand plaisir.

Ils mangèrent et burent de compagnie jusqu'à ce
qu'il fût temps de se lever de table.

Quand ils se furent relevés, la demoiselle dit au
chevalier :

« Sire, allez vous distraire un peu dehors si toutefois cela ne vous ennuie pas. D'ailleurs n'y restez que
le temps que vous jugez nécessaire pour que je puisse
me mettre au lit... je vous en prie. N'en soyez pas
contrarié ni blessé : vous pourrez revenir aussitôt
pour tenir la promesse que vous m'avez faite.

— Je tiendrai ma promesse, répondit-il, et je
reviendrai dès que je penserai qu'il en est temps. »

     Lors s'an ist fors et si demore
     une grant piece enmi la cort,
     tant qu'il estuet qu'il s'an retort —
     car covant tenir li covient.
1050 Arriere an la sale revient,
[31b] mes cele qui se fet s'amie
     ne trueve, qu'el n'i estoit mie.
     Quant il ne la trueve ne voit,
     si dit : « An quel leu qu'ele soit
1055 je la querrai tant que je l'aie. »
     Del querre plus ne se delaie
     por le covant que il li ot.
     En une chambre antre, si ot
     an haut crier une pucele ;
1060 et ce estoit meïsmes cele
     avoec cui couchier se devoit.
     Atant d'une autre chanbre voit
     l'uis overt et vient cele part
     et voit tot enmi son esgart
1065 c'uns chevaliers l'ot anversee,
     si la tenoit antraversee
     sor le lit, tote descoverte ;
     cele, qui cuidoit estre certe
     que il li venist en aïe,
1070 crioit an haut : « Aïe ! aïe !
     chevaliers — tu qui es mes ostes —
     se de sor moi cestui ne m'ostes,
1072a ne troverai qui le m'an ost ;
1072b et se tu ne me secors tost
     il me honira veant toi !
1075 Ja te doiz tu couchier o moi,
     si con tu m'as acreanté !
     Fera donc cist sa volenté
     de moi, veant tes ialz, a force ?
     Gentix chevaliers, car t'esforce,
     si me secor isnelemant ! »
1080 Cil voit que molt vileinnemant
     tenoit la dameisele cil
     descoverte jusqu'au nonbril,

Alors il sort dehors et passe un long moment à se promener dans la cour jusqu'à ce qu'il se sente obligé 1050 de rentrer, engagé qu'il est par la promesse faite. Il rentre dans la grande salle mais n'y voit pas celle qui s'est proposée à lui : elle a disparu. Ne la trouvant pas là, il se prend au jeu : en quelque lieu qu'elle soit, se dit-il, je la chercherai jusqu'à ce que je l'aie trouvée. Et prisonnier de la promesse faite, il se met à la chercher. Il pénètre dans une chambre et entend une femme pousser de grands cris : c'était précisément celle avec laquelle il s'était engagé à coucher ! Revenant sur ses pas il voit la porte d'une autre chambre ouverte ; il y court et, jetant les yeux dans la pièce, il voit qu'un chevalier a renversé la demoiselle en travers du lit et la tient sous lui, robe relevée. Celle-ci, assurée du secours de son hôte, criait à tue-tête :

« Au secours ! Au secours, chevalier ! Si toi qui es mon hôte, ne soulèves pas ce ribaud qui est couché sur moi, je ne trouverai personne pour le faire et si tu ne me portes pas secours au plus vite, il va me violer devant toi ! C'est à toi qu'il revient de coucher avec 1075 moi : tu me l'as promis[34] ! Le laisseras-tu donc faire ce qu'il veut de moi, et par la force, devant tes yeux ? Ah ! Gentil chevalier, presse-toi, viens vite à mon secours ! »

Le chevalier de la charrette rougit de honte en voyant le ribaud maintenir sous lui d'une manière aussi scandaleuse la jeune femme dénudée jusqu'à la ceinture

s'en a grant honte et molt l'en poise
quant nu a nu a li adoise.
1085 Si n'en ert mie talentos,
ne tant ne quant n'an ert jalos.
Mes a l'entree avoit portiers
trestoz armez : deus chevaliers
qui espees nues tenoient ;
1090 aprés quatre sergent estoient.
si tenoit chascuns une hache
tel don l'en poïst une vache
tranchier outre parmi l'eschine,
tot autresi con la racine
[31c] d'un genoivre ou d'une geneste.
Li chevaliers a l'uis s'areste
et dit : « Dex, que porrai ge feire ?
Meüz sui por si grant afeire
con por la reïne Guenievre.
1100 Ne doi mie avoir cuer de lievre
quant por li sui an ceste queste.
Se Malvestiez son cuer me preste
et je son comandemant faz,
n'ateindrai pas ce que je chaz.
1105 Honiz sui se je ci remaing.
Molt me vient or a grant desdaing,
quant j'ai parlé del remenoir —
molt en ai le cuer triste et noir.
Or en ai honte, or en ai duel
1110 tel que je morroie, mon vuel,
quant je ai tant demoré ci.
Ne ja Dex n'ait de moi merci
se jel di mie por orguel
et s'asez mialz morir ne vuel
1115 a enor que a honte vivre.
Se la voie m'estoit delivre,
quele enor i avroie gié
se cil me donoient congié
de passer oltre sanz chalonge ?
1120 Donc i passeroit, sanz mançonge,
ausi li pires hom qui vive ;

et la vue des deux corps nus, l'un forçant l'autre, le met hors de lui. Pourtant cela n'éveilla en lui aucun désir et il n'en ressentit pas la moindre jalousie. De plus, l'entrée de la chambre était gardée par deux portiers armés jusqu'aux dents : deux chevaliers qui avaient dégainé leur épée. Derrière eux se trouvaient quatre hommes d'armes munis chacun d'une hache capable de trancher d'un seul coup l'échine d'une vache aussi facilement qu'une racine de genévrier ou de genêt. Devant la porte, le chevalier de la charrette marqua un temps d'arrêt :

« Dieu, se dit-il, que puis-je faire ? C'est pour la reine Guenièvre que je me suis lancé dans une aussi périlleuse aventure. Et puisque c'est pour elle que j'ai entrepris cette quête, je ne dois pas me montrer aussi 1100 couard qu'un lièvre. Si lâcheté me dicte ses volontés et si je lui obéis, jamais je n'atteindrai ce que je poursuis. Honte à moi si je reste ici ! Le seul fait d'avoir parlé de rester m'irrite au plus haut point ; j'en ai le cœur rempli d'affliction ; ma honte et mon chagrin de m'être autant attardé ici sont tels que je voudrais en mourir. Et que Dieu me retire à jamais sa protection si je ne préfère pas mourir dans l'honneur plutôt que vivre dans la honte. Et je ne le dis pas par orgueil. Quel honneur aurais-je si la voie était libre et si ceux qui la gardent me laissaient passer outre sans la moindre opposition ? A coup sûr, même le plus poltron du monde y passerait tout aussi bien !

et je oi que ceste chestive
me prie merci molt sovant
et si m'apele de covant
1125 et molt vilmant le me reproche. »
Maintenant jusqu'à l'uis s'aproche
et bote anz le col et la teste ;
si regarde amont vers la feste,
si voit les espees venir ;
1130 adonc se prist a retenir.
Li chevalier lor cos ne porent
detenir, qu'esmeüz les orent :
an terre les espees fierent
si qu'anbedeus les peçoierent.
1135 Quant eles furent peçoiees,
moins en a les haches prisiees
et moins les an crient et redote.
Puis saut entr'ax, et fiert del cote
[31d] un sergent et un autre aprés.
1140 Les deus que il trova plus pres
hurte des codes et des braz
si qu'andeus les abat toz plaz ;
et li tierz a a lui failli,
et li quarz qui l'a asailli
1145 fiert si que le mantel li tranche
et la chemise et la char blanche
li ront anprés l'espaule tote,
si que li sans jus an degote.
Et cil qui rien ne se delaie
1150 ne se plaint mie de sa plaie,
einz vet et fet ses pas plus emples
tant qu'il aert parmi les temples
celui qui esforçoit s'ostesse.
(Randre li porra la promesse
1155 et son covant einz qu'il s'an aut.)
Volsist ou non, le dresce an haut ;
et cil qui a lui faillit ot
vient aprés lui plus tost qu'il pot
et lieve son cop derechief —
1160 sel cuide bien parmi le chief
jusqu'es danz de la hache fandre.

Et je ne
peux rester sourd aux appels au secours de cette
pauvre infortunée qui me rappelle ma promesse et me
1125 reproche honteusement de ne pas la tenir[35] ! »

Sur ces mots, il s'approche de la porte et passe la
tête à l'intérieur en levant les yeux vers le plafond. Il
voit les épées fondre sur lui ; vivement il se recule et
les chevaliers qui ne pouvaient retenir leur coup après
l'avoir déclenché, frappèrent le sol avec une telle
violence que leurs épées volèrent en éclats. Les épées
brisées, le chevalier de la charrette redoute beaucoup
moins les haches et ceux qui les tiennent. Il saute au
milieu d'eux et, jouant des coudes, il frappe un
homme d'armes puis un autre, les deux plus proches de
lui. A coups de coude et de poing, il les étend pour le
compte. Le troisième rate le coup qu'il lui porte mais
le quatrième, en l'attaquant, tranche d'un coup de
hache son manteau et sa chemise et lui fait une longue
estafilade sur la peau blanche près de l'épaule. Le
1150 sang en coule. Mais le chevalier de la charrette, sans
marquer d'arrêt et sans une plainte pour sa blessure,
s'avance à grandes enjambées vers le lit et saisit à
pleines mains par les tempes celui qui violentait son
hôtesse à laquelle il entend tenir sa promesse avant de
partir. Sans lui laisser le loisir de protester, il le relève
rudement cependant que le ribaud qui l'avait manqué
se précipitait derrière lui, hache levée. Il pensait la lui
abattre sur le crâne et le lui fendre jusqu'aux dents.

Et cil qui bien s'an sot desfandre
li tant le chevalier ancontre
et cil de la hache l'ancontre
1165 la ou l'espaule au col se joint,
si que l'un de l'autre desjoint.
Et li chevaliers prant la hache,
des poinz isnelemant li sache
et leisse cel que il tenoit,
1170 car desfandre le covenoit,
que li chevalier sus li vienent,
et cil qui les trois haches tienent
si l'asaillent molt crüelmant.
Et cil saut molt delivremant
1175 antre le lit et la paroi
et dit : « Or ça, trestuit a moi !
que s'or estïez vint et set,
des que ge ai tant de recet
si avroiz vos bataille assez.
1180 Ja n'en serai pas vos lassez ! »
Et la pucele qui l'esgarde
dit : « Par mes ialz, vos n'avez garde
[31e] d'or en avant la ou ge soie. »
Tot maintenant arriere anvoie
1185 les chevaliers et les sergenz ;
lors s'an vont tuit cil de laienz
sanz arest et sanz contredit ;
et la dameisele redit :
« Sire, bien m'avez desresniee
1190 ancontre tote ma mesniee.
Or an venez, je vos an main. »
An la sale en vont main a main ;
et celui mie n'abeli,
qu'il se soffrist molt bien de li.
1195 Un lit ot fet enmi la sale,
don li drap n'erent mie sale,
mes blanc et lé et delïé.
N'estoit pas de fuerre esmïé
la couche, ne de coutes aspres ;
1200 un covertor de deus dïaspres
ot estandu desor la couche.

Mais lui sut trouver la bonne parade : il présenta celui
qu'il maintenait au coup de son attaquant qui, laissant
retomber sa hache à la jointure du cou et de l'épaule,
sépara l'une de l'autre. Le chevalier de la charrette en
profita pour saisir la hache et l'arracher des mains de
son propriétaire, en laissant tomber le cadavre qu'il
maintenait encore. Il lui fallait songer à se défendre
car les deux gardiens fonçaient sur lui et les trois
hommes d'armes encore armés de haches l'assaillaient
avec vigueur. D'un bond preste, il se plaça entre le lit
et la muraille et cria à ses assaillants :

1175 « Holà, vous autres, approchez ! Seriez-vous vingt
et plus, maintenant que je suis bien abrité, vous allez
trouver à qui parler ! Ce n'est pas vous qui me
fatiguerez du combat ! »

C'est alors que la demoiselle, qui ne le quittait pas
des yeux, lui déclara :

« Par la prunelle de mes yeux, désormais vous
n'aurez plus rien à redouter en tout lieu où je serai. »

Et elle renvoya sur l'heure les deux chevaliers et les
hommes d'armes qui s'éloignèrent aussitôt sans protester[36].

« Sire, ajouta-t-elle, vous m'avez fort bien défendue
contre tous ceux de ma maison. Maintenant suivez-
moi, je vous emmène. »

La main dans la main, ils retournèrent dans la
grande salle ; mais le chevalier de la charrette n'en
était guère enchanté car il se serait bien passé d'une
telle compagnie ! Un lit avait été préparé au milieu de
la salle. Rien ne ternissait la blancheur de ses draps
larges et fins. Le matelas n'était point fait de vulgaire
paille hachée et la courtepointe était loin d'être rêche !
1200 En guise de couverture on avait étendu sur le lit deux
draps de soie à ramages.

Et la dameisele s'i couche,
mes n'oste mie sa chemise.
Et cil a molt grant poinne mise
1205 au deschaucier et desnüer :
d'angoisse le covint süer ;
totevoies parmi l'angoisse
covanz le vaint et si le froisse.
Donc est ce force ? Autant se vaut ;
1210 par force covient que il s'aut
couchier avoec la dameisele.
Covanz l'en semont et apele.
Et il se couche tot a tret,
mes sa chemise pas ne tret,
1215 ne plus qu'ele ot la soe feite.
De tochier a li molt se gueite,
einz s'an esloingne et gist anvers ;
ne ne dit mot ne c'uns convert
cui li parlers est desfanduz
1220 quant an son lit gist estanduz.
N'onques ne torne son esgart
ne devers li ne d'autre part.
Bel sanblant feire ne li puet.
Por coi ? Car del cuer ne li muet,
1225 qu'aillors a mis del tot s'antante —
mes ne pleist mie n'atalante
[31f] quanqu'est bel et gent a chascun.
Li chevaliers n'a cuer que un,
et cil n'est mie ancor a lui ;
1230 einz est comandez a autrui
si qu'il nel puet aillors prester.
Tot le fet an un leu ester
Amors, qui toz les cuers justise.
Toz ? Nel fet, fors cez qu'ele prise.
1235 Et cil s'an redoit plus prisier
cui ele daigne justisier.
Amors le cuer celui prisoit
si que sor toz le justisoit
et li donoit si grant orguel
1240 que de rien blasmer ne le vuel
s'il lait ce qu'Amors li desfant

La demoiselle s'y étendit
mais elle garda sa chemise. Quant au chevalier de la
charrette, il lui fut très pénible de se décider à se
déchausser et à se dévêtir. Il en ruisselait d'angoisse
mais le rappel de la parole donnée le contraignit à
passer outre. N'était-ce pas pour lui une contrainte ?
Pour tout dire, c'était quelque chose d'approchant. Il
lui fallait par force aller se coucher près de la
demoiselle : il était lié par la promesse donnée. Avec
lenteur, il entre dans le lit mais il ne retire pas sa
chemise, pas plus qu'elle-même ne l'avait fait[37]. Il
prend bien soin d'éviter de l'effleurer et s'allonge sur
le dos en prenant ses distances. Il ne dit pas un mot,
pas plus qu'un frère convers à qui la règle interdit de
parler quand il est allongé dans son lit. Pas une fois il
ne tourne son regard ni vers elle ni d'un autre côté. Il
ne peut lui faire bon visage. Pourquoi ? Parce que cela
1225 ne lui vient pas du cœur : il a placé ailleurs tous ses
attachements. Il n'est en rien attiré par tout ce qui est
beau et charmant pour tout autre. Le chevalier n'a
qu'un cœur et celui-ci ne lui appartient plus car il est
tout entier à la dévotion de quelqu'un d'autre. Aussi
ne peut-il l'ouvrir à quiconque. C'est Amour qui le
contraint à se fixer en un lieu unique, Amour, qui
règne sur tous les cœurs. Tous ? Non, seulement ceux
qu'il estime. Et celui qu'Amour daigne régenter doit
en retour s'en estimer davantage à ses propres yeux.
Et Amour estimait tant le cœur du chevalier de la
charrette qu'il le régentait de préférence à tout autre
et le comblait d'une telle fierté qu'il m'est difficile de
le blâmer s'il renonce à ce qu'Amour lui défend

et la ou ele vialt antant.
La pucele voit bien et set
que cil sa conpaignie het
1245 et volentiers s'an sofferroit,
ne ja plus ne li requerroit,
qu'il ne quiert a li adeser.
Et dit : « S'il ne vos doit peser,
sire, de ci me partirai ;
1250 en ma chambre couchier m'irai
et vos an seroiz plus a eise.
Ne cuit mie que molt vos pleise
mes solaz ne ma compaignie.
Nel tenez pas a vilenie
1255 se je vos di ce que je cuit.
Or vos reposez mes enuit,
que vos m'avez randu si bien
mon covant que nes une rien
par droit ne vos puis demander.
1260 Or vos voel a Deu comander,
si m'an irai. » Lors si se lieve.
Au chevalier mie ne grieve,
einz l'an leisse aler volentiers
con cil qui est amis antiers
1265 autrui que li. Bien l'aparçoit
la dameisele et bien le voit ;
si est an sa chanbre venue
et si se couche tote nue,
et lors a dit a li meïsmes :
1270 « Des lores que je conui primes
[32a] chevalier, un seul n'an conui
que je prisasse fors cestui
la tierce part d'un angevin.
Car si con ge pans et devin,
1275 il vialt a si grant chose antendre
q'ainz chevaliers n'osa enprendre
si perilleuse ne si grief ;
et Dex doint qu'il an veigne a chief ! »
Atan s'andormi et si jut
1280 tant que li jorz clers aparut.

et s'il
se complaît à suivre ses volontés.

La demoiselle se rend bien compte que le chevalier
de la charrette déteste sa compagnie et qu'il s'en
dispenserait volontiers ; elle voit bien aussi que jamais
il ne lui demandera plus car il ne cherche pas à la
prendre dans ses bras.

« Sire, lui dit-elle, si cela ne doit pas vous chagri-
1250 ner, je partirai d'ici. J'irai me coucher dans ma
chambre et vous n'en dormirez que mieux. Je ne
pense pas que vous soyez beaucoup attiré par ma
compagnie ni par les plaisirs qu'elle pourrait vous
apporter. Si je vous dis ce que je pense, ne le prenez
pas en mal. Maintenant, reposez-vous pendant le reste
de la nuit car vous avez si bien tenu la promesse que
vous m'aviez faite que je n'ai pas le droit de vous
demander plus. Mais avant de partir, je veux vous
recommander à Dieu. »

Là-dessus, elle se lève du lit. Le chevalier est loin
d'en être affecté : au contraire il la laisse partir avec
tout le plaisir de quelqu'un qui a mis son cœur
ailleurs. La demoiselle s'en rend parfaitement
compte. Arrivée dans sa chambre, elle se couche toute
nue en se disant en elle-même :

« Depuis que j'ai connu pour la première fois un
chevalier, je n'en ai jamais rencontré un seul, excepté
celui-ci, que j'aie estimé plus qu'un tiers de denier
1275 angevin [38]. Comme je crois le deviner, il doit vouloir
se consacrer à un exploit tel que jamais chevalier n'osa
en entreprendre d'aussi pénible et périlleux. Fasse
Dieu qu'il réussisse ! »

Alors elle sombra dans le sommeil et dormit
jusqu'aux premières lueurs du jour.

Tot maintenant que l'aube crieve
isnelemant et tost se lieve.
Et li chevaliers si resvoille,
si s'atorne et si s'aparoille
1285 et s'arme que nelui n'atant.
La dameisele vient atant,
si voit qu'il est ja atornez.
« Boens jorz vos soit huit ajornez, »
fet ele quant ele le voit.
1290 « Et vos, dameisele, si soit, »
fet li chevaliers d'autre part.
Et cil dit que molt li est tart
qu'an li ait son cheval fors tret.
La pucele amener li fet
1295 et dit : « Sire, je m'an iroie
o vos grant piece an ceste voie,
se vos mener m'an osïez
et conduire m'i devïez
par les us et par les costumes
1300 qui furent ainz que nos ne fumes
el reaume de Logres mises. »
Les costumes et les franchises
estoient tex a cel termine
que dameisele ne meschine,
1305 se chevaliers la trovast sole,
ne plus qu'il se tranchast la gole
ne feïst se tote enor non,
s'estre volsist de boen renon.
Et s'il l'esforçast, a toz jorz
1310 an fust honiz an totes corz.
Mes se ele conduit eüst
uns autres, se tant li pleüst
qu'a celui bataille an feïst
et par armes la conqueïst,
[32b] sa volenté an poïst faire
sanz honte et sanz blasme retraire.

Aux premières lueurs de l'aube, elle se leva bien vite. Le chevalier aussi s'était réveillé, préparé, habillé et s'était armé sans attendre l'aide de quiconque. En arrivant, la demoiselle vit qu'il était déjà tout équipé.

« Puissiez-vous avoir aujourd'hui une belle journée ! » fit-elle en le voyant. Ce à quoi il répondit :

« Qu'il en soit de même pour vous, demoiselle. » Et il ajouta qu'il avait hâte qu'on sorte son cheval de l'écurie. La demoiselle le lui fit amener et lui demanda :

« Sire, je vous accompagnerais volontiers pendant un long moment si vous osiez m'emmener et si vous acceptiez de m'escorter en respectant les us et cou-
1300 tumes qu'on établit bien avant nous au royaume de Logres[39]. »

Lesdites coutumes étaient telles à cette époque que si un chevalier venait à rencontrer une demoiselle esseulée, de quelque condition qu'elle soit, il aurait préféré se trancher la gorge plutôt que ne pas la traiter avec respect et courtoisie, tout au moins s'il tenait à sa bonne renommée car s'il lui avait fait violence, il en aurait à jamais été honni dans toutes les cours. Mais, par contre, s'il s'était engagé à l'escorter et qu'un autre ait eu envie de la lui disputer et la lui ravisse, alors ce dernier pouvait disposer d'elle à son gré sans en encourir ni honte ni blâme.

Por ce la pucele li dist
que, se il l'osast ne volsist
par ceste costume conduire
1320 que autres ne li poïst nuire,
qu'ele s'an alast avoec lui.
Et cil li dit : « Ja nus enui
ne vos fera, ce vos otroi,
que premiers ne le face moi. »
1325 « Dons i voel ge, » fet ele, « aler. »
Son palefroi fet anseler ;
tost fu ses comandemanz fez :
li palefroiz li fu fors trez
et li chevax au chevalier.
1330 Andui montent sanz escuier,
si s'an vont molt grant aleüre.
Cele l'aresne et il n'a cure
de quanque ele l'aparole,
einçois refuse sa parole :
1335 pansers li plest, parlers li grieve.
Amors molt sovant li escrieve
la plaie que feite li a ;
onques anplastre n'i lïa
por garison ne por santé,
1340 qu'il n'a talant ne volanté,
d'emplastre querre ne de mire,
se sa plaie ne li anpire ;
mes celi queroit volantiers...
Tant tindrent voies et santiers
1345 si con li droiz chemins les mainne
qu'il vienent pres d'une fontainne.
La fontainne est enmi uns prez
et s'avoit un perron delez.
Sor le perron qui ert iqui
1350 avoit oblïé ne sai qui
un peigne d'ivoire doré.
Onques des le tens Ysoré
ne vit si bel sages ne fos.
Es danz del peigne ot des chevos
1355 celi qui s'an estoit peigniee
remés bien demie poigniee.

C'est pour cette raison
que la demoiselle dit au chevalier de la charrette que
s'il était assez hardi pour accepter de l'escorter en
respectant cette coutume afin de la protéger de qui
pourrait lui nuire, elle partirait avec lui[40].

« Je vous promets que personne ne vous causera de
désagrément avant de m'en causer d'abord à moi,
répondit-il.

1325   — Alors je veux bien vous accompagner. »

Elle ordonne alors que l'on selle son palefroi, ce qui
est fait sur l'heure. Le palefroi de la demoiselle et le
cheval du chevalier sont amenés de concert. Tous les
deux montent en selle sans l'aide d'aucun écuyer et ils
piquent des deux.

La demoiselle cherche à engager la conversation
mais lui n'a cure de tout ce qu'elle peut dire et reste
muet. Parler l'importune car il préfère s'enfoncer
dans ses pensées. Amour ravive fréquemment la plaie
qu'il lui a faite. Jamais on n'y mit d'emplâtre pour la
guérir et lui faire recouvrer la santé car le blessé n'a
cure des remèdes et des médecins tant que sa plaie ne
porte pas atteinte à sa vie ; on dirait au contraire qu'il
recherche avec délectation à en souffrir...

En parcourant route après route, sentier après
sentier, par la voie la plus directe, ils vinrent à passer
près d'une fontaine. Celle-ci se trouvait au milieu d'un
pré et tout proche d'elle se dressait un perron de
1350 pierre. Sur ce perron quelqu'un avait oublié un peigne
d'ivoire ouvragé d'or. Jamais, depuis le temps du
géant Ysoré[41], personne, sage ou fou, n'en vit d'aussi
beau. Dans les dents du peigne brillaient des cheveux : celle qui s'en était servie en avait bien laissé
une demi-poignée.

Qant la dameisele parçoit
la fontainne et le perron voit,
[32c] se ne volt pas que cil la voie,
1360 einz se mist en une autre voie.
Et cil, qui se delite et pest
de son panser qui molt li plest,
ne s'aparçoit mie si tost
que ele fors sa voie l'ost ;
1365 mes quant il s'est aparceüz,
si crient qu'il ne soit deceüz,
qu'il cuide que ele ganchisse
et que fors de son chemin isse
por eschiver aucun peril.
1370 « Ostez, dameisele, » fet il,
« N'alez pas bien ; venez deça.
Onques ce cuit ne s'adreça
qui fors de cest chemin issi. »
« Sire, nos irons mialz par ci, »
1375 fet la pucele, « bien le sai. »
Et cil li respont : « Je ne sai,
dameisele, que vos pansez ;
mes ce poez veoir asez
que c'est li droiz chemins batuz.
1380 Des que ge m'i sui anbatuz,
je ne tornerai autre san ;
mes, s'il vos plest, venez vos an,
que g'irai ceste voie adés. »
Lors s'an vont tant qu'il vienent pres
1385 del perron et voient le peigne.
« Onques certes don moi soveigne, »
fet li chevaliers, « mes ne vi
tant bel peigne con je voi ci. »
« Donez le moi, » fet la pucele.
1390 « Volentiers, » dit il, « dameisele. »
Et lors s'abeisse et si le prant.
Quant il le tint, molt longuemant
l'esgarde et les chevox remire ;
et cele an comança a rire.
1395 Et quant il la voit, se li prie
por qu'ele a ris qu'ele li die ;

Quand la demoiselle aperçut la fontaine et le perron, elle voulut empêcher le chevalier de les voir et prit une autre direction. Et celui-ci, qui se délectait à suivre des pensées qui le remplissaient d'aise, ne s'aperçut pas sur-le-champ qu'elle l'avait dévié de sa route. Mais quand il y prit garde, il craignit d'avoir été trompé et pensa qu'elle l'avait détourné de son chemin pour éviter quelque danger.

« Holà ! demoiselle, fit-il, vous n'allez pas du bon côté, revenez par là. Je pense que si l'on sort de ce chemin-ci, on risque de se fourvoyer à jamais dans une mauvaise direction.

1375 — Sire, répondit-elle, nous cheminerons mieux par ici ; j'en suis certaine.

— Je ne sais ce que vous avez en tête, demoiselle, mais il est facile de voir que là est le bon chemin : le sol battu en témoigne. Et puisque j'ai commencé à le suivre, je ne changerai pas de direction. Allez ! s'il vous plaît, venez, car je suivrai cette route sans en dévier le moins du monde. »

Alors ils continuent d'avancer et s'approchent du perron sur lequel ils voient le peigne.

« Jamais, certes, autant qu'il m'en souvienne, je n'ai vu de peigne aussi beau que celui-ci, fait le chevalier.

— Donnez-le-moi, demande alors la jeune femme.

— Volontiers, demoiselle. »

Il se pencha de son cheval et le prit. Quand il le tint entre ses mains, il le regarda longuement, comme en extase devant les cheveux. La demoiselle se mit à rire. En la voyant, il la pria de lui dire pourquoi elle riait.

et cele dit : « Teisiez vos an ;
ne vos an dirai rien oan. »
« Por coi ? » fet il. « Car je n'ai cure. »
1400 Et quant cil l'ot, si li conjure
come cil qui ne cuidoit mie
qu'amie ami, n'amis amie
[32d] doient parjurer a nul fuer :
« Se vos rien nule amez de cuer,
1405 dameisele, de par celi
vos conjur et requier et pri
que vos plus ne le me celez. »
« Trop a certes m'an apelez, »
fet ele, « si le vos dirai.
1410 De rien nule n'an mantirai :
cist peignes, se j'onques soi rien,
fut la reïne — jel sai bien.
Et d'une chose me creez
que les chevox que vos veez,
1415 si biax, si clers et si luisanz,
qui sont remés antre les danz,
que del chief la reïne furent.
Onques en autre pré ne crurent. »
Et li chevaliers dit : « Par foi,
1420 assez sont reïnes et roi —
mes de la quel volez vos dire ? »
Et cele dit : « Par ma foi, sire,
de la fame le roi Artu. »
Quant cil l'ot, n'a tant de vertu
1425 que tot nel coveigne ploier ;
par force l'estut apoier
devant a l'arçon de la sele.
Et quant ce vit la dameisele,
si s'an mervoille et esbaïst,
qu'ele cuida que il cheïst.
S'ele ot peor ne l'en blasmez,
qu'ele cuida qu'il fust pasmez.
Si ert il, autant se valoit ;
molt po de chose s'an failloit
1435 qu'il avoit au cuer tel dolor

Mais elle lui répondit :

« Ne posez pas de questions ; je ne vous répondrai pas maintenant.

— Pourquoi ?

— Parce que je n'en ai pas envie ! »

1400 A ces mots, le chevalier la conjura de lui répondre, en homme qui pensait impossible qu'une amie puisse refuser de parler à son ami et réciproquement :

« Si quelqu'un vous est cher, demoiselle, je vous conjure en son nom de ne pas me le cacher davantage.

— Puisque vous me le demandez avec une telle insistance, fit-elle, je vais vous le dire sans vous mentir d'un mot. Ce peigne, autant que je le sache, appartenait à la reine. J'en suis certaine. Et, croyez-moi, ces cheveux que vous voyez, si beaux, si blonds et si brillants, ces cheveux qui sont restés entre les dents du peigne, se trouvaient sur la tête de la reine. Jamais ils n'ont poussé en un autre lieu.

— Par ma foi, dit le chevalier, il y a beaucoup de rois et de reines. De laquelle voulez-vous parler ?

— Par ma foi, sire, de la femme du roi Arthur ! »

En entendant ces mots, le chevalier, trahi par ses 1425 forces, ne put se retenir de fléchir en avant ; il lui fallut s'appuyer au pommeau de sa selle. Devant une telle réaction, la demoiselle fut des plus étonnées : elle crut qu'il allait tomber. Si elle eut peur, ne l'en blâmez pas car elle crut qu'il perdait connaissance. Et c'était le cas ou tout comme ! Il s'en fallut de bien peu car il avait ressenti un tel coup au cœur

que la parole et la color
ot une grant piece perdue.
Et la pucele est descendue
et si cort quanqu'ele pot corre
1440 por lui retenir et secorre,
qu'ele ne le volsist veoir
por rien nule a terre cheoir.
Quant il la vit, s'en ot vergoigne,
si li a dit : « Por quel besoigne
1445 venistes vos ci devant moi ? »
Ne cuidiez pas que le porcoi
[32e] la dameisele l'an conoisse,
qu'il an eüst honte et angoisse
et si li grevast et neüst
1450 se le voir l'en reconeüst.
Si s'est de voir dire gueitiee,
einz dit come bien afeitiee :
« Sire, je ving cest peigne querre,
por ce sui descendue a terre —
1455 que de l'avoir oi tel espans,
ja nel cuidai tenir a tans. »
Et cil, qui vialt que le peigne ait,
li done et les chevox an trait
si soëf que nul n'an deront.
1460 Jamés oel d'ome ne verront
nule chose tant enorer,
qu'il les comance a aorer
et bien cent mile foiz les toche
et a ses ialz et a sa boche,
1465 et a son front et a sa face.
N'est joie nule qu'il n'an face :
molt s'an fet liez, molt s'an fet riche.
An son sain pres del cuer les fiche,
entre sa chemise et sa char.
1470 N'en preïst pas chargié un char
d'esmeraudes ne d'escharboncles ;
ne cuidoit mie que reoncles
ne autres max jamés le praingne ;
dïamargareton desdaigne
1475 et pleüriche et tirïasque,

qu'il en
demeura longtemps sans voix et sans couleur. La
demoiselle sauta à terre et courut vers lui aussi vite
qu'elle le put afin de le retenir et de lui porter secours
car, pour rien au monde elle n'aurait voulu le voir
tomber à terre. Quand il la vit se précipiter ainsi, le
chevalier se sentit tout honteux et lui demanda :

« Qu'êtes-vous venue faire ici, devant moi ? »

Ne croyez pas que la demoiselle lui en avoue la
véritable raison car il aurait été bien honteux et même
piqué au vif si elle lui avait dit la vérité. Elle s'est donc
1450 bien gardée de la lui dire. En femme avisée, elle s'est
bornée à lui répondre :

« Sire, si je suis descendue à terre, c'est pour venir
chercher ce peigne car j'avais un tel désir de l'avoir
que je ne pensais pas m'en saisir assez vite. »

Le chevalier, qui ne s'oppose pas à ce qu'elle ait le
peigne, le lui donne mais après en avoir retiré les
cheveux avec une telle douceur qu'il n'en brise pas un
seul. Jamais on ne verra porter tant de dévotion à quoi
que ce soit ! Il commence à les vénérer avec extase :
plus de cent mille fois, il les touche, les porte à ses
yeux, à sa bouche, à son front, à toutes les parties de
son visage ; il marque un bonheur extrême à les
posséder : ils sont sa joie, sa richesse. Il les place entre
sa chemise et sa peau, contre son sein, près de son
cœur ; il ne les aurait pas donnés contre un chariot
plein d'émeraudes et d'escarboucles. Il ne redoutait
plus désormais d'être affligé d'ulcères ou d'autres
maux ; il n'a plus que mépris pour les remèdes
1475 miracles, les élixirs et la thériaque

neïs saint Martin et saint Jasque !
Car an ces chevox tant se fie
qu'il n'a mestier de lor aïe.
Mes quel estoient li chevol ?
1480 Et por mançongier et por fol
m'an tanra l'en, se voir an di :
quant la foire iert plainne au Lendi
et il i avra plus avoir,
nel volsist mie tot avoir
1485 li chevaliers — c'est voirs provez —
si n'eüst ces chevox trovez.
Et se le voir m'an requerez,
ors cent mile foiz esmerez
et puis autantes foiz recuiz
1490 fust plus oscurs que n'est la nuiz
contre le plus bel jor d'esté
[32f] qui ait an tot cest an esté,
qui l'or et les chevols veïst,
si que l'un lez l'autre meïst.
1495 Et que feroie ge lonc conte ?
La pucele molt tost remonte
atot le peigne qu'ele an porte ;
et cil se delite et deporte
es chevox qu'il a en son saing.
1500 Une forest aprés le plaing
truevent et vont par une adresce
tant que la voie lor estresce,
s'estut l'un aprés l'autre aler,
qu'an ni poïst mie mener
1505 deus chevax por rien coste a coste.

et même pour saint
Martin et saint Jacques ! Car il a une telle confiance en
ces cheveux qu'il n'a pas besoin d'une autre aide !
Mais quelles étaient donc les vertus de ces cheveux ?
On me tiendra sans doute pour fou ou pour menteur si
j'en dis la vérité. Prenez la foire du Lendit [42] quand
elle bat son plein, au moment où il y a le plus de
marchandises : eh bien le chevalier aurait préféré tout
refuser, c'est la vérité, plutôt que de n'avoir pas
trouvé ces cheveux ! Et si vous me demandez de tout
vous dire à leur sujet, je vous dirai qu'à côté de ces
cheveux, si toutefois on pouvait les en rapprocher, l'or
cent mille fois affiné et autant de fois refondu dans un
creuset pour le purifier, paraîtrait aussi sombre que la
nuit à côté du jour le plus ensoleillé de tout cet été.
Mais pourquoi en parler davantage ?

La demoiselle remonte vite en selle en serrant
précieusement le peigne entre ses mains et le chevalier
pour sa part exulte de bonheur en pressant les
1500 cheveux contre son sein. Ils quittent le terrain découvert et pénètrent dans une forêt ; ils suivent un sentier
qui va en se rétrécissant et les contraint à chevaucher
l'un derrière l'autre car deux chevaux n'y peuvent
avancer de front.

La pucele devant son oste
s'an vet molt tost la voie droite.
La ou la voie ert plus estroite
voient un chevalier venant.
1510 La dameisele maintenant.
de si loing com ele le vit,
l'a coneü et si a dit :
« Sire chevaliers, veez vos
celui qui vient ancontre nos
1515 toz armez et prez de bataille ?
Il m'an cuide mener sanz faille
avoec lui sanz nule desfanse ;
ce sai ge bien que il le panse,
qu'il m'ainme et ne fet pas que sages,
1520 et par lui et par ses messages
m'a proiee molt a lonc tans.
Mes m'amors li est an desfans,
que por rien amer nel porroie —
si m'aïst Dex, einz me morroie
1525 que je l'amasse an nul androit !
Je sai bien qu'il a orandroit
si grant joie et tant se delite
con s'il m'avoit ja tote quite.
Mes or verrai que nos feroiz !
1530 Or i parra se preuz seroiz,
or le verrai, or i parra
se vostre conduiz me garra.
Se vos me poëz garantir,
donques dirai ge sanz mantir
1535 que preuz estes et molt valez. »
[33a] et il li dit : « Alez, alez. »
Et ceste parole autant vaut
con se il deïst : « Po m'an chaut,
que por neant vos esmaiez
1540 de chose que dite m'aiez. »

La demoiselle avançait d'un bon train précédant son hôte. A l'endroit où la voie était la plus étroite, ils virent venir au-devant d'eux un chevalier. D'aussi loin qu'elle le vit, la demoiselle le reconnut et dit à son compagnon :

« Sire chevalier, voyez-vous celui qui vient à notre rencontre, armé de pied en cap et prêt à la bataille ? Il est persuadé de pouvoir m'emmener avec lui sans que personne ne l'en empêche [43] ; je sais fort bien ce qu'il pense car il est amoureux de moi, l'insensé, et depuis bien longtemps il me poursuit de ses assiduités et m'envoie messager sur messager. Mais mon cœur se refuse à lui : pour rien au monde je ne pourrais l'aimer. Dieu m'en soit témoin, je préférerais mourir plutôt que de lui céder tant soit peu. Je suis certaine
1525 qu'en ce moment il se réjouit comme s'il m'avait déjà toute à lui ! Je vais bien voir comment vous allez vous comporter ; on va pouvoir avant peu tester votre valeur et votre courage. Je saurai bientôt si votre escorte suffit à assurer ma protection. Si vous réussissez à me sauver, alors je pourrai dire sans mentir que vous êtes un chevalier des plus valeureux. »

Et lui se borne à lui répliquer : « Allez ! Allez ! », ce qui revenait à dire : « Peu me chaut tout ce que vous pouvez me dire ! Vous vous tourmentez sans raison. »

Que que il vont ensi parlant,
ne vint mie cele part lant
li chevaliers qui venoit seus
les granz galoz ancontre aus deus.
1545 Et por ce li plest a haster
qu'il ne cuide mie gaster
et por boens eürez se clainme
quant la rien voit que il plus ainme.
Tot maintenant que il l'aproche,
1550 de cuer la salue et de boche
et dit : « La riens que je plus vuel,
don moins ai joie et plus me duel,
soit bien veignanz don qu'ele veingne. »
N'est mie droiz que cele teingne
1555 vers lui sa parole si chiere
que ele ne li rande arriere,
au moins de boche, son salu.
Molt a au chevalier valu
quant la pucele le salue,
1560 qui sa boche pas n'en palue
ne ne li a neant costé.
Et s'il eüst tres bien josté
cele ore a un tornoiemant
ne s'an prisast il mie tant,
1565 ne ne cuidast avoir conquis
ne tant d'enor ne tant de pris.
Por ce que mialz s'an ainme et prise
l'a par la resne del frain prise,
et dit : « Or vos an manrai gié —
1570 molt ai hui bien et droit nagié,
qu'a molt boen port sui arivez.
Or sui ge toz descheitivez :
de peril sui venuz a port,
de grant enui a grant deport,
1575 de grant dolor a grant santé.
Or ai tote ma volanté,
qant en tel meniere vos truis
qu'avoec moi mener vos an puis
[33b] orandroit, que n'i avrai honte. »
1580 Et cele dit : « Rien ne vos monte,

Pendant qu'ils échangeaient ces propos, l'assaillant fondait sur eux à bride abattue. Il se hâte d'autant plus qu'il croit ne courir aucun risque et s'estime chanceux de rencontrer celle qu'il aime plus que tout. En l'abordant, il la salue avec des mots qui lui
1550 viennent du fond du cœur :

« Que celle que je désire le plus au monde et qui m'a causé le moins de joie et le plus de peine soit la bienvenue, d'où qu'elle vienne ! »

La jeune femme n'a aucune raison d'être avare de ses paroles au point de ne pas daigner lui rendre son salut, ne serait-ce que du bout des lèvres. Et le chevalier est comblé d'entendre ce salut qui n'a rien coûté à la demoiselle ni ne lui a en rien sali les lèvres. Si, à cet instant-là il avait brillamment remporté une joute à un tournoi, il n'aurait pas été plus content de lui et n'aurait pas pensé avoir gagné autant d'honneur et de renommée. Rendu plus sûr de lui par cette bouffée de vanité, il saisit le palefroi de la jeune femme par la bride et lui dit :

« Maintenant je vais vous emmener. Décidément aujourd'hui j'ai fort bien mené ma barque car je suis arrivé tout droit à bon port ! Me voici libéré de mes tourments : je suis enfin parvenu au bout de mes tracas ; ma profonde tristesse cède la place à une grande joie et tous mes maux sont guéris. J'ai
1575 maintenant tout ce que je voulais puisque je vous ai rencontrée en des circonstances qui me permettent de vous emmener avec moi sans en encourir le moindre blâme.

— Vous vous flattez d'un vain espoir, répliqua la jeune femme

que cist chevaliers me conduit. »
« Certes, ci a malvés conduit, »
fet il, « qu'adés vos en maing gié.
Un mui de sel avroit mangié
1585 cist chevaliers, si con je croi,
einçois qu'il vos desraist vers moi.
Ne cuit c'onques home veïsse
vers cui je ne vos conqueïsse.
Et quant je vos truis ci an eise,
1590 mes que bien li poist et despleise,
vos an manrai veant ses ialz,
et s'an face trestot son mialz. »
Li autres de rien ne s'aïre
de tot l'orguel qu'il li ot dire,
1595 mes sanz ranpone et sanz vantance
a chalongier la li comance,
et dist : « Sire, ne vos hastez
ne voz paroles ne gastez,
mes parlez un po par mesure.
1600 Ja ne vos iert vostre droiture
tolue, quant vos l'i avroiz.
Par mon conduit, bien le savroiz,
est ci la pucele venue.
Lessiez la ; trop l'avez tenue,
1605 qu'ancor n'a ele de vos garde. »
Et cil otroie que an l'arde
s'il ne l'an mainne maugré suen.
Cil dit : « Ce ne seroit pas buen
se mener la vos an lessoie ;
1610 sachiez, einçois m'en combatroie.
Mes se nos bien nos voliëns
conbatre, nos ne porriëns
an cest chemin por nule painne.
Mes alons desqu'a voie plainne,
1615 ou jusqu'a pree ou jusqu'a lande. »
Cil dit que ja mialz ne demande,
et dist : « Certes bien m'i acort :
de ce n'avez vos mie tort
que cist chemins est trop estroiz —
1620 ja iert mes chevax si destroiz

car je suis escortée par le chevalier que
vous voyez là !

— Certes, voilà une bien piètre escorte, fait-il, car
je vous emmène déjà ! A mon avis, ce chevalier aurait
plus tôt fait de manger un tonneau de sel que d'avoir
le courage de vous disputer à moi ! Je ne pense pas
qu'il existe un homme capable de m'empêcher de
vous conquérir. Et puisque je vous ai rencontrée aussi
à propos, je vous emmènerai devant ses yeux même si
cela le chagrine. Qu'il réagisse comme il le peut ! »

Le chevalier de la charrette ne prit pas ombrage
d'entendre tenir des propos aussi outrecuidants et,
avec un grand calme, sans prononcer un mot plus
haut que l'autre, il commença à relever le défi :

« Sire, ne vous hâtez pas trop ! Ne tenez pas des
propos insensés ; mesurez-vous un peu. Quand vous
1600 disposerez d'elle, vous pourrez agir sans crainte de
ternir votre renommée. Pour l'instant, sachez-le bien,
cette demoiselle est venue jusqu'ici sous ma protection. Laissez-la ; vous ne l'avez que trop retenue et
elle n'a encore aucune raison d'avoir à vous redouter. »

L'autre murmure qu'il veut bien être brûlé vif s'il
ne l'emmène en dépit de son défenseur, ce à quoi ce
dernier réplique :

« Ce serait lâche de ma part si je vous la laissais
emmener ; sachez qu'il vous faudra d'abord me combattre. Mais si nous voulons nous mesurer selon les
règles, nous ne pourrons le faire sur ce chemin ;
avançons jusqu'à ce que nous trouvions un espace
dégagé ou jusqu'à une prairie ou une lande. »

L'arrivant déclara qu'il ne demandait pas mieux :

« Certes, je suis bien de votre avis : vous n'avez pas
tort de dire que ce chemin est trop étroit. Mon cheval
est déjà si coincé

einçois que ge torner le puisse,
que je crien qu'il se brit la cuisse. »
[33c] Lors se torne a molt grant destresce,
mes son cheval mie ne blesce
1625 ne de rien n'i est anpiriez ;
et dit : « Certes molt sui iriez
quant antre ancontré ne nos somes
an place lee et devant homes,
que bel me fust que l'en veïst
1630 li quex de nos mialz le feïst.
Mes or venez, se l'irons querre ;
nos troverons pres de ci terre
tote delivre et grant et lee. »
Lors s'an vont jusqu'a une pree ;
1635 an cele pree avoit puceles
et chevaliers et dameiseles,
qui jooient a plusors jeus
por ce que biax estoit li leus.
Ne jooient pas tuit a gas,
1640 mes as tables et as eschas,
li un as dez, li autre au san,
a la mine i rejooit l'an.
A ces jeus li plusors jooient ;
li autre qui iluec estoient
1645 redemenoient lor anfances,
baules et queroles et dances,
et chantent et tunbent et saillent,
et au luitier se retravaillent.
Uns chevaliers auques d'ahé
1650 estoit de l'autre part del pré
sor un cheval d'Espaigne sor ;
s'avoit lorain et sele d'or
et s'estoit de chienes meslez.
Une main a l'un de ses lez
1655 avoit par contenance mise ;
por le bel tans ert an chemise,
s'esgardoit les geus et les baules ;
un mantel ot par ses espaules
d'escarlate et de veir antier.
1660 De l'autre part, lez un santier,

que je crains bien qu'il ne se brise
une patte avant que je parvienne à le faire tourner ! »

En déployant de grands efforts, il réussit à faire
1625 demi-tour sans blesser son cheval et sans lui infliger le
moindre mal.

« Je suis vraiment désolé, fait-il, que nous ne nous
soyons pas rencontrés en un lieu dégagé et devant des
spectateurs car j'aurais été heureux que l'on puisse
voir lequel de nous deux se comportera le mieux. Mais
suivez-moi et allons chercher l'endroit qu'il nous faut.
Non loin d'ici nous trouverons bien une aire dégagée
et suffisamment vaste. »

Ils suivent donc le chemin jusqu'à une prairie dans
laquelle se trouvaient des dames, des demoiselles et
des chevaliers occupés à de multiples jeux qui leur
permettaient de jouir de la beauté du lieu. Tous ne
passaient pas leur temps à des futilités ; certains
jouaient au trictrac et aux échecs, d'autres à différents
jeux de dés ; d'autres, enfin, renouaient avec leur
enfance en faisant des rondes, en dansant, en chan-
tant, en sautant et en faisant des cabrioles et, pour
certains, en se mesurant à la lutte [44].

1650 A l'autre bout du pré, un chevalier déjà âgé se tenait
sur un cheval d'Espagne au pelage bai harnaché d'un
lorain et d'une selle rehaussés d'or. Il commençait à
grisonner. Il avait posé une de ses mains sur sa hanche
pour se donner une contenance. Comme il faisait
beau, il était en chemise. Il suivait du regard les jeux
et les danses. Il avait jeté sur ses épaules un manteau
d'écarlate fourré de petit-gris [45]. Un peu plus loin,
près d'un sentier

en avoit jusqu'a vint et trois
armez sor boens chevax irois.
Tantost con li troi lor sorvienent,
tuit de joie feire se tienent
1665 et crïent tuit parmi les prez :
« Veez le chevalier, veez,
[33d] qui fu menez sor la charrete !
N'i ait mes nul qui s'antremete
de joër, tant con il i ert.
1670 Dahez ait qui joër i quiert
et dahez ait qui daingnera
joër tant con il i sera. »
Et antretant ez vos venu
le fil au chevalier chenu,
1675 celui qui la pucele amoit
et por soe ja la tenoit ;
si dist : « Sire, molt ai grant joie —
et qui le vialt oïr si l'oie —
que Dex m'a la chose donee
1680 que j'ai toz jorz plus desirree.
N'il ne m'aüst pas tant doné
s'il m'eüst fet roi coroné,
ne si boen gré ne l'en seüsse
ne tant gahaignié n'i eüsse —
1685 car cist gaainz est biax et buens. »
« Ne sai encor se il est tuens, »
fet li chevaliers a son fil.
Tot maintenant li respont cil :
« Nel savez ? Nel veez vos donques ?
1690 Por Deu, sire, n'an dotez onques
quant vos veez que je la tieng !
An cele forest don je vieng
l'ancontrai ore ou el venoit ;
je cuit que Dex la m'amenoit,
1695 si l'ai prise come la moie. »
« Ne sai ancor se cil l'otroie
que je voi venir aprés toi.
Chalongier la te vient, ce croi. »
Antre ces diz et ces paroles
1700 furent remeses les queroles

se trouvait un groupe d'une ving-
taine de chevaliers tout armés montés sur de bons
chevaux irlandais.

A l'arrivée de nos trois héros, tous interrompirent
leurs ébats et se mirent à crier à travers la prairie :

« Regardez ! Regardez ! Voilà le chevalier qui a été
mené sur la charrette ! Que personne ne reprenne ses
jeux tant qu'il sera là : maudit soit celui qui en sera
tenté ou qui jouera en sa présence ! »

Sur ces entrefaites le fils du chevalier âgé, qui était
1675 précisément celui qui aimait la demoiselle et la tenait
déjà pour sienne, s'approcha de son père et lui dit :

« Sire, je suis au comble de la joie. L'entende qui
voudra ! Car Dieu vient de m'accorder l'être que j'ai
toujours le plus désiré au monde. M'eût-il fait roi qu'il
ne m'aurait pas fait un cadeau plus somptueux et je ne
lui en saurais pas si bon gré car je n'y aurais pas autant
gagné ! C'est la plus belle conquête qui soit.

— Je ne suis pas encore sûr qu'elle soit vraiment
tienne, répondit le chevalier à son fils.

— Vous n'en êtes pas sûr ? répliqua celui-ci. Mais
ne le voyez-vous donc pas ? Pour Dieu, sire, n'en
doutez plus puisque vous voyez que je la tiens. Je l'ai
rencontrée dans cette forêt d'où je viens et où elle
passait elle-même. Je crois que c'est Dieu qui la
poussait vers moi, aussi l'ai-je prise comme si elle était
mienne.

— Je ne sais pas encore si celui que je vois venir
derrière toi est du même avis. Je crois qu'il vient pour
te la disputer. »

Pendant qu'ils échangeaient ces paroles, les danses
1700 s'étaient arrêtées

por le chevalier que il virent,
ne jeu ne joie plus ne firent
por mal de lui et por despit.
Et li chevaliers sanz respit
1705 vint molt tost aprés la pucele.
« Lessiez, » fet il, « la dameisele,
chevaliers, que n'i avez droit.
Se vos osez, tot orandroit
la desfandrai vers vostre cors. »
1710 Et li chevaliers vialz dist lors :
[33e] « Don ne le savoie je bien ?
Biax filz, ja plus ne la retien,
la pucele, mes leisse l'i. »
A celui mie n'abeli,
1715 einz jure qu'il n'en randra point,
et dit : « Ja Dex puis ne me doint
joie que je la li randrai.
Je la tieng et si la tendrai
come la moie chose lige.
1720 Einz iert de mon escu la guige
ronpue et totes les enarmes,
ne an mon cors ne an mes armes
n'avrai je puis nule fïance,
ne an m'espee n'en ma lance,
1725 quant je li lesserai m'amie. »
Et cil dit : « Ne te leirai mie
conbatre por rien que tu dies.
An ta proesce trop te fies ;
mes fai ce que je te comant. »
1730 Cil par orguel respont itant :
« Sui j'anfes a espoanter ?
De ce me puis je bien vanter :
qu'il n'a tant con la mers aceint
chevalier, ou il en a meint,
1735 nul si boen cui je la leissasse
et cui ge feire n'an cuidasse
an molt po d'ore recreant. »
Li peres dit : « Je t'acreant,
biax filz, ensi le cuides tu,
1740 tant te fies an ta vertu ;

à cause de l'arrivée du chevalier de la charrette. Plus personne ne jouait ni ne riait pour manifester sa désapprobation et son mépris à celui-ci. Mais lui, sans s'émouvoir, suivait de près la demoiselle.

« Laissez cette demoiselle, chevalier, car vous n'avez aucun droit sur elle, fit-il. Si vous en avez le courage, je vais sur-le-champ la défendre contre vous.

— Ne l'avais-je pas pressenti, beau fils, dit alors le vieux chevalier ; ne retiens plus cette demoiselle et abandonne-la-lui. »

Mais ce conseil ne plut guère au fils qui jura qu'il ne la rendrait pas :

« Que Dieu me refuse toute joie dès l'instant où je la lui rendrai. Je la tiens en mon pouvoir et la garderai comme un fief ! Avant de lui abandonner celle que j'aime, j'aurai d'abord brisé toutes les courroies de mon écu, courroie de cou et courroies de bras, et 1725 j'aurai perdu toute confiance en mes forces et en mes armes !

— Quoi que tu dises, je ne te laisserai pas combattre, répliqua le père. Tu crois trop en ta valeur. Fais ce que je t'ordonne !

— Suis-je un enfant qu'on épouvante aussi facilement ? rétorqua orgueilleusement celui-ci. Je puis bien me vanter que d'ici jusqu'au rivage de la mer, parmi tous les chevaliers — et ils sont nombreux — il n'y en a pas un seul, si valeureux soit-il, à qui j'abandonnerais ma mie sans le réduire à merci en moins de temps qu'il n'en faut pour le dire, du moins je le pense.

— Je te l'accorde, beau fils. Du moins c'est ce que tu crois tellement tu as une haute opinion de toi-même.

mes ne voel ne ne voldrai hui
que tu t'essaies a cestui. »
Et cil respont : « Honte feroie
se je vostre consoil creoie.
1745 Maudahez ait qui le cresra
et qui por vos se recresra,
que fieremant ne me conbate !
Voirs est que privez mal achate ;
mialz poïsse aillors barguignier,
1750 que vos me volez angingnier.
Bien sai qu'an un estrange leu
poïsse mialz feire mon preu ;
ja nus qui ne me coneüst
de mon voloir ne me meüst,
[33f] et vos m'an grevez et nuisiez.
Tant an sui je plus angoissiez
por ce que blasmé m'an avez ;
car qui blasme — bien le savez —
son voloir a home n'a fame,
1760 plus en art et plus en anflame.
Mes se je rien por vos an les,
ja Dex joie ne me doint mes ;
einz me conbatrai mau gré vostre ! »
« Foi que doi saint Pere l'apostre, »
1765 fet li peres, « or voi ge bien
que proiere n'i valdroit rien.
Tot pert quanque je te chasti ;
mes je t'avrai molt tost basti
tel plet que maleoit gré tuen
1770 t'estovra feire tot mon buen,
car tu an seras au desoz. »
Tot maintenant apele toz
les chevaliers, qui a lui viegnent ;
si lor comande qu'il li tiegnent
1775 son fil qu'il ne puet chastïer,
et dit : « Jel feroie lïer
einz que conbatre le lessasse.
Vos estes tuit mi home a masse,
si me devez amor et foi —
1780 sor quanque vos tenez de moi

Mais je ne veux pas et ne voudrai pas
qu'aujourd'hui tu te mesures à celui-ci.

— De quelle lâcheté je me rendrais coupable si je
suivais votre conseil ! Maudit soit qui vous en croira et
qui sur vos conseils se comportera en lâche ! Vous
voudriez que moi je renonce à me battre hardiment !
C'est bien vrai que l'on fait de mauvaises affaires avec
les siens : j'aurais plus de profit à discuter avec un
1750 étranger car vous voulez me tromper. Je suis
convaincu qu'en un pays étranger je pourrais beaucoup mieux faire la preuve de ma valeur. Jamais
quiconque ne me connaissant pas ne me détournerait
de ce que je veux et vous, vous vous y opposez pour
m'ennuyer et me nuire. J'en suis d'autant plus frustré
que vous m'en avez blâmé car, vous le savez fort bien,
celui qui reproche ses désirs à un homme ou à une
femme ne fait que les attiser davantage. Mais que
Dieu ne m'accorde plus aucune joie si j'y renonce le
moins du monde à cause de vous : malgré vous je me
battrai !

— Par la foi que je dois à saint Pierre, fait le père,
je vois bien que toutes les prières ne serviront à rien !
Je perds mon temps à essayer de te raisonner. Mais
j'aurai tôt fait de te mettre dans une situation telle
que, malgré toi, il te faudra m'écouter car tu auras le
dessous. »

Sur l'heure il appelle à lui tous ses chevaliers, qui
arrivent aussitôt, et il leur ordonne de se saisir de son
1775 fils qu'il ne peut ramener à la raison :

« Je préfère le faire attacher plutôt que de le laisser
combattre. Vous êtes tous mes vassaux et vous me
devez amour et fidélité ; au nom de tout ce que vous
tenez de moi,

le vos comant et pri ansanble.
Grant folie fet, ce me sanble,
et molt li vient de grant orguel,
quant il desdit ce que je vuel. »
1785 Et cil dïent qu'il le panront,
ne ja puis que il le tanront
de conbatre ne li prendra
talanz, et si li covendra
mau gré suen la pucele randre.
1790 Lors le vont tuit seisir et prandre
et par les braz et par le col.
« Dons ne te tiens tu or por fol ? »
fet li peres. « Or conuis voir :
or n'as tu force ne pooir
1795 de conbatre ne de joster
que que il te doie coster,
que qu'il t'enuit ne qu'il te griet.
Ce qu'il me plest et qui me siet
[34a] otroie, si feras que sages.
1800 Et sez tu quiex est mes corages ?
Por ce que mandres soit tes diax,
siudrons moi et toi, se tu viax,
le chevalier hui et demain
et par le bois et par le plain,
1805 chascuns sor son cheval anblant.
De tel estre et de tel sanblant
le porrïens nos tost trover
que je t'i leiroie esprover
et conbatre a ta volanté. »
1810 Lors li a cil acreanté
mau gré suen, quant feire l'estuet.
Et cil qui amander nel puet
dist qu'il s'an sosferroit por lui,
mes qu'il le siudront amedui.
1815 Et quant ceste avanture voient
les genz qui par le pré estoient,
si dïent tuit : « Avez veü ?
Cil qui sor la charrete fu
a hui conquise tel enor

je vous prie de respecter mon ordre. Il commet une grande folie en s'opposant à mon vouloir et cela vient, me semble-t-il, de son orgueil démesuré. »

Les chevaliers se disent prêts à se saisir de lui et jurent que quand ils le tiendront, il n'aura plus envie de combattre et que, bon gré mal gré, il lui faudra rendre sa liberté à la demoiselle. Tous bondissent sur lui et le maîtrisent en lui immobilisant les bras et la tête.

« Alors, fait le père, ne te tiens-tu pas maintenant pour un fou ? Reconnais la réalité : tu n'as plus maintenant ni la force ni le pouvoir de te battre et de jouter, quoi que cela te coûte et quelque peine que tu en puisses avoir. Accepte de faire ce qui me convient, 1800 tu agiras sagement. Et sais-tu quelle est ma pensée ? Pour que ta douleur soit moins vive, toi et moi, si tu le veux, aujourd'hui et demain, nous accompagnerons ce chevalier par les bois et les champs en chevauchant tranquillement à l'amble. Peut-être même pourrons-nous trouver quelque chose en lui ou dans son comportement qui me décide à te laisser éprouver ta valeur en te mesurant à lui comme tu le souhaites ! »

Et le fils, bien malgré lui, comme quelqu'un qui ne peut faire autrement et doit s'exécuter, le lui a promis en disant qu'il s'y résolvait pour lui faire plaisir mais à la condition qu'ils suivraient tous les deux le chevalier de la charrette.

En assistant à un tel dénouement, tous les gens qui s'ébattaient dans la prairie s'exclamèrent :

« Avez-vous vu ? Ce chevalier qui est monté sur la charrette a aujourd'hui acquis un bien grand honneur

1820 que l'amie au fil mon seignor
en mainne et sel suefre mes sire.
Por verité poomes dire
que aucun bien cuide qu'il ait
an lui, quant il mener li lait.
1825 Et cent dahez ait qui meshui
lessera a joer por lui.
Ralons joer ! » Lors recomancent
lor jeus, si querolent et dancent.

car il emmène avec lui l'amie du fils de notre bon seigneur et ce avec son agrément. En vérité nous pouvons bien dire qu'il lui trouve quelque mérite puisqu'il la lui laisse emmener ! Que soit désormais maudit celui qui renoncera à jouer à cause de lui ! 1825 Retournons à nos jeux ! »

Alors ils reprirent leurs jeux, leurs danses et leurs rondes.

Tantost li chevaliers s'an torne,
1830 en la pree plus ne sejorne ;
mes aprés lui pas ne remaint
la pucele qu'il ne l'en maint.
Andui s'an vont a grant besoing.
Li filz et li peres de loing
1835 les sivent. Par un pré fauchié
s'ont jusqu'a none chevalchié,
et truevent en un leu molt bel
un mostier et, lez le chancel,
un cemetire de murs clos.
1840 Ne fist que vilains ne que fos
li chevaliers qui el mostier
entra a pié por Deu proier.
[34b] Et la demeisele li tint
son cheval tant que il revint.
1845 Quant il ot feite sa proiere
et il s'an revenoit arriere,
si li vient uns moinnes molt vialz
a l'encontre devant ses ialz.
Quant il l'encontre, se li prie
1850 molt dolcemant que il li die
que par dedanz ces murs avoit,
et cil respont qu'il i avoit
un cemetire. Et cil li dist :
« Menez m'i, se Dex vos aïst. »
1855 « Volentiers, sire. » Lors l'en mainne ;
el cemetire aprés le mainne
antre les tres plus beles tonbes
qu'an poïst trover jusqu'a Donbes,
ne de la jusqu'a Panpelune.
1860 Et s'avoit letres sor chascune
qui les nons de ces devisoient
qui dedanz les tonbes girroient.
Et il meïsmes tot a tire
comança lors les nons a lire

LA TOMBE DE MARBRE

Sans plus attendre, le chevalier de la charrette reprend sa route, renonçant à séjourner plus longtemps dans la prairie. Et la demoiselle ne reste pas en arrière de peur qu'il ne l'emmène. Tous les deux s'éloignent comme des gens pressés, suivis de loin par le père et son fils. Ils chevauchèrent jusqu'à midi à travers des prés fauchés. Ils aperçurent alors une église dans un site magnifique. Un cimetière clos de hauts murs s'appuyait contre le chœur. Le chevalier ne se comporta pas comme un rustre ni comme un sot ; il mit pied à terre et entra dans l'église pour prier Dieu pendant que la demoiselle tenait son cheval. Comme il avait achevé sa prière et qu'il revenait sur ses pas, il vit s'avancer à sa rencontre un moine d'un grand âge. Il l'aborda et le pria avec une grande douceur de lui dire ce qui se trouvait derrière les hauts murs qu'il avait remarqués. Le moine lui répondit qu'il y avait un cimetière. Le chevalier lui demanda alors :

« Dieu vous garde ! Voudriez-vous m'y conduire ?

— Bien volontiers, sire. »

Alors le moine le conduisit au cimetière et le guida entre des tombes qui comptaient sans doute parmi les plus belles qu'on pût trouver jusqu'au pays de Dombes et de là jusqu'à Pampelune. Sur chacune étaient gravées des lettres qui indiquaient le nom de celui qui y reposerait un jour. Le chevalier de la charrette commença alors à lire les épitaphes l'une après l'autre.

1865 et trova : « Ci girra Gauvains,
     ci Looys, et ci Yvains. »
     Aprés ces trois i a mainz liz
     des nons as chevaliers esliz,
     des plus prisiez et des meillors
1870 et de cele terre et d'aillors.
     Antre les autres une an trueve
     de marbre, et sanble estre de l'ueve
     sor totes les autres plus bele.
     Li chevaliers le moinne apele
1875 et dit : « Ces tonbes qui ci sont,
     de coi servent ? » Et cil respont :
     « Vos avez les letres veües ;
     se vos les avez antendues,
     don savez vos bien qu'eles dïent
1880 et que les tonbes senefient.
     « Et de cele plus grant me dites
     de qu'ele sert. » Et li hermites
     respont : « Jel vos dirai assez :
     c'est uns veissiax qui a passez
1885 toz ces qui onques furent fet.
     Si riche ne si bien portret
[34c] ne vit onques ne ge ne nus ;
     biax est defors et dedanz plus ;
     mes ce metez en nonchaloir,
1890 que rien ne vos porroit valoir,
     que ja ne la verroiz dedanz ;
     car set homes molt forz et granz
     i covandroit au descovrir,
     qui la tonbe voldroit ovrir,
1895 qu'ele est d'une lame coverte.
     Et sachiez que c'est chose certe
     qu'au lever covandroit set homes
     plus forz que moi et vos ne somes.
     Et letres escrites i a
1900 qui dïent : " Cil qui levera
     cele lanme seus par son cors
     gitera ces et celes fors
     qui sont an la terre an prison,
     don n'ist ne clers ne gentix hon

Il lut ainsi :

ICI REPOSERA GAUVAIN, ICI LIONEL [46]
ET ICI YVAIN.

Après ces trois noms il en lut maints autres : tous étaient ceux de chevaliers d'élite, parmi les plus brillants et les plus renommés de ce pays et d'ailleurs. Parmi les tombes, il en vit une toute en marbre qui paraissait la plus belle de toutes par la finesse et le soin apportés à sa réalisation. Le chevalier appela alors le moine et lui demanda :

1875 « A quoi servent ces tombes qui sont là ?

— Vous avez pu voir les inscriptions, répondit le moine. Si vous les avez déchiffrées, vous savez déjà ce qu'elles veulent dire et la destination de ces tombes.

— Mais la plus grande d'entre elles, dites-moi à quoi elle sert.

— Je vais vous dire tout ce que j'en sais. C'est un tombeau qui surpasse de loin tous ceux qui ont pu être construits. Ni à moi ni à personne il n'a été donné d'en voir d'aussi somptueux et d'aussi finement ouvragé et s'il est beau extérieurement, il l'est encore plus à l'intérieur. Mais ne vous en souciez pas ; cela ne vous serait d'aucune utilité car vous ne verrez jamais l'intérieur. Il faudrait en effet au moins sept hommes grands et forts pour ouvrir cette tombe si l'on voulait le faire car elle est recouverte d'une dalle pesante. Et sachez sans l'ombre d'un doute que pour la lever il faudrait bien sept hommes plus forts que vous et moi. D'ailleurs elle porte une inscription qui dit ceci :

1900 CELUI QUI LÈVERA CETTE DALLE PAR SA SEULE FORCE LIBÉRERA TOUS CEUX ET CELLES QUI SONT PRISONNIERS AU ROYAUME DONT NE REVIENT NI CLERC NI GENTILHOMME

1905 des l'ore qu'il i est antrez,
     n'ancor n'en est nus retornez.
     Les estranges prisons retienent,
     et cil del païs vont et vienent
     et anz et fors a lor pleisir. " »
1910 Tantost vet la lame seisir
     li chevaliers, et si la lieve
     si que de neant ne s'i grieve,
     mialz que dis home ne feïssent
     se tot lor pooir i meïssent.
1915 Et li moinnes s'an esbahi,
     si que bien pres qu'il ne chaï
     quant veü ot ceste mervoille,
     car il ne cuidoit la paroille
     veoir an trestote sa vie.
1920 Si dit : « Sire, or ai grant envie
     que je seüsse vostre non ;
     direiez le me vos ? » — « Je, non »
     fet li chevaliers, « par ma foi. »
     « Certes, » fet il, « ce poise moi ;
1925 mes se vos le me diseiez
     grant corteisie fereiez,
     si porreiez avoir grant preu.
     Qui estes vos ? et de quel leu ? »
     « Uns chevaliers sui, ce veez,
1930 del rëaume de Logres nez —
[34d] atant an voldroie estre quites.
     Et vos, s'il vos plest, me redites
     an cele tonbe qui girra ? »
     « Sire, cil qui delivrera
1935 toz ces qui sont pris a la trape
     el rëaume don nus n'eschape. »
     Et quant il li ot tot conté,
     li chevaliers l'a comandé
     a Deu et a trestoz ses sainz ;
1940 et lors est, c'onques ne pot ainz,
     a la dameisele venuz.
     Et li vialz moinnes, li chenuz,
     fors de l'eglise le convoie ;
     atant vienent enmi la voie

DÈS LORS QU'IL Y EST ENTRÉ[47]. PERSONNE N'EN N'EST JAMAIS REVENU : TOUT ÉTRANGER Y RESTE CAPTIF MAIS LES HABITANTS DU PAYS PEUVENT ENTRER ET SORTIR A LEUR GRÉ.

Aussitôt, sans plus attendre, le chevalier de la charrette saisit la dalle à pleines mains et la souleva sans peiner le moins du monde et mieux même que ne l'auraient fait dix hommes en unissant leurs efforts. Le moine en resta bouche bée. Peu s'en fallut qu'il ne tombât de surprise en voyant ce prodige car il n'aurait jamais pensé en voir un semblable en toute sa vie.

« Sire, dit-il, j'ai grande envie de connaître votre nom. Accepteriez-vous de me le dire ?

— Par ma foi, je m'y refuse.

— Vraiment cela me peine. Vous agiriez courtoisement en me le disant et vous pourriez en retirer un grand profit. Qui êtes-vous ? Quel est votre pays ?

— Je suis un chevalier, vous le voyez, né au royaume de Logres : j'aimerais que cela vous suffise. Mais vous, je vous en prie, dites-moi de nouveau qui reposera dans cette tombe.

— Sire, celui qui délivrera tous ceux et celles qui ont été pris au piège dans ce royaume dont nul ne s'échappe. »

Quand le moine lui eut dit tout ce qu'il savait, le chevalier le recommanda à Dieu et à tous les saints puis, aussi vite qu'il le put, il rejoignit la demoiselle, raccompagné par le vieil homme aux cheveux blancs jusqu'à l'extérieur de l'église. Ils regagnèrent rapidement le chemin

1945 et que que la pucele monte,
li moinnes trestot li reconte
quanque cil leanz fet avoit,
et son non, s'ele le savoit,
li pria qu'ele li deïst,
1950 tant que cele li regeïst
qu'ele nel set, mes une chose
sëurement dire li ose :
qu'il n'a tel chevalier vivant
tant con vantent les quatre vant.
1955 Tantost la pucele le leisse,
après le chevalier s'esleisse.
Maintenant cil qui les sivoient
vienent et si truevent et voient
le moinne seul devant l'eglise.
1960 Li vialz chevaliers an chemise
li dist : « Sire, veïstes vos
un chevalier — dites le nos —
qui une dameisele mainne ? »
Et cil respont : « Ja ne m'iert painne
1965 que tot le voir ne vos an cont,
car orandroit de ci s'an vont.
Et li chevaliers fu leanz,
si a fet mervoilles si granz
que toz seus la lame leva,
1970 c'onques de rien ne s'i greva,
de sor la grant tonbe marbrine.
Il vet secorre la reïne,
et il la secorra sanz dote
et avoec li l'autre gent tote.
[34e] Vos meïsmes bien le savez,
qui sovant leües avez
les lettres qui sont sor la lame.
Onques voir d'ome ne de fame
ne nasquié n'en sele ne sist
1980 chevaliers qui cestui vausist. »
Et lors dit li pere a son fil :
« Filz, que te sanble ? Don n'est il
molt preuz qui a fet tel esforz ?

et, tandis que la demoiselle montait à cheval, le moine lui raconta tout ce que le chevalier venait d'accomplir en la priant de lui révéler son nom 1950 si elle le connaissait. Celle-ci lui avoua qu'elle l'ignorait mais qu'elle pouvait bien lui affirmer une chose : qu'il n'y avait pas de chevalier qui le vaille aussi loin que puissent souffler les quatre vents cardinaux.

Sur ces mots la demoiselle le quitta et s'élança au galop à la suite du chevalier. Arrivent alors ceux qui les suivaient. Ils voient le moine, tout seul devant l'église et le vieux chevalier, qui chevauchait sans armure, lui demanda :

« Sire, avez-vous vu un chevalier escortant une demoiselle ? Dites-le-nous.

— Je n'aurai aucune peine à vous dire la stricte vérité à leur sujet car ils viennent juste de partir d'ici. Le chevalier a visité le cimetière et il a accompli un prodige étonnant : à lui tout seul et sans paraître peiner le moins du monde, il a soulevé la dalle qui recouvre la grande tombe en marbre. Il va au secours de la reine et sans aucun doute il la délivrera et, avec 1975 elle, tous les autres captifs. Vous-même le savez bien pour avoir souvent lu les inscriptions sur la pierre. Jamais à la vérité ne naquit en ce monde terrestre, ni ne monta en selle un chevalier qui vaille celui-ci. »

Alors le père dit à son fils :

« Eh bien, fils, que t'en semble ? N'est-il pas un preux hors du commun celui qui a accompli un tel exploit ?

Or sez tu bien cui fu li torz;
1985 bien sez se il fu tuens ou miens.
Je ne voldroie por Amiens
qu'a lui te fusses conbatuz;
si t'an ies tu molt debatuz
einçois qu'an t'an poïst torner.
1990 Or nos an poons retorner,
car grant folie ferïens
s'avant de ci les suïens. »
Et cil respont : « Je l'otroi bien ;
li siudres ne nos valdroit rien.
1995 Des qu'il vos plest, ralons nos an. »
Del retorner a fet grant san.
Et la pucele totevoie
le chevalier de pres costoie,
si le vialt feire a li antendre
2000 et son non vialt de lui aprendre.
Ele li requiert qu'il li die ;
Une foiz et autre li prie
tant que il li dit par enui :
« Ne vos ai ge dit que je sui
2005 del rëaume le roi Artu ?
Foi que doi Deu et sa vertu,
de mon non ne savroiz vos point. »
Lors li dit cele qu'il li doint
congié, si s'an ira arriere ;
2010 et il li done a bele chiere.
Atant la pucele s'an part
et cil, tant que il fu molt tart,
a chevalchié sanz conpaignie.

Maintenant tu sais qui, de toi ou de moi, eut tort.

Je ne voudrais pas, même si on devait me donner Amiens, que tu te sois opposé à lui. Pourtant tu t'es bien regimbé avant que l'on parvienne à t'en détourner. Maintenant nous pouvons faire demi-tour car ce serait une grande folie de les suivre davantage.

— J'en suis d'accord, répondit le fils ; les suivre ne nous servirait à rien. Puisque vous le voulez, retournons sur nos pas. »

Cette décision fut de sa part la sagesse même.

Pendant ce temps la demoiselle chevauchait côte à côte avec le chevalier. Elle voulait attirer son attention et apprendre son nom de sa bouche même. Elle le pria de le lui apprendre et le supplia plusieurs fois à tel point qu'excédé, il lui répondit :

« Ne vous ai-je pas dit que je suis né au royaume du roi Arthur ? Par la foi que je dois à Dieu le tout-puissant, vous ne saurez rien d'autre au sujet de mon nom. »

Alors la demoiselle lui demanda la permission de le quitter pour revenir sur ses pas ce qu'il lui accorda avec grand plaisir.

La demoiselle le quitta donc et lui chevaucha seul jusqu'à une heure très avancée.

Aprés vespres, androit conplie,
2015 si com il son chemin tenoit
vit un chevalier qui venoit
del bois ou il avoit chacié.
Cil venoit le hiaume lacié
[34f] et a sa venison trossee,
2020 tel con Dex li avoit donee,
sor un grant chaceor ferrant.
Li vavasors molt tost errant
vient ancontre le chevalier,
si le prie de herbergier.
2025 « Sire, » fet il, « nuiz iert par tans :
de herbergier est hui mes tans,
sel devez feire par reison ;
et j'ai une moie meison
ci pres ou ge vos manrai ja.
2030 Einz nus mialz ne vos herberja
lonc mon pooir que je ferai,
s'il vos plest, et liez an serai. »
« Et g'en resui molt liez, » fet cil.
Avant en anvoie son fil
2035 li vavasors tot maintenant
por feire l'ostel avenant
et por la cuisine haster.
Et li vaslez sanz arester
fist tantost son comandemant
2040 molt volantiers et lëaumant,
si s'an vet molt grant aleüre.
Et cil qui del haster n'ont cure
ont aprés lor chemin tenu,
tant qu'il sont a l'ostel venu.
2045 Li vavasors avoit a fame
une bien afeitiee dame,
et cinc filz qu'il avoit molt chiers
(trois vaslez et deus chevaliers),
et deus filles gentes et beles

Vers la tombée du jour, à l'heure de l'office du soir, tandis qu'il poursuivait sa route, il aperçut un chevalier qui sortait d'une forêt dans laquelle il avait chassé. Il approchait, le heaume lacé, sur un grand cheval de chasse à la robe grise, portant en croupe la venaison que Dieu lui avait donnée ce jour-là. Ce vavasseur [48] s'avança rapidement à la rencontre du chevalier de la charrette et le pria d'accepter son hospitalité :

2025 « Sire, il va bientôt être nuit ; il est temps de trouver un logis et il vous faut raisonnablement y songer. Je possède non loin d'ici un manoir où je vais vous conduire. Jamais personne ne vous aura hébergé aussi bien que je le ferai car je m'y emploierai de mon mieux. Si cela vous agrée, j'en serai heureux.

— J'en suis moi-même fort heureux », répondit le chevalier.

Le vavasseur envoya donc immédiatement son fils en avant pour faire apprêter au mieux le logis et hâter la préparation du repas. Le garçon lui obéit aussitôt de bon cœur et partit à vive allure. Derrière lui, son père et le chevalier de la charrette, qui n'avaient aucune raison de se presser, poursuivirent tranquillement leur chemin jusqu'au manoir. Le vavasseur avait pour épouse une dame très courtoise, cinq fils qu'il chérissait beaucoup — trois étaient encore des adolescents et les deux autres chevaliers — et deux filles,
2050 belles et gracieuses,

2050 qui ancor estoient puceles.
N'estoient pas del païs né,
mes il estoient anserré
et prison tenu i avoient
molt longuemant, et si estoient
2055 del rëaume de Logres né.
Li vavasors a amené
le chevalier dedanz sa cort,
et la dame a l'encontre cort,
et si fil et ses filles saillent.
2060 Por lui servir trestuit se baillent,
si le salüent et descendent ;
a lor seignor gaires n'antendent
[35a] ne les serors ne li cinc frere,
car bien savoient que lor pere
2065 voloit que ensi le feïssent.
Molt l'enorent et conjoïssent ;
et quant il l'orent desarmé,
son mantel li a afublé
l'une des deus filles son oste,
2070 au col li met et del suen l'oste.
S'il fu bien serviz au soper,
de ce ne quier je ja parler ;
mes quant ce vint aprés mangier,
onques n'i ot puis fet dongier
2075 de parler d'afeires plusors.
Premieremant li vavasors
comança son oste a enquerre
qui il estoit et de quel terre ;
mes son non ne li anquist pas.
2080 Et il respont eneslepas :
« Del rëaume de Logres sui,
einz mes an cest païs ne fui. »
Et quant li vavasors l'entant,
si s'an mervoille duremant
2085 et sa fame et si anfant tuit ;
n'i a un seul cui molt n'enuit,
si li ancomancent a dire :
« Tant mar i fustes, biax dolz sire,
tant est granz domages de vos :

qui n'étaient pas encore mariées.
Ils n'étaient pas nés dans le pays mais ils y étaient
enfermés et retenus en captivité depuis longtemps. Ils
étaient nés au royaume de Logres. Le vavasseur fit
entrer le chevalier dans la cour de son manoir. La
dame du lieu accourut aussitôt à leur rencontre suivie
de ses fils et de ses filles. Tous s'offrent à servir leur
hôte[49] ; ils le saluent et l'aident à mettre pied à terre.
Ni les sœurs ni les cinq frères n'accordent autant
d'attention au maître des lieux : ils savaient bien qu'il
désirait qu'ils agissent ainsi. Ils prodiguent beaucoup
de marques d'honneur au chevalier et lui manifestent
leur joie de le recevoir. Quand ils l'eurent désarmé,
l'une des deux filles de l'hôte lui mit sur les épaules
son propre manteau après l'avoir dégrafé de son cou.
S'il fut bien traité au souper, je ne tiens pas à en
2075 parler. Et à la fin du repas, on n'eut pas de peine à
trouver de multiples sujets de conversation. Le vavasseur commença d'abord à demander à son hôte qui il
était et quel était son pays. Mais il ne s'enquit pas de
son nom. Ce dernier lui répondit aussitôt :

« Je suis du royaume de Logres et jamais auparavant je ne suis venu dans ce pays. »

Quand le vavasseur entendit cette réponse, il s'en
affligea vivement ainsi que sa femme et ses enfants.
Tous en furent peinés et ils commencèrent à lui dire :

« C'est pour votre malheur que vous y êtes venu,
très cher seigneur. Quel grand dommage c'est pour
vous

2090 c'or seroiz ausi come nos
en servitume et an essil. »
« Et dom estes vos donc ? » fet il.
« Sire, de vostre terre somes.
An cest païs a mainz prodomes
2095 de vostre terre an servitume.
Maleoite soit tex costume
et cil avoec qui la maintienent,
que nul estrange ça ne vienent
qu'a remenoir ne lor covaingne
2100 et que la terre nes detaigne.
Car qui se vialt antrer i puet,
mes a remenoir li estuet.
De vos meïsmes est or pes :
vos n'en istroiz, ce cuit, jamés. »
2105 « Si ferai, » fet il, « se je puis. »
Li vavasors li redit puis :
[35b]   « Comant ? Cuidiez an vos issir ? »
« Oïl, se Deu vient a pleisir ;
et g'en ferai mon pooir tot. »
2110 « Donc an istroient sanz redot
trestuit li autre quitemant,
car puis que li uns lëaumant
istra fors de ceste prison
tuit li autre, sanz mesprison,
2115 an porront issir sanz desfanse. »
Atant li vavasors s'apanse
qu'an li avoit dit et conté
c'uns chevaliers de grant bonté
el païs a force venoit
2120 por la reïne que tenoit
Meleaganz, li filz le roi.
Et dit : « Certes, je pans et croi
que ce soit il ; dirai li donques. »
Lors li dist : « Ne me celez onques,
2125 sire, rien de vostre besoigne
par un covant que je vos doigne
consoil au mialz que je savrai.
Je meïsmes preu i avrai
se vos bien feire le poëz.

car désormais votre sort sera semblable au
nôtre : vous vivrez en servitude et dans l'exil.

— Mais d'où êtes-vous donc ?

— Du même pays que vous, sire. Dans ce royaume
vivent en servitude maints braves chevaliers de votre
pays. Maudite soit une telle coutume et maudits
soient ceux qui la maintiennent ! Il n'est pas un
étranger qui ne vienne ici sans devoir y rester : cette
2100 terre devient sa prison. En effet, celui qui veut entrer
ici le peut mais il ne peut en repartir. Et en ce qui vous
concerne, c'en est fini de votre liberté : jamais, je
pense, vous ne ressortirez d'ici.

— Si fait, si tout au moins j'en ai le pouvoir !

— Comment ? Vous croyez pouvoir vous en sortir ?
reprit le vavasseur.

— Mais oui, s'il plaît à Dieu. Et je m'y emploierai
de toutes mes forces.

— Alors tous les captifs qui y sont pourraient sans
crainte en partir librement car il suffit qu'un seul
d'entre nous se libère par un combat loyal pour que
tous les autres puissent de plein droit quitter ce pays
sans qu'on y mette empêchement. »

Alors le vavasseur se remémore un bruit qu'on lui
avait rapporté et selon lequel un chevalier de grande
valeur était entré dans le pays de vive force pour
secourir la reine que Méléagant, le fils du roi, retenait
prisonnière. « Certes, se dit-il, j'ai comme l'impression que c'est lui. Je vais lui en parler. » Il poursuivit
donc en ces termes :

2125   « Sire, ne me cachez rien de votre entreprise et je
vous promets de vous conseiller au mieux que je le
pourrai. Moi-même j'y trouverai mon compte si vous
pouvez mener votre tâche à bien.

2130 La verité m'an desnoëz
    por vostre preu et por le mien.
    An cest païs, ce cuit je bien,
    estes venuz por la reïne
    antre ceste gent sarradine,
2135 qui peior que Sarrazin sont. »
    Et li chevaliers li respont :
    « Onques n'i ving por autre chose.
    Ne sai ou ma dame est anclose,
    mes a li rescorre tesoil
2140 et s'ai grant mestier de consoil.
    Conseilliez moi, se vos savez. »
    Et cil dit : « Sire, vos avez
    anprise voie molt grevainne.
    La voie ou vos estes vos mainne
2145 au Pont de l'Espee tot droit.
    Consoil croire vos covendroit ;
    se vos croire me voliez,
    au Pont de l'Espee irïez
    par une plus seüre voie,
2150 et je mener vos i feroie. »
[35c] Et cil qui la menor covoite
    li demande : « Est ele ausi droite
    come ceste voie de ça ? »
    « Nenil, » fet il, « einçois i a
    plus longue voie et plus seüre. »
2155 Et cil dit : « De ce n'ai ge cure.
    Mes an cesti me conseilliez,
    car je i sui apareilliez. »
    « Sire, voir, ja n'i avroiz preu.
2160 Se vos alez par autre leu,
    demain venroiz a un passage
    ou tost porroiz avoir domage ;
    s'a non li Passages des Pierres.
    Volez que je vos die gierres
2165 del passage com il est max ?
    N'i puet passer c'uns seus chevax ;
    lez a lez n'i iroient pas
    dui home, et si est li trespas
    bien gardez et bien desfanduz.

Révélez-moi la
vérité dans notre intérêt à tous les deux. J'ai l'impression que c'est pour la reine que vous êtes venu dans ce
pays peuplé de gens déloyaux et pires que des
Sarrasins.

— Je n'y suis pas venu pour autre chose, lui
répondit le chevalier de la charrette. Je ne sais où ma
dame est retenue prisonnière mais je ne songe qu'à lui
porter secours et j'ai grand besoin de conseils.
Conseillez-moi donc, si vous savez quelque chose.

— Sire, vous avez emprunté un chemin bien
périlleux. La voie que vous suivez mène en effet tout
droit au Pont-de-l'épée. Vous feriez bien de suivre
mes conseils : si vous vouliez m'en croire, vous iriez
2150 au Pont-de-l'épée par un chemin plus sûr et je vous y
ferais conduire. »

Mais le chevalier de la charrette qui recherchait le
chemin le plus court, lui demanda :

« Ce chemin est-il aussi direct que celui que j'ai
emprunté ?

— Non ; il est plus long, mais plus sûr.

— Cela m'importe peu. Parlez-moi plutôt de celui
qui passe par ici car je suis déjà prêt à en affronter les
embûches.

— Vraiment, sire, vous n'y gagnerez rien. Si vous
suivez le chemin que je vous déconseille, vous arriverez demain à un passage qui vous sera très vite
préjudiciable. Il s'appelle le Passage des Pierres.
Voulez-vous que je vous dise à quel point il est
mauvais ? On ne peut le franchir qu'en file indienne ;
deux cavaliers de front ne peuvent passer et, de plus,
ce défilé est bien gardé et bien défendu.

2170 Ne vos sera mie randuz
       maintenant que vos i vandroiz ;
       d'espee et de lance i prandroiz
       maint cop et s'an randroiz assez
       einz que soiez outre passez. »
2175 Et quant il li ot tot retret,
       uns chevaliers avant se tret
       qui estoit filz au vavasor,
       et dit : « Sire, avoec cest seignor
       m'an irai, se il ne vos grieve. »
2180 Atant uns des vaslez se lieve
       et dit : « Ausins i irai gié. »
       Et li pere an done congié
       molt volentiers a enbedeus.
       Or ne s'an ira mie seus
2185 li chevaliers, ses an mercie,
       qui molt amoit la conpaignie.
       Atant les paroles remainnent,
       le chevalier couchier an mainnent ;
       si dormi se talant en ot.
2190 Tantost con le jor veoir pot
       se lieve sus, et cil le voient
       qui avoec lui aler devoient ;
       si sont tot maintenant levé.
       Li chevalier se sont armé,
[35d] si s'an vont, et ont congié pris ;
       et li vaslez s'est devant mis.
       Et tant lor voie ansanble tienent
       qu'au Passage des Pierres vienent
       a ore de prime tot droit.
2200 Une bretesche enmi avoit,
       ou il avoit un home adés.
       Einçois que il venissent pres,
       cil qui sor la bretesche fu
       les voit et crie a grant vertu :
2205 « Cist vient por mal ! Cist vient por mal ! »
       Atant ez vos sor un cheval
       un chevalier sor la bretesche,
       armé d'une armeüre fresche,
       et de chascune part sergenz

Il ne vous
suffira pas de vous présenter pour qu'on vous en laisse
l'accès : avant de le traverser il vous faudra échanger
maints coups de lance et maints coups d'épée. »

2175   Quand le vavasseur eut achevé sa mise en garde, un
chevalier s'avança : c'était un de ses fils.

« Sire, dit-il, si cela ne vous ennuie pas, j'accompa-
gnerai ce seigneur. »

Alors, un des plus jeunes fils du vavasseur se leva
lui aussi et dit :

« J'irai moi aussi. »

Le père leur en donna à tous les deux la permission
de très bon gré. Ainsi le chevalier de la charrette ne
poursuivra pas seul sa route. Il les remercia de leur
geste car il appréciait fort la compagnie.

Ils arrêtèrent là l'entretien et conduisirent le chevalier jusqu'à son lit où il put dormir autant qu'il en
avait envie. Aux premières lueurs du jour il se leva.
En le voyant debout, ceux qui devaient l'accompagner
l'imitèrent. En rien de temps ils furent sur pied. Tous
s'armèrent et se mirent en chemin après avoir pris
congé du vavasseur. Le plus jeune prit la tête. Et tous
les trois firent si bien route qu'ils arrivèrent tout droit
au Passage des Pierres à la première heure du jour.

2200 Une bretèche [50] occupée en permanence par un guetteur en barrait l'entrée. Avant même qu'ils s'en soient
approchés, le guetteur posté sur la bretèche les
aperçut et se mit à crier à pleine gorge : « Alerte à
l'ennemi ! Alerte à l'ennemi ! » Aussitôt un chevalier
revêtu d'une armure neuve sortit à cheval de la
bretèche, entouré d'hommes d'armes

2210 qui tenoient haches tranchanz.
Et quant il au passage aproche,
cil qui l'esgarde li reproche
la charrete molt laidemant,
et dit : « Vasax, grant hardemant
2215 as fet et molt es fos naïs,
quant antrez ies an cest païs.
Ja hom ça venir ne deüst
qui sor charrete esté eüst,
et ja Dex joïr ne t'an doint ! »
2220 Atant li uns vers l'autre point
quanque cheval porent aler ;
et cil qui doit le pas garder
peçoie sa lance a estros
et lesse andeus cheoir les tros.
2225 Et cil an la gorge l'asanne
trestot droit par desus la panne
de l'escu, si le giete anvers
desus les pierres an travers.
Et li sergent as haches saillent,
2230 mes a escïant a lui faillent,
qu'il n'ont talant de feire mal
ne a lui ne a son cheval.
Et li chevaliers parçoit bien
qu'il nel voelent grever de rien
2235 ne n'ont talant de lui mal feire ;
si n'a soing de s'espee treire,
einz s'an passe oltre sanz tançon
et aprés lui si conpaignon.
[35e] Et li uns d'ax a l'autre dit :
2240 « Nus si buen chevalier ne vit,
ne nus a lui ne s'aparoille.
Dont n'a il feite grant mervoille
qui par ci est passez a force ? »
« Biax frere, por Deu, car t'esforce, »
2245 fet li chevaliers a son frere,
« tant que tu vaignes a mon pere,
si li conte ceste avanture. »
Et li vaslez afiche et jure
que ja dire ne li ira.

portant des
haches tranchantes. Quand le chevalier de la charrette
se fut avancé vers le défilé, le chevalier de la bretèche,
qui le toisait de haut, lui reprocha son transport dans
la charrette en des termes peu flatteurs :

« Vassal, fit-il, tu as fait preuve d'une grande
audace et de beaucoup de légèreté en pénétrant dans
ce pays. Jamais un homme qui a été promené dans
une charrette n'aurait dû venir jusqu'ici. Dieu fasse
que tu n'aies pas à t'en réjouir ! »

Là-dessus, l'un et l'autre éperonnent leurs chevaux
et se précipitent l'un vers l'autre aussi vite qu'ils le
peuvent. Le défenseur du passage brise sa lance en
deux tronçons qui lui échappent des mains à l'instant
même où le chevalier de la charrette, qui l'a ajusté à la
2225 limite du bouclier, au-dessus de la panne, le frappe en
pleine gorge et l'envoie voler sur les pierres, en travers
du défilé. Les hommes d'armes bondissent, hache au
poing, mais ils le manquent volontairement car ils
n'ont pas envie de le blesser pas plus que son cheval[51].
Le chevalier de la charrette se rend bien compte qu'ils
n'ont aucune intention de lui nuire ou de le blesser ;
aussi renonce-t-il à sortir son épée du fourreau. Suivi
de ses compagnons, il traverse le défilé sans rencontrer davantage d'opposition. Le plus jeune dit alors à
son frère :

« On n'a jamais vu un aussi bon chevalier et
personne ne lui est comparable. N'a-t-il pas accompli
un exploit étonnant en traversant de force ce défilé ?

— Gentil frère, répond le chevalier à son cadet, fais
vite : va trouver notre père et raconte-lui cette
aventure. »

Mais le cadet jure ses grands dieux qu'il n'ira jamais
raconter l'événement à leur père

2250 ne jamés ne s'an partira
de ce chevalier tant qu'il l'ait
adobé et chevalier fait.
Mes il aut feire le message,
se il en a si grant corage.
2255 Atant s'an vont tuit troi a masse,
tant qu'il pot estre none basse.

et que jamais il ne
quittera le chevalier de la charrette avant qu'il l'ait
adoubé et fait chevalier. Que son frère aille lui-même
rapporter la nouvelle s'il en a une aussi grande envie !
Ils continuent donc leur chemin tous les trois jusqu'aux approches de midi.

Vers none un home trové ont
qui lor demande qui il sont ;
et il dïent : « Chevalier somes
2260 qui an noz afeires alomes. »
Et li hom dit au chevalier :
« Sire, or voldroie herbergier
vos et voz conpaignons ansanble. »
A celui le dit qui li sanble
2265 que des autres soit sire et mestre,
et il li dit : « Ne porroit estre
que je herberjasse a ceste ore,
car malvés est qui se demore
ne qui a eise se repose
2270 puis qu'il a enprise tel chose ;
et je ai tel afeire anpris
qu'a piece n'iert mes ostex pris. »
Et li hom li redit aprés :
« Mes ostex n'est mie ci pres,
2275 einz est grant piece ça avant.
Venir i poëz par covant
que a droite ore ostel prendroiz,
que tart iert quant vos i vendroiz. »
« Et je, » fet il, « i irai donques. »
2280 A la voie se met adonques
li hom devant qui les an mainne,
et cil aprés la voie plainne.
[35f] Et quant il ont grant piece alé,
s'ont un escuier ancontré
2285 qui venoit trestot le chemin
les granz galoz sor un roncin
gras et reont com une pome.
Et li escuiers dit a l'ome :
« Sire, sire, venez plus tost,
2290 car cil de Logres sont a ost
venu sor ces de ceste terre,
s'ont ja comanciee la guerre

Vers midi, ils rencontrèrent un homme qui leur demanda qui ils étaient.

« Nous sommes des chevaliers qui allons là où nous avons affaire. »

L'homme s'adressa alors au chevalier de la charrette :

« Sire, j'aimerais dès maintenant vous offrir l'hospitalité, à vous et à vos compagnons. »

Il s'était adressé à lui car il lui semblait qu'il était le seigneur et maître des deux autres. Mais le chevalier de la charrette lui répondit :

« Il n'est pas question que je prenne dès maintenant un logis pour la nuit car celui qui traîne en chemin et qui songe à ses aises quand il a entrepris quelque chose est un bien piètre chevalier ! Et je me suis engagé dans une telle entreprise que je suis encore bien loin de songer à faire halte.

— Ma demeure n'est pas tout près d'ici, insista 2275 l'homme, au contraire, il faut avancer un bon bout de temps dans cette direction pour l'atteindre. Vous pouvez y venir sans vous engager à faire halte avant l'heure opportune car il sera tard quand vous y arriverez.

— Eh bien, j'irai donc. »

L'homme prit la tête de la petite troupe et les autres lui emboîtèrent le pas. Quand ils eurent chevauché un long moment, ils rencontrèrent un écuyer qui avait parcouru tout le chemin au grand galop sur un roncin[52] bien nourri et rond comme une pomme.

« Sire, sire, hâtez-vous, cria l'écuyer à l'homme, car ceux de Logres se sont soulevés et se sont jetés sur les gens du pays ; ils ont déjà commencé la guerre.

et la tançon et la meslee !
Et dïent qu'an ceste contree
2295 s'est uns chevaliers anbatuz
qui an mainz leus s'est conbatus,
n'en ne li puet contretenir
passage ou il vuelle venir,
que il n'i past cui qu'il enuit.
2300 Ce dïent an cest païs tuit
que il les deliverra toz
et metra les noz au desoz.
Or si vos hastez, par mon los ! »
Lors se met li hom es galos,
2305 et cil an sont molt esjoï
qui autresi l'orent oï,
car il voldront eidier as lor.
Et dit li filz au vavasor :
« Sire, oez que dit cist sergenz !
2310 Alons, si eidons a noz genz
qui sont meslé a ces de la ! »
Et li hom tot adés s'an va
qu'il nes atant, ençois s'adrece
molt tost vers une forterece
2315 qui sor un tertre estoit fermee ;
et cort tant qu'il vient a l'entree,
et cil aprés a esperon.
Li bailes estoit anviron
clos de haut mur et de fossé.
2320 Tantost qu'il furent anz antré,
si lor lessierent avaler,
qu'il ne s'an poïssent raler,
une porte aprés les talons.
Et cil dïent : « Alons ! alons !
2325 Que ci n'aresterons nos pas ! »
Aprés l'ome plus que le pas
[36a] vont tant qu'il vienent a l'issue
qui ne lor fu pas desfandue ;
mes maintenant que cil fu fors
2330 li lessierent aprés le cors
cheoir une porte colant.
Et cil an furent molt dolant

C'est
partout la révolte et la bataille. Ils disent qu'un
chevalier a pénétré dans cette contrée, qu'il s'est battu
en maints endroits et qu'on ne peut lui interdire tout
passage qu'il a décidé de franchir sans qu'il n'y passe
malgré tout quelque dépit qu'on en ait ! Tous les
2300 captifs, dans ce pays, disent qu'il les délivrera jusqu'au dernier et qu'il viendra à bout des nôtres.
Dépêchez-vous, je vous en prie. »

L'homme, à ces mots, prit le galop. Les trois
compagnons, qui avaient eux aussi écouté l'écuyer, se
réjouissaient car ils comptaient bien prêter main forte
aux leurs.

« Sire, écoutez ce que dit cet écuyer, s'écria le fils
du vavasseur. Allons au secours de nos gens qui se
battent déjà contre ceux du pays. »

Sans plus les attendre, l'homme s'était déjà éloigné
rapidement ; il se dirigeait droit vers une forteresse
bâtie sur un tertre. Il se précipita vers l'entrée et les
trois compagnons, qui avaient éperonné leurs montures s'élancèrent sur ses talons. La forteresse était
entourée de hauts murs et de fossés profonds. A peine
furent-ils entrés qu'on laissa retomber sur leurs talons
une lourde porte pour les empêcher de ressortir. Mais
les trois compagnons s'encourageaient mutuelle-
2325 ment : « Allons ! Allons ! Ne nous arrêtons pas là ! » A
la suite de l'homme, ils parvinrent rapidement à une
issue dont on ne leur défendit pas l'accès. Mais dès
que l'homme l'eut franchie, juste derrière lui, on fit
tomber une porte coulissante. Les trois compagnons
en furent fort affligés

quant dedanz anfermé se voient,
car il cuident qu'anchanté soient.
2335 Mes cil don plus dire vos doi
avoit un anel an son doi
don la pierre tel force avoit
qu'anchantemanz ne le pooit
tenir, puis qu'il l'avoit veüe.
2340 L'anel met devant sa veüe,
s'esgarde la pierre, et si dit :
« Dame, dame, se Dex m'aït,
or avroie je grant mestier
que vos me poïssiez eidier. »
2345 Cele dame une fee estoit
qui l'anel doné li avoit,
et si le norri an s'anfance ;
s'avoit an li molt grant fiance
que ele an quel leu que il fust
2350 secorre et eidier li deüst.
Mes il voit bien a son apel
et a la pierre de l'anel
qu'il n'i a point d'anchantemant,
et set trestot certainnemant
2355 qu'il sont anclos et anserré.
Lors vienent a un huis barré
d'une posterne estroite et basse.
Les espees traient a masse,
si fiert tant chascuns de s'espee
2360 qu'il orent la barre colpee.
Quant il furent defors la tor,
si voient comancié l'estor
aval les prez molt grant et fier,
et furent bien mil chevalier
2365 que d'une part que d'autre au mains
estre la jaude des vilains.
Quant il vindrent aval les prez,
come sages et atremprez
li filz au vavasor parla :
2370 « Sire, einz que nos vaigniemes la
[36b] ferïemes, ce cuit, savoir
qui iroit anquerre et savoir

car ils se virent pris au piège et se crurent victimes d'un enchantement. Mais le héros de mon récit, dont je dois vous parler un peu plus, portait à son doigt un anneau dont la pierre avait une vertu telle que quand il la regardait plus aucun enchantement n'avait d'effet sur lui[53]. Il mit l'anneau devant ses yeux, fixa la pierre et dit :

« Dame, dame, aussi vrai que je souhaite que Dieu m'aide, j'aurais maintenant bien besoin de vous si vous pouviez m'aider. »

Cette dame était une fée qui l'avait élevé dans son enfance : c'est elle qui lui avait donné l'anneau. Il avait en elle une très grande confiance et ne doutait pas qu'elle vienne à son secours en quelque lieu qu'il se trouvât. Mais il se rend bien compte à son appel et à la vue de la pierre de l'anneau qu'il n'y a pour l'heure aucun enchantement. Il ne peut que constater avec certitude qu'ils sont bel et bien enfermés et prisonniers. Ils s'approchent alors d'une poterne basse et étroite condamnée par une barre massive. Ensemble, ils tirent leurs épées et commencent à frapper de toutes leurs forces. La barre est bientôt rompue. Ils sortent de l'enceinte et voient qu'une terrible bataille est déjà engagée dans la prairie : il y avait bien au moins mille chevaliers de part et d'autre, sans compter la masse des paysans. Quand ils arrivèrent dans la prairie, le fils du vavasseur émit un avis fort sensé :

« Sire, avant d'aller plus loin, nous ferions bien, je pense, d'envoyer l'un d'entre nous pour chercher à savoir

de quel part les noz genz se tienent.
Je ne sai de quel part il vienent,
2375 mes g'i irai se vos volez. »
« Jel voel, » fet il. « Tost i alez
et tost revenir vos covient. »
Il i va tost et tost revient,
et dit : « Molt nos est bien cheü,
2380 que j'ai certainnemant veü
que ce sont li nostre de ça. »
Et li chevaliers s'adreça
vers la meslee maintenant.
S'ancontre un chevalier venant
2385 et joste a lui, sel fiert si fort
parmi l'uel que il l'abat mort.
Et li vaslez a pié descent,
le cheval au chevalier prent
et les armes que il avoit,
2390 si s'an arme bel et adroit.
Quant armez fu, sanz demorance
monte et prant l'escu et la lance
qui estoit granz et roide et peinte ;
au costé ot l'espee ceinte,
2395 tranchant et flanbeant et clere.
An l'estor est aprés son frere
et aprés son seignor venuz,
qui molt bien s'i est maintenuz
an la meslee une grant piece —
2400 qu'il ront et fant et si depiece
escuz et hiaumes et haubers.
Nes garantist ne fuz ne fers
cui il ataint, qu'il ne l'afolt
ou morz jus del cheval ne volt.
2405 Il seus si tres bien le feisoit
que trestoz les desconfisoit,
et cil molt bien le refeisoient
qui avoec lui venu estoient.
Mes cil de Logres s'en mervoillent,
2410 qu'il nel conuissent, et consoillent
de lui au fil au vavasor ;
tant an demandent li plusor

de quel côté se tiennent les nôtres. Je ne sais
d'où ils viennent, mais si vous le voulez bien, j'irai.

2375 — Je le veux bien, répondit le chevalier de la
charrette ; allez-y et revenez vite ! »

Il eut tôt fait d'y aller et de revenir.

« Nous avons beaucoup de chance, fit-il, car j'ai pu
constater que ce sont les nôtres qui sont de ce côté. »

Aussitôt le chevalier de la charrette piqua droit vers
la mêlée. Il rencontra un chevalier qui venait vers lui ;
il engagea la joute et le frappa avec une telle force d'un
coup de lance dans l'œil qu'il l'abattit mort. Le fils
cadet du vavasseur mit aussitôt pied à terre et
s'empara du cheval et des armes du vaincu ; il revêtit
l'armure avec dextérité puis, sans attendre, il remonta
à cheval et saisit le bouclier et la lance qui était longue,
solide et bien peinte ; enfin, il ceignit l'épée tranchante et luisante et, à la suite de son frère, il se lança
dans la bataille pour rejoindre celui qu'il tenait pour
son seigneur, lequel, pendant fort longtemps fit mer-
2400 veille dans la mêlée où il rompit, fendit, disloqua
maints écus, mains heaumes et maintes cottes de
mailles. Ni le bois de l'écu ni le fer de l'armure ne
peuvent protéger celui qu'il attaque ni empêcher qu'il
ne le blesse ou ne l'abatte mort de son cheval. A lui
seul, il se battait avec une telle vigueur qu'il les
mettait tous en pièces. Mais ses deux compagnons se
comportaient tout aussi bien.

Ceux de Logres s'étonnaient de ne pas le connaître
et s'enquéraient de lui auprès des fils du vavasseur. Ils
étaient si nombreux à poser des questions

qu'an lor dist : « Seignor, ce est cil
qui nos gitera toz d'essil
[36c] et de la grant maleürté
ou nos avons lonc tans esté.
Se li devons grant enor feire
quant, por nos fors de prison treire,
a tant perilleus leus passez
2420 et passera ancor assez.
Molt a a feire et molt a fait. »
N'i a celui joie n'en ait
quant la novele est tant alee
que ele fu a toz contee ;
2425 tuit l'oïrent et tuit le sorent.
De la joie que il en orent
lors croist force et s'an esvertüent
tant que mainz des autres an tüent ;
et plus les mainnent leidemant
2430 por le bien feire seulemant
d'un seul chevalier, ce me sanble,
que por toz les autres ansanble.
Et s'il ne fust si pres de nuit,
desconfit s'an alassent tuit ;
2435 mes la nuiz si oscure vint
que departir les an covint.
Au departir, tuit li cheitif
autresi come par estrif
environ le chevalier vindrent ;
2440 de totes parz au frain le pristrent,
si li ancomancent a dire :
« Bien veignanz soiez vos, biax sire ! »
Et dit chascuns : « Sire, par foi,
vos vos herbergeroiz o moi !
2445 Sire, por Deu et por son non,
ne herbergiez se o moi non ! »
Tuit dïent ce que dit li uns,
que herbergier le vialt chascuns
ausi li juenes con li vialz ;
2450 et dit chascuns : « Vos seroiz mialz
el mien ostel que an l'autrui. »
Ce dit chascuns androit de lui

que finale-
ment on leur répondit :

« Seigneurs, c'est celui qui va nous arracher de
l'exil et de la cruelle infortune dans laquelle nous
avons si longtemps vécu. Et nous devons l'honorer
grandement car, pour nous tirer de notre prison, il a
franchi maints lieux des plus périlleux et il en
franchira encore bien d'autres. Et il a encore beaucoup à faire bien qu'il ait déjà beaucoup fait ! »

Au fur et à mesure que cette bonne nouvelle se
2425 répandait chacun laissait éclater sa joie. Tous l'entendirent, tous l'apprirent. Leur force s'accrut de la joie
qu'ils en ressentirent ; ils redoublèrent d'ardeur et
abattirent un grand nombre de leurs adversaires. Mais
s'ils leur menaient la vie dure, c'était, me semble-t-il,
bien plus grâce aux exploits d'un seul chevalier que
grâce aux efforts conjugués de l'ensemble des combattants. Et si la nuit n'avait pas été aussi proche, les
ennemis auraient été mis en déroute. Mais l'obscurité
tomba si vite qu'il leur fallut arrêter le combat.

Au moment de se séparer, tous les captifs se
pressèrent en désordre autour du chevalier de la
charrette ; toutes les mains se tendaient pour saisir son
cheval par la bride et de toutes parts on lui criait :

« Soyez le bienvenu, beau sire ! »

Et chacun de répéter :

« Sire, par ma foi, vous viendrez vous héberger
chez moi ! Sire, au nom de Dieu, n'allez pas vous
loger ailleurs que chez moi ! »

Ce que dit l'un, l'autre le répète : jeunes et vieux,
tous veulent lui offrir l'hospitalité.

2450   « Vous serez mieux chez moi qu'ailleurs », repre-
naient-ils en chœur.

Chacun parle ainsi pour lui

et li uns a l'autre le tost,
si con chascuns avoir le vost,
2455 et par po qu'il ne s'an conbatent.
Et il lor dit qu'il se debatent
de grant oiseuse et de folie.
« Lessiez, » fet il, « ceste anreidie,
[36d] qu'il n'a mestier n'a moi n'a vos.
2460 Noise n'est pas boene antre nos,
einz devroit li uns l'autre eidier.
Ne vos covient mie pleidier
de moi herbergier par tançon,
einz devez estre an cusançon
2465 de moi herbergier an tel leu
por ce que tuit i aiez preu,
que je soie an ma droite voie. »
Ancor dit chascuns totevoie :
« C'est a mon ostel. » « Mes au mien. »
2470 « Ne dites mie ancore bien, »
fet li chevaliers. « A mon los,
li plus sages de vos est fos
de ce don ge vos oi tancier.
Vos me devrïez avancier,
2475 et vos me volez feire tordre.
Se vos m'avïez tuit en ordre
li uns aprés l'autre a devise
fet tant d'enor et de servise
con an porroit feire a un home,
2480 par toz les sainz qu'an prie a Rome
ja plus boen gré ne l'en savroie,
quant la bonté prise en avroie,
que je faz de la volanté.
Se Dex me doint joie et santé,
2485 la volantez autant me haite
con se chascuns m'avoit ja faite
molt grant enor et grant bonté ;
si soit an leu de fet conté ! »
Ensi les vaint toz et apeise.
2490 Chiés un chevalier molt a eise
el chemin a ostel l'en mainnent,

et l'un essaie de
l'arracher à l'autre car tous veulent l'avoir pour eux
seuls à tel point que peu s'en faut qu'ils n'en viennent
aux mains. Il leur répond que leur débat n'est que
perte de temps et folie :

« Arrêtez cette dispute qui n'est d'aucun intérêt ni
pour vous ni pour moi. Il n'est pas bon de se chercher
querelle entre nous ; il vaudrait mieux nous entraider.
Vous ne devriez pas vous disputer le soin de m'héberger mais bien plutôt vous soucier de me loger en un
lieu qui ne m'écarte pas de ma route directe et cela
dans votre intérêt à tous. »

Pourtant cela n'empêche pas chacun d'eux de
continuer :

« C'est dans ma maison !

— Non, dans la mienne !

— Vous parlez encore en dépit du bon sens, leur
rétorqua le chevalier. A mon avis, le plus sage d'entre
vous agit comme un fou en se querellant pour de
pareilles vétilles. Vous devriez m'aider à gagner du
2475 temps et vous voulez m'imposer des détours ! Si tous,
en bon ordre, vous m'aviez l'un après l'autre comblé
d'autant d'égards et rendu autant de bons services
qu'il est possible de le faire pour quelqu'un, je vous
jure par tous les saints que l'on prie à Rome que je ne
saurais pas meilleur gré à l'un comme à l'autre d'avoir
bénéficié de sa générosité, que de la simple intention
qu'il a manifestée. Aussi vrai que je souhaite que Dieu
me maintienne en parfaite santé, je peux bien vous
affirmer que je suis autant touché par l'intention
manifestée que si chacun d'entre vous m'avait déjà
témoigné dans les faits sa considération et sa générosité. L'intention doit compter autant que l'acte. »

Il parvient ainsi à les convaincre et à les apaiser. On
le conduit alors sur son chemin vers la demeure d'un
chevalier fort aisé

et de lui servir tuit se painnent.
Trestuit l'enorent et servirent
et molt tres grant joie li firent
2495 tote la nuit jusqu'au couchier,
car il l'avoient tuit molt chier.

et tous s'emploient à bien le servir.
Tous lui prodiguent de grandes marques d'estime et
lui font grande fête jusqu'à l'heure du coucher car
tous lui portent une grande affection.

    Le main quant vint au dessevrer
    vost chascuns avoec lui aler ;
    chascuns se poroffre et presante.
2500 Mes lui ne plest ne n'atalante
    que nus hom s'an voist avoec lui,
    fors que tant solemant li dui
[36e] que il avoit la amenez ;
    ces, sanz plus, en avoit menez.
2505 Cel jor ont des la matinee
    chevalchié tresqu'a la vespree
    qu'il ne troverent aventure.
    Chevalchant molt grant aleüre
    d'une forest molt tart issirent ;
2510 a l'issir une meison virent
    a un chevalier ; et sa fame,
    qui sanbloit estre boene dame,
    virent a la porte seoir.
    Tantost qu'ele les pot veoir
2515 s'est contre aus an estant dreciee ;
    a chiere molt joiant et liee
    les salue, et dit : « Bien vaingniez !
    Mon ostel voel que vos praigniez.
    Herbergiez estes, descendez. »
2520 « Dame, quant vos le comandez,
    vostre merci, nos descendrons ;
    vostre ostel enuit mes prendrons. »
    Il descendent ; et au descendre
    la dame fet les chevax prendre,
2525 qu'ele avoit mesniee molt bele.
    Ses filz et ses filles apele,
    et il vindrent tot maintenant :
    vaslet cortois et avenant,
    et chevalier et filles beles.
2530 As uns comande oster les seles
    des chevax et bien conreer.
    N'i a celui qui l'ost veher,

LE CHEVALIER PROVOCATEUR

Au matin quand vint le moment de se séparer, tous voulurent partir avec lui. Chacun s'offrit corps et âme 2500 à se dévouer pour lui. Mais lui ne désirait emmener personne avec lui excepté les deux compagnons qu'il avait déjà conduits jusqu'ici : de ces deux-là sans plus, il avait fait sa suite. Ce jour-là, ils chevauchèrent du petit matin jusqu'au soir sans rencontrer la moindre aventure. Ils allaient grand train et pourtant ils ne sortirent que fort tard d'une forêt qu'ils traversèrent. En sortant de la forêt, ils aperçurent le manoir d'un chevalier. Sa femme, qui avait l'air accueillante, était assise devant la porte. Dès qu'elle les vit, elle se leva à leur rencontre et, le visage souriant, elle les salua :

« Soyez les bienvenus ! Je veux vous recevoir chez moi. Descendez de cheval, vous avez le gîte et le couvert !

— Dame, merci. Puisque vous l'ordonnez, nous mettrons pied à terre et nous logerons chez vous cette nuit. »

Ils mirent pied à terre et la dame fit aussitôt prendre 2525 leurs montures. Elle avait une grande famille. Elle appela ses fils et ses filles qui s'empressèrent d'accourir : c'étaient des jeunes gens courtois et avenants, chevaliers et gentes demoiselles. Aux premiers elle ordonna de desseller les chevaux et de bien les panser. Pas un n'aurait osé la contredire ;

einz le firent molt volentiers.
Desarmer fet les chevaliers ;
2535 au desarmer les filles saillent ;
desarmé sont, puis si lor baillent
a afubler trois corz mantiax.
A l'ostel qui molt estoit biax
les an mainnent eneslepas.
2540 Mes li sires n'i estoit pas,
einz ert en bois, et avoec lui
estoient de ses filz li dui.
Mes il vint lués, et sa mesniee
qui molt estoit bien anresniee
2545 saut contre lui defors la porte.
La veneison que il aporte
[36f] destrossent molt tost et deslïent
et si li recontent et dïent :
« Sire, sire, vos ne savez :
2550 trois ostes chevaliers avez. »
« Dex an soit aorez ! » fet il.
Li chevaliers et si dui fil
font de lor oste molt grant joie ;
et la mesniee n'est pas coie,
2555 que toz li mandre s'aprestoit
de feire ce qu'a feire estoit.
Cil corent le mangier haster ;
cil les chandoiles alumer,
si les alument et espranent ;
2560 la toaille et les bacins pranent,
si donent l'eve as mains laver
(de ce ne sont il mie aver).
Tuit levent, si vont asseoir.
Riens qu'an poïst leans veoir
2565 n'estoit charjable ne pesanz.
Au premier mes vint uns presanz
d'un chevalier a l'uis defors,
plus orguelleus que n'est uns tors —
que c'est molt orguelleuse beste !
2570 Cil des les piez jusqu'a la teste
sist toz armez sor son destrier.

tous, au contraire,
obéirent de bon gré. Elle demanda ensuite qu'on
désarme les chevaliers et ses filles bondirent pour le
faire. Elles les désarmèrent et leur donnèrent à revêtir
trois courts manteaux[54]. Après quoi on les conduisit
au manoir qui était fort beau. Le maître des lieux était
absent : il chassait dans la forêt accompagné de deux
de ses fils. Mais il arriva bientôt et sa famille, qui était
fort bien élevée, sortit vite pour l'accueillir. Ses
enfants déchargèrent rapidement son cheval de la
venaison qu'il rapportait et ils le mirent au fait des
nouvelles :

2550   « Sire, sire, vous ne le savez pas mais vous avez
trois chevaliers pour hôtes.

— Dieu en soit loué », répondit-il.

Le père et ses deux fils firent grande fête à leurs
hôtes pendant que sa famille ne restait pas inactive :
même le plus jeune de tous s'efforçait de prendre part
à ce qu'il y avait à faire. Les uns coururent hâter la
préparation du repas ; les autres allumèrent des chan-
delles, préparèrent les serviettes et les bassins et y
versèrent sans mesurer l'eau pour les ablutions. On se
lava les mains et on passa à table. Rien dans cette
maison ne causait de déplaisir ni de désagrément.

Alors qu'on en était encore au premier plat, survint
un événement inattendu sous la forme d'un chevalier
plus orgueilleux qu'un taureau — c'est de loin la bête
la plus orgueilleuse de toutes — qui se présenta à la
porte du manoir. Armé de pied en cap, il était assis à
sa manière sur son destrier :

De l'une janbe an son estrier
fu afichiez, et l'autre ot mise
par contenance et par cointise
2575 sor le col del destrier crenu.
Estes le vos ensi venu
c'onques nus garde ne s'an prist,
tant qu'il vint devant aus et dist :
« Li quex est ce — savoir le vuel —
2580 qui tant a folie et orguel
et de cervel la teste vuide,
qu'an cest païs vient et si cuide
au Pont de l'Espee passer ?
Por neant s'est venuz lasser ;
2585 por neant a ses pas perduz. »
Et cil, qui ne fu esperduz,
molt seüremant li respont :
« Je sui qui vuel passer au Pont. »
« Tu ? Tu ! Comant l'osas panser ?
2590 Einz te deüsses apanser,
[37a] que tu anpreïsses tel chose,
a quel fin et a quel parclose
tu an porroies parvenir,
si te deüst resovenir
2595 de la charrete ou tu montas.
Ce ne sai ge se tu honte as
de ce que tu i fus montez,
mes ja nus qui fust bien senez
n'eüst si grant afaire anpris
2600 s'il de cest blasme fust repris. »
A ce que cil dire li ot
ne li daigne respondre un mot,
mes li sires de la meison
et tuit li autre par reison
2605 s'an mervoillent a desmesure :
« Ha, Dex ! con grant mesavanture ! »
fet chascuns d'ax a lui meïsmes.
« L'ore que charrete fu primes
pansee et feite soit maudite,
2610 car molt est vix chose et despite.
Ha, Dex ! de coi fu il retez ?

il prenait appui d'une
²⁵⁷⁵ seule jambe sur un étrier et avait passé l'autre, pour
faire l'élégant, sur le cou de son cheval à la longue
crinière. Il s'avança dans cette posture, sans que
personne ne prît garde à lui, jusqu'à la table [55] où se
trouvaient les convives et leur dit :

« Lequel d'entre vous, je tiens à le savoir, est assez
fou, assez orgueilleux et assez écervelé pour entrer
dans ce pays et croire pouvoir franchir le Pont-de-
l'épée ? Il s'est donné beaucoup de mal pour rien et a
perdu son temps. »

Celui auquel il s'adressait, sans être le moins du
monde troublé, lui répondit alors calmement :

« C'est moi qui veux passer le Pont.

— Toi ? Toi ! Comment as-tu osé penser une telle
chose ? Avant de te lancer dans une telle entreprise, tu
aurais d'abord dû réfléchir à la manière dont elle
pourrait se terminer pour toi. Tu aurais dû te rappeler
de la charrette dans laquelle tu es monté. Je ne sais si
tu éprouves quelque honte d'y être monté mais tout
homme en possession de tout son bon sens n'aurait
jamais tenté une aussi grande épreuve après avoir subi
²⁶⁰⁰ une telle souillure. »

Le chevalier de la charrette ne daigna même pas
répondre un seul mot aux propos tenus par l'arrivant.
Mais le seigneur de la maison et toute sa famille s'en
étonnèrent à juste titre au plus haut point.

« Ah ! Dieu, se dit chacun, quelle mésaventure !
Que maudite soit l'heure où, pour la première fois, on
eut l'idée de faire une charrette ! C'est une invention
vile et méprisable. Ha ! Dieu ! De quoi fut-il accusé ?

Et por coi fu il charretez ?
Por quel pechié ? Por quel forfet ?
Ce li ert mes toz jorz retret.
2615 S'il fust de cest reproche mondes,
an tant con dure toz li mondes
ne fust uns chevaliers trovez
tant soit de proesce esprovez,
qui cest chevalier resanblast ;
2620 et qui trestoz les assanblast
si bel ne si gent n'i veïst,
por ce que le voir an deïst. »
Ce disoient comunemant.
Et cil molt orguilleusemant
2625 sa parole recomança,
et dist : « Chevaliers, antant ça,
qui au Pont de l'Espee an vas :
se tu viax, l'eve passeras
molt legieremant et soëf.
2630 Je te ferai an une nef
molt tost oltre l'eve nagier.
Mes se je te vuel paagier
quant de l'autre part te tandrai,
se je vuel, la teste an prandrai ;
[37b] ou ce non, an ma merci iert. »
Et cil respont que il ne quiert
avoir mie desavanture :
ja sa teste an ceste avanture
n'iert mise por nes un meschief.
2640 Et cil li respont derechief :
« Des que tu ce feire ne viax,
cui soit la honte ne li diax
venir te covendra ça fors
a moi combatre cors a cors. »
2645 Et cil dit por lui amuser :
« Se jel pooie refuser,
molt volantiers m'an sosferoie ;
mes ainçois voir me conbatroie
que noauz feire m'esteüst. »
2650 Einçois que il se remeüst
de la table ou il se seoient,

Pourquoi fut-il conduit sur une charrette ? Pour quel forfait, pour quel péché ? Cela lui sera toujours reproché. S'il était innocent de ce dont on l'accuse, dans le monde entier on ne trouverait pas un autre chevalier si brillant soit-il, qui le vaille. Vraiment, si on rassemblait tous les chevaliers on n'en verrait aucun d'aussi noble et d'aussi beau. »

C'est ce qu'ils se disaient tous. Mais l'autre, gonflé 2625 d'orgueil recommença ses attaques :

« Chevalier, toi qui vas au Pont-de-l'épée, écoute ce que j'ai à te dire : si tu le veux, tu passeras la rivière sans peine et sans douleur car je te ferai traverser dans une barque. Mais, quand je t'aurai conduit sur l'autre bord, s'il me plaît de te réclamer un péage, alors je pourrai à mon gré te prendre ou non la tête. Il n'en tiendra qu'à moi. »

Le chevalier de la charrette lui répondit qu'il ne recherchait pas son propre malheur et que jamais il n'aventurerait sa tête de la sorte même pour éviter un danger plus grand. L'autre lui répliqua :

« Puisque tu refuses mon offre, il va te falloir sortir dehors pour te mesurer à moi en corps à corps, quelle que soit la honte ou la douleur qui en résulte pour l'un ou l'autre. »

Pour se moquer un peu de lui, le chevalier de la charrette lui répondit ironiquement :

« Si je pouvais refuser ce combat, je m'en dispenserais bien volontiers mais je préfère encore me battre plutôt que de devoir m'exposer à pire. »

2650   Avant même de se relever de la table où ils étaient assis,

        dist as vaslez qui le servoient
        que sa sele tost li meïssent
        sor son cheval, et si preïssent
2655   ses armes, ses li aportassent.
        Et cil del tost feire se lassent.
        Li un de lui armer se painnent,
        li autre son cheval amainnent ;
        et, sachiez, ne resanbloit pas,
2660   si com il s'an aloit le pas
        armez de trestotes ses armes
        et tint l'escu par les enarmes
        et fu sor son cheval montez,
        qu'il deüst estre mescontez
2665   n'antre les biax n'antre les buens.
        Bien sanble qu'il doie estre suens
        li chevax, tant li avenoit,
        et li escuz que il tenoit
        par les enarmes anbracié.
2670   Si ot un hiaume el chief lacié
        qui tant i estoit bien assis
        que il ne vos fust mie avis
        qu'anprunté n'acreü l'eüst ;
        einz deïssiez, tant vos pleüst,
2675   qu'il fu ensi nez et creüz.
        De ce voldroie estre creüz.
        Fors de la porte, an une lande,
        est cil qui la joste demande,
[37c]   ou la bataille estre devoit.
2680   Tantost con li uns l'autre voit,
        point li uns vers l'autre a bandon,
        si s'antrevienent de randon
        et des lances tex cos se donent
        que eles ploient et arçonent
2685   et anbedeus an pieces volent.
        As espees les escuz dolent
        et les hiaumes et les haubers ;
        tranchent les fuz, ronpent les fers
        si que an plusors leus se plaient.
2690   Par ire tex cos s'antrepaient
        con s'il fussent fet a covant.

il demanda aux jeunes gens qui le servaient de
seller rapidement son cheval et d'aller lui chercher ses
armes. Ceux-ci se hâtent de lui obéir : les uns
s'emploient à l'armer, les autres lui amènent son
destrier. Et sachez-le bien, tandis qu'en selle il
avançait au pas, armé de pied en cap et tenant
solidement son écu par les sangles de bras, il n'y avait
aucune apparence qu'on pût oublier de le compter
parmi les plus beaux et les plus vaillants chevaliers.
Son cheval et l'écu qu'il portait au bras lui conve-
naient si bien qu'on les eût dit faits pour lui. Il portait
sur la tête un heaume lacé qui lui allait si parfaitement
qu'il ne pouvait venir à l'idée qu'il l'eût emprunté ou
loué. On aurait même pu dire, tant cet accord était
plaisant à voir, qu'il était né avec ce heaume et avait
grandi avec. J'aimerais beaucoup que vous accordiez
2675 foi à mes propos.

Celui qui avait lancé le défi attendait hors du
manoir, dans une lande où devait avoir lieu le combat.
Dès qu'ils sont face à face, les deux chevaliers
s'élancent l'un contre l'autre à bride abattue et ils se
heurtent avec violence. Le choc des lances est tel
qu'elles se plient en arc et volent en éclats. Ils
prennent leurs épées et se portent de rudes coups qui
endommagent les écus, les heaumes et les cottes de
mailles. Ils font de larges brèches dans le bois des
écus, rompent leurs cottes de mailles et se blessent en
maints endroits. Ils se rendent leurs coups avec rage
comme s'ils respectaient un contrat.

Mes les espees molt sovant
jusqu'as cropes des chevax colent ;
del sanc s'aboivrent et saolent
2695 que jusque es flans les anbatent,
si que andeus morz les abatent.
Et quant il sont cheü a terre,
li uns vet l'autre a pié requerre ;
et s'il de mort s'antrehaïssent,
2700 ja por voir ne s'antranvaïssent
as espees plus cruelmant.
Plus se fierent menüemant
que cil qui met deniers an mine,
qui de joer onques ne fine
2705 a totes failles deus et deus.
Mes molt estoit autres cist jeus —
que il n'i avoit nule faille,
mes cos et molt fiere bataille,
molt felenesse et molt cruel.
2710 Tuit furent issu de l'ostel :
sires, dame, filles et fil,
qu'il n'i remest cele ne cil
(ne li privé ne li estrange),
ainçois estoient tuit an range
2715 venu por veoir la meslee
an la lande qui molt fu lee.
Li chevaliers a la charrete
de malvestié se blasme et rete
quant son oste voit qui l'esgarde :
2720 et des autres se reprant garde
qui l'esgardoient tuit ansanble ;
d'ire trestoz li cors li tranble,
[37d] qu'il deüst — ce li est avis —
avoir molt grant pieç'a conquis
2725 celui qui a lui se combat.
Lors le fiert, si qu'il li anbat
l'espee molt pres de la teste ;
si l'anvaïst come tanpeste,
car il l'anchauce, si l'argüe
2730 tant que place li a tolue.
Se li tost terre et si le mainne

Mais souvent, en glissant, les épées atteignent la croupe des chevaux. Elles se rougissent de sang en entaillant le flanc des malheureuses bêtes qui ne tardent pas à tomber mortes toutes les deux. A peine ont-il roulé à terre, que les deux combattants se ruent à pied l'un contre

2700 l'autre. S'ils s'étaient haïs à mort, ils ne se seraient pas battus plus sauvagement avec leurs épées. Ils se frappent à un rythme plus rapide que celui avec lequel le joueur le plus invétéré lance ses deniers en doublant sa mise chaque fois qu'il perd. Mais il s'agissait là d'un jeu bien différent où il n'y avait aucun hasard mais des coups solidement assenés dans un violent corps à corps sans merci. Tout le monde était sorti du manoir, le seigneur, sa femme, ses filles et ses fils. Personne n'y était resté qu'il appartînt ou non à la maison. Tous étaient venus en rang serré assister à la bataille au milieu de la vaste lande. Aussi le chevalier de la charrette s'accuse-t-il de lâcheté quand il se voit observé par son hôte et quand il s'aperçoit que tous les autres ont les yeux fixés sur lui ; il en tremble de fureur car il lui semble qu'il aurait dû depuis bien

2725 longtemps avoir vaincu son opposant. Alors il l'assaille à coups redoublés qui pleuvent dru autour de sa tête ; il le bouscule comme un ouragan, le presse et le contraint à céder du terrain. Il le fait reculer et le malmène

tant que bien pres li faut l'alainne,
s'a an lui molt po de desfanse.
Et lors li chevaliers s'apanse
2735 que il li avoit molt vilmant
la charrete mise devant.
Si li passe et tel le conroie
qu'il n'i remaint laz ne corroie
qu'il ne ronpe antor le coler ;
2740 si li fet le hiaume voler
del chief et cheoir la vantaille.
Tant le painne et tant le travaille
que a merci venir l'estuet.
Come l'aloe qui ne puet
2745 devant l'esmerillon durer
ne ne s'a ou aseürer
puis que il la passe et sormonte,
ausi cil a tote sa honte
li vet requerre et demander
2750 merci, qu'il nel puet amander.
Et quant il ot que cil requiert
merci, si nel toche ne fiert,
einz dit : « Viax tu merci avoir ? »
« Molt avez or dit grant savoir, »
2755 fet cil, « ce devroit dire fos !
Onques rien nule tant ne vos
con je faz merci orandroit. »
Et cil dit : « Il te covandroit
sor une charrete monter.
2760 A neant porroies conter
quanque tu dire me savroies,
s'an la charrete ne montoies
por ce que tant fole boche as
que vilmant la me reprochas. »
2765 Et li chevaliers li respont :
« Ja Deu ne place que g'i mont ! »
[37e] « Non ? » fet cil, « et vos i morroiz. »
« Sire, bien feire le porroiz.
Mes, por Deu, vos quier et demant
2770 merci, fors que tant seulemant
qu'an charrete monter ne doive.

si durement que l'autre est bien près d'en
perdre le souffle et qu'il n'a plus guère la force de se
défendre. C'est à cet instant que le chevalier de la
charrette se rappela que son adversaire lui avait
durement reproché sa mésaventure avec des mots
offensants. Il le contourne alors et lui porte des coups
tels qu'il lui rompt tous les lacets et toutes les
courroies qui retenaient le heaume au col de la cotte
de mailles ; puis d'un dernier coup il lui fait voler de la
tête le heaume avec sa ventaille [56]. Et il continue de le
harceler et de le malmener tant et si bien que le
malheureux est contraint de demander grâce [57].
Comme l'alouette qui ne peut fuir longtemps ni
trouver un refuge dès que l'émerillon la domine dans
son vol après l'avoir rattrapée, le vaincu, tout honteux, doit implorer la pitié de son vainqueur car il ne
peut rien faire d'autre. Et quand ce dernier entend
2750 son adversaire lui demander grâce, il retient ses coups
et lui demande :

« Tu veux que je te fasse grâce ?

— Vous avez sainement parlé : c'est ce que même
un simple d'esprit pourrait dire, répondit le vaincu.
Jamais je n'ai eu autant envie de quelque chose que
d'obtenir ma grâce aujourd'hui !

— Alors il te faudra monter sur une charrette.
Tout ce que tu pourrais me dire ne servirait à rien si tu
ne montais pas dans la charrette car tu as eu des
paroles assez insensées pour me l'avoir reproché en
des termes par trop offensants.

— A Dieu ne plaise que j'y monte jamais ! répondit
le chevalier.

— Ah non ? fait le chevalier de la charrette, eh bien
tu vas mourir !

— Sire, vous êtes en droit de me tuer, mais au nom
de Dieu je vous supplie de m'accorder grâce à la seule
condition de ne pas me contraindre à monter dans la
charrette.

Nus plez n'est que je n'an reçoive
fors cestui, tant soit griés ne forz.
Mialz voldroie estre, je cuit, morz
2775 que fet eüsse cest meschief.
Ja nule autre chose si grief
ne me diroiz, que je ne face
por merci et por vostre grace. »
Que que cil merci li demande,
2780 atant ez vos parmi la lande
une pucele l'anbleüre
venir sor une fauve mure,
desafublee et deslïee ;
et si tenoit une corgiee
2785 don la mule feroit grant cos,
et nus chevax les granz galos,
por verité, si tost n'alast
que la mule plus tost n'anblast.
Au chevalier de la charrete
2790 dist la pucele : « Dex te mete,
chevaliers, joie el cuer parfite
de la rien qui plus te delite. »
Cil qui volantiers l'ot oïe
li respont : « Dex vos beneïe,
2795 pucele, et doint joie et santé ! »
Lors dist cele sa volanté :
« Chevaliers, » fet ele, « de loing
sui ça venue a grant besoing
a toi por demander un don,
2800 en merite et an guerredon
si grant con ge te porrai feire.
Et tu avras encor afeire
de m'aïde, si con je croi. »
Et cil li respont : « Dites moi
2805 que vos volez, et se je l'ai,
avoir le porroiz sanz delai,
mes que ne soit chose trop griés. »
Et cele dit : « Ce est li chiés
de cest chevalier que tu as
2810 conquis ; et voir, einz ne trovas
[37f] si felon ne si desleal.

Il n'y a nulle sentence, aussi dure soit-elle que je n'accepterai excepté celle-ci car je préférerais être mort plutôt que de subir pareille infamie. Mais il n'y a pas d'autre châtiment que vous m'infligerez, si dur soit-il, que je refuse de subir en échange de votre pardon. »

Pendant que celui-ci le supplie de lui faire grâce, voici qu'arrive, à travers la lande, une demoiselle montée sur une mule fauve[58] qui marchait à l'amble. Sans manteau et les cheveux flottant au vent, elle tenait à la main une escourgée dont elle donnait de grands coups sur les flancs de sa mule qui, en vérité, avançait plus vite à l'amble que ne l'aurait fait un cheval au grand galop. Elle s'adressa au chevalier de la charrette et lui dit :

« Chevalier, que Dieu t'emplisse le cœur d'une joie parfaite qui te vienne de l'objet de tes plus chers désirs[59] ! »

Celui-ci, qui lui avait prêté l'oreille avec grand plaisir, lui répondit :

« Que Dieu vous bénisse, demoiselle, et vous donne la santé et la joie ! »

Alors celle-ci lui fit part de ce qu'elle souhaitait :

« Chevalier, je suis venue de très loin en me hâtant pour te demander un don et tu en auras une récompense[60] aussi grande que je pourrai te la donner car je pense qu'un jour tu auras besoin de mon aide[61].

— Dites-moi ce que vous désirez, répondit-il, et si je l'ai, vous pourrez l'obtenir sur-le-champ à condition que ce ne soit pas une chose trop pénible à accorder.

— Ce que je veux, c'est la tête de ce chevalier que tu as vaincu car je peux bien t'assurer que jamais on n'en vit de plus cruel et de plus déloyal.

Ja ne feras pechié ne mal,
einçois feras aumosne et bien,
que c'est la plus desleax rien
2815 qui onques fust ne jamés soit. »
Et quant cil qui vaincuz estoit
ot qu'ele vialt que il l'ocie,
si li dist : « Ne la creez mie,
qu'ele me het. Mes je vos pri
2820 que vos aiez de moi merci
por ce Deu qui est filz et pere,
et qui de celi fist sa mere
qui estoit sa fille et s'ancele. »
« Ha ! chevaliers ! » fet la pucele,
2825 « ne croire pas ce traïtor.
Que Dex te doint joie et enor
si grant con tu puez covoitier,
et si te doint bien esploitier
de ce que tu as entrepris ! »
2830 Or est li chevaliers si pris
qu'el panser demore et areste :
savoir s'il an donra la teste
celi qui la rueve tranchier,
ou s'il avra celui tant chier
2835 qu'il li praigne pitiez de lui.
Et a cesti et a celui
viaut feire ce qu'il li demandent :
Largece et Pitiez li comandent
que lor boen face a enbedeus
2840 qu'il estoit larges et piteus.
Mes se cele la teste an porte,
donc iert Pitiez vaincue et morte ;
et s'ele ne l'an porte quite,
donc iert Largece desconfite.
2845 An tel prison, an tel destrece
le tienent Pitiez et Largece,
que chascune l'angoisse et point.
La teste vialt que il li doint
la pucele qui li demande ;
2850 et d'autre part li recomande
sor pitié et sor sa franchise.

Tu ne
commettras là aucun péché : au contraire tu feras un
acte juste et méritoire car c'est l'être le plus abject qui
ait jamais existé et existera sous le soleil. »

Quand le vaincu entendit la demoiselle demander sa
tête, il se mit à supplier le chevalier :

« Ne la croyez pas car elle me hait. Je vous en
conjure, ayez pitié de moi au nom de ce Dieu tout-
puissant qui est à la fois le fils et le père et qui, pour
mère, voulut celle qui était sa fille et sa servante.

2825   — Ha ! chevalier, répliqua la demoiselle, n'ajoute
pas foi aux propos de ce traître ! Que Dieu te donne
autant de joie et d'honneur que tu peux en souhaiter
et qu'il t'accorde de mener à bien ce que tu as
entrepris. »

Le chevalier de la charrette est bien embarrassé ; il
reste un bon moment à réfléchir : donnera-t-il la tête
du vaincu à celle qui l'exhorte à la trancher ou bien
aura-t-il assez d'indulgence pour le prendre en pitié ?
Il voudrait satisfaire les vœux de l'un et de l'autre car
Largesse et Pitié lui ordonnent d'accéder à leurs
désirs [62] et il avait un cœur à la fois généreux et ouvert
à la pitié. Si la demoiselle emporte la tête du vaincu,
Pitié aura succombé mais si elle doit y renoncer, alors
Largesse aura le dessous ! Il se sent prisonnier de leur
double contrainte : chacune le tourmente cruellement. L'une le pousse à accorder la tête du vaincu à la
2850 demoiselle qui la lui demande et l'autre lui recommande de laisser parler sa pitié et sa noblesse de cœur.

Et des que il li a requise
merci, donc ne l'avra il donques?
Oïl, ce ne li avint onques
[38a] que nus, tant fust ses anemis,
des que il l'ot au desoz mis
et merci crïer li covint,
onques ancor ne li avint
c'une foiz merci li veast —
2860 mes au sorplus ja ne baast.
Donc ne la vehera il mie
cestui qui li requiert et prie,
des que ensi feire le sialt.
Et cele qui la teste vialt,
2865 avra la ele? Oïl, s'il puet.
« Chevaliers, » fet il, « il t'estuet
conbatre derechief a moi,
et tel merci avrai de toi,
se tu viax ta teste desfandre,
2870 que je te lesserai reprendre
ton hiaume et armer derechief
a leisir ton cors et ton chief
a tot le mialz que tu porras.
Mes saches que tu i morras
2875 se je autre foiz te conquier. »
Et cil respont : « Ja mialz ne quier,
n'autre merci ne te demant. »
« Et ancor assez t'i amant, »
fet cil, « que je me conbatrai
2880 a toi que ja ne me movrai
d'ensi con ge sui ci elués. »
Cil s'atorne et revenient lués
a la bataille com angrés,
mes plus le reconquist aprés
2885 li chevaliers delivremant
qu'il n'avoit fet premieremant.
Et la pucele eneslepas
crie : « Ne l'espargnier tu pas,
chevaliers, por rien qu'il te die,
2890 certes qu'il ne t'espargnast mie
s'il t'eüst conquis une foiz ! »

Dans la mesure où le vaincu a fait appel à sa clémence, lui sera-t-elle refusée ? Non, car il ne lui est jamais arrivé de refuser de faire grâce au moins une fois à quiconque, fût-il son pire ennemi, dès lors qu'il l'avait vaincu et contraint à lui crier merci. Mais il n'avait cependant jamais accordé plus. Donc, selon son habitude, il ne refusera pas de faire grâce à celui qui l'en implore. Mais la demoiselle qui réclame la tête du vaincu, l'aura-t-elle ? Oui, s'il le peut.

« Chevalier, fit-il, il te faut derechef combattre contre moi : si tu veux sauver ta tête, je t'accorde la faveur de reprendre ton heaume et de t'armer de nouveau de pied en cap du mieux que tu le pourras. Mais sache bien que si je te vainc une seconde fois, tu mourras sans rémission.

2875 — Je ne demande pas mieux, répondit l'autre. Je ne veux pas d'autre faveur.

— Et je vais encore te donner un avantage supplémentaire, ajouta le chevalier de la charrette : je me battrai contre toi sans bouger de là où je suis. »

L'autre se prépara et ils reprirent le combat avec acharnement. Mais cette fois-ci le chevalier de la charrette vint à bout de son adversaire bien plus facilement et plus rapidement qu'il ne l'avait fait la première fois. Aussitôt la demoiselle lui cria :

« Quoi qu'il te dise, ne l'épargne pas, chevalier, car lui ne t'aurait pas épargné s'il avait pu te vaincre une fois !

Bien saches tu : se tu le croiz
il t'angignera derechief.
Tranche au plus desleal le chief
2895 de l'empire et de la corone,
frans chevaliers, si le me done.
Por ce le me doiz bien doner
que jel te cuit guerredoner
[38b] molt bien ancor tex jorz sera.
2900 S'il puet, il te rangignera
de sa parole autre foiee. »
Cil qui voit sa mort aprochiee
li crie merci molt an haut,
mes ses crïers rien ne li vaut,
2905 ne chose que dire li sache ;
que cil par le hiaume le sache,
si que trestoz les laz an tranche :
la vantaille et la coiffe blanche
li abat de la teste jus.
2910 Et cil se haste, ne puet plus :
« Merci, por Deu ! Merci, vassax ! »
Cil respont : « Se je soie sax,
jamés de toi n'avrai pitié,
puis c'une foiz t'ai respitié. »
2915 « Ha ! » fet il, « pechié ferïez
se m'anemie creïez
de moi an tel meniere ocirre. »
Et cele qui sa mort desirre
de l'autre part li amoneste
2920 qu'isnelemant li trant la teste,
ne plus ne croie sa parole.
Cil fiert et la teste vole
enmi la lande, et li cors chiet.
A la pucele plaist et siet.
2925 Li chevaliers la teste prant
par les chevox et si la tant
a celi qui grant joie an fait,
et dit : « Tes cuers si grant joie ait
de la rien que il plus voldroit,
2930 con li miens cuers a orandroit
de la rien que je plus haoie.

Il faut que tu le saches : si tu l'écoutes, il te trompera une nouvelle fois. Allez noble chevalier, coupe la tête au plus déloyal du royaume et donne-la-moi. Il te faut me la donner car un jour viendra, je crois, où je t'en récompenserai. Alors que lui, s'il lui 2900 était donné de le faire, il t'abuserait une nouvelle fois de ses belles paroles ! »

Le vaincu qui voit sa mort prochaine, lui demande grâce à grands cris mais ses supplications et tout ce qu'il peut trouver à dire ne lui servent à rien car le chevalier de la charrette le saisit par le heaume dont il tranche tous les lacets puis il lui enlève de la tête sa ventraille et sa coiffe aux mailles luisantes. Le malheureux presque à bout de souffle redouble ses prières :

« Au nom de Dieu, grâce ; grâce vaillant chevalier !

— Aussi vrai que je tiens au salut de mon âme, jamais je n'aurai pitié de toi puisqu'une fois déjà je t'ai fait grâce.

— Ah ! vous feriez un grand péché de me tuer ainsi pour satisfaire mon ennemie ! »

Mais celle qui veut à tout prix le voir périr, pousse par ailleurs le chevalier de la charrette à lui trancher la tête au plus vite et le supplie de rester sourd à ses prières. Alors celui-ci, d'un seul coup, fait voler la tête du vaincu parmi la lande ; le corps s'affaisse au grand plaisir de la demoiselle. Le chevalier de la charrette va 2925 prendre la tête par les cheveux et la lui tend. Elle en est folle de joie :

« Puisse ton cœur recevoir de l'objet qu'il désire le plus au monde une aussi grande joie que celle que j'éprouve devant l'objet de ma plus grande haine, lui dit-elle.

De nule rien ne me doloie
fors de ce que il vivoit tant.
Uns guerredons de moi t'atant
2934 qui molt te vanra an boen leu ;
an cest servise avras grant preu
que tu m'as fet, ce t'acreant.
Or m'an irai, si te comant
a Deu, qui d'anconbrier te gart. »
2940 Tantost la pucele s'an part,
et li uns l'autre a Deu comande.
Mes a toz ces qui an la lande
[38c] orent la bataille veüe
an est molt grant joie creüe.
2945 Si desarment tot maintenant
le chevalier, joie menant,
si l'enorent de quanqu'il sevent.
Tot maintenant lor mains relevent,
qu'al mangier asseoir voloient ;
2950 or sont plus lié qu'il ne soloient,
si manjüent molt lieemant.
Quant mangié orent longuemant,
li vavasors dist a son oste
qui delez lui seoit an coste :
2955 « Sire, nos venimes pieç'a
del rëaume de Logres ça.
Né an somes, si voudrïens
qu'annors vos venist et granz biens
et joie an cest païs, que nos
2960 i avrïens preu avoec vos,
et a maint autre preuz seroit
s'enors et biens vos avenoit
an cest païs, an ceste voie. »
Et cil respont : « Dex vos en oie. »
2965 Quant li vavasors ot lessiee
sa parole et l'ot abessiee,
si l'a uns de ses filz reprise,
et dist : « Sire, an vostre servise
devrïens toz noz pooirs metre
2970 et doner einçois que prometre.
Se mestier aviez del prendre,

Rien ne m'attristait plus que de le voir encore
en vie ! Je te dois une récompense : elle viendra au
moment opportun. Je peux t'affirmer que tu tireras
grand profit du service que tu m'as rendu. Maintenant il me faut partir. Je te recommande à Dieu : qu'il
te préserve de tous les périls. »

Sur ces mots, la demoiselle s'éloigne après que l'un
et l'autre se sont recommandés à Dieu. Tous ceux
qui, dans la lande, avaient assisté à la bataille sentent
croître leur joie. Ils désarment le chevalier en exultant
et s'emploient à l'honorer de leur mieux. Sans plus
attendre, ils se relèvent les mains pour se rasseoir à
2950 table : ils sont bien plus gais qu'ils ne l'étaient
auparavant et ils mangent avec grand plaisir. Quand
ils eurent mangé en prenant leur temps, le vavasseur
dit à son hôte qui était assis à côté de lui :

« Sire, il y a bien longtemps que nous sommes
arrivés là, venant du royaume de Logres où nous
sommes nés. Aussi nous aimerions beaucoup que vous
rencontriez un grand succès dans ce pays et que vous
en retiriez beaucoup d'honneur car nous en partage-
rions le profit avec vous. Si vous réussissiez dans votre
entreprise maints autres exilés y retrouveraient aussi
leur compte [63].

— Dieu vous entende ! » répondit le chevalier.

Quand le vavasseur eut fini de parler, l'un de ses fils
prit à son tour la parole :

« Sire, nous devrions d'abord mettre tous nos biens
à votre service et donner plutôt que promettre. Si
vous aviez besoin de quoi que ce soit,

nos ne devrïens mie atendre
tant que vos le demandesiez.
Sire, ja ne vos esmaiez
2975 de vostre cheval s'il est morz,
car ceanz a chevax bien forz.
Tant voel que vos aiez del nostre :
tot le meillor an leu del vostre
en manroiz, bien vos est mestiers. »
2980 Et cil respont : « Molt volantiers. »
Atant font les liz atorner,
si se couchent. A l'anjorner
lievent matin et si s'atornent.
Atorné sont, puis si s'an tornent.
2985 Au departir rien ne mesprant :
a la dame et au seignor prant,
[38d] et a toz les autres, congié.
Mes une chose vos cont gié
por ce que rien ne vos trespas :
2990 que li chevaliers ne volt pas
monter sor le cheval presté
qu'an li ot a l'uis presanté ;
einz i fist (ce vos voel conter)
un des deus chevaliers monter
2995 qui venu erent avoec lui,
et il sor le cheval celui
monte, qu'ainsi li plot et sist.
Quant chascuns sor son cheval sist,
si s'acheminerent tuit troi
3000 par le congié et par l'otroi
lor oste, qui serviz les ot
et enorez de quanqu'il pot.
Le droit chemin vont cheminant
tant que li jorz vet declinant,
3005 et vienent au Pont de l'Espee
aprés none vers la vespree.

nous ne
devrions pas attendre que vous le réclamiez pour vous
2975 l'offrir. Sire, ne vous tracassez pas pour la mort de
votre cheval car nous avons ici de solides destriers. Je
désire par-dessus tout que vous usiez de nos biens :
pour remplacer votre cheval, vous prendrez le meilleur des nôtres car vous en avez bien besoin.

— J'accepte volontiers », répondit le chevalier de
la charrette.

On s'occupa alors de préparer les lits et tout le
monde alla se coucher. Aux premières lueurs du jour,
le chevalier de la charrette et ses compagnons se
levèrent et se préparèrent. Une fois prêts, ils reprirent
leur route. Mais avant de repartir, le chevalier de la
charrette n'oublia pas les règles du savoir-vivre : il
prit congé de la dame, du vavasseur ainsi que de tous
les autres. Et, pour ne rien oublier, j'ajouterai que le
chevalier de la charrette refusa de monter le cheval
qu'on lui avait offert et qu'on lui avait amené devant
la porte : je tiens à le dire, il y fit monter l'un des deux
chevaliers qui étaient venus avec lui et lui-même
enfourcha le cheval de ce dernier, geste de courtoisie
qu'il lui était agréable d'accomplir.

Quand tous les trois furent en selle, ils se mirent en
3000 route avec la permission de leur hôte qui les avait
reçus et honorés aussi bien qu'il avait pu le faire.
Jusqu'au crépuscule, ils ne cessèrent de chevaucher et
vers le soir ils arrivèrent au Pont-de-l'épée.

Au pié del pont qui molt est max
sont descendu de lor chevax
et voient l'eve felenesse,
3010 noire et bruiant, roide et espesse,
tant leide et tant espoantable
con se fust li fluns au deable,
et tant perilleuse et parfonde
qu'il n'est riens nule an tot le monde,
3015 s'ele i cheoit, ne fust alee
ausi com an la mer betee.
Et li ponz qui est an travers
estoit de toz autres divers,
qu'ainz tex ne fu ne jamés n'iert.
3020 Einz ne fu, qui voir m'an requiert,
si max ponz ne si male planche :
d'une espee forbie et blanche
estoit li ponz sor l'eve froide,
mes l'espee estoit forz et roide
3025 et avoit deus lances de lonc.
De chasque part ot un grant tronc
ou l'espee estoit closfichiee.
Ja nus ne dot que il i chiee
por ce que ele brist ne ploit,
3030 que tant i avoit il d'esploit
[38e] qu'ele pooit grant fes porter.
Ce feisoit molt desconforter
les deus chevaliers qui estoient
avoec le tierz, que il cuidoient
3035 que dui lÿon ou dui liepart
au chief del pont de l'autre part
fussent lïé a un perron.
L'eve et li ponz et li lÿon
les metent an itel freor
3040 que il tranblent tuit de peor,
et dïent : « Sire, car creez
consoil de ce que vos veez,

A l'entrée de ce pont effrayant, ils mettent pied à terre et regardent couler dru l'eau profonde, sombre et perfide, aux flots tumultueux. Elle est si terrifiante qu'on croirait voir le fleuve des Enfers, et elle a un tel débit qu'il n'est personne au monde qui, s'il y tombait, ne serait englouti comme dans la mer salée [64]. Quant au pont qui la traverse, il n'est pareil à nul autre et jamais sans doute il n'en exista ni n'en existera de semblable. Si l'on veut savoir la vérité, jamais pont ne parut si sinistre et tablier plus détestable : ce pont qui traversait l'eau glacée était constitué d'une épée tranchante et bien fourbie. Cette épée dure et solide mesurait bien la longueur de deux lances. Elle était fichée, sur chaque rive du fleuve dans un grand billot de bois [65]. On ne pouvait pas craindre de chuter par suite de sa rupture ou de son fléchissement car elle était si bien forgée qu'elle pouvait supporter une grande charge. Ce spectacle attristait fort les deux compagnons du chevalier car ils pensaient voir, de plus, deux lions ou deux léopards enchaînés à un bloc de pierre à l'autre extrémité du pont. La vue de l'eau, du pont et des lions les met dans un tel effroi qu'ils en tremblent de peur.

« Sire, disent-ils, tirez les conclusions de la réalité qui s'offre à votre regard :

qu'il vos est mestiers et besoinz.
Malveisemant est fez et joinz
3045 cist ponz, et mal fu charpantez.
S'atant ne vos an retornez,
au repantir vanroiz a tart.
Il covient feire par esgart
de tex choses i a assez.
3050 Or soit c'outre soiez passez —
ne por rien ne puet avenir,
ne que les vanz poez tenir
ne desfandre qu'il ne vantassent,
et as oisiax qu'il ne chantassent
3055 si qu'il n'osassent mes chanter,
ne que li hom porroit antrer
el vantre sa mere et renestre ;
mes ce seroit qui ne puet estre
ne qu'an porroit la mer voidier —
3060 poez vos savoir et cuidier
que cil dui lÿon forsené
qui de la sont anchaené,
que il ne vos tüent et sucent
le sanc des voinnes, et manjucent
3065 la char et puis rungent les os ?
Molt sui hardiz quant je les os
veoir et quant je les esgart !
Se de vos ne prenez regart,
il vos ocirront, ce sachiez :
3070 molt tost ronpuz et arachiez
les manbres del cors vos avront,
que merci avoir n'an savront.
Mes or aiez pitié de vos,
si remenez ansanble nos.
[38f] De vos meïsmes avroiz tort
s'an si certain peril de mort
vos meteiez a escïant. »
Et cil lor respont an rïant :
« Seignor, » fet il, « granz grez aiez
3080 quant por moi si vos esmaiez —
d'amor vos vient et de franchise.
Bien sai que vos an nule guise

vous ne pouvez faire
autrement que de les accepter. Ce pont est mal
charpenté et bien mauvaisement construit. Si vous ne
faites pas maintenant demi-tour, vous vous en repen-
tirez trop tard ! Dans beaucoup de cas semblables il
3050 faut d'abord réfléchir avant de s'engager. Supposons
que vous ayez traversé — ce qui ne risque pas de se
produire, pas plus qu'il ne vous est possible d'empêcher les vents de souffler et les oiseaux de chanter, pas
plus qu'il n'est possible à l'homme de retourner dans
le ventre de sa mère pour renaître ou encore de vider
l'océan — vous pouvez bien penser que ces deux lions
enragés qui sont enchaînés de l'autre côté, vous
tueront, vous suceront tout le sang des veines,
dévoreront votre chair et puis vous rongeront les os !
En vérité nous sommes déjà bien hardis d'oser
simplement les regarder ! Sachez bien que si vous ne
songez pas à vous, ils vous tueront ; en un rien de
temps, ils vous auront arraché tous les membres du
corps et mis en pièces sans aucune pitié. Il en est
encore temps : ayez pitié de vous et restez avec nous.
Vous pècheriez contre vous-même si volontairement
vous vous jetiez dans un péril où votre mort est aussi
3075 certaine ! »

Celui-ci leur répondit alors en riant :

« Seigneurs, soyez remerciés de vous tourmenter à
ce point pour moi. C'est votre amitié et votre générosité qui vous dictent vos paroles. Je sais que pour rien au
monde

ne voldrïez ma mescheance ;
mes j'ai tel foi et tel creance
3085 an Deu qu'il me garra par tot.
Cest pont ne ceste eve ne dot
ne plus que ceste terre dure,
einz me voel metre en aventure
de passer outre et atorner.
3090 Mialz voel morir que retorner ! »
Cil ne li sevent plus que dire ;
mes de pitié plore et sopire
li uns et li autres molt fort.
Et cil de trespasser le gort
3095 au mialz que il set s'aparoille,
et fet molt estrange mervoille
que ses piez desarme et ses mains —
n'iert mie toz antiers ne sains
quant de l'autre part iert venuz !
3100 Bien s'iert sor l'espee tenuz,
qui plus estoit tranchanz que fauz,
as mains nues et si deschauz,
que il ne s'est lessiez an pié
souler ne chauce n'avanpié.
3105 De ce gueres ne s'esmaioit
s'es mains et es piez se plaioit ;
mialz se voloit il mahaignier
que cheoir del pont et baignier
an l'eve don jamés n'issist.
3110 A la grant dolor c'on li fist
s'an passe outre et a grant destrece —
mains et genolz et piez se blece ;

vous ne voudriez mon malheur. Mais j'ai une telle foi en Dieu qu'il me préservera en tous lieux. Je ne redoute pas plus ce pont et cette eau que la terre ferme ; je veux me risquer à traverser et je vais m'y préparer. Mieux vaut mourir que faire demi-tour ! »

Ses compagnons ne savent plus que dire mais, l'un et l'autre, ils laissent libre cours à leurs soupirs et à leurs larmes. Lui s'apprête du mieux qu'il le peut à traverser le gouffre et, chose étonnante, il ôte de ses pieds et de ses mains l'armure qui les recouvre ! Il n'arrivera pas indemne de l'autre côté ! Mais il s'est
3100 bien mieux tenu sur l'épée tranchante comme une faux, mains et pieds nus, que s'il avait gardé souliers, chausses ou avant-pieds. Il ne s'inquiétait pas trop de se blesser les mains et les pieds car il préférait s'estropier plutôt que de tomber du pont et de prendre un bain forcé dans cette eau dont il n'aurait jamais réussi à se sortir. En souffrant le martyre qu'on lui avait préparé, il entreprend sa douloureuse traversée en se blessant les mains, les genoux et les pieds[66].

mes tot le rasoage et sainne
Amors qui le conduist et mainne,
3115 si li estoit a sofrir dolz.
   A mains, a piez et a genolz
fet tant que de l'autre part vient.
   Lors li remanbre et resovient
[39a] des deux lÿons qu'il i cuidoit
3120 avoir veüz quant il estoit
de l'autre part. Lors s'i esgarde :
n'i avoit nes une leisarde
ne rien nule qui mal li face.
   Il met sa main devant sa face,
3125 s'esgarde son anel et prueve.
   (Quant nul des deus lÿons n'i trueve
qu'il i cuidoit avoir veüz,
si cuida estre deceüz ;
mes il n'i avoit rien qui vive.)
3130 Et cil qui sont a l'autre rive,
de ce qu'ainsi passé le voient
font tel joie com il devoient ;
mes ne sevent pas son mehaing.
   Et cil le tint a grant guehaing
3135 quant il n'i a plus mal soffert ;
le sanc jus de ses plaies tert
a sa chemise tot antor.
   Et voit devant lui une tor
si fort c'onques de sa veüe
3140 n'avoit nule si fort veüe —
la torz miaudre ne pooit estre.
   Apoiez a une fenestre
s'estoit li rois Bademaguz,
qui molt ert soutix et aguz
3145 a tote enor et a tot bien,
et lëauté sor tote rien
voloit par tot garder et faire.
   Et ses filz, qui tot le contraire
a son pooir toz jorz feisoit,
3150 car deslëautez li pleisoit,

Mais Amour qui le guide soigne ses coupures qui lui
sont plus douces à supporter. En s'aidant des mains,
des pieds et des genoux, il réussit enfin à parvenir à
l'autre bout du pont. Alors il se rappelle des deux
lions qu'il croyait y avoir vu lorsqu'il se trouvait sur
l'autre rive ; il regarde attentivement : rien, pas même
un lézard, pas la moindre bête dangereuse. Il lève la
main à hauteur de ses yeux et regarde son anneau : il a
3125 ainsi la preuve quand il n'aperçoit plus aucun des
deux lions qu'il pensait avoir vus, qu'il avait été
victime d'un enchantement car il n'y avait là aucun
être vivant.

Quand ils ont vu qu'il a réussi à traverser, ses
compagnons, sur l'autre rive, acclament son exploit
avec une joie débordante. Mais ils ignorent ce qu'il lui
a coûté de douleur. Lui, cependant, s'estimait heureux de n'avoir pas plus souffert. Tandis qu'avec sa
chemise, il étanchait le sang de ses plaies, il vit droit
devant lui un donjon si imposant que jamais de sa vie
il n'en avait vu d'aussi puissamment fortifié : on ne
pouvait imaginer une tour plus impressionnante.

C'était là que le roi Baudemagus était venu s'accouder à une fenêtre. C'était un roi avisé qui avait un sens
aigu de l'honneur et du bien. Il était attentif à
respecter par-dessus tout la loyauté. Son fils lui tenait
compagnie. Lui, par contre, s'efforçait constamment
de faire le contraire car il n'aimait que la déloyauté

n'onques de feire vilenie
et traïson et felenie
ne fu lassez ne enuiez,
s'estoit delez lui apoiez.
3155 S'orent veü des la amont
le chevalier passer le pont
a grant poinne et a grant dolor.
D'ire et de mautalant color
en a Meleaganz changiee ;
3160 bien set c'or li ert chalongiee
la reïne. Mes il estoit
tex chevaliers qu'il ne dotoit
[39b] nul home, tant fust forz ne fiers.
Nus ne fust miaudres chevaliers,
3165 se fel et deslëaus ne fust ;
mes il avoit un cuer de fust
tot sanz dolçor et sanz pitié.
Ce fet le roi joiant et lié
don ses filz molt grant duel avoit.
3170 Li rois certeinnemant savoit
que cil qui ert au pont passez
estoit miaudres que nus assez,
que ja nus passer n'i osast
a cui dedanz soi reposast
3175 Malvestiez, qui fet honte as suens
plus que Proesce enor as suens.
Donc ne puet mie tant Proesce
con fet Malvestiez et Peresce,
car voirs est — n'an dotez de rien —
3180 qu'an puet plus feire mal que bien.
De ces deus choses vos deïsse
molt, se demore n'i feïsse ;
mes a autre chose m'ator,
qu'a ma matiere m'an retor,
3185 s'orroiz comant tient a escole
li rois son fil qu'il aparole.
« Filz, » fet il, « avanture fu
quant ci venimes gié et tu
a ceste fenestre apoier,
3190 s'an avons eü tel loier

et
3150 il n'était jamais lassé d'accumuler les vilenies, les
trahisons et les cruautés.

De là où ils se trouvaient, ils avaient vu le chevalier
traverser le pont en surmontant son intense souffrance. Méléagant en avait blêmi de rage car il savait
que maintenant on allait lui disputer la reine. Pourtant il était si bon chevalier qu'il ne redoutait personne quelle que fût sa force ou son courage. Il n'y
aurait pas eu meilleur chevalier que lui s'il n'avait été
aussi cruel et aussi déloyal. Il avait un cœur de pierre
qui ne connaissait ni la douceur ni la pitié. Ce qui
réjouissait le père, attristait le fils. Or le roi savait très
bien que celui qui avait passé le pont n'avait pas son
pareil au monde car personne ne se fût risqué à
traverser s'il y avait eu en lui la moindre lâcheté qui
3175 déshonore plus facilement ceux qu'elle domine que la
bravoure ne fait croître la renommée des siens. Il en
est ainsi : la bravoure et la vertu ont moins d'attraits
que la lâcheté et le vice car, n'en doutez pas, il est plus
facile de faire le mal que le bien.

Je pourrais vous parler longtemps de ces deux
comportements si je voulais m'y attarder mais j'ai
d'autres intentions et je reviens à mon récit. Ecoutez
donc en quels termes le roi essaya d'endoctriner son
fils :

« Fils, lui dit-il, c'est par pur hasard que nous
sommes venus nous accouder à cette fenêtre, pourtant
nous en avons retiré le bénéfice

que nos avons apertemant
veü le plus grant hardemant
qui onques fust mes nes pansez.
Or me di se boen gré ne sez
3195 celui qui tel mervoille a feite.
Car t'acorde a lui et afeite,
si li rant quite la reïne ;
ja n'avras preu an l'ateïne,
einz i puez avoir grant domage.
3200 Car te fai or tenir por sage
et por cortois, si li anvoie
la reïne einçois qu'il te voie.
Fei lui tel enor an ta terre,
que ce que il est venuz querre
3205 li done ainz qu'il le te demant —
car tu sez bien certainnemant
[39c] qu'il quiert la reïne Ganievre.
Ne te fai tenir por anrievre
ne por fol ne por orguilleus.
3210 Se cist est an ta terre seus,
se li doiz conpaignie feire,
que prodom doit prodome atreire
et enorer et losangier ;
nel doit pas de lui estrangier.
3215 Qui fet enor, l'anors est soe :
bien saches que l'enors iert toe
se tu fez enor et servise
a cestui qui est a devise
li miaudres chevaliers del monde. »
3220 Cil respont : « Que Dex me confonde,
s'ausins boen ou meillor n'i a. »
Mal fist quant lui i oblia,
qu'il ne se prise mie mains,
et dit : « Joinz piez et jointes mains,
3225 volez, espoir, que je devaigne
ses hom et de lui terre taigne ?
Si m'aïst Dex, ainz devandroie
ses hom que je ne li randroie !
Ja certes n'iert par moi randue,
3230 mes contredite et desfandue

de voir sous nos yeux
s'accomplir le plus grand exploit qu'on ait jamais pu
imaginer. Allons, dis-moi si tu refuses ton admiration
à l'auteur de cette extraordinaire prouesse ? Si tu m'en
crois, fais la paix avec lui et rends-lui la reine sans
condition. Tu ne gagneras rien à te quereller avec lui ;
3200 bien au contraire tu pourrais y perdre beaucoup. Fais-
toi considérer comme un homme sage et courtois ;
envoie-lui la reine avant même de le rencontrer.
Honore-le dans ta terre en lui donnant avant même
qu'il ne te l'ait demandé ce qu'il est venu y chercher.
Tu le sais bien : ce qu'il veut c'est la reine Guenièvre.
Evite qu'on te juge obstiné, insensé ou orgueilleux.
Puisqu'il est venu seul dans ton pays, tu dois lui offrir
ta compagnie car le prud'homme[67] doit attirer le
prud'homme et lui témoigner des marques d'honneur
et d'estime et non pas le tenir à l'écart ; on s'honore
soi-même en honorant autrui. Et sache bien que si tu
rends honneur et service à celui qui est sans conteste
le meilleur chevalier du monde, l'honneur en rejaillira
sur toi.

— Je veux bien que Dieu me confonde s'il n'y en a
pas d'aussi bon et même de meilleur ! » répliqua
Méléagant.

Son père avait fait une erreur en ne le mentionnant
pas car lui ne se jugeait pas de moindre valeur. Et il
enchaîna :

« Vous voulez peut-être que je devienne son vassal,
3225 mains jointes et pieds joints, et que je tienne ma terre
de lui ? J'en prends Dieu à témoin, je préférerais être
contraint de devenir son vassal plutôt que de lui
rendre la reine ! Jamais je ne la rendrai de mon plein
gré ; je la disputerai plutôt les armes à la main

vers toz ces qui si fol seront
que venir querre l'oseront. »
Lors derechief li dit li rois :
« Filz, molt feroies que cortois
3235 se ceste anreidie lessoies.
Je te lo et pri qu'an pes soies.
Ce sez tu bien que hontes iert
au chevalier s'il ne conquiert
vers toi la reïne an bataille.
3240 Il la doit mialz avoir, sanz faille,
par bataille que par bonté,
por ce qu'a pris li ert conté.
Mien esciant, il n'anquiert point
por ce que l'an an pes li doint,
3245 einz la vialt par bataille avoir.
Por ce feroies tu savoir
se la bataille li toloies.
Molt me poise quant tu foloies :
mes se tu mon consoil despis,
3250 moins m'an sera, s'il t'an est pis ;
[39d] et granz max avenir t'an puet,
que rien au chevalier n'estuet
doter fors que seulement toi.
De toz mes homes et de moi
3255 li doing trives et seürté.
Onques ne fis deslëauté
ne traïson ne felenie,
ne je nel comancerai mie
por toi ne que por un estrange.
3260 Ja ne t'an quier dire losange,
einz promet bien au chevalier
qu'il n'avra ja de rien mestier —
d'armes ne de cheval — qu'il n'ait,
des qu'il tel hardemant a fait
3265 que il est jusque ci venuz.
Bien iert gardez et maintenuz
vers trestoz homes sauvemant
fors que vers toi tot seulemant ;
et ce te voel je bien aprandre,
3270 que s'il vers toi se puet desfandre

à

quiconque sera assez fou pour oser venir la chercher !

— Fils, reprit le roi, tu ferais preuve de courtoisie
en renonçant à cet entêtement. Je te conseille vivement d'opter pour la paix. Tu sais bien que ce
chevalier sera tout désemparé s'il n'a pas à t'arracher
la reine les armes à la main. Il est en effet préférable
pour lui de l'obtenir par un combat plutôt que par
générosité : sa renommée en sera plus grande.
D'après moi, il ne tient pas à ce qu'on la lui remette
sans contestation ; ce qu'il veut c'est te l'arracher en
combattant. Aussi agirais-tu astucieusement en lui
ravissant le bénéfice d'un combat. Cela me chagrine
de te voir te comporter aussi bêtement. Mais si tu
dédaignes mon conseil, j'en serai d'autant moins
3250 affecté si tu t'en mords les doigts. Il pourrait d'ailleurs
en résulter pour toi un grand malheur car ce chevalier
n'aura personne à redouter, excepté toi. En ce qui me
concerne, et j'y engagerai tous mes hommes, je lui
accorde une totale sauvegarde. Jamais je n'ai commis
la moindre déloyauté, la moindre trahison ou la
moindre bassesse et ce n'est pas maintenant que j'en
commettrai une dans ton intérêt ou dans celui d'autrui. Je ne vais pas te bercer d'illusions : puisqu'il a
accompli l'exploit de parvenir jusqu'ici, je m'engage à
ne rien refuser à ce chevalier de tout ce dont il pourra
avoir besoin, armes et cheval. Il sera protégé à
l'encontre de quiconque excepté évidemment de toi.
Et je vais te dire une dernière chose : s'il peut te tenir
tête,

il nel covient d'autrui doter. »
« Assez me loist ore escoter, »
fet Meleaganz, « et teisir
et vos diroiz vostre pleisir,
3275 mes po m'est de quanque vos dites.
Je ne sui mie si hermites,
si prodon ne si charitables,
ne tant ne voel estre enorables
que la rien que plus aim li doingne.
3280 N'iert mie feite sa besoigne
si tost ne si delivremant,
einçois ira tot autremant
qu'antre vos et lui ne cuidiez.
Ja se contre moi li aidiez,
3285 por ce nel vos consantiromes ;
se de vos et de toz voz homes
a pes et trives, moi que chaut ?
Onques por ce cuers ne me faut,
einz me plest molt, se Dex me gart,
3290 que il n'ait fors de moi regart.
Ne je ne vos quier por moi feire
rien nule, ou l'an puise retreire
deslëauté ne traïson.
Tant con vos plest soiez prodon,
[39e] et moi lessiez estre cruel ! »
« Comant ? N'an feroies tu el ? »
« Nenil, » fet cil. — « Et je m'an tes.
Or fei ton mialz, que je te les,
s'irai au chevalier parler.
3300 Offrir li voel et presanter
m'aïde et mon consoil del tot,
car je me tieng a lui de bot. »
Lors descendi li rois aval
et fet anseler son cheval.
3305 L'an li amainne un grant destrier,
et il i monte par l'estrier
et mainne avoec lui de ses genz —
trois chevaliers et deus sergenz,
sanz plus, fet avoec lui aler.

il n'aura personne d'autre à redouter.

— Pour l'instant, j'ai tout loisir de vous écouter en silence, fait Méléagant. Vous pouvez donc dire tout ce que vous voulez mais votre discours me laisse indifférent. Je n'ai pas l'âme d'un ermite ou d'un moraliste et je n'ai pas assez grand cœur ni assez de vertu pour lui donner celle que j'aime plus que tout. Il n'arrivera pas aussi facilement et aussi rapidement à ses fins que vous et lui le croyez. Bien au contraire ! Même si vous lui prêtez assistance contre moi, je ne m'inclinerai pas pour autant. Que m'importe que vous et vos gens lui accordiez votre sauvegarde ! Je ne manquerai pas de courage pour si peu ; au contraire, Dieu m'en soit témoin, je suis assez satisfait d'être le seul à m'occuper de lui ! Non, je ne vous demande pas de faire pour moi quoi que ce soit qui puisse être interprété comme une déloyauté ou une trahison. Restez aussi droit qu'il vous plaira de l'être et laissez-moi ma cruauté.

— Comment ? Tu ne veux pas m'écouter ?

— Non.

— Alors je ne dirai rien de plus[68]. Maintenant fais ce que tu veux ; je te quitte et je vais parler à ce chevalier. Je veux lui offrir mon aide et mes conseils et ce, sans réserve, car dès maintenant je prends son parti. »

Le roi descendit alors dans la cour et fit seller son cheval. On lui amena un grand destrier ; il mit le pied à l'étrier, monta en selle et s'éloigna accompagné d'une escorte réduite à trois chevaliers et deux hommes d'armes.

3310 Einz me finerent d'avaler
     tant que il vindrent vers la planche
     et voient celui qui estanche
     ses plaies et le sanc en oste.
     Lonc tans le cuide avoir a oste
3315 li rois por ses plaies garir,
     mes a la mer feire tarir
     porroit autresi bien antendre.
     Li rois se haste del descendre ;
     et cil qui molt estoit plaiez
3320 s'est lors ancontre lui dreciez,
     non pas por ce qu'il le conoisse ;
     ne ne fet sanblant de l'angoisse
     qu'il avoit es piez et es mains
     ne plus que se il fust toz sains.
3325 Li rois le vit esvertüer,
     si le cort molt tost salüer
     et dit : « Sire, molt m'esbaïs
     de ce que vos an cest païs
     vos estes anbatuz sor nos.
3330 Mes bien veignanz i soiez vos,
     que jamés nus ce n'anprendra,
     ne mes n'avint ne n'avandra
     que nus tel hardemant feïst
     que an tel peril se meïst.
3335 Et sachiez, molt vos en aim plus,
     quant vos avez ce fet que nus
     n'osast panser antemes feire.
     Molt me troveroiz deboneire
[39f] vers vos et leal et cortois.
3340 Je sui de ceste terre rois,
     si vos offre tot a devise
     tot mon consoil et mon servise ;
     et je vois molt bien esperant
     quel chose vos alez querant :
3345 la reïne, ce croi, querez. »

PREMIER COMBAT CONTRE MÉLÉAGANT

Sans perdre un instant, le roi et ses hommes descendirent vers le pont où ils trouvèrent le chevalier toujours occupé à étancher le sang de ses plaies. Le roi pensait pouvoir lui offrir l'hospitalité assez longtemps pour que ses blessures se guérissent mais c'était là chose aussi invraisemblable que de vouloir assécher la mer ! Le roi mit rapidement pied à terre et le blessé se redressa à son approche non pas parce qu'il le reconnaissait mais bien plutôt pour déguiser les blessures de ses pieds et de ses mains et paraître

3325 indemne. Le roi ne fut pas dupe de l'effort qu'il accomplissait sur lui-même ; il courut le saluer en disant :

« Sire, je suis très surpris que vous ayez fondu sur nous à l'improviste dans ce pays. Mais soyez le bienvenu car jamais personne n'osera se lancer après vous dans une pareille entreprise. Jamais personne n'a eu et n'aura assez d'audace pour affronter un tel danger. Sachez que je vous estime d'autant plus pour avoir ainsi accompli ce que personne n'aurait même imaginé pouvoir tenter. Vous pouvez compter sur ma loyauté, ma générosité et mon dévouement sincère. Je suis le roi de ce pays et je vous offre sans la moindre hésitation, toute mon aide et mes conseils. Et je crois deviner quel est l'objet de votre quête : c'est la reine, je pense, que vous êtes venu chercher.

« Sire, fet il, bien esperez —
autres besoinz ça ne m'amainne. »
« Amis, il i covendroit painne, »
fet li rois, « ainz que vos l'aiez,
3350 et vos estes formant plaiez :
je voi les plaies et le sanc.
Ne troveroiz mie si franc
celui qui ça l'a amenee
qu'il la vos rande sanz meslee,
3355 mes il vos covient sejorner
et voz plaies feire sener
tant qu'eles soient bien garies.
De l'oignemant as trois Maries
et de meillor, s'an le trovoit,
3360 vos donrai ge, car molt covoit
vostre aise et vostre garison.
La reïne a boene prison
que nus de char a li n'adoise,
neïs mes filz (cui molt an poise)
3365 qui avoec lui ça l'amena.
Onques hom si ne forssena
com il s'an forssene et anrage.
Et j'ai vers vos molt boen corage,
si vos donrai, se Dex me saut,
3370 molt volantiers quanqu'il vos faut.
Ja si boenes armes n'avra
mes filz, qui mal gré m'an savra,
qu'altresi boenes ne vos doigne,
et cheval tel con vos besòigne.
3375 Et si vos praing, cui qu'il enuit,
vers trestoz homes an conduit ;
ja mar doteroiz de nelui
fors que seulement de celui
qui la reïne amena ça.
3380 Onques hom si ne menaça
autre con ge l'ai menacié,
et par po je ne l'ai chacié
[40a] de ma terre par mautalant
por ce que il ne la vos rant.
3385 S'est il mes filz, mes ne vos chaille :

— Sire, vous avez vu juste ; je ne suis pas venu
pour autre chose.

— Ami, il vous faudrait endurer de dures souffrances avant de parvenir à vos fins et vous êtes déjà
3350 cruellement blessé : je vois le sang qui coule de vos
plaies. Ne vous attendez pas à beaucoup de loyauté de
la part de celui qui l'a amenée ici : il ne vous la rendra
pas sans combat. Vous devriez vous reposer et faire
soigner vos blessures jusqu'à ce qu'elles soient guéries. Si l'on peut en trouver, je vous donnerai du
baume aux trois Maries [69] et du meilleur qui soit car je
désire vivement vous voir rétabli et en pleine possession de vos moyens. La reine est bien protégée car nul
homme ne peut abuser d'elle, pas même mon fils qui
l'a amenée ici avec lui et Dieu sait que cela l'irrite
profondément ! Personne n'a jamais été ulcéré au point
où il l'est à cause de cela. Mais moi j'éprouve une
grande inclination envers vous et, Dieu m'en sache
gré, je vous donnerai avec plaisir tout ce dont vous
avez besoin. Si bien armé que soit mon fils, je vous
donnerai, dût-il m'en vouloir, d'aussi bonnes armes
que les siennes et le cheval qu'il vous faut. Et, dût-on
3375 s'en chagriner, je vous prends sous ma protection
envers et contre tous : vous n'aurez rien à redouter de
personne excepté de celui qui amena la reine ici.
Jamais homme n'a été autant rabroué que lui par moi
et peu s'en est fallu que je ne le chasse de ma terre,
exaspéré de ce qu'il refuse de vous la rendre. Pourtant
il est mon fils. Mais ne vous en souciez pas.

se il ne vos vaint an bataille,
ja ne vos porra sor mon pois
d'enui faire vaillant un pois. »
« Sire, » fet il, « vostre merci !
3390 Mes je gast trop le tans ici
que perdre ne gaster ne vuel.
De nule chose ne me duel,
ne je n'ai plaie qui me nuise.
Menez moi tant que je le truise,
3395 car a tex armes con je port
sui prez c'orandroit me deport
a cos doner et a reprandre. »
« Amis, mialz vos valdroit atandre
ou quinze jorz ou trois semainnes,
3400 tant que voz plaies fussent sainnes.
Car boens vos seroit li sejorz
tot au moins jusqu'a quinze jorz,
que je por rien ne sosferroie
ne esgarder ne le porroie
3405 qu'a tex armes n'a tel conroi
vos conbatessiez devant moi. »
Et cil respont : « S'il vos pleüst,
ja autres armes n'i eüst,
que volantiers a ces feïsse
3410 la bataille ; ne ne queïsse
qu'il i eüst, ne pas ne ore,
respit ne terme ne demore.
Mes por vos ore tant ferai
que jusqu'a demain atendrai ;
3415 et ja mar an parleroit nus,
que je ne l'atandroie plus ! »
Lors a li rois acreanté
qu'il iert tot a sa volanté,
puis le fet a ostel mener ;
3420 et prie et comande pener
de lui servir ces qui l'en mainnent,
et il del tot an tot s'an painnent.
Et li rois, qui la pes queïst
molt volantiers, se il poïst,
3425 s'an vint derechief a son fil,

S'il ne
réussit pas à vous vaincre en combat loyal, jamais,
quoi qu'il m'en coûte, il ne pourra vous causer le plus
petit dommage.

— Sire, répondit le chevalier de la charrette, je
vous en sais grand gré. Mais je perds trop mon temps
ici et je ne tiens pas à le gaspiller[70]. Je ne souffre de
rien et ne me sens gêné par aucune blessure. Conduisez-moi jusqu'à lui car armé comme je le suis, je suis
prêt à me soulager sur l'heure en l'affrontant.

— Ami, il vaudrait mieux pour vous attendre
quinze jours ou trois semaines, jusqu'à ce que vos
3400 plaies soient guéries. Un repos vous serait profitable,
au moins quinze jours, car je ne pourrais pas supporter de vous voir combattre dans cet équipement et
dans cet état.

— Si cela ne vous avait pas déplu, je n'aurais pas eu
besoin d'autres armes ; je me serais volontiers battu
avec celles-ci sans demander un seul instant de répit.
Cependant, pour vous être agréable, je vais prendre
sur moi d'attendre jusqu'à demain mais il sera inutile
d'insister davantage car je n'attendrai pas un moment
de plus. »

Le roi lui a alors promis de respecter sa volonté puis
il le fait conduire à son château en ordonnant à ses
gens de se mettre à son entière disposition, ce qu'ils
font sans la moindre réserve. Après quoi, en homme
3425 désireux, s'il le pouvait, de faire régner la paix, il alla
de nouveau trouver son fils

            si l'aparole come cil
[40b]   qui volsist la pes et l'acorde ;
            si li dit : « Biax filz, car t'acorde
            a cest chevalier sanz combattre.
3430   N'est pas ça venuz por esbatre
            ne por berser ne por chacier,
            einz vient por s'enor porchacier
            et son pris croistre et aloser ;
            s'eüst mestier de reposer
3435   molt grant, si con je l'ai veü.
            Se mon consoil eüst creü,
            de cest mois ne de l'autre aprés
            ne fust de la bataille angrés
            dom il est ja molt desirranz.
3440   Se tu la reïne li ranz,
            criens an tu avoir desenor ?
            De ce n'aies tu ja peor,
            qu'il ne t'an puet blasmes venir ;
            einz est pechiez del retenir
3445   chose ou an n'a reison ne droit.
            La bataille tot orandroit
            eüst feite molt volantiers,
            si n'a il mains ne piez antiers,
            einz les a fanduz et plaiez. »
3450   « De folie vos esmaiez, »
            fet Meleaganz a son pere.
            « Ja par la foi que doi saint Pere
            no vos cresrai de cest afeire ;
            certes, l'an me devroit detreire
3455   a chevax, se je vos creoie !
            S'il quiert s'anor, et je la moie ;
            s'il quiert son pris, et je le mien ;
            et s'il vialt la bataille bien,
            ancor la voel je plus cent tanz ! »
3460   « Bien voi qu'a la folie antanz, »
            fet li rois, « si la troveras.
            Demain ta force esproveras
            au chevalier, quant tu le viax. »
            « Ja ne me vaigne plus granz diax, »
3465   fet Meleaganz, « de cestui !

et s'adressa à lui pour lui
faire part de son souci de conciliation :

« Cher fils, fais la paix avec ce chevalier sans
combattre ; il n'est pas venu là pour prendre du bon
temps, pour tirer à l'arc ou pour chasser dans la forêt
mais pour accroître sa valeur et sa renommée. Il aurait
pourtant eu grand besoin de se reposer ainsi que j'ai
pu le constater. S'il m'avait écouté, il n'aurait pas,
avant un mois ou deux, montré autant d'impatience à
livrer ce combat auquel il aspire déjà plus que tout.
Crains-tu donc d'être déshonoré en lui rendant la
reine ? N'en aies pas peur : tu ne pourrais en être
blâmé alors qu'inversement on doit considérer comme
un péché le fait de vouloir garder contre toute raison
une chose sur laquelle on n'a aucun droit. Il t'aurait
volontiers affronté sur-le-champ et pourtant il n'a ni
une main ni un pied qui ne soit profondément taillladé
et en sang.

3450   — Vous vous tourmentez en dépit du bon sens !
répondit Méléagant à son père. Par la foi que je dois à
saint Pierre, jamais je ne vous écouterai en cette
affaire. Certes, je veux bien être écartelé si je prête
attention à vos propos ! S'il recherche sa gloire, moi je
songe à la mienne et s'il veut accroître sa renommée,
c'est aussi mon principal souci : s'il veut se battre, eh
bien je le désire encore cent fois plus que lui !

— Je vois bien que tu persistes dans ta folie, fait le
roi. Eh bien, tu en auras le juste salaire ! Demain,
puisque tu le veux, tu pourras te mesurer au chevalier.

— Puissé-je ne jamais être plus affligé que par cette
annonce ! rétorque Méléagant.

Mialz volsisse qu'ele fust hui
assez que je ne faz demain.
Veez or con ge m'an demain
plus matemant que ge ne suel :
3470 molt m'an sont or troblé li oel,
[40c] et molt en ai la chiere mate.
Jamés tant que ge me conbate
n'avrai joie ne bien ne eise,
ne m'avendra rien qui me pleise. »
3475 Li rois ot qu'an nule meniere
n'i valt rien consauz ne proiere,
si l'a lessié tot maugré suen ;
et prant cheval molt fort et buen
et beles armes, ses anvoie
3480 celui an cui bien les anploie.
Iluec fu uns hom ancïens
qui molt estoit boen crestïens —
el monde plus leal n'avoit —
et de plaies garir savoit
3485 plus que tuit cil de Monpellier.
Cil fist la nuit au chevalier
tant de bien con feire li sot,
car li rois comandé li ot.
Et ja savoient les noveles
3490 li chevalier et les puceles
et les dames et li baron
de tot le païs anviron.
Si vindrent d'une grant jornee
tot anviron, de la contree
3495 et li estrange et li privé ;
tuit chevalchoient abrivé
tote la nuit anjusqu'au jor.
D'uns et d'autres devant la tor
ot si grant presse a l'enjorner
3500 qu'an n'i poïst son pié torner.
Et li rois par matin se lieve,
cui de la bataille molt grieve ;
si vient a son fils derechief,
qui ja avoit le hiaume el chief
3505 lacié, qui fu fez a Peitiers.

J'aurais d'ailleurs préféré que cette confrontation ait lieu aujourd'hui plutôt que demain. Regardez comme je m'en tracasse maintenant beaucoup plus que par le passé : j'en ai les yeux embués et le visage tout pâle ! Jamais, jusqu'à l'heure du combat, je n'aurai un seul instant de joie et de bien-être et rien ne pourra me dérider. »

3475 Le roi se rend bien compte que ses conseils et ses prières ne servent à rien. Il abandonne son fils à contrecœur, va choisir un solide cheval et des armes magnifiques et les envoie à celui qui saura en faire bon usage. Il y avait dans le château un vieil homme, bon chrétien, qui n'avait pas son égal en loyauté et qui savait guérir les plaies mieux que tous les médecins de Montpellier [71]. Pendant la nuit, il soigna le chevalier aussi bien qu'il le put car le roi le lui avait demandé.

Déjà la nouvelle s'était répandue auprès des chevaliers, des dames et des demoiselles et de tous les seigneurs de la contrée. Aussi, sujets du royaume et étrangers qui habitaient à moins d'une journée de là, accoururent-ils. Tous chevauchèrent impatiemment toute la nuit jusqu'au lever du jour. A l'aube, il y avait
3500 une si grande foule au pied du donjon et si dense qu'on ne pouvait s'y retourner. Le roi, que ce combat tourmentait beaucoup, se leva de bon matin et vint une dernière fois trouver son fils qui avait déjà lacé sur sa tête un heaume de Poitiers [72].

N'i puet estre li respitiers
ne n'i puet estre la pes mise ;
se l'a li rois molt bien requise,
mes ne puet estre qu'il la face.
3510 Devant la tor enmi la place
ou tote la genz se fut treite,
la sera la bataille feite,
que li rois le vialt et comande.
Le chevalier estrange mande
[40d] li rois molt tost, et l'an li mainne
an la place qui estoit plainne
des genz del rëaume de Logres.
Ausi con por oïr les ogres
vont au mostier a feste anel
3520 a Pantecoste ou a Noël
les genz acostumeemant,
tot autresi comunemant
estoient la tuit aüné.
Trois jorz avoient geüné
3525 et alé nuz piez et an lenges
totes les puceles estrenges
del rëaume le roi Artu,
por ce que Dex force et vertu
donast contre son aversaire
3530 au chevalier qui devoit faire
la bataille por les cheitis.
Et autresi cil del païs
reprioient por lor seignor,
que Dex la victoire et l'enor
3535 de la bataille li donast.
Bien main ainz que prime sonast
les ot an endeus amenez
enmi la place toz armez
sor deus chevax de fer coverz.
3540 Molt estoit genz et bien aperz
Melïaganz, et bien tailliez
de braz, de janbes, et de piez ;
et li hiaumes et li escuz
qui li estoit au col panduz
3545 trop bien et bel li avenoient.

Il lui fut impossible
d'obtenir un répit et encore moins d'imposer la paix ;
pourtant ce ne fut pas faute de l'avoir demandé mais
son fils ne voulut rien savoir. Le combat aura donc
lieu au pied du donjon, au milieu de la place où se sont
rassemblés les spectateurs, ainsi qu'en a décidé le roi.
Sans plus attendre, le roi envoya chercher le chevalier
étranger que l'on conduisit sur la place envahie par
tous les gens du royaume de Logres. De la même
manière que les fidèles qui ont l'habitude d'aller à
l'église écouter les orgues lors de chaque grande fête
annuelle, à la Pentecôte et à Noël, tous sans exception, s'étaient rassemblés là. Pendant trois jours,
toutes les demoiselles en exil, nées au royaume du roi
3525 Arthur, avaient jeûné, marché pieds nus et porté
la haire pour que Dieu accorde force et courage
au chevalier qui devait se battre pour leur déli-
vrance. De leur côté, tous ceux du pays priaient
pour leur seigneur et pour que Dieu lui accorde
l'honneur de remporter la victoire. De bon matin,
bien avant l'heure du premier office, on avait
conduit sur la place les deux combattants armés de
pied en cap et montés sur des chevaux bardés de fer.
Méléagant avait belle prestance : il était bien pro-
portionné et son haubert à petites mailles[73], son
heaume et son écu pendus à son cou lui allaient à
ravir.

Mes a l'autre tuit se tenoient —
nes cil qui volsissent sa honte —
et dïent tuit que rien ne monte
de Melïagant avers lui.
3550 Maintenant qu'il furent andui
enmi la place, et li rois vient
qui tant con il puet les detient,
si se painne de la peis feire,
mes il n'i puet son fil atreire.
3555 Et il lor dit : « Tenez voz frains
et vos chevax atot le mains
tant qu'an la tor soie montez.
Ce n'iert mie trop granz bontez
[40e] se por moi tant vos delaiez. »
3560 Lors se part d'ax molt esmaiez
et vient droit la ou il savoit
la reïne, qui li avoit
la nuit proié qu'il la meïst
an tel leu que ele veïst
3565 la bataille tot a bandon.
Et il l'en otrea le don,
si l'ala querre et amener,
car il se voloit molt pener
de s'anor et de son servise.
3570 A une fenestre l'a mise
et il fu delez li a destre
couchiez sor une autre fenestre.
Si ot avoec aus deus assez
et d'uns et d'autres amassez
3575 chevaliers et dames senees,
et puceles del païs nees.
Et molt i avoit des cheitives
qui molt estoient antantives
en orisons et an proieres ;
3580 li prison et les prisonieres
trestuit por lor seignor prioient,
qu'an Deu et an lui se fioient
de secors et de delivrance.
Et cil font lors sanz demorance
3585 arriere treire les genz totes ;

Mais tous étaient subjugués par son adversaire, même ceux qui souhaitaient sa défaite ; tous disaient qu'auprès de lui, Méléagant ne se remarquait même plus. Dès qu'ils furent tous les deux sur les lieux du
3550 combat, le roi s'avança en essayant de refréner leur ardeur et tenta une dernière fois de plaider en faveur de la paix mais il ne parvint pas à convaincre son fils. « A tout le moins, leur dit-il, retenez vos chevaux jusqu'à ce que je sois monté en haut du donjon. Ce ne sera pas une trop grande faveur que vous me ferez en m'accordant ce court répit. » Alors il les quitta là et, en proie à une grande affliction, il se dirigea tout droit vers un lieu où il savait retrouver la reine qui, la nuit précédente, l'avait supplié de la placer en un endroit d'où elle pourrait à loisir suivre tout le combat. Comme il avait accepté, il venait la chercher pour l'accompagner en personne car il voulait s'efforcer de l'honorer et de la servir. Il la plaça à une fenêtre et alla s'accouder à une autre fenêtre à sa droite. Ils étaient entourés d'un grand nombre de dames et de chevaliers
3575 d'expérience ainsi que de demoiselles natives du pays. Mais il y avait là aussi beaucoup d'exilés absorbés dans leurs prières. Captifs et captives priaient tous pour leur défenseur car ils faisaient reposer sur Dieu et sur lui leur espérance d'être délivrés.

Sans plus tarder, les combattants font alors reculer les spectateurs ;

et hurtent les escuz des cotes,
s'ont les enarmes anbraciees
et poignent si que deus braciees
parmi les escuz s'antranbatent
3590 des lances, si qu'eles esclatent
et esmïent come brandon.
Et li cheval tot de randon
s'antrevienent que front a front
et piz a piz hurté se sont;
3595 et li escu hurtent ansanble
et li hiaume, si qu'il resanble
de l'escrois que il ont doné
que il eüst molt fort toné,
qu'il n'i remest peitrax ne cengle,
3600 estriés e resne ne varengle
a ronpre, et des seles peçoient
li arçon qui molt fort estoient.
[40f] Ne n'i ont pas grand honte eü
se il sont a terre cheü
3605 des que trestot ce lor failli;
tost refurent an piez sailli,
si s'antreviennent sanz jengler
plus fieremant que dui sengler,
et se fierent sanz menacier
3610 granz cos des espees d'acier,
come cil qui molt s'antreheent.
Sovant si aspremant se reent
les hiaumes et les haubers blans
qu'aprés le fer an saut li sans.
3615 La bataille molt bien fornissent,
qu'il s'estoutoient et leidissent
des pesanz cos et des felons.
Mainz estors fiers et durs et lons
s'antredonerent par igal,
3620 c'onques ne del bien ne del mal
ne s'an sorent auquel tenir.
Mes ne pooit pas avenir
que cil qui ert au pont passez
ne fust afebloiez assez
3625 des mains que il avoit plaiees.

d'un coup de coude, ils ramènent leur
écu en avant et glissent leur bras dans les courroies de
soutien. Ils éperonnent et se heurtent de leurs lances
en plein milieu de leurs écus avec une telle violence
qu'elles éclatent et volent en morceaux comme du
petit bois. Dans le même élan, leurs destriers se sont
rencontrés front contre front, poitrail contre poitrail ;
leurs écus et leurs heaumes se sont entrechoqués avec
un tel fracas qu'on eût cru entendre un éclat de
tonnerre et il ne reste aucun poitrail, aucune sangle,
3600 aucun étrier, aucune rêne, aucune autre pièce de
harnais qui ne se rompe ; même les arçons des selles
qui étaient pourtant solides, sont mis en pièces. Les
chevaliers n'ont pas eu à rougir d'avoir roulé à terre
dès lors que leurs équipements les ont ainsi trahis.
D'ailleurs tous les deux se relevèrent d'un bond et
fondirent l'un sur l'autre sans proférer un seul mot,
avec la férocité de deux sangliers. Sans une insulte ni
une menace, ils s'assènent de violents coups d'épée en
ennemis habités par une haine mortelle. Souvent,
dans leur ardeur, ils entament si profondément les
heaumes et les cottes de mailles que le sang en gicle à
la suite des éclats. Ils jettent toutes leurs forces dans la
bataille, se malmènent et se meurtrissent sous la
brutalité sauvage de leurs coups répétés. Pendant
longtemps ils luttèrent d'égal à égal dans un violent
corps à corps fait d'assauts successifs et personne ne
put les départager en bien ou en mal. Mais il était fatal
que celui qui avait traversé le pont sentît enfin la force
3625 abandonner ses mains blessées.

Molt an sont les genz esmaiees,
celes qui a lui se tenoient,
car ses cos afebloier voient,
si criement qu'il ne l'an soit pis ;
3630 et il lor estoit ja avis
que il en avoit le peior
et Melïaganz le meillor ;
si an parloient tot antor.
Mes as fenestres de la tor
3635 ot une pucele molt sage,
qui panse et dit an son corage
que li chevaliers n'avoit mie
por li la bataille arramie,
ne por cele autre gent menue
3640 qui an la place estoit venue —
ne ja enprise ne l'eüst
se por la reïne ne fust.
Et panse se il la savoit
a la fenestre ou ele estoit,
3645 qu'ele l'esgardast ne veïst,
force et hardemant an preïst.
[41a] Et s'ele son non bien seüst,
molt volantiers dit li eüst
qu'il se regardast un petit.
3650 Lors vint a la reïne et dit :
« Dame, por Deu et por le vostre
preu vos requier, et por le nostre,
que le non a ce chevalier
(por ce que il li doie eidier)
3655 me dites, se vos le savez. »
« Tel chose requise m'avez,
dameisele, » fet la reïne,
« ou ge n'antant nule haïne
ne felenie, se bien non.
3660 Lanceloz del Lac a a non
li chevaliers, mien escïant. »
« Dex ! Com en ai lié et riant
le cuer, et sain ! » fet la pucele.
Lors saut avant et si l'apele,
3665 si haut que toz li pueples l'ot,

Ceux qui avaient remis leur sort entre ses mains en sont épouvantés car ils voient ses coups faiblir et ils craignent que sa situation n'empire. Il leur semble déjà qu'il a le dessous et que Méléagant l'emporte. Le bruit en court parmi eux.

Mais, aux fenêtres du donjon, une demoiselle très sensée se disait en son cœur que le chevalier ne s'était pas déterminé à ce combat pour sa seule gloire ni pour le menu peuple accouru sur les lieux : jamais sans doute il ne s'y serait engagé si ce n'était pas pour la reine. Elle pense donc que s'il la savait à la fenêtre où elle était en train de le regarder, il en reprendrait force et courage. Si elle avait connu son nom, elle lui aurait bien volontiers crié de regarder un peu autour de lui.
3650 Alors elle s'approcha de la reine et lui demanda :

« Dame, au nom de Dieu et dans votre intérêt et le nôtre, je vous supplie de me dire le nom de ce chevalier si vous le savez et cela à la seule fin de l'aider.

— Demoiselle, je ne vois dans votre demande aucune malveillance ni intention de nuire ; elle me paraît plutôt partir d'un bon sentiment. Ce chevalier, autant que je sache, s'appelle Lancelot du Lac.

— Dieu, comme j'en suis réjouie et rassurée ! » fait la demoiselle.

Alors, elle se pencha à la fenêtre et l'appela par son nom d'une voix si forte que toute la foule l'entendit :

a molt haute voiz : « Lancelot !
Trestorne toi et si esgarde
qui est qui de toi se prant garde ! »
Qant Lanceloz s'oï nomer,
3670 ne mist gaires a lui torner ;
trestorne soi et voit amont
la chose de trestot le mont
que plus desirroit a veoir,
as loges de la tor seoir.
3675 Ne puis l'ore qu'il l'aparçut
ne se torna ne ne se mut
de vers li ses ialz ne sa chiere,
eins se desfandoit par derriere.
Et Meleaganz l'enchauçoit
3680 totesvoies plus qu'il pooit,
si est molt liez con cil qui panse
c'or n'ait jamés vers lui desfanse.
S'an sont cil del païs molt lié,
et li estrange si irié
3685 qu'il ne se pueent sostenir,
einz an i estut mainz venir
jusqu'a terre toz esperduz,
ou as genolz ou estanduz.
Ensi molt joie et duel i a.
3690 Et lors derechief s'escria
[41b] la pucele des la fenestre :
« Ha ! Lancelot ! Ce que puet estre
que si folemant te contiens ?
Ja soloit estre toz li biens
3695 et tote la proesce an toi,
ne je ne pans mie ne croi
c'onques Dex feïst chevalier
qui se poïst apareillier
a ta valor ne a ton pris !
3700 Or te veons si antrepris
3700a qu'arriere main gietes tes cos,
3700b si te conbaz derrier ton dos.
Torne toi si que de çà soies
et que adés ceste tor voies,
que boen veoir et bel la fet. »

« Lancelot ! retourne-toi et regarde quelle est la personne qui a les yeux rivés sur toi ! »

En entendant son nom, Lancelot fut prompt à se retourner ; il fit volte-face et aperçut en haut, assise aux loges du donjon, celle qu'au monde il désirait le plus contempler. Dès l'instant où il la vit, il ne put en détacher son regard et se défendit par-derrière[74]. Méléagant put ainsi pousser son avantage en exultant à la pensée que désormais son adversaire ne pouvait plus lui résister. Les habitants du pays s'en réjouissaient et les exilés en étaient si affectés que beaucoup d'entre eux ne pouvaient s'empêcher, dans leur accablement, de tomber à genoux ou de tout leur long sur le sol. Ainsi les cris de joie se mêlaient aux lamentations. Alors, de sa fenêtre, la demoiselle cria de nouveau :

« Ha ! Lancelot, quelle est la cause de ton comportement insensé ? Tu étais jadis considéré comme le parangon de toutes les vertus et de la bravoure chevaleresque et je ne pense pas que Dieu ait jamais créé un chevalier qui puisse comparer sa valeur et sa renommée à la tienne ! Pourtant nous te voyons maintenant si égaré que tu frappes au hasard derrière toi et que tu combats le dos tourné. Décale-toi de manière à te retourner en restant face à cette tour qui t'est si agréable à regarder. »

Ce tient a honte et a grant let
3705 Lanceloz, tant que il s'an het,
c'une grant piece a — bien le set —
le pis de la bataille eü ;
se l'ont tuit et totes seü.
Lors saut arriere et fet son tor,
3710 et met antre lui et la tor
Meleagant trestot a force ;
et Meleaganz molt s'esforce
que de l'autre part se retort.
Et Lanceloz sore li cort,
3715 sel hurte de si grant vertu
de tot le cors atot l'escu,
quant d'autre part se vialt torner,
que il le fet tot chanceler
deus foiz ou plus, mes bien li poist.
3720 Et force et hardemanz li croist,
qu'Amors li fet molt grant aïe
et ce que il n'avoit haïe
rien nule tant come celui
qui se conbat ancontre lui.
3725 Amors et Haïne mortex,
si granz qu'ainz ne fu encor tex,
le font si fier et corageus
que de neant nel tient a geus
Melïaganz, ainz le crient molt,
3730 c'onques chevalier si estolt
n'acointa mes ne ne conut,
ne tant ne li greva ne nut
nus chevaliers mes con cil fet.
Volantiers loing de lui se tret,
[41c] se li ganchist et se reüse,
que ses cos het et ses refuse.
Et Lanceloz pas nel menace,
mes ferant vers la tor le chace,
ou la reïne ert apoiee —
3740 sovant l'a servie et loiee —
de tant que si pres l'i menoit
qu'a remenoir le covenoit

Lancelot juge alors son comportement lâche et honteux ; il s'en veut à mort d'avoir eu trop longtemps, il en est conscient, le dessous dans la bataille et il sait que toutes et tous s'en sont rendu compte. Alors il se retourne, fait un demi-cercle et contraint Méléagant à se placer entre lui et le donjon bien que ce dernier fasse tous ses efforts pour revenir à sa position première. Lancelot se rue sur lui et, à coups de bouclier appuyés de tout son corps, il le bouscule avec une telle violence, dès qu'il fait mine de vouloir se retourner que, par deux ou trois fois, il le fait chanceler et le malmène sans ménagement. Sa force et son audace lui reviennent car Amour l'aide beaucoup ainsi que le fait de n'avoir jamais haï quelqu'un autant que celui qui se bat contre lui. Amour et une haine
3725 mortelle que jamais auparavant il n'avait ressentie aussi violente en son cœur, le rendent si décidé et si terrible que Méléagant ne prend plus ses attaques pour un jeu mais en éprouve une grande crainte car jamais il n'avait connu ni rencontré un chevalier aussi hardi et jamais aucun ne l'avait autant malmené et ne lui avait causé autant d'ennuis que celui-ci. C'est volontiers qu'il recule devant lui, cherche à lui échapper et se replie car il déteste ses coups et tente de les éviter. Lancelot ne profère pas la moindre menace mais, en continuant de frapper, il repousse son adversaire vers la tour à la fenêtre de laquelle était appuyée la reine. Pour elle, il a ainsi par plusieurs fois accompli son devoir de vassal en faisant reculer son adversaire si près du pied de la tour qu'il lui fallait s'arrêter là

por ce qu'il ne la veïst pas
se il alast avant un pas.
3745 Ensi Lanceloz molt sovant
le menoit arriers et avant
par tot la ou boen li estoit,
et totevoies s'arestoit
devant la reïne sa dame,
3750 qui li a mis el cors la flame
por qu'il la va si regardant.
Et cele flame si ardant
vers Meleagant le feisoit,
que par tot la ou li pleisoit
3755 le pooit mener et chacier.
Come avugle et come eschacier
le mainne, maugré an ait il.
Li rois voit si ataint son fil
qu'il ne s'aïde ne desfant ;
3760 si l'an poise et pitiez l'en prant.
S'i metra consoil se il puet ;
mes la reïne l'an estuet
proier, se il le vialt bien feire.
Lors li comança a retreire :
3765 « Dame, je vos ai molt amee
et molt servie et enoree
puis qu'an ma baillie vos oi.
Onques chose feire ne soi
que volantiers ne la feïsse,
3770 mes que vostre enor i veïsse.
Or m'an randez le guerredon ;
mes demander vos voel un don
que doner ne me devrïez
se par amor nel feïsiez :
3775 bien voi que de ceste bataille
a mes filz le poior sanz faille ;
ne por ce ne vos an pri mie
qu'il m'an poist, mes que ne l'ocie
[41d] Lanceloz, qui en a pooir.
3780 Ne vos nel devez pas voloir —
non pas por ce que il ne l'ait
bien vers vos et vers lui mesfait !

car, s'il s'était avancé d'un pas de plus, il aurait perdu de vue celle qu'il tenait à garder devant ses yeux. Ainsi Lancelot faisait-il reculer et avancer son adversaire et le menait-il ici et là à son gré pour s'arrêter invariablement devant les yeux de sa dame la 3750 reine. Elle avait allumé dans son cœur une flamme attisée par les regards qu'il lui lançait qui avivait son ardeur contre Méléagant à tel point qu'il pouvait le pourchasser et le faire aller là où il lui plaisait. L'autre était promené à son corps défendant, comme un aveugle ou un homme à jambe de bois.

Le roi voit que son fils est épuisé au point de ne plus se défendre ; il en a le cœur serré et prend pitié de lui. S'il le peut, il tentera de porter remède à cette situation ; mais pour arriver à ses fins, il lui faut adresser une prière à la reine. Aussi commence-t-il à lui dire :

« Dame, je vous ai toujours respectée, honorée et servie depuis que votre sort dépend de moi. Chaque fois que j'ai pu faire quelque chose pour vous, je l'ai fait volontiers pour préserver votre honneur. Le moment est venu pour vous de m'en récompenser. Ce que je veux vous demander, vous ne devriez pas me l'accorder si ce n'est par pure amitié : je vois bien que 3775 mon fils est sans conteste le perdant de ce combat singulier. Mais ce n'est pas parce que j'en suis chagriné que je vous adresse cette prière ; je désire seulement que Lancelot, qui peut disposer de sa vie, ne le tue pas. Vous-même ne devez pas vouloir sa mort non qu'il ne l'aie bien méritée pour vous avoir nui à tous les deux,

Mes por moi, la vostre merci,
li dites — car je vos an pri —
3785 qu'il se taigne de lui ferir.
Ensi me porrïez merir
mon servise, se boen vos iere. »
« Biax sire, por vostre proiere
le voel ge bien, » fet la reïne.
3790 « Se j'avoie mortel haine
vers vostre fil, cui ge n'aim mie,
se m'avez vos si bien servie,
que por ce que a gré vos vaigne
voel ge molt bien que il se taigne. »
3795 Ceste parole ne fu mie
dite a consoil, ainz l'ont oïe
Lanceloz et Meleaganz.
Molt est qui ainme obeïssanz,
et molt fet tost et volentiers
3800 la ou il est amis antiers
ce qu'a s'amie doie plaire.
Donc le dut bien Lanceloz faire,
qui plus ama que Piramus,
s'onques nus hom pot amer plus.
3805 La parole oï Lanceloz ;
Ne puis que li darrïens moz
de la boche li fu colez,
puis qu'ele ot dit : « Quant vos volez
que il se taigne, jel voel bien, »
3810 puis Lanceloz por nule rien
nel tochast ne ne se meüst,
se il ocirre le deüst.
Il nel toche ne ne se muet ;
et cil fiert lui tant con il puet,
3815 d'ire et de honte forssenez
quant ot qu'il est a ce menez
que il covient por lui proier.
Et li rois por lui chastïer
est jus de la tor avalez ;
3820 an la bataille an est alez
et dist a son fil maintenant :
« Comant ? Est or ce avenant

mais pour moi. Faites-lui grâce et dites à Lancelot, je vous en prie, qu'il se retienne de lui porter le coup fatal. Ainsi, si vous le voulez bien, vous pourriez payer mes services de retour[75].

— Beau sire, puisque vous m'en priez, j'y consens volontiers, fit la reine. Même si j'éprouvais une haine mortelle pour votre fils que je n'aime guère, vous m'avez si bien rendu service que, pour vous en savoir gré, je veux bien que Lancelot l'épargne. »

Ces derniers mots ne furent pas prononcé à voix basse et Lancelot et Méléagant les entendirent. Celui qui aime est prompt à obéir et il accomplit sur l'heure
3800 de bon gré ce qui doit plaire à l'amie dont il est totalement épris. C'est ce que dut faire Lancelot qui aima bien plus que Pirame[76], si toutefois il fut possible à un homme d'aimer plus. Lancelot avait entendu la réponse de la reine. Ses derniers mots n'étaient pas plus tôt sortis de sa bouche, ces derniers mots qui étaient : « Puisque vous désirez que Lancelot l'épargne, j'y consens », que Lancelot n'aurait pour rien au monde touché à un seul cheveu de son adversaire ni fait le moindre geste, au risque même d'y laisser la vie. Il arrête donc ses coups et demeure immobile. Et Méléagant, devenu fou de honte et de rage en entendant qu'il est dominé au point qu'il faille intercéder en sa faveur, en profite pour le frapper autant qu'il le peut[77]. Pour le ramener à la raison, le roi descend du donjon, s'avance sur le lieu du combat et l'apostrophe en ces termes :

« Comment ? Est-il convenable

[41c] qu'il ne te toche et tu le fiers ?
Trop par es or cruex et fiers,
3825 trop es or preuz a mal eür !
Et nos savons tot de seür
qu'il est au desore de toi. »
Lors dit Melïaganz au roi,
qui de honte fu desjuglez :
3830 « Espoir vos estes avuglez !
Mien escïant, n'i veez gote !
Avuglez est qui de ce dote
que au desor de lui ne soie ! »
« Or quier, » fet li rois, « qui te croie !
3835 Que bien sevent totes ces genz
se tu diz voir ou se tu manz.
La verité bien an savons. »
Lors dit li rois a ses barons
que son fil arriere li traient.
3840 Et cil de rien ne se delaient ;
tost ont son comandemant fet :
Melïagant ont arriers tret.
Mes a Lancelot arriers treire
n'estut il pas grant force feire,
3845 car molt li poïst grant ennui
cil feire ainçois qu'il tochast lui.
Et lors dist li rois a son fil :
« Si m'aïst Dex, or t'estuet il
pes feire et randre la reïne !
3850 Tote la querele anterine
t'estuet lessier et clamer quite. »
« Molt grant oiseuse avez or dite !
Molt vos oi de neant debatre !
Fuiez ! Si nos lessiez conbatre
3855 et si ne vos an merlez ja ! »
Et li rois dit que si fera,
que bien set que cist l'ocirroit
qui conbattre les lesseroit.
« Il m'ocirroit ? Einz ocirroie
3860 je lui molt tost et conquerroie,
se vos ne nos destorbeiez
et conbatre nos lesseiez. »

que tu le frappes
alors qu'il ne te porte plus aucun coup ? Tu es par trop
cruel et orgueilleux et ta bravoure se manifeste bien à
3825 contretemps ! Tous ici nous savons sans l'ombre d'un
doute qu'il l'a emporté sur toi. »

Méléagant, que sa honte égarait, lui répliqua :
« Etes-vous devenu aveugle ? Par ma foi, je pense que
vous ne voyez rien. Car il faut être aveugle pour
douter de ma victoire !

— Eh bien, fit le roi, demande donc qui est de ton
avis ! Car tous ces gens qui sont là savent bien si tu dis
vrai ou si tu mens. Nous savons fort bien où est la
vérité. »

Le roi ordonna alors à ses barons de faire reculer
son fils et ceux-ci lui obéirent sur l'heure : Méléagant
fut maîtrisé. Quant à Lancelot, il n'aurait pas fallu
déployer de grands efforts pour le retenir car son
adversaire aurait pu le maltraiter beaucoup avant qu'il
se décidât à le toucher ! Puis le roi dit à son fils :

« Dieu m'en soit témoin, il te faut maintenant faire
la paix et rendre la reine. Il te faut aussi renoncer à
3850 cette ancienne querelle et la déclarer close.

— Vous dites des balivernes ! Vous me cassez la
tête pour rien ! Partez d'ici ; laissez-nous combattre et
ne vous en mêlez pas ! »

Le roi lui répliqua qu'il s'en mêlerait quand même
parce qu'il savait bien que s'il les laissait combattre,
Lancelot le tuerait.

« Il me tuerait ! C'est plutôt moi qui n'en ferais
qu'une bouchée et le réduirais à ma merci si vous ne
veniez pas nous ennuyer et si vous nous laissiez
combattre !

Lors dit li rois : « Se Dex me saut,
quanque tu diz rien ne te vaut. »
3865 « Por coi ? » fet il — « Car je ne vuel.
Ta folie ne ton orguel
[41f] ne cresrai pas por toi ocirre.
Molt est fos qui sa mort desirre,
si con tu fez, et tu nel sez.
3870 Et je sai bien que tu m'an hez
por ce que je t'an voel garder.
Ta mort veoir ne esgarder
ne me leira ja Dex, mon vuel,
car trop en avroie grant duel. »
3875 Tant li dit et tant le chastie
que pes et acorde ont bastie.
La pes est tex que cil li rant
la reïne, par tel covant
que Lanceloz sanz nule aloigne
3880 quele ore que cil l'an semoigne
des le jor que semont l'avra
au chief de l'an se conbatra
a Melïagant derechief.
Ce n'est mie Lancelot grief.
3885 A la pes toz li puebles cort
et devisent que a la cort
le roi Artus iert la bataille,
qui tient Bretaigne et Cornoaille ;
la devisent que ele soit.
3890 s'estuet la reïne l'otroit
et que Lanceloz l'acreant
que, se cil le fet recreant,
qu'ele avoec lui s'an revanra
ne ja nus ne la detanra.
3895 La reïne ensi le creante,
et Lancelot vient a creante.
Si les ont ensi acordez
et departiz et desarmez.

— Dieu m'entende ! fit le roi. Tout ce que tu peux dire ne changera rien.

— Pourquoi ?

— Parce que je ne le veux pas. Je n'écouterai pas ton orgueil et ta folie pour t'abandonner à une mort certaine. Il faut être fou pour souhaiter sa mort comme tu le fais sans le savoir. Pourtant je sais fort bien que tu me hais de vouloir te préserver. Mais Dieu, je l'espère, ne me laissera pas assister à ta mort car j'en aurais une trop grande douleur. »

3875   A force de lui en dire et de le raisonner, il est parvenu à lui imposer la paix et la conclusion d'un accord. Cet accord stipule que Méléagant rend la reine à Lancelot à la condition qu'au bout d'un an[78], sans plus de délai, à compter du jour où il en aura été sommé et quelle qu'en soit l'heure, Lancelot se battra à nouveau contre lui. Ce qui n'est pas pour déplaire à Lancelot ! Toute la population présente se rallie à ces conditions et l'on décide que le combat se déroulera à la cour du roi Arthur, seigneur de Bretagne et de Cornouaille. Le lieu est ainsi fixé mais encore faut-il que la reine accepte et que Lancelot garantisse que si Méléagant le réduit à sa merci, elle repartira avec son ravisseur sans que personne ne la retienne. La reine s'y engage et Lancelot y consent. L'accord entre les deux ennemis ainsi conclu, on les sépare et on les désarme.

Tel costume el païs avoit
3900 que, puis que li uns s'an issoit
que tuit li autre s'an issoient.
Lancelot tuit beneïssoient,
et ce poez vos bien savoir
que lors i dut grant joie avoir,
3905 et si ot il sanz nule dote.
La genz estrange asanble tote,
qui de Lancelot font grant joie
et dïent tuit por ce qu'il l'oie :
« Sire, voir, molt nos esjoïsmes
3910 tantost con nomer vos oïsmes,
[42a] que seür fumes a delivre
c'or serïons nos tuit delivre. »
A cele joie ot molt grant presse,
que chascuns se painne et angresse
3915 comant il puisse a lui tochier.
Cil qui plus s'an puet aprochier
an fu plus liez que ne pot dire.
Assez ot la et joie et ire :
que cil qui sont desprisoné
3920 sont tuit a joie abandoné,
mes Melïaganz et li suen
n'ont nule chose de lor buen,
einz sont pansif et mat et morne.
Li rois de la place s'an torne ;
3925 ne Lancelot n'i lesse mie,
ençois l'an mainne ; et cil li prie
que a la reïne le maint.
« En moi, » fet li rois, « ne remaint,
que bien a feire me resanble.
3930 Et Quex le seneschal ansanble
vos mosterrai ge, s'il vos siet. »
A po que as piez ne l'an chiet
Lanceloz, si grant joie en a.
Li rois maintenant l'an mena

La coutume était telle dans le pays que dès qu'un
3900 captif en partait, tous les autres pouvaient le quitter.
Tous bénissaient donc Lancelot et vous pouvez bien
vous douter que chacun laissa libre cours à sa joie : ce
fut effectivement l'allégresse générale. Tous les exilés
qui se réjouissaient de la victoire de Lancelot lui
disaient en chœur pour qu'il l'entende bien :

« Sire, c'est vrai, dès que nous avons entendu votre
nom, nous avons bondi de joie car dès lors nous étions
certains que nous serions tous délivrés. »

L'allégresse générale n'allait pas sans une grande
bousculade car chacun s'efforçait de venir toucher le
héros du jour. Celui qui pouvait le mieux s'en
approcher en était plus heureux qu'il n'est possible de
le dire. Si la joie éclatait là, la tristesse y avait aussi sa
place car si les captifs libérés se laissaient aller à leur
bonheur, Méléagant et les siens, qui avaient vu
s'envoler leurs espérances, faisaient grise mine et
restaient prostrés dans leur abattement. Le roi quitta
3925 alors le lieu du combat non sans oublier d'emmener
Lancelot avec lui, lequel le pria de le conduire auprès
de la reine.

« Je ne prétends pas m'y opposer, répondit le roi,
car il me semble que c'est une requête légitime. Et si
vous le voulez, je vous conduirai aussi auprès du
sénéchal Keu. »

Lancelot en éprouva un si grand bonheur que peu
s'en fallut qu'il ne se jetât à ses pieds. Le roi le
conduisit donc

3935 en la sale, ou venue estoit
      la reïne qui l'atandoit.
      Quant la reïne voit le roi,
      qui tient Lancelot par le doi,
      si s'est contre le roi dreciee
3940 et fet sanblant de correciee,
      si s'anbruncha et ne dist mot.
      « Dame, veez ci Lancelot, »
      fet li rois, « qui vos vient veoir.
      Ce vos doit molt pleire et seoir.
3945 « Moi ? Sire, moi ne puet il plaire ;
      de son veoir n'ai ge que faire. »
      « Avoi ! dame, » ce dit li rois
      qui molt estoit frans et cortois,
      « ou avez vos or cest cuer pris ?
3950 Certes vos avez trop mespris
      d'ome qui tant vos a servie,
      qu'an ceste oirre a sovant sa vie
      por vos mise an mortel peril,
      et de Melïagant mon fil
[42b] vos a resqueusse et desfandue,
      qui molt iriez vos a randue. »
      « Sire, voir, mal l'a enploié ;
      ja par moi ne sera noié
      que je ne l'an sai point de gré. »
3960 Ez vos Lancelot trespansé,
      se li respont molt belemant
      a meniere de fin amant :
      « Dame, certes, ce poise moi,
      ne je n'os demander por coi. »
3965 Lanceloz molt se demantast
      se la reïne l'escoutast ;
      mes por lui grever et confondre
      ne li vialt un seul mot respondre,
      einz est an une chanbre antree.
3970 Et Lanceloz jusqu'à l'antree
      des ialz et del cuer la convoie ;
      mes as ialz fu corte la voie,
      que trop estoit la chanbre pres ;

dans la salle où la reine était venue l'attendre.

Quand la reine vit arriver le roi qui tenait Lancelot par la main, elle se leva à sa rencontre, prit un air courroucé, baissa la tête et ne dit pas un mot.

« Dame, fit le roi, voici Lancelot qui vient vous voir. Cela doit vous faire grand plaisir.

— A moi, sire ? Il n'y a aucune raison pour que cela me plaise ! Je n'ai que faire de sa visite.

— Que diable ! s'exclama le roi qui avait un cœur franc et généreux. Mais, Madame, d'où vous vient cette dureté ? Certes, vous êtes trop injuste envers un homme qui vous a si bien servie, qui, en vous cherchant, a si souvent exposé sa vie à des dangers mortels, qui, enfin, vous a secourue et arrachée des mains de mon fils Méléagant lequel ne vous a rendue que bien à contrecœur !

— Sire, je vous l'assure, il a perdu son temps car je ne cacherai pas que je ne lui en sais aucun gré [79]. »

Lancelot en resta foudroyé mais, en parfait amant, il se contenta de lui demander doucement :

« Dame, ma peine est bien cruelle et pourtant je n'ose vous demander la raison de votre rigueur. »

Si la reine avait daigné l'écouter, Lancelot se serait lamenté plus longtemps mais, pour achever de le confondre, elle refusa de lui répondre un seul mot et regagna ses appartements. Le cœur en émoi, Lancelot la suivit des yeux jusqu'à la porte vers laquelle elle se dirigeait mais la distance à franchir lui parut bien courte car les appartements de la reine étaient tout à côté.

et ils fussent antré aprés
3975 molt volantiers, s'il poïst estre.
Li cuers, qui plus est sire et mestre
et de plus grant pooir assez,
s'an est oltre aprés li passez,
et li oil sont remés defors,
3980 plain de lermes, avoec le cors.
Et li rois a privé consoil
dist : « Lancelot, molt me mervoil
que ce puet estre et don ce muet,
que la reïne ne vos puet
3985 veoir, n'aresnier ne vos vialt.
S'ele onques a vos parler sialt,
n'an deüst or feire dangier
ne voz paroles estrangier,
a ce que por li fet avez.
3990 Or me dites, se vos savez,
por quel chose, por quel mesfet,
ele vos a tel sanblant fet. »
« Sire, orandroit ne m'an gardoie.
Mes ne li plest qu'ele me voie
3995 ne qu'ele ma parole escolt ;
il m'an enuie et poise molt. »
« Certes, » fet li rois, « ele a tort,
que vos vos estes jusqu'a mort
[42c] por li en avanture mis.
4000 Or an venez, biax dolz amis,
s'iroiz au seneschal parler. »
« La voel je molt, » fet il, « aler. »
Au seneschal an vont andui.
Quant Lanceloz vint devant lui,
4005 se li dist au premerain mot
li seneschax a Lancelot :
« Con m'as honi ! » — « Et je de quoi ? »
fet Lanceloz, « dites le moi :
quel honte vos ai ge donc feite ? »
4010 « Molt grant, que tu as a chief treite
la chose que ge n'i poi treire,
s'as fet ce que ge ne poi feire. »
Atant li rois les lesse andeus ;

S'ils l'avaient pu, ses yeux l'auraient bien suivie jusqu'à l'intérieur. Mais si ses yeux, remplis de larmes, sont restés avec son corps en deçà de la porte, son cœur lui, grand seigneur tout-puissant, suivit la reine au-delà.

« Lancelot, lui dit alors le roi sur le ton de la confidence, je suis stupéfait ; je ne comprends pas pourquoi la reine refuse de vous voir et de vous adresser la parole. Si elle avait coutume de s'entretenir avec vous, ce n'est pas aujourd'hui qu'elle devrait vous repousser et faire la sourde oreille à vos propos, surtout après ce que vous venez de faire pour elle ! Confiez-moi, si vous le savez, pour quel motif, pour quel manquement grave, elle a eu cette attitude envers vous.

— Sire, il y a un instant, je n'aurais même pas pu le prévoir ! Mais il est clair que ma présence l'indispose et que mes paroles la font fuir. Et j'en suis très affecté.

— Certes, fait le roi, elle a grand tort car vous avez
4000 risqué votre vie pour elle. Mais venez, bel ami, vous parlerez avec le sénéchal.

— Oui, allons-y. »

Tous les deux vinrent trouver le sénéchal. Mais quand Lancelot fut devant lui, les premiers mots de Keu furent pour lui dire :

« Tu m'as bien couvert de honte !

— Moi ? Et pourquoi ? Dites-le-moi : qu'ai-je fait pour vous couvrir de honte ?

— Tu m'as déshonoré ! Tu as en effet réalisé l'exploit que je n'ai pu accomplir ; tu as réussi là où j'ai échoué. »

Le roi les laissa alors en tête à tête

de la chanbre s'an ist toz seus.
4015 Et Lanceloz au seneschal
anquiert s'il a eü grant mal.
« Oïl, » fet il, « et ai encor.
Onques n'oi plus mal que j'ai or,
et je fusse morz grant piece a
4020 ne fust li rois qui de ci va,
qui m'a mostré par sa pitié
tant de dolçor et d'amistié
c'onques, la ou il le seüst,
rien nule qui mestier m'eüst,
4025 ne me failli nule foiee,
qui ne me fust apareilliee
maintenant que il le savoit.
Ancontre un bien qu'il me feisoit,
Melïaganz de l'autre part,
4030 ses filz qui plains est de mal art,
par traïson a lui mandoit
les mires, si lor comandoit
que sor mes plaies me meïssent
tex oignemanz qui m'oceïssent.
4035 Ensi pere avoie et parrastre :
que quant li rois un boen anplastre
me feisoit sor mes plaies metre,
qui molt se volsist antremetre
que j'eüsse tost garison,
4040 et ses fils par sa traïson
le m'an feisoit tost remüer,
por ce qu'il me voloit tüer
[42d] et metre un malvés oignemant.
Mes je sai bien certainnemant
4045 que li rois ne le savoit mie ;
tel murtre ne tel felenie
ne sofrist il an nule guise.
Mes ne savez pas la franchise
que il a ma dame faite :
4050 onques ne fu par nule gaite
si bien gardee torz an marche
des le tans que Noex fist l'arche,
que il mialz gardee ne l'ait,

et quitta la chambre. Lancelot demanda au sénéchal s'il avait beaucoup souffert. « Oui, répond celui-ci, et je souffre encore. Jamais je n'ai autant souffert de ma vie et il y a longtemps que je serais mort, n'eût été le roi qui sort d'ici. Il a toujours compati à mon malheur et a toujours fait preuve à mon égard de tant de douceur et d'amitié que pas une fois, à condition qu'il en fût
4025 informé, ne m'a manqué la moindre chose dont je pouvais avoir besoin. Dès qu'il le savait, on me la préparait sur l'heure. Mais pour tout bien qu'il me faisait, Méléagant, son fils, qui est rempli de cruauté, faisait perfidement venir à lui les médecins et leur ordonnait de mettre sur mes plaies des onguents destinés à me tuer. J'avais ainsi un père et un parâtre : quand le roi, qui s'acharnait à vouloir ma guérison, faisait placer sur mes plaies un bon emplâtre, son fils traîtreusement le faisait vite enlever et remplacer par un onguent nocif destiné à me faire mourir. Mais je suis certain que le roi ignorait tout cela : il n'aurait pas supporté une conduite aussi vile et criminelle. De plus vous ne connaissez pas son attitude généreuse envers
4050 ma dame la reine : jamais, depuis le temps que Noé construisit l'Arche, donjon ne fut mieux surveillé par un guetteur qu'elle ne le fut par lui

que neïs veoir ne la lait
4055 son fil, qui molt an est dolanz,
fors devant le comun des gens
ou devant le suen cors demainne.
A si grant enor la demainne
et a demené jusque ci
4060 li frans rois, la soe merci,
com ele deviser le sot.
Onques deviseor n'i ot
fors li qu'ainsi le devisa ;
et li rois molt plus l'an prisa
4065 por la lëauté qu'an li vit.
Mes est ce voirs que l'an ma dit,
qu'ele a vers vos si grant corroz
qu'ele sa parole oiant toz
vos a vehee et escondite ? »
4070 « Verité vos en a l'an dite, »
fet Lanceloz, « tot a estros.
Mes por Deu, savrïez me vos
dire por coi ele me het ? »
Cil respont que il ne le set,
4075 einz s'an mervoille estrangemant.
« Or soit a son comandemant, »
fet Lanceloz, qui mialz ne puet ;
et dit : « Congié prandre m'estuet,
s'irai monseignor Gauvain querre,
4080 qui est antrez an ceste terre
et covant m'ot que il vandroit
au Pont desoz Eve tot droit. »
Atant est de la chanbre issuz ;
devant le roi an est venuz
4085 et prant congié de cele voie.
[42e] Li rois volantiers li otroie ;
mes cil qu'il avoit delivrez
et de prison desprisonez
li demandent que il feront.
4090 Et il dit : « Avoec moi vandront
tuit cil qui i voldront venir ;
et cil qui se voldront tenir
lez la reïne, si s'i taignent.

car il ne la laissait même pas voir à son fils, qui en était fort affecté, sauf devant une foule de gens ou en sa propre présence. Puisse ce noble roi en être remercié car il l'a toujours traitée en lui assurant tout le respect qu'elle pouvait souhaiter et il continue de le faire. Jamais il n'eut d'autre arbitre qu'elle pour orienter sa propre conduite et il ne l'en estima que davantage quand il vit que son cœur était aussi loyal. Mais est-ce vrai ce qu'on m'a rapporté? On m'a dit qu'elle est si courroucée à votre égard que devant tout le monde, elle a refusé de vous adresser un seul mot.

— On vous a dit la vérité, répliqua aussitôt Lancelot. Mais pour Dieu, sauriez-vous m'expliquer pourquoi elle me hait autant? »

Keu lui répondit qu'il n'en savait rien mais qu'il en
4075 était fort surpris.

« Qu'il en soit donc selon sa volonté! fit Lancelot qui ne pouvait que se résigner. Il me faut maintenant prendre congé de vous car je vais partir à la recherche de monseigneur Gauvain qui est lui aussi entré dans ce pays et m'avait assuré qu'il se rendrait tout droit au Pont-sous-les-eaux. »

Là-dessus il sortit de la chambre et alla trouver le roi pour lui demander la permission de partir à la recherche de Gauvain. Le roi la lui accorda volontiers mais tous ceux qu'il avait arrachés à leur captivité lui demandèrent ce qu'ils allaient faire.

« Viendront avec moi tous ceux qui le désirent, leur répondit-il, et ceux qui voudront tenir compagnie à la reine resteront près d'elle

N'est pas droiz que avoec moi vaingnent. »
4095 Avoec lui vont tuit cil qui voelent,
lié et joiant plus qu'il ne suelent.
Avoec la reïne remainnent
puceles qui joie demainnent
et dames et chevalier maint ;
4100 mes uns toz seus n'en i remaint
qui mialz n'amast a retorner
an son païs que sejorner.
Mes la reïne les retient
por monseignor Gauvain qui vient,
4105 et dit qu'ele ne se movra
tant que noveles an savra.

car rien ne les oblige à m'accompagner. »

Avec lui partirent donc tous ceux qui en avaient exprimé le désir, plus heureux qu'ils ne l'avaient été depuis longtemps. Avec la reine sont restés les demoiselles, toutes joyeuses, et les dames ainsi que maints chevaliers. Mais il n'est pas un seul parmi eux 4100 qui ne préférerait revenir dans son pays plutôt que de séjourner là plus longtemps. Cependant la reine les retint pour attendre l'arrivée de monseigneur Gauvain. Elle déclara qu'elle ne partirait pas avant d'avoir de ses nouvelles.

Par tot est la novele dite
que tote est la reïne quite
et delivré tuit li prison,
4110 si s'an iront sans mesprison
quant ax pleira et boen lor iert.
Li uns l'autre le voir an quiert,
onques parole autre ne tindrent
les genz quant tuit ansanble vindrent.
4115 Et de ce ne sont pas irié
que li mal pas sont depecié ;
se va et vient qui onques vialt —
n'est pas ensi com estre sialt.
Quant les genz del païs le sorent
4120 qui a la bataille esté n'orent
comant Lanceloz l'avoit fet,
si se sont tuit cele part tret
ou il sorent que il aloit,
car il cuident qu'au roi bel soit
4125 se pris et mené li avoient
Lancelot. Et li suen estoient
tuit de lor armes desgarni,
et por ce furent escherni
que cil del païs armé vindrent.
[42f] Ne fu pas mervoille s'il prindrent
Lancelot qui desarmez iere.
Tot pris le ramainnent arriere,
les piez lïez soz son cheval.
Et cil dïent : « Vos feitez mal,
4135 seignor, car li rois nos conduit.
Nos somes an sa garde tuit. »
Et cil dïent : « Nos nel savons,
mes ensi con pris vos avons
vos covandra venir a cort. »

FAUSSES NOUVELLES,
DÉSESPOIR ET RÉCONCILIATION

En tous lieux s'est répandue la nouvelle que la reine est libre et tous les captifs avec elle et qu'ils pourront partir sans le moindre empêchement dès qu'il leur plaira de le faire. Chacun prie son voisin de lui en confirmer la vérité et quand les exilés se rassemblent, ils ne parlent pas d'autre chose. Et ils ne sont pas fâchés que soient détruits tous les postes destinés à leur interdire le libre passage. On va et on vient maintenant comme on le veut : quel changement avec ce qui existait auparavant ! Quand les habitants du pays qui n'avaient pas assisté au combat entre Méléagant et Lancelot apprirent comment celui-ci l'avait remporté, ils se dirigèrent en masse vers l'endroit où ils savaient qu'il devait se rendre en pensant faire plaisir au roi s'ils le lui amenaient pieds et poings liés. Or Lancelot et ses compagnons n'avaient pas d'armes. Aussi furent-ils d'autant plus méprisés que ceux du pays arrivaient armés. Qu'on ne s'étonne pas s'ils se sont facilement emparés d'un Lancelot désarmé qu'ils ont contraint à revenir en arrière les pieds liés sous son cheval. Les captifs avaient beau se plaindre :

« Seigneurs, vous agissez bien mal car c'est le roi qui nous a permis de venir et tous nous sommes sous sa sauvegarde.

— Nous l'ignorons, répliquaient leurs agresseurs, et comme vous êtes nos prisonniers, il vous faudra en tant que tels revenir jusqu'à la cour ! »

4140 Novele qui tost vole et cort
vient au roi que ses genz ont pris
Lancelot et si l'ont ocis.
Quant li rois l'ot, molt l'an est grief,
et jure assez plus que son chief
4145 que cil qui l'ont mort an morront ;
ja desfandre ne s'an porront
et, s'il les puet tenir ou prandre
ja n'i avra mes que del pandre
ou del ardoir ou del noier.
4150 Et se il le voelent noier,
ja nes an cresra a nul fuer,
que trop li ont mis an son cuer
grant duel et si grant honte faite,
qui li devroit estre retraite
4155 s'il n'an estoit prise vangence ;
mes il l'an panra sanz dotance.
Ceste novele par tot vait ;
a la reïne fu retrait
qui au mangier estoit assise.
4160 A po qu'ele ne s'est ocise
maintenant que de Lancelot
la mançonge et la novele ot.
Mes ele la cuide veraie
et tant duremant s'an esmaie
4165 qu'a po la parole n'an pert ;
mes por les genz dit en apert :
« Molt me poise, voir, de sa mort ;
et s'il m'an poise n'ai pas tort,
qu'il vint an cest païs por moi ;
4170 por ce pesance avoir an doi. »
Puis dit a li meïsme an bas,
por ce que l'en ne l'oïst pas,
que de boivre ne de mangier
[43a] ne la covient jamés proier
4175 se ce est voirs que cil morz soit
por la cui vie ele vivoit.
Tantost se lieve molt dolante
de la table, si se demante
si que nus ne l'ot ne escoute.

Très vite, la rumeur que ses sujets se sont saisis de
Lancelot et l'ont tué, parvient aux oreilles du roi. Il en
est très affecté et jure sur sa tête et sur tout ce qu'il a
de plus sacré que ceux qui l'ont tué subiront le même
sort. S'il peut mettre la main sur eux, ils n'auront pas
le loisir de se défendre d'un tel forfait : il les fera
pendre, brûler ou noyer. Et s'ils ont l'impudence de le
4150 nier, il ne se laissera pas fléchir car ils lui ont causé
une trop vive douleur et une trop grande honte que
d'ailleurs on lui reprocherait, à lui, s'il n'en prenait
pas vengeance. Mais qu'on n'en doute pas, il se
vengera.

La nouvelle fait le tour du palais ; elle est rapportée
à la reine qui était assise à table. En entendant cette
fausse rumeur qui circule au sujet de Lancelot, peu
s'en faut qu'elle n'attente à sa vie car elle la croie
vraie. Elle est si troublée qu'elle a de la peine à
prononcer un mot mais, pour tous ceux qui étaient là,
elle se contraignit à dire à haute voix :

« Je suis très affectée par sa mort et je n'ai pas tort
d'éprouver un tel chagrin car c'est pour moi qu'il est
venu dans ce pays. C'est pourquoi j'ai de bonnes
raisons d'en être attristée. »

Puis, tout bas, de peur d'être entendue, elle se dit à
elle-même qu'il était désormais bien inutile de la prier
4175 de boire et de manger s'il était vrai que soit mort celui
dont la vie ne faisait qu'un avec la sienne. En proie à
une profonde affliction, elle quitte la table pour aller
se lamenter loin des oreilles indiscrètes.

4180 De li ocirre est si estoute
que sovant sa prant a la gole ;
mes ainz se confesse a li sole,
si se repant et bat sa colpe,
et molt se blasme et molt s'ancolpe
4185 del pechié qu'ele fet avoit
vers celui don ele savoit
qui suens avoit esté toz dis,
et fust ancor se il fust vis.
Tel duel a de sa crualté
4190 que molt an pert de sa biauté.
Sa crualté, sa felenie
la fet molt tainte et molt nercie,
et ce qu'ele voille et geüne.
Toz ses mesfez ansanble aüne
4195 et tuit li revienent devant ;
toz les recorde et dit sovant :
« Ha ! lasse ! De coi me sovint
quant mes amis devant moi vint
que je nel deignai conjoïr,
4200 ne ne le vos onques oïr !
Quant mon esgart et ma parole
li veai, ne fis je que fole ?
Que fole ? Ainz fis, si m'aïst Dex,
que felenesse et que cruex !
4205 Et sel cuidai ge feire a gas,
mes ensi nel cuida il pas,
se nel m'a mie pardoné.
Nus fors moi ne li a doné
le mortel cop, mien esciant.
4210 Quant il vint devant moi riant
et cuida que je li feïsse
grant joie, et que je le veïsse,
et onques veoir ne le vos —
ne li fu ce donc mortex cos ?
4215 Quant ma parole li veai
tantost, ce cuit, le dessevrai
del cuer et de la vie ansanble.
[43b] Cil dui cop l'ont mort, ce me sanble ;
ne l'ont mort autre Breibançon.

Elle est si résolue à mourir que plusieurs fois, de ses mains, elle se serre la gorge. Mais avant elle se confesse toute seule, se repent de ses fautes et bat sa coulpe ; elle se blâme beaucoup et s'accuse sévèrement du péché qu'elle avait commis envers celui dont elle savait bien qu'il lui avait été entièrement attaché chaque jour de son existence et qu'il le serait encore s'il était toujours vivant. Elle souffre tant d'avoir été cruelle que sa beauté en est ternie. La pensée de son injuste cruauté passée jointe à sa veille et à son jeûne ont altéré et assombri son teint. Elle fait la somme de ses méchancetés et chacune repasse devant ses yeux. Elle n'en oublie aucune et s'en lamente :

« Hélas ! Où avais-je donc la tête quand mon tendre ami s'est présenté devant moi et que je n'ai même pas daigné lui faire un bon accueil et l'écouter un instant ? N'ai-je pas agi comme une folle en refusant de le regarder et de lui parler ? Seulement comme une folle ? Dieu me le pardonne, ce fut bien plutôt de ma part une cruauté injuste et gratuite ! Dans mon esprit c'était un jeu mais lui ne l'a pas pris pour tel et il ne me l'a sans doute pas pardonné. A ma connaissance, c'est moi seule qui lui ai porté le coup mortel. Quand il se présenta tout souriant devant moi en pensant que je l'accueillerais avec transport et que j'aurais de la joie à le contempler, ne lui ai-je pas alors porté un coup mortel en refusant de le regarder ! Mon refus de lui dire un seul mot lui a, j'en suis sûre, percé le cœur et enlevé la vie. Ce sont ces deux coups qui l'ont tué et non pas le lâche attentat de quelque mercenaire[80] !

4220 Et Dex ! Avrai ge reançon
de cest murtre, de cest pechié ?
Nenil voir, ainz seront sechié
tuit li flueve et la mers tarie !
Ha ! lasse ! Con fusse garie
4225 et con me fust granz reconforz
se une foiz, ainz qu'il fust morz,
l'eüsse antre mes bras tenu.
Comant ? Certes, tot nu a nu,
por ce que plus an fusse a eise.
4230 Quant il est morz, molt sui malveise
que je ne faz tant que je muire.
Don ne me doit ma vie nuire,
se je sui vive aprés sa mort,
quant je a rien ne me deport
4235 s'es max non que je trai por lui ?
Quant aprés sa mort m'i dedui
certes molt fust dolz a sa vie
li max don j'ai or grant anvie.
Malveise est qui mialz vialt morir
4240 que mal por son ami sofrir.
Mes certes, il m'est molt pleisant
que j'en aille lonc duel feisant ;
mialz voel vivre et sofrir les cos
que morir et estre an repos. »
4245 La reïne an tel duel estut
deus jorz, que ne manja ne but,
tant qu'an cuida qu'ele fust morte.
Assez est qui noveles porte,
einçois la leide que la bele ;
4250 a Lancelot vient la novele
que morte est sa dame et s'amie.
Molt l'en pesa, n'en dotez mie ;
bien pueent savoir totes genz
qu'il fut molt iriez et dolanz.
4255 Por voir, il fu si adolez
(s'oïr et savoir le volez)
que sa vie en ot an despit :
ocirre se volt sanz respit,
mes ainçois fist une conplainte.

Ah ! Dieu serai-je un jour suffisamment punie pour ce meurtre et ce péché ? Non, ce n'est pas possible ! La mer et tous les fleuves se seront asséchés bien avant !
4225 Ah ! Malheureuse que je suis ! Comme je serais soulagée et un peu réconfortée si, une fois au moins, avant sa mort, j'avais pu le tenir entre mes bras ! Comment ? Oh ! Oui ! Certes, corps contre corps, sa peau contre la mienne pour mieux m'abandonner à lui. Puisqu'il est mort, je suis bien lâche de rester encore en vie. Mais la vie ne doit-elle pas m'être moins insupportable si en lui survivant je tire tout mon bonheur des tourments que j'endure pour lui ? Si après sa mort, je trouve là ma consolation, alors, quel bonheur lui aurait causé, quand il était encore en vie, cette souffrance dans laquelle je me délecte ! Elle est bien lâche celle qui préfère mourir plutôt que de souffrir à cause de son ami. Certes il m'est doux de supporter le plus longtemps possible ma douleur : je préfère vivre et souffrir la rigueur du destin que mourir pour trouver un repos éternel [81]. »

Pendant deux jours, la reine resta prostrée dans son affliction, sans boire ni manger, à tel point qu'on la crut morte. Il y a toujours quelqu'un pour porter une nouvelle et de préférence la mauvaise plutôt que la bonne. Le bruit de la mort de celle qui était sa dame et
4250 sa tendre amie parvint ainsi à Lancelot. Il en fut accablé de chagrin, n'en doutez pas. Tout le monde pouvait voir qu'il en était profondément affecté. Et, en vérité, si vous voulez le savoir, il fut si désespéré qu'il en éprouva un profond dégoût de la vie. Il voulait se suicider sans attendre une minute de plus, si ce n'est le temps d'exhaler sa profonde douleur.

4260 D'une ceinture qu'il ot ceinte
noe un des chiés au laz corrant,
[43c] et dit a lui seul an plorant :
« Ha ! Morz ! Con m'as or agueitié
que tot sain me fez desheitié !
4265 Desheitiez sui, ne mal ne sant
fors del duel qu'au cuer me descent :
cist diax est max, voire mortex.
Ce voel je bien que il soit tex
et, se Deu plest, je an morrai.
4270 Comant ? N'autremant ne porrai
morir, se Damedeu ne plest ?
Si ferai, mes que il me lest
cest laz antor ma gole estraindre,
ensi cuit bien la mort destraindre
4275 tant que malgré suen m'ocirra.
Morz, qui onques ne desirra
se cez non qui de li n'ont cure,
ne vialt venir, mes ma ceinture
la m'amanra trestote prise,
4280 et des qu'ele iert an ma justise
donc fera ele mon talant.
Voire, mes trop vanra a lant,
tant sui desirranz que je l'aie ! »
Lors ne demore ne delaie,
4285 einz met le laz antor sa teste
tant qu'antor le col li areste ;
et por ce que il mal se face,
le chief de la ceinture lace
a l'arçon de sa sele estroit,
4290 ensi que nul ne l'aparçoit.
Puis se let vers terre cliner,
si se vost feire traïner
a son cheval tant qu'il estaigne —
une ore plus vivre ne daigne.
4295 Quant a terre cheü le voient
cil qui avoec lui chevalchoient,
si cuident que pasmez se soit,
que nus del laz ne s'aparçoit
qu'antor son col avoit lacié.

Il fit
un nœud coulant à l'un des bouts de la ceinture qu'il
portait et, en pleurant, se dit en son cœur :

« Ha ! Mort ! Quel guet-apens tu m'as dressé ! Je
suis en pleine santé et tu me prives de toutes mes
forces ! Je suis abattu et pourtant je ne ressens pas
d'autre mal que cette cruelle douleur qui me glace le
cœur. Cette douleur est terrible et même mortelle.
Mais je l'accepte comme telle et si cela plaît à Dieu,
j'en mourrai. Comment ? Ne pourrai-je mourir même
si Dieu ne l'a pas décidé ? Si ! Je ne lui demanderai
que de me laisser serrer ce nœud coulant autour de
4275 mon cou : ainsi je pense bien contraindre la mort à me
prendre malgré elle. Cette mort qui n'a jamais voulu
prendre que ceux qui ne se souciaient pas d'elle,
refuse de venir ! Mais ma ceinture me la livrera
prisonnière et dès qu'elle sera en mon pouvoir, il lui
faudra bien faire à mon gré ! Oui ! Mais, elle sera
toujours trop lente à venir car je suis impatient de la
rencontrer ! »

Alors il n'attend plus ; il passe la tête dans le nœud
coulant et le serre autour de son cou. Pour être certain
de s'étrangler, il attache l'autre bout de la ceinture à
l'arçon de sa selle en ne laissant qu'une courte
longueur, tout cela sans éveiller l'attention de personne. Puis il se laisse choir à terre. Il voulait se laisser
traîner par son cheval jusqu'à l'étranglement, sans
vivre une seule heure de plus. Quand ceux qui
chevauchaient près de lui le voient tomber à terre, ils
pensent qu'il s'est évanoui car aucun d'entre eux n'a
remarqué le nœud coulant qu'il avait serré autour de
son cou.

4300 Tot maintenant l'ont redrecié,
     sel relievent antre lor braz
     et si ont lors trové le laz
     dont il estoit ses anemis,
     qu'anviron son col avoit mis,
[43d] Sel tranchent molt isnelemant,
     mes la gorge si duremant
     li laz justisiee li ot,
     que de piece parler ne pot ;
     qu'a po ne sont les voinnes rotes
4310 del col et de la gorge totes.
     Ne puis, se il le volsist bien,
     ne se pot mal feire de rien.
     Ce pesoit lui qu'an le gardoit ;
     a po que de duel n'en ardoit,
4315 que molt volantiers s'oceïst
     se nus garde ne s'an preïst.
     Et quant il mal ne se puet faire,
     se dit : « Ha ! Vix Morz deputaire,
     Morz, por Deu, don n'avoies tu
4320 tant de pooir et de vertu
     qu'ainz que ma dame m'oceïsses ?
     Espoir, por ce que bien feïsses,
     ne volsis feire ne daignas.
     Par felenie le lessas
4325 que ja ne t'iert a el conté.
     Ha ! quel servise et quel bonté !
     Con l'as or an boen leu assise !
     Dahez ait qui de cest servise
     te mercie ne gré t'an set.
4330 Je ne sai li quex plus me het :
     ou la Vie qui me desirre,
     ou Morz qui ne me vialt ocirre.
     Ensi l'une et l'autre m'ocit ;
     mes c'est a droit, se Dex m'aït,
4335 que maleoit gré mien sui vis —
     que je me deüsse estre ocis
     des que ma dame la reïne
     me mostra sanblant de haïne,
     ne ne le fist pas sanz reison,

4300   Vite ils le relèvent entre leurs bras et aperçoivent alors la ceinture qu'en ennemi de lui-même
il avait passée à son cou. Ils la tranchent sans tarder.
Mais elle avait bien rempli son office en lui meur-
trissant brutalement la gorge et il resta longtemps
sans pouvoir parler. Il s'en était fallu de peu que
toutes les veines de son cou ne se soient rompues.
Dès lors, même s'il l'avait vivement souhaité, il ne
pouvait plus se faire le moindre mal. Mais il était très
contrarié qu'on le surveille. Peu s'en fallut même qu'il
n'en meure de chagrin car il se serait volontiers tué si
l'on n'avait pas veillé à l'en empêcher. Voyant qu'il ne
pouvait plus attenter à sa vie, il laissa éclater sa
douleur :

    « Ah ! Mort ! Mort infâme et perverse, n'avais-tu
donc pas assez de pouvoir ou de générosité pour me
prendre moi plutôt que ma dame ? Peut-être ne l'as-tu
pas daigné par crainte de faire une bonne action ?
C'est par pure méchanceté que tu ne l'as pas fait car
jamais on ne pourra le mettre au compte d'autre
4325 chose. Ah ! Quelle délicate attention ! Quelle marque
insigne de bonté ! Comme tu as bien su la placer avec
discernement ! Maudit à jamais soit celui qui te sait
gré d'un tel service ! Je ne sais laquelle des deux me
hait le plus, de la Vie qui tient à moi ou de la Mort qui
ne veut pas me tuer. L'une et l'autre sont responsa-
bles de mon malheur. Mais, Dieu m'en soit témoin,
j'ai bien mérité de rester en vie malgré moi car j'aurais
dû me tuer dès l'instant même où ma dame, la reine,
m'a montré qu'elle me haïssait car elle ne l'a pas fait
sans motif :

4340 einz i ot molt boene acheson,
     mes je ne sai quex ele fu.
     Mes se ge l'eüsse seü,
     einz que s'ame alast devant Dé
     je le li eüsse amandé
4345 si richemant con li pleüst,
     mes que de moi merci eüst.
     Dex, cist forfez, quex estre pot ?
     Bien cuit que espoir ele sot
     que je montai sor la charrete.
4350 Ne sai quel blasme ele me mete
     se cestui non. Cist m'a traï.
     S'ele por cestui m'a haï —
     Dex, cist forfez, por coi me nut ?
     Onques Amors bien ne conut
4355 qui ce me torna a reproche ;
     qu'an ne porroit dire de boche
     riens qui de par Amors venist,
     qui a reproche appartenist ;
     einz est amors et corteisie
4360 quanqu'an puet feire por s'amie.
     Por m'amie nel fis je pas.
     Ne sai comant je die, las !
     Ne sai se die amie ou non ;
     ne li os metre cest sornon.
4365 Mes tant cuit je d'Amor savoir,
     que ne me deüst mie avoir
     por ce plus vil, s'ele m'amast,
     mes ami verai me clamast,
     quant por li me sanbloit enors
4370 a feire quanque vialt Amors,
     nes sor la charrete monter.
     Ce deüst ele Amor conter,
     et c'est la provance veraie ;
     Amors ensi les suens essaie,
4375 ensi conuist ele les suens.
     Mes ma dame ne fu pas buens
     cist servises ; bien le provai
     au sanblant que an li trovai.

au contraire, elle devait avoir une bonne raison, bien que j'ignore laquelle. Si j'avais pu la connaître avant que son âme retourne vers Dieu, j'aurais réparé ma faute envers elle avec autant d'éclat qu'elle aurait pu le souhaiter, à condition qu'elle m'accorde son pardon. Mon Dieu, Quel peut bien être le forfait que j'ai commis envers elle ? Je crois bien qu'elle a dû apprendre que je suis monté sur la charrette car je ne vois pas de quoi elle pourrait me
4350 blâmer sinon de cela. C'est ce qui m'a perdu. Mais si sa haine vient de là, mon Dieu, pourquoi ce forfait doit-il me nuire ? Pour me le reprocher, il faut n'avoir jamais bien compris ce qu'est Amour. Car on ne peut dire qu'un acte suscité par Amour puisse être répréhensible. Tout ce que l'on peut faire pour son amie n'est que témoignage d'amour et de courtoisie. Et n'est-ce pas pour mon amie que je suis monté sur la charrette ? Hélas ! je ne sais comment dire ; je ne sais si je peux ou non employer le terme d' " amie " car je n'ose lui donner ce doux nom. Pourtant je crois être assez instruit dans l'art d'aimer pour penser qu'elle n'aurait pas dû me juger avili à cause de cela si elle m'avait aimé ; bien au contraire elle aurait dû me reconnaître comme son tendre et sincère ami car il me semblait louable de faire tout ce que commande Amour, y compris de monter sur la charrette. Elle aurait dû attribuer cela à Amour car c'en est une preuve irréfutable. C'est ainsi qu'Amour met les siens
4375 à l'épreuve et les distingue. Mais ma dame n'a pas apprécié cet acte de dévouement : j'en ai bien eu la preuve à la manière dont elle m'a accueilli !

Et totevoie ses amis
4380 fist ce don maint li ont amis
por li honte et reproche et blasme;
s'ai fet ce geu don an me blasme
et de ma dolçor m'anertume,
par foi, car tex est la costume
4385 a cez qui d'Amor rien ne sevent
et qui enor en honte levent;
mes qui enor an honte moille
ne la leve pas, einz la soille.
Or sont cil d'Amors nonsachant
4390 qui ensi les vont despisant,
et molt ansus d'Amors se botent
qui son comandemant ne dotent.
[43f] Car, sanz faille, molt en amande
qui fet ce qu'Amors li comande,
4395 et tot est pardonable chose;
s'est failliz qui feire ne l'ose. »
Ensi Lanceloz se demante;
et sa genz est lez lui dolante
qui le gardent et qui le tiennent.
4400 Et antretant noveles vienent
que la reïne n'est pas morte.
Tantost Lanceloz se conforte;
et s'il avoit fet de sa mort,
devant, grant duel et fier et fort,
4405 encor fu bien cent mile tanz
la joie de sa vie granz.
Et quant il vindrent del recet
pres a sis liues ou a set
ou li rois Bademaguz iere,
4410 novele que il ot molt chiere
li fu de Lancelot contee —
se l'a volantiers escotee —
qu'il vit et vient sains et heitiez.
Molt an fist que bien afeitiez,
4415 que la reïne l'ala dire.
Et ele li respont : « Biax sire,
quant vos le dites, bien le croi;
mes s'il fust morz, bien vos octroi

Et
pourtant c'est pour elle que celui qui se dit son ami a
fait ce que beaucoup ont perçu comme une vilenie et
lui ont reproché. Oui, j'ai joué le jeu et n'en ai retiré
que blâme et mon bonheur s'est mué en amertume.
Mais n'est-ce pas le fait coutumier de ceux qui ne
savent rien d'Amour de plonger l'honneur dans les
eaux de la honte ? Et ce faisant, ils ne le rendent pas
plus pur ; bien au contraire, ils le souillent. Ce sont
des ignorants, ceux qui méprisent ainsi Amour et
d'eux-mêmes ils s'écartent de lui en faisant fi de ses
commandements. Car, à coup sûr, on accroît son
mérite en obéissant à ses ordres et tout est alors
pardonnable alors que l'on déchoit en n'osant pas les
suivre. »

C'est dans ces termes que Lancelot se lamentait. A
ses côtés, ses compagnons qui le surveillaient et le
retenaient en avaient le cœur serré. Mais sur ces
entrefaites, arrive la nouvelle que la reine est toujours
4400 en vie. Aussitôt Lancelot reprend goût à la vie : si
auparavant il avait manifesté une immense douleur en
la croyant morte, sa joie de la savoir vivante fut bien
cent mille fois plus grande. Quand ils ne furent plus
qu'à six ou sept lieues de la demeure où séjournait le
roi Baudemagus, on l'informa que Lancelot était
vivant et approchait en parfaite santé. Cette nouvelle
lui fit grand plaisir à entendre. En homme courtois, il
alla la porter à la reine qui lui répondit :

« Beau sire, puisque vous me le dites, je veux bien
vous croire. Mais je peux bien vous assurer que s'il
était mort,

que je ne fusse jamés liee.
4420 Trop me fust ma joie estrangiee
s'uns chevaliers an mon servise
eüst mort receüe et prise. »
Atant li rois de li se part,
et molt est la reïne tart
4425 que sa joie et ses amis veingne ;
n'a mes talant que ele teigne
atahine de nule chose.
Mes novele, qui ne repose,
einz cort toz jorz qu'ele ne fine,
4430 derechief vient a la reïne
que Lanceloz ocis se fust
por li, se feire li leüst.
Ele an est liee et sel croit bien,
mes nel volsist por nule rien,
4435 que trop li fust mesavenu.
Et antretant ez vos venu
[44a] Lancelot qui molt se hastoit ;
maintenant que li rois le voit,
sel cort beisier et acoler ;
4440 vis li est qu'il doie voler,
tant le fet sa joie legier.
Mes la joie font abregier
cil qui le lïerent et prindrent :
li rois lor dist que mar i vindrent,
4445 que tuit sont mort et confondu.
Et il li ont tant respondu
qu'il cuidoient qu'il le volsist.
« Moi desplest il, mes il vos sist, »
fet li rois, « n'a lui rien ne monte —
lui n'avez vos fet nule honte,
se moi non qui le conduisoie ;
comant qu'il soit, la honte est moie.
Mes ja ne vos an gaberoiz
quant vos de moi eschaperoiz. »
4455 Qant Lanceloz l'ot correcier,
de la pes feire et adrecier
au plus qu'il onques puet se painne

je n'aurais plus jamais éprouvé la moindre
joie. Oui, dès lors qu'un chevalier aurait perdu la vie
en se dévouant pour moi, tout bonheur me serait
devenu étranger. »

Là-dessus le roi se retira. Il tardait à la reine de voir
4425 revenir ensemble son tendre ami et sa joie ; elle n'avait
plus envie de lui tenir la moindre rigueur. Mais des
bruits, qui courent toujours sans jamais prendre un
instant de repos, parviennent sur ces entrefaites aux
oreilles de la reine : Lancelot, si on l'avait laissé faire,
aurait, pour elle, mis fin à ses jours. Elle en est
heureuse et les croit volontiers mais elle n'aurait voulu
pour rien au monde qu'il lui fût arrivé quelque chose
de trop grave.

Pendant ce temps, Lancelot, qui avait fait hâter le
train, arrivait. Dès que le roi l'aperçoit, il court lui
donner l'accolade ; il lui semble avoir des ailes tant sa
joie le porte. Mais la vue de ceux qui avaient arrêté
Lancelot et l'avaient lié sur son cheval la lui fait
tourner court : c'est pour leur malheur, leur crie-t-il,
qu'ils sont venus jusque-là car leur mort est immi-
nente ! Pour se disculper ils prétendent avoir cru agir
selon son vœu.

« Si votre exploit vous a plu, à moi il me déplaît
fort, répond le roi. Et ce n'est pas Lancelot qui est en
4450 cause ; ce n'est pas envers lui que vous avez méfait
mais envers moi qui l'avais pris sous ma protection.
Quoi qu'il en soit la honte en est pour moi et vous n'en
rirez pas quand vous sortirez de mes mains ! »

Quand Lancelot le voit se mettre dans une telle
colère, il essaie de son mieux de le calmer

tant qu'il l'a feite. Lors l'en mainne
li rois la reïne veoir.
4460 Lors ne lessa mie cheoir
la reïne ses ialz vers terre,
einz l'ala lieemant requerre,
si l'enora de son pooir
et sel fist lez li asseoir.
4465 Puis parlerent a grant leisir
de quanque lor vint a pleisir ;
ne matiere ne lor failloit,
qu'Amors assez lor an bailloit.
Et quant Lanceloz voit son eise,
4470 qu'il ne dit rien que molt ne pleise
la reïne, lors a consoil
a dit : « Dame, molt me mervoil
por coi tel sanblant me feïstes
avant hier, quant vos me veïstes,
4475 n'onques un mot ne me sonastes :
po la mort ne m'an donastes,
ne je n'oi tant de hardemant
que tant com or vos an demant
vos en osasse demander.
4480 Dame, or sui prez de l'amander,
[44b] mes que le forfet dit m'aiez
dom j'ai esté molt esmaiez. »
Et la reïne li reconte :
« Comant ? Don n'eüstes vos honte
4485 de la charrete, et si dotastes ?
Molt a grant enviz i montastes
quant vos demorastes deus pas.
Por ce, voir, ne vos vos je pas
ne aresnier ne esgarder. »
4490 « Autre foiz me doint Dex garder, »
fet Lanceloz, « de tel mesfet ;
et ja Dex de moi merci n'et
se vos n'eüstes molt grant droit.
Dame, por Deu, tot orandroit
4495 de moi l'amande an recevez ;
et se vos ja le me devez
pardoner, por Deu sel me dites. »

et il réussit à
y parvenir. Le roi l'emmena alors voir la reine. Mais
cette fois, elle ne baissa pas les yeux ; elle vint
l'accueillir sans dissimuler sa joie, le combla d'atten-
tions et le fit asseoir près d'elle. Ils purent alors parler
à loisir de tout ce qui leur faisait plaisir ; et la matière
ne leur manquait pas car Amour leur en fournissait
assez. Quand Lancelot voit que ses propos charment
sa dame et que le moment semble propice, il lui
demande alors tout bas :

« Dame, je m'étonne encore de ce qu'en me voyant
l'autre jour vous m'ayez montré un tel visage et que
4475 vous ayez refusé de me dire un seul mot. Vous avez
bien failli m'en faire mourir et pourtant je n'ai pas eu
alors assez de courage pour oser vous en demander la
raison comme je le fais maintenant. Dame, je suis tout
prêt à réparer mes torts mais révélez-moi la nature du
forfait qui m'a conduit au désespoir. »

La reine lui répond :

« Comment ? N'avez-vous pas eu honte de la charrette et ne l'avez-vous pas redoutée ? Vous y êtes
monté de bien mauvaise grâce puisque vous avez
attendu deux pas ! C'est là la seule raison pour laquelle
j'ai refusé de vous adresser la parole et de vous
regarder.

— Dieu me préserve une autre fois d'un tel méfait !
fait Lancelot. Et qu'il n'ait jamais pitié de moi si vous
n'avez ainsi très justement agi. Mais pour Dieu, ma
dame, je veux sur l'heure vous faire réparation de ce
péché et dites-moi, je vous en prie, si vous accepterez
de me le pardonner un jour.

« Amis, toz an soiez vos quites, »
fet la reïne, « oltreemant :
4500 jel vos pardoing molt boenemant. »
« Dame, » fet il, « vostre merci ;
mes je ne vos puis mie ci
tot dire quanque ge voldroie ;
volantiers a vos parleroie
4505 plus a leisir, s'il pooit estre. »
Et la reïne une fenestre
li mostre a l'uel, non mie au doi,
et dit : « Venez parler a moi
a cele fenestre anquenuit
4510 quant par ceanz dormiront tuit,
et si vanroiz par cel vergier.
Ceanz antrer ne herbergier
ne porroiz mie vostre cors ;
je serai anz et vos defors,
4515 que ceanz ne porroiz venir.
Ne je ne porrai avenir
a vos, fors de boche ou de main ;
mes, s'il vos plest, jusqu'a demain
i serai por amor de vos.
4520 Asanbler ne porrïens nos,
qu'an ma chanbre devant moi gist
Kex li seneschax, qui lenguist
des plaies dom il est coverz.
Et li huis ne rest mie overz,
[44c] einz est bien fers et bien gardez.
Quant vos vandroiz, si vos gardez
que nule espie ne vos truisse. »
« Dame, » fet il, « la ou je puisse
ne me verra ja nule espie
4530 qui mal i pant ne mal an die. »
Ensi ont pris lor parlemant,
si departent molt lieemant.

— Ami, fait la reine, soyez-en totalement absous :
4500 je vous le pardonne de grand cœur.

— Grâces vous en soient rendues, Madame. Mais il
ne m'est pas possible de vous parler ici comme je le
voudrais. Et je serais heureux de pouvoir vous parler
plus librement, si cela se pouvait. »

La reine lui montre alors une fenêtre du coin de
l'œil pour éviter de la désigner du doigt, en lui disant :

« Venez me parler à cette fenêtre, cette nuit, quand
tout le monde sera endormi. Vous passerez par ce
verger [82]. Vous ne pourrez entrer céans ni y être reçu
pour la nuit ; je serai à l'intérieur et vous dehors car
vous ne parviendrez pas à pénétrer à l'intérieur et
moi-même je ne pourrai pas vous rejoindre si ce n'est
par la parole ou en vous donnant ma main. Pour
l'amour de vous, je resterai à cette fenêtre jusqu'à
l'aube si cela vous fait plaisir. Même si nous le
voulions nous ne pourrions nous rejoindre car le
sénéchal Keu qui souffre des plaies dont il est couvert,
dort en face de moi dans ma chambre même dont la
porte ne reste jamais ouverte ; elle est solidement
verrouillée et étroitement surveillée. Mais surtout,
4525 lorsque vous viendrez, prenez bien garde à ne pas
vous faire repérer par quelque espion.

— Dame, répondit Lancelot, autant qu'il dépen-
dra de moi, aucun espion, susceptible d'en penser ou
d'en dire du mal, ne me verra. »

Leur rendez-vous pris, ils se quittent dans la joie.

Lanceloz ist fors de la chanbre,
si liez que il ne li remanbre
4535 de nul de trestoz ses enuiz.
Mes trop li demore la nuiz ;
et li jorz li a plus duré,
a ce qu'il i a enduré,
que cent autre ou c'uns anz entiers.
4540 Au parlemant molt volentiers
s'an alast s'il fust anuitié.
Tant a au jor vaintre luitié
que la nuiz molt noire et oscure
l'ot mis desoz sa coverture
4545 et desoz sa chape afublé.
Quant il vit le jor enublé,
si se fet las et traveillié
et dit que molt avoit veillié,
s'avoit mestier de reposer.
4550 Bien poez antendre et gloser
(vos qui avez fet autretel)
que por la gent de son ostel
se fet las et se fet couchier ;
mes n'ot mie son lit tant chier,
4555 que por rien il n'i reposast —
n'il ne poïst ne il n'osast
ne il ne volsist pas avoir
le hardemant ne le pooir.
Molt tost et soëf s'an leva ;
4560 ne ce mie ne li greva
qu'il ne luisoit lune n'estoile,
n'an la meison n'avoit chandoile
ne lanpe ne lanterne ardant.
Ensi s'an ala regardant
4565 c'onques nus garde ne s'an prist,
einz cuidoient qu'il se dormist
an son lit trestote la nuit.

NUIT D'AMOUR

Lancelot sort de la chambre si heureux qu'il en a oublié tous ses tourments passés. La nuit lui semble longue à venir et le jour lui paraît, tant il est impatient, cent fois plus long, voire aussi long qu'une année ! Il aurait volontiers couru à son rendez-vous si la nuit était tombée. Enfin, une nuit noire et épaisse a fini par venir à bout du jour et l'a recouvert de son manteau. En voyant faiblir les dernières lueurs du jour, Lancelot prit un air las et déclara qu'ayant
4550 beaucoup veillé, il avait besoin de repos. Vous pouvez bien comprendre, vous qui en avez souvent fait autant, qu'il ne feignait d'être fatigué et de vouloir se coucher que pour tromper les gens de sa maison. Mais il ne tenait pas tellement à son lit car pour rien au monde il ne s'y serait endormi : il ne l'aurait pas pu et ne l'aurait pas osé et il n'aurait d'ailleurs pas voulu en avoir le pouvoir ni l'audace. Sans attendre il se releva en évitant tout bruit. Il ne fut pas fâché de voir que la nuit était sans lune et sans étoiles et que dans la maison il n'y avait plus une seule chandelle ni une seule lampe allumée. En restant aux aguets, il s'éloigna sans que personne ne s'en aperçoive car tous pensaient qu'il dormirait dans son lit jusqu'au matin.

Sanz conpaignie et sanz conduit
[44d] molt tost vers le vergier s'an va
4570 que conpaignie n'i trova.
Et de ce li est bien cheü
c'une piece del mur cheü
ot el vergier novelemant.
Par cele fraite isnelemant
4575 s'an passe et vet tant que il vient
a la fenestre ; et la se tient
si coiz qu'il n'i tost n'esternue,
tant que la reïne est venue
en une molt blanche chemise ;
4580 n'ot sus bliaut ne cote mise,
mes un cort mantel ot desus
d'escarlate et de cisemus.
Quant Lanceloz voit la reïne
qui a la fenestre s'acline,
4585 qui de gros fers estoit ferree,
d'un dolz salu l'a saluee.
Et ele un autre tort li rant,
que molt estoient desirrant
il de li et ele de lui.
4590 De vilenie ne d'enui
ne tienent parlemant ne plet.
Li uns pres de l'autre se tret
et andui main a main se tienent.
De ce que ansanble ne vienent
4595 lor poise molt a desmesure,
qu'il an blasment la ferreüre.
Mes de ce Lanceloz se vante
que, s'a la reïne atalante,
avoec li leanz anterra —
4600 ja por les fers ne remanra.
Et la reïne li respont :
« Ne veez vos con cist fer sont
roide a ploier et fort a fraindre ?
Ja tant ne les porroiz destraindre
4605 ne tirer a vos ne sachier
que les poïssiez arachier. »
« Dame, » fet il, « or ne vos chaille !

Sans personne pour lui tenir compagnie et sans
rencontrer personne, il se dirigea rapidement vers le
verger. Il avait beaucoup de chance car peu de temps
4575 auparavant un pan du mur clôturant le verger s'était
effondré. Il franchit cette brèche à la hâte et arriva
bientôt près de la fenêtre. Il se tint là, immobile et
muet, se gardant bien de tousser ou d'éternuer,
jusqu'à ce que la reine apparaisse, toute blanche dans
sa chemise. Elle ne portait ni robe ni tunique et s'était
contentée de jeter sur ses épaules un court manteau
d'écarlate et de fourrure de marmotte. Quand Lancelot vit la reine appuyer la tête contre les barreaux de
fer qui défendaient la fenêtre, il la salua avec des mots
très tendres et elle lui rendit son salut avec la même
douceur car un commun désir les entraînait lui vers
elle et elle vers lui. Leur conversation fut aussi pure
que remplie d'agrément. Ils s'étaient rapprochés pour
se tenir par la main. Pourtant ils étaient malheureux
de ne pouvoir être encore plus près l'un de l'autre et
ils en voulaient aux barreaux de fer de la fenêtre[83].
Mais Lancelot se faisait fort, si la reine y consentait,
d'entrer dans la chambre avec elle : ce n'étaient pas
les barreaux qui pouvaient l'en empêcher.
4600   « Ne voyez-vous pas comme ces barreaux sont durs
à plier et trop résistants pour être brisés ? lui répondit-
elle. Vous ne pourrez jamais les empoigner et les tirer
vers vous avec suffisamment de force pour les arracher !
      — Dame, fit-il, ne vous en souciez pas.

Ja ne cuit que fers rien i vaille —
rien fors vos ne me puet tenir
4610 que bien ne puisse a vos venir.
Se vostre congiez le m'otroie,
tote m'est delivre la voie ;
[44e] mes se il bien ne vos agree,
donc m'est ele si anconbree
4615 que n'i passeroie por rien. »
« Certes, » fet ele, « jel voel bien ;
mes voloirs pas ne vos detient.
Mes tant atandre vos covient
que an mon lit soie couchiee,
4620 que de noise ne vos meschiee ;
qu'il n'i avroit geu ne deport
se li seneschax qui ci dort
s'esveilloit ja por nostre noise.
Por c'est bien droiz que je m'an voise,
4625 qu'il n'i porroit nul bien noter
se il me veoit ci ester. »
« Dame, » fet il, « or alez donques,
mes de ce ne dotez vos onques
que je i doie noise faire.
4630 Si soëf an cuit les fers traire
que ja ne m'an traveillerai
ne nelui n'an esveillerai. »
Atant la reïne s'an torne,
et cil s'aparoille et atorne
4635 de la fenestre desconfire.
As fers se prant et sache et tire,
si que trestoz ploier les fet
et que fors de lor leus les tret.
Mes si estoit tranchanz li fers
4640 que del doi mame jusqu'as ners
la premiere once s'an creva,
et de l'autre doi se trancha
la premerainne jointe tote ;
et del sanc qui jus an degote
4645 ne des plaies nule ne sant
cil qui a autre chose antant.
La fenestre n'est mie basse,

Je ne pense
pas que ce fer puisse me résister. Il n'y a que vous à
pouvoir m'empêcher de venir vous rejoindre. Si vous
me donnez votre permission, la voie me sera libre
mais si vous hésitez à me la donner alors elle me sera si
difficile que rien ne pourra me la faire franchir.

— Eh bien oui ; je le veux. Ce n'est pas mon
vouloir qui s'oppose à votre venue. Mais, je vous en
prie, attendez un peu que je me sois recouchée et ne
faites pas de bruit car nous n'aurions guère à nous
réjouir si le sénéchal qui dort ici, se réveillait à cause
de notre tapage. Il faut que je retourne me coucher car
4625 s'il me voyait debout devant cette fenêtre, il n'en
penserait aucun bien.

— Dame, répondit Lancelot, allez-y donc mais ne
craignez pas que je fasse le moindre bruit. Je pense
pouvoir arracher ces barreaux avec douceur, sans
peiner et sans réveiller personne. »

La reine regagne donc son lit et lui se prépare à
venir à bout de la fenêtre. Il saisit solidement les
barreaux et tire sans à-coups les faisant ployer et sortir
des trous dans lesquels ils étaient scellés. Mais le fer
en était si tranchant qu'il s'ouvrit la première pha-
lange du petit doigt jusqu'au nerf et se coupa à la
première jointure du doigt suivant. Le sang se mit à
couler [84] mais, absorbé qu'il était par bien autre chose,
Lancelot ne sentait même pas ses plaies. La fenêtre
était à quelque hauteur

neporquant Lanceloz i passe
molt tost et molt delivremant.
4650 An son lit trueve Kex dormant.
Et puis vint au lit la reïne,
si l'aore et se li ancline,
car an nul cors saint ne croit tant.
Et la reïne li estant
4655 ses braz ancontre, si l'anbrace ;
estroit pres de son piz le lace,
[44f] si l'a lez li an son lit tret ;
et le plus bel sanblant li fet
que ele onques feire li puet,
4660 que d'Amors et del cuer li muet.
D'Amors vient qu'ele le conjot ;
et s'ele a lui grant amor ot
et il cent mile tanz a li,
car a toz autres cuers failli
4665 Amors avers qu'au suen ne fist.
Mes an son cuer tote reprist
Amors et fu si anterine
qu'an toz autres cuers fu frarine.
Or a Lanceloz quanqu'il vialt,
4670 qant la reïne an gré requialt
sa conpaignie et son solaz,
qant il la tient antre ses braz
et ele lui antre les suens.
Tant li est ses jeus dolz et buens,
4675 et del beisier et del santir,
que il lor avint sanz mantir
une joie et une mervoille
tel c'onques ancor sa paroille
ne fu oïe ne seüe.
4680 Mes toz jorz iert par moi teüe,
qu'an conte ne doit estre dite :
des joies fu la plus eslite
et la plus delitable cele
que li contes nos test et cele.
4685 Molt ot de joie et de deduit
Lanceloz tote cele nuit ;
mes li jorz vient qui molt li grieve,

mais il la franchit prestement ;
4650 il contourna Keu endormi dans un profond sommeil
et s'approcha du lit de la reine. Devant elle il s'inclina
dans une adoration muette car il n'éprouvait autant
d'amour pour aucune relique de saint[85]. Mais la reine
lui tendit les bras, l'enlaça et le serra bien fort contre
son cœur, l'attirant dans son lit tout près d'elle. Elle
lui fit le plus bel accueil qu'elle ait jamais pu lui faire
car elle se laissa aller à l'instinct que lui dictaient
Amour et son cœur. C'est Amour qui la pousse à cet
accueil charmant ; mais si elle l'aime d'un amour
profond, lui l'adore cent mille fois plus car Amour qui
fut avare pour tous les autres cœurs ne lésina pas pour
le sien. C'est dans son cœur qu'Amour s'épanouit si
complètement qu'il ne pouvait que s'étioler dans tous
les autres. Maintenant, Lancelot possède tout ce qu'il
désire puisque la reine prend plaisir à sa compagnie et
à ses mots d'amour, puisqu'il la tient entre ses bras et
qu'elle-même le serre contre son cœur.
4675   Tous ces jeux de l'amour, faits de baisers et de
caresses leur furent si voluptueusement délicieux
qu'ils en sombrèrent sans mentir dans une si grande
extase qu'aujourd'hui encore on ne peut imaginer sa
pareille. Mais je m'en tairai à jamais car il n'est pas
séant d'en parler dans un conte. Parmi toutes leurs
joies, celle qui fut la plus aiguë et la plus délectable est
celle que le conte entend passer sous silence. Pendant
toute la nuit, Lancelot fut au comble du bonheur et
du plaisir et lorsque apparurent les premières lueurs
de l'aube, il lui fut très dur

quant de lez s'amie se lieve.
Au lever fu il droiz martirs,
4690 tant li fut griés li departirs,
car il i suefre grant martire :
ses cuers adés cele part tire
ou la reïne se remaint.
N'a pooir que il l'an remaint,
4695 que la reïne tant li plest
qu'il n'a talant que il la lest :
li cors s'an vet, li cuers sejorne.
Droit vers la fenestre s'an torne ;
mes de son cors tant i remaint
4700 que li drap sont tachié et taint
[45a] del sanc qui cheï de ses doiz.
Molt s'an part Lanceloz destroiz,
plains de sopirs et plains de lermes.
Del rasanbler n'est pas pris termes ;
4705 ce oise lui, mes ne puet estre.
A enviz passe a la fenestre,
s'i antra il molt volantiers.
N'avoit mie les doiz antiers,
que molt fort s'i estoit bleciez ;
4710 et s'a il les fers redreciez
et remis an lor leus arriere,
si que ne devant ne derriere
n'an l'un ne an l'autre costé
ne pert qu'an an eüst osté
4715 nus des fers ne tret ne ploié.
Au departir a soploié
a la chanbre et fet tot autel
con s'il fust devant un autel ;
puis s'an part a molt grant angoisse.
4720 N'ancontre home qui le conoisse,
tant qu'an son ostel est venuz.
An son lit se couche toz nuz
si c'onques nelui n'i esvoille.
Et lors a primes se mervoille
4725 de ses doiz qu'il trueve plaiez ;
mes de rien n'an est esmaiez,
por ce qu'il set tot de seür

de se lever d'auprès de son
amie. C'est alors qu'il fut un véritable martyr tant
s'arracher de là lui parut un insupportable supplice.
Son cœur s'obstine à retourner où la reine est restée et
il ne peut le retenir car elle l'a si bien charmé qu'il
refuse de l'abandonner. Le corps s'en va ; le cœur
reste.

Lancelot revient tout droit vers la fenêtre mais il
4700 laisse derrière lui un peu de son corps car les draps
sont tachés par le sang qui a coulé de ses doigts. Il part
la mort dans l'âme, en soupirant et les yeux gonflés de
larmes. Nul autre rendez-vous n'a été pris ce qui le
tourmente ; mais cela n'est pas possible. C'est bien à
contrecœur qu'il repasse cette fenêtre qu'il avait été si
heureux de franchir. Il n'a plus les doigts intacts car il
s'était profondément blessé ; pourtant, il redresse les
barreaux et les remet en place de telle sorte que, quel
que soit l'endroit d'où on les regarde, il ne semblait
pas que l'on ait pu ployer ou arracher l'un d'entre eux.
Avant de partir, il se tourna une dernière fois vers la
chambre et fléchit les genoux comme devant un autel.
Puis il s'éloigna le cœur serré de chagrin et regagna
son lit sans rencontrer personne qui le reconnaisse. Il
se glissa tout nu entre les draps sans éveiller personne.
Alors, pour la première fois, il s'aperçut à sa grande
surprise que ses doigts étaient blessés. Mais il ne s'en
4725 émut pas outre mesure car il savait bien

que au traire les fers del mur
de la fenestre se bleça.
4730 Por ce pas ne s'an correça :
car il se volsist mialz del cors
andeus les braz avoir traiz fors
que il ne fust oltre passez ;
mes s'il se fust aillors quassez
4735 et si laidemant anpiriez,
molt an fust dolanz et iriez.

que c'était en
arrachant les barreaux de la fenêtre qu'il s'était ainsi
blessé. De ce fait, il ne songea même pas à s'en
plaindre car il aurait préféré avoir perdu les deux bras
plutôt que de n'être pas passé. Pourtant, s'il s'était
aussi vilainement abîmé en d'autres circonstances, il
en aurait été vivement contrarié.

La reïne la matinee,
dedanz sa chanbre ancortinee,
se fu molt soëf andormie.
4740 De ses dras ne se gardoit mie
que il fussent tachié de sanc,
einz cuidoit qu'il fussent molt blanc
et molt bel et molt avenant.
Et Melïaganz, maintenant
[45b] qu'il fu vestuz et atornez,
s'an est vers la chanbre tornez
ou la reïne se gisoit.
Veillant la trueve et les dras voit
del fres sanc tachiez et gotez ;
4750 s'en a ses conpaignons botez,
et com aparcevanz de mal,
vers le lit Kex le seneschal
esgarde, et voit les dras tachiez
de sanc (que la nuit, ce sachiez,
4755 furent ses plaies escrevees).
Et dit : « Dame, or ai ge trovees
tex anseignes con je voloie !
Bien est voirs que molt se foloie
qui de fame garder se painne —
4760 son travail i pert et sa painne ;
qu'ainz la pert cil qui plus la garde
que cil qui ne s'an done garde.
4762a Molt a or bele garde feite
4762b mes pere qui por moi vos gueite !
De moi vos a il bien gardee,
mes enuit vos a regardee
4765 Kex li seneschax malgré suen,
s'a de vos eü tot son buen,
et il sera molt bien prové. »
« Comant ? » fet ele. — « J'ai trové
sanc an vos dras qui le tesmoingne,
4770 puis qu'a dire le me besoigne.

Sur le petit matin, dans sa chambre décorée de magnifiques tentures, la reine avait sombré dans un sommeil paisible. Elle était loin de se douter que ses draps étaient tachés de sang[86] ; elle les pensait au contraire parfaitement blancs et nets. Or Méléagant, à peine fut-il habillé, se rendit dans la chambre où la reine était couchée. Il la trouva éveillée et remarqua
4750 que ses draps étaient parsemés de taches de sang frais. Il poussa ses compagnons du coude et, prompt à chercher partout le mal, il tourna son regard vers le lit du sénéchal Keu pour constater que là aussi les draps étaient tachés de sang car, sachez-le, les blessures du sénéchal s'étaient rouvertes pendant la nuit.

« Madame, s'exclama-t-il, j'ai trouvé les preuves que je cherchais ! On a bien raison de dire qu'il est bien fou celui qui s'acharne à vouloir préserver l'honneur d'une femme ! Il perd son temps et sa peine car elle trompe bien plus rapidement le gardien le plus attentif que celui qui ne se soucie pas d'elle. Mon père, qui vous protège contre moi a vraiment monté une garde efficace ! C'est vrai : il a su vous mettre à l'abri de mes désirs mais, cette nuit, malgré lui, le sénéchal Keu vous a contemplée de bien près et il a pu faire de vous tout ce qu'il voulait ; on le prouvera facilement.

— Comment ?

— Puisqu'il me faut vous le dire : j'ai vu sur vos draps du sang qui le prouve.

Par ce le sai, par ce le pruis,
que an voz dras et es suens truis
le sanc qui cheï de ses plaies.
Ce sont ansaignes bien veraies ! »
4775 Lors primes la reïne vit
et an l'un et an l'autre lit
les dras sanglanz ; si s'an mervoille,
honte en ot, si devint vermoille
et dist : « Se Damedex me gart,
4780 ce sanc que an mes dras regart,
onques ne l'i aporta Ques,
einz m'a enuit senié li nes ;
de mon nes fu, au mien espoir. »
Et ele cuide dire voir.
4785 « Par mon chief, » fet Meleaganz,
« quanque vos dites est neanz !
N'i a mestier parole fainte,
que provee estes et atainte
[45c] et bien sera li voirs provez. »
4790 Lors dit : « Seignor, ne vos movez »
(as gardes qui iluec estoient)
« et gardez que osté ne soient
li drap del lit tant que je veigne.
Je voel que li rois droit me teigne
4795 qant la chose veüe avra. »
Lors le quist tant qu'il le trova,
si se lesse a ses piez cheoir
et dit : « Sire, venez veoir
ce don garde ne vos prenez.
4800 La reïne veoir venez,
si verroiz mervoilles provees
que j'ai veües et trovees.
Mes ainçois que vos i ailliez,
vos pri que vos ne me failliez
4805 de justise ne de droiture :
bien savez an quel aventure
por la reïne ai mon cors mis,
dom vos estes mes anemis,
que por moi la faites garder.
4810 Hui matin l'alai regarder

N'est-ce pas une preuve
irréfutable de trouver sur vos draps et les siens du
sang qui a coulé de ses plaies ? C'est un fait qui ne
ment pas. »

4775   Alors la reine s'aperçut pour la première fois que les
deux lits étaient tachés de sang ; elle en fut extrême-
ment surprise et en rougit de honte.

« Dieu m'en soit témoin, dit-elle, ce sang que je
vois sur mes draps, ce n'est pas Keu qui l'y a
répandu ; j'ai dû saigner du nez cette nuit. Oui, c'est
cela, je crois que j'ai saigné du nez. »

Elle pensait effectivement dire la vérité.

« Par ma tête, répliqua Méléagant, toutes vos
excuses sont vaines ! Vous n'avez pas besoin de
chercher des mensonges : vous êtes démasquée et on
fera la preuve de la vérité. »

Et, s'adressant aux gardes présents, il ajouta :

« Seigneurs, restez ici et veillez à ce que l'on
n'enlève pas les draps du lit jusqu'à mon retour. Je
veux que le roi lui-même reconnaisse mon bon droit
quand il aura constaté la chose. »

Alors il partit à sa recherche jusqu'à ce qu'il l'ait
trouvé et se jeta à ses pieds.

« Sire, lui dit-il, venez constater ce dont vous
n'avez pas le moindre soupçon ; venez voir la reine et
vous verrez les preuves des choses étonnantes que j'ai
4800   découvertes. Mais avant de vous y rendre, promettez-
moi de ne pas me dénier mon droit à la justice : vous
savez à quels dangers je me suis affronté pour
conquérir la reine et je n'y ai gagné que votre hostilité
puisque vous la faites protéger contre moi ; mais ce
matin, je suis allé la voir à son réveil

an son lit, et si ai veü
tant que j'ai bien aperceü
qu'avoec li gist Kex chasque nuit.
Sire, por Deu, ne vos enuit
4815 s'il m'an poise et se je m'an plaing,
car molt me vient a grant desdaing
qant ele me het et despit
et Kex o li chaque nuit gist. »
« Tes ! » fet li rois, « je nel croi pas. »
4820 « Sire, or venez veoir les dras,
comant Kex les a conreez.
Quant ma parole ne creez,
ençois cuidiez que je vos mante,
les dras et la coute sanglante
4825 des plaies Kex vos mosterrai. »
« Or i alons, si le verrai, »
fet li rois, « que veoir le voel :
le voir m'an aprendront mi oel. »
Li rois tot maintenant s'an va
4830 jusqu'an la chanbre ou il trova
la reïne qui se levoit.
Les dras sanglanz an son lit voit
[45d] et el lit Kex autresimant,
et dist : « Dame, or vet malemant
4835 se c'est voirs que mes filz m'a dit. »
Ele respont : « Se Dex m'aït,
onques ne fu neïs de songe
contee si male mançonge !
Je cuit que Kex li seneschax
4840 est si cortois et si leax
que il n'an fet mie a mescroire,
et je ne regiet mie an foire
mon cors, ne n'an faz livreison.
Certes, Kex n'est mie tex hom
4845 qu'il me requeïst tel outrage —
ne je n'an oi onques corage
del faire, ne ja ne l'avrai. »
« Sire, molt boen gré vos savrai, »
fet Meleaganz a son pere,
4850 « se Kex son outrage conpere,

et j'ai pu
constater que Keu couche avec elle toutes les nuits :
j'en ai la preuve. Sire, au nom de Dieu, ne soyez pas
choqué si cela me chagrine et si je m'en plains car
j'éprouve un grand dépit à n'être pour elle qu'un objet
de haine et de mépris alors que Keu, lui, passe toutes
ses nuits avec elle !

— Tais-toi, fait le roi, je ne te crois pas !

— Eh bien, sire, venez donc voir les draps ; vous
verrez dans quel état Keu les a laissés ! Puisque vous
ne voulez pas me croire sur parole et puisque vous
pensez que je mens, je vous montrerai les draps et la
4825 courtepointe ensanglantés par les blessures du sénéchal.

— Allons-y donc, et je le verrai, fait le roi. Je veux
m'en assurer et ce sont mes yeux qui m'apprendront
la vérité. »

Le roi se rendit donc aussitôt dans la chambre de la
reine qu'il trouva en train de se lever. Il vit sur son lit
et sur celui de Keu les draps couverts des mêmes
taches de sang.

« Dame, lui dit-il, la situation est grave si ce que
m'a dit mon fils est vrai.

— Dieu m'en soit témoin, répondit-elle, jamais,
même en racontant un mauvais rêve, on n'a inventé
un aussi effroyable mensonge ! Je crois que le sénéchal
Keu est un homme suffisamment loyal et courtois
pour éviter d'être pris pour un menteur et quant à moi
je ne suis pas une femme de petite vertu qui abandonne son corps contre argent comptant. Certes, Keu
n'est pas homme à me demander une chose aussi
abjecte et pour ma part je n'ai jamais eu envie de
commettre une telle folie et ne l'aurai jamais.

— Sire, fit Méléagant à son père, je vous saurais
4850 gré de faire payer son crime à Keu

si que la reïne i ait honte.
A vos tient la justise et monte,
et je vos an requier et pri.
Le roi Artus a Kex traï,
4855 son seignor, qui tant le creoit
que comandee li avoit
la rien que plus ainme an cest monde. »
« Sire, or sofrez que je responde, »
fet Kex, « et si m'escondirai.
4860 Ja Dex quant de cest siegle irai
ne me face pardon a l'ame,
se onques jui avoec ma dame.
Certes, mialz voldroie estre morz
que tex leidure ne tiex torz
4865 fust par moi quis vers mon seignor.
Et jamés Dex santé graignor
que j'ai orandroit ne me doint,
einz me praigne Morz an cest point,
si je onques le me pansai !
4870 Mes itant de mes plaies sai
qu'annuit m'ont seinnié a planté,
s'an sont mi drap ansanglanté :
por ce vostre filz me mescroit,
mes certes il n'i a nul droit. »
4875 Et Meleaganz li respont :
« Si m'aïst Dex, traï vos ont
[45e] li deable, li vif maufé !
Trop fustes enuit eschaufé,
et por ce que trop vos grevastes
4880 voz plaies sanz dote escrevastes.
Ne vos i valt neant controeve :
li sans d'anbedeus parz le prueve —
bien le veons et bien i pert.
Droiz est que son forfet conpert,
4885 que si est provez et repris.
Einz chevaliers de vostre pris
ne fist si grant descovenue,
si vos an est honte avenue. »
« Sire, sire, » fet Kex au roi,
4890 « je desfandrai ma dame et moi

de sorte que la honte en retombe sur la reine. C'est à vous qu'incombe le soin de rendre la justice : faites-le, je vous en conjure. Keu a trahi son seigneur, le roi Arthur, qui avait une telle foi en lui qu'il lui avait confié la garde de celle qu'il aimait le plus au monde.

— Sire, intervint Keu, permettez-moi de répondre et de me disculper. Que Dieu, quand je quitterai cette vie, me refuse son pardon si je suis jamais entré dans le lit de ma dame ! Certes, je préférerais de beaucoup être mort plutôt que d'avoir cherché à me rendre coupable d'un crime aussi honteux à l'égard de mon seigneur. Et que jamais Dieu ne m'accorde une meilleure santé que celle que j'ai en ce moment et que la mort m'emporte sur-le-champ si jamais même j'en ai eu la pensée ! Mais, par contre, je suis bien payé pour savoir que cette nuit mes plaies ont saigné abondamment : c'est pourquoi mes draps sont ensanglantés. Et c'est pour cela que votre fils refuse de me croire mais il n'a aucune bonne raison pour le faire.

4875 — Par Dieu, lui répondit Méléagant, ce sont les diables de l'Enfer qui vous ont inspiré. Vous vous êtes trop excité cette nuit et c'est parce que cela vous a poussé à accomplir trop d'efforts que vos plaies se sont rouvertes. Vos explications ne valent rien : le sang dans les deux lits vous accuse. Il est bien visible et c'est une preuve irréfutable ! Il est juste que celui dont la culpabilité est ainsi prouvée expie son forfait. Jamais un chevalier de votre rang ne se rendit coupable d'une telle vilenie : vous en supporterez la honte.

— Sire, sire, protesta Keu en s'adressant au roi, pour l'honneur de ma dame et pour le mien, je me défendrai les armes à la main [87]

de ce que vostre filz m'amet.
An poinne et an travail me met,
mes certes a tort me travaille. »
« Vos n'avez mestier de bataille, »
4895 fet li rois, « que trop vos dolez. »
« Sire, se sofrir le volez,
ensi malades con je sui
me combatrai ancontre lui
et mosterrai que je n'ai colpe
4900 an cest blasme don il m'ancolpe. »
Et la reïne mandé ot
tot celeemant Lancelot,
et dit au roi que ele avra
un chevalier qui desfandra
4905 le seneschal de ceste chose
vers Meleagant, se il ose.
Et Meleaganz dist tantost :
« Nus chevaliers ne vos en ost
vers cui la bataille n'anpraigne
4910 tant que li uns vaincuz remaingne,
nes se ce estoit uns jaianz. »
Atant vint Lanceloz leanz ;
des chevaliers i ot tel rote
que plainne an fu la sale tote.
4915 Maintenant que il fu venuz,
oiant toz, juenes et chenuz,
la reïne la chose conte.
Et dit : « Lancelot, ceste honte
m'a ci Meleaganz amise ;
4920 an mescreance m'an a mise
[45f] vers trestoz ces qui l'oënt dire,
se vos ne l'an feites desdire.
Enuit — ce dit — a Kex geü
o moi, por ce qu'il a veü
4925 mes dras et les suens de sanc tainz ;
et dit que toz an iert atainz,
se vers lui ne se puet desfandre
ou se autres que vialt anprandre
la bataille por lui aidier. »
4930 « Ja ne vos an covient pleidier, »

de ce dont m'accuse
votre fils. Il me pousse à la dernière extrémité mais il a
tort de me faire autant de mal.

— Dans l'état où vous êtes, fit le roi, il ne vous est
pas possible de vous battre.

— Sire, si vous voulez bien le permettre, même
dans l'état où je suis, je me battrai contre lui et je ferai
4900 la preuve que je suis innocent du forfait qu'il me met
sur le dos ! »

Mais la reine avait mandé Lancelot en secret. Elle
déclara au roi qu'elle avait un chevalier pour laver le
sénéchal de l'accusation de Méléagant[88] si ce dernier
osait accepter le combat.

« Je n'entends vous contester aucun chevalier,
même si c'était un géant ; quel qu'il soit j'engagerai le
combat avec lui et le poursuivrai jusqu'à ce que l'un
de nous deux soit vaincu. »

Lancelot arriva sur ces entrefaites. Il y avait une
telle affluence de chevaliers que la chambre était
pleine. Dès qu'il fut entré, devant tout le monde,
jeunes et vieux, la reine lui raconta l'incident :

« Lancelot, lui dit-elle, Méléagant m'a accusée ici
même d'une conduite ignoble. Si vous ne le contrai-
gnez pas à se rétracter je serai exposée à la défiance de
tous ceux qui ont entendu cette accusation. Il a
prétendu que cette nuit Keu avait partagé mon lit[89],
tout cela parce qu'il a vu que mes draps et les siens
4925 étaient tachés de sang. Et il a ajouté que le sénéchal
serait convaincu de félonie s'il ne pouvait s'en disculper les armes à la main et si personne d'autre ne
voulait engager ce combat à sa place pour lui porter
secours.

— Vous n'avez pas besoin d'en dire plus,

fet Lanceloz, « la ou je soie.
Ja Deu ne place qu'an mescroie
ne vos ne lui de tel afeire.
Prez sui de la bataille feire
4935 que onques ne le se pansa,
se an moi point de desfanse a.
A mon pooir l'an desfandrai ;
por lui la bataille anprandrai. »
Et Meleaganz avant saut
4940 et dit : « Se Damedex me saut,
ce voel je bien et molt me siet :
ja ne pant nus que il me griet ! »
Et Lanceloz dist : « Sire rois,
je sai de quauses et de lois
4945 et de plez et de jugemanz :
ne doit estre sanz seiremanz
bataille de tel mescreance. »
Et Meleaganz sanz dotance
li respont molt isnelemant :
4950 « Bien i soient li seiremant
et veignent li saint orandroit,
que je sais bien que je ai droit. »
Et Lanceloz ancontre dit :
« Onques, se Damedex m'aït,
4955 Quex le seneschal ne conut
qui de tel chose le mescrut. »
Maintenant lor armes demandent,
lor chevax amener comandent ;
l'an lor amainne, armé se sont ;
4960 vaslet les arment, armé sont.
Et ja resont li saint fors tret.
Meleaganz avant se tret
et Lanceloz dejoste lui.
Si s'agenoillent anbedui ;
4965 et Meleaganz tant sa main
aus sainz et jure tot de plain :
« Ensi m'aïst Dex et li sainz,
Kex li seneschaus fu conpainz
enuit la reïne an son lit,
4970 et de li ot tot son delit. »

fit
Lancelot. Là où je me trouverai, à Dieu ne plaise que
l'on ne fasse peser sur vous et sur le sénéchal un tel
soupçon ! Je suis tout prêt à prouver les armes à la
main, si toutefois personne n'y voit d'inconvénient,
que jamais il n'en eut même la pensée[90]. J'engagerai
ce combat pour lui et le défendrai de mon mieux. »

Méléagant s'avança alors en disant :

« Par Dieu, j'accepte avec plaisir et que personne
ne pense que je m'en inquiète !

— Sire roi, dit Lancelot, je connais bien les règles
que l'on suit dans les duels judiciaires : un combat
destiné à apporter la lumière sur un tel soupçon ne
peut s'engager sans que l'on ait au préalable prêté
serment[91]. »

Et Méléagant, sans la moindre hésitation, lui répliqua aussitôt :

4950 « D'accord pour les serments. Que l'on apporte les
reliques sur-le-champ car je suis sûr de mon bon
droit.

— Par Dieu, riposta Lancelot, quiconque a pu
accuser le sénéchal Keu d'une telle infamie, ne l'a
jamais connu ! »

Sans plus tarder, ils demandent leurs armes et font
amener leurs chevaux. On les leur amène bien vite et,
avec l'aide des valets ils se sont rapidement armés. On
approche les reliques ; Méléagant et Lancelot s'avan-
cent et s'agenouillent tous les deux. Méléagant lève la
main vers les reliques et jure ainsi à voix forte :

« J'en prends Dieu et ce saint à témoins, cette nuit,
Keu le sénéchal a tenu compagnie à la reine dans son
lit et il a pris d'elle tout son plaisir.

« Et je t'an lief come parjur, »
fet Lanceloz, « et si rejur
qu'il n'i jut ne ne la santi.
Et de celui qui a manti
4975 praigne Dex, se lui plest, vangence
et face voire demostrance.
Mes ancor un autre an ferai
des seiremanz et jurerai,
cui qu'il enuit ne cui qu'il poist,
4980 que se il hui venir me loist
de Meleagant au desus,
tant m'aïst Dex et neant plus
et ces reliques qui sont ci,
que ja de lui n'avrai merci ! »
4985 Li rois de rien ne s'esjoï
quant cestui sairemant oï.
Qant li seiremant furent fet,
lor cheval lor furent forst tret,
bel et boen de totes bontez ;
4990 sor le suen est chascuns montez,
et li uns contre l'autre muet
tant con chevax porter le puet.
Et es plus granz cors des chevax
fiert li uns l'autre des vasax
4995 si qu'il ne lor remaint nes poinz
des deus lances tres qu'anz es poinz.
Et li uns l'autre a terre porte,
mes ne font mie chiere morte
que tot maintenant se relievent
5000 et tant com il puent se grievent
aus tranchanz des espees nues.
Les estanceles vers les nues
totes ardanz des hiaumes saillent.
Par si grant ire s'antr'asaillent
5005 as espees ques nues tienent,
que si com eles vont et vienent
s'antr'ancontrent et s'antrefierent,
ne tant reposer ne se quierent
[46b] qu'aleinne reprandre lor loise.
5010 Li rois, cui molt an grieve et poise,

— Et moi, fait Lancelot, je t'en déclare parjure et
j'affirme à mon tour sous la foi du serment qu'il n'est
pas entré dans son lit et qu'il ne l'a pas touchée. Et
4975 que Dieu, si tel est son plaisir, punisse celui qui a
menti et dévoile ainsi la vérité. Mais je veux ajouter un
autre serment à celui là : s'en désole qui voudra, je
jure que si je peux aujourd'hui vaincre Méléagant,
aussi vrai que je souhaite l'aide de Dieu et du saint
dont voici les reliques, je n'aurai aucune pitié de lui. »
En entendant ce dernier serment, le roi fut loin
d'être joyeux !
Quand ils eurent ainsi prêté serment, on leur
avança leurs destriers qui étaient des bêtes de toute
beauté. Chacun enfourcha le sien et se précipita vers
son adversaire aussi vite que son cheval pouvait le
porter. Les deux vaillants chevaliers se sont heurtés
au plus fort du galop de leurs chevaux avec une telle
violence que de leurs deux lances il ne leur resta que le
tronçon qu'ils serraient dans leur poing. L'un et
l'autre roulent à terre mais ils n'en sont pas abattus
pour autant car ils se relèvent vivement et se malmè-
5000 nent durement du tranchant de leurs épées nues. Sur
les heaumes, les coups font jaillir vers le ciel des
gerbes d'étincelles. Ils s'assaillent avec tant de rage
que leurs épées nues vont et viennent, se rencontrent
et s'entrechoquent dans un véritable ballet et qu'ils
n'ont aucune envie de demander une trêve pour
pouvoir reprendre haleine. Le roi, qui est vivement
chagriné par ce combat,

en a la reïne apelee,
qui apoier s'estoit alee
amont as loges de la tor.
Por Deu, li dist, le criator,
5015 que ele departir les lest.
« Tot quanque vos an siet et plest, »
fet la reïne ; « a boene foi,
ja n'an feroiz rien contre moi. »
Lanceloz a bien antandu
5020 que la reïne a respondu
a ce que li rois li requiert ;
ja puis conbatre ne se quiert,
einz a tantost guerpi le chaple.
Et Meleaganz fiert et chaple
5025 sor lui, que reposer ne quiert ;
et li rois antredeus se fiert
et tient son fil, qui dit et jure
que il n'a de pes feire cure :
« Bataille voel, n'ai soing de peis ! »
5030 Et li rois li dit : « Car te teis
et me croi, si feras que sages,
Ja certes hontes ne domages
ne t'an vandra, se tu me croiz ;
mes fei ice que feire doiz.
5035 Don ne te sovient il que tu
as an la cort le roi Artu
contre lui bataille arramie ?
Et de ce ne dotes tu mie
que il ne te soit granz enors,
5040 se la te vient biens plus qu'aillors ? »
Ce dit li rois por essaier
se il le porroit apaier,
tant qu'il l'apeise et ses depart.

est allé solliciter l'aide de la reine qui était montée s'appuyer aux loges du donjon ; il lui demande au nom du Créateur, d'accepter de les laisser séparer.

« Tout ce qui vous plaît, en toute bonne foi, vous pouvez le faire sans encourir mon déplaisir », répondit la reine.

Lancelot a fort bien entendu la réponse de la reine à la supplique du roi : dès lors il ne cherche plus à combattre et renonce à faire pleuvoir ses coups. Mais
5025 Méléagant, lui, qui ne veut pas s'arrêter, le frappe de plus belle[92]. Le roi doit se jeter entre les deux et retenir son fils qui jure ses grands dieux qu'il ne se soucie pas de faire la paix :

« Je veux me battre ; je n'ai que faire de la paix !

— Tais-toi et écoute-moi, fait le roi, tu agiras sagement. Si tu te fies à moi tu n'en subiras ni honte ni préjudice. Fais seulement ce que tu dois faire : ne te rappelles-tu pas que tu as convenu d'un duel avec lui à la cour du roi Arthur ? Ne doute pas que tu en retireras, là bien plus qu'ailleurs, un honneur éclatant, si tu as un peu de chance. »

Le roi disait cela pour essayer de l'apaiser. Il réussit ainsi à le calmer et à les séparer.

Et Lanceloz, cui molt fu tart
5045 de monseignor Gauvain trover,
an vient congié querre et rover
au roi, et puis a la reïne.
Par le congié d'ax s'achemine
vers le Pont soz Eve corrant,
5050 si ot aprés lui rote grant
des chevaliers qui le suioient ;
mes assez de tex i aloient
[46c] don bel li fust s'il remassissent.
Lor jornees molt bien fornissent
5055 tant que le Pont soz Eve aprochent,
mes d'une liue ancor n'i tochent,
Ençois que pres del pont venissent
et que il veoir le poïssent,
uns nains a l'encontre lor vint
5060 sor un grant chaceor, et tint
une corgiee por chacier
son chaceor et menacier.
Et maintenant a demandé
si com il li fu comandé :
5065 « Li quex de vos est Lanceloz ?
Nel me celez, je sui des voz ;
mes dites le seüremant
que por voz granz biens le demant. »
Lanceloz li respont por lui
5070 et dit il meïsmes : « Je sui
cil que tu demandes et quiers. »
« Ha ! Lancelot, frans chevaliers,
leisse ces genz et si me croi,
Vien t'an toz seus ansanble o moi,
5075 qu'an molt boen leu mener te voel.
Ja nus ne t'an siue por l'uel,
einz vos atandent ci androit,
que nos revandrons orandroit. »
Cil qui de nul mal ne se dote

DISPARITION DE LANCELOT

Il tardait fort à Lancelot de retrouver messire
Gauvain aussi vint-il demander la permission de partir
5050 au roi et à la reine. Avec leur accord, il prit le chemin
du Pont-sous-les-eaux, suivi d'une foule de chevaliers.
Mais plus d'un parmi eux lui aurait fait plaisir en
restant à la cour. A grandes étapes, ils parvinrent
rapidement non loin du Pont-sous-les-eaux : ils n'en
étaient plus guère qu'à une lieue. Mais avant que le
pont fût à portée de leur vue, un nain juché sur un
grand cheval de chasse vint à leur rencontre. Il tenait à
sa main une escourgée[93] pour faire accélérer le trot de
sa monture. D'entrée, il demanda, ainsi qu'il en avait
reçu l'ordre :

« Lequel d'entre vous est Lancelot ? Ne me le
cachez pas car je suis des vôtres. Dites-le-moi sans
crainte car c'est dans votre intérêt que je le
demande. »

C'est Lancelot qui lui répondit lui-même :

« Je suis celui que tu recherches.

— Ha ! Lancelot, noble chevalier, si tu m'en crois,
5075 laisse ces gens et viens tout seul avec moi car je veux
t'emmener en un lieu fort agréable. Mais que nul ne te
suive à aucun prix ! Que tes compagnons t'attendent
ici : nous reviendrons bientôt. »

Lancelot, qui ne soupçonne aucun mal,

5080 a fet remenoir sa gent tote
     et siust le nain qui traï l'a.
     Et sa gent qui l'atendent la
     le pueent longuemant atandre,
     que cil n'ont nul talant del randre
5085 qui l'ont pris et seisi an sont.
     Et sa gent si grant duel an font
     de ce qu'il ne vient ne repeire
     qu'il ne sevent qu'il puissent feire.
     Tuit dïent que traïz les a
5090 li nains et si lor an pesa.
     Folie seroit de l'anquerre.
     Dolant le comancent a querre,
     mes ne sevent ou il le truissent
     ne quele part querre le puissent.
5095 S'an prenent consoil tuit ansanble :
     a ce s'acordent, ce me sanble,
[46d] li plus resnable et li plus sage,
     qu'il an iront jusqu'au passage
     del Pont soz Eve, qui est pres,
5100 et querront Lancelot aprés
     par le los monseignor Gauvain,
     s'il le truevent n'a bois n'a plain.
     A cest consoil trestuit s'acordent,
     si bien que de rien ne se tordent.
5105 Vers le Pont soz Eve s'an vont,
     et tantost qu'il vienent au pont
     ont monseignor Gauvain veü,
     del pont trabuchié et cheü
     an l'eve, qui estoit parfonde ;
5110 une ore essort et autre afonde,
     or le voient et or le perdent.
     Il vienent la et si l'aerdent
     a rains, a perches et a cros.
     N'avoit que le hauberc el dos,
5115 et sor le chief le hiaume assis,
     qui des autres valoit bien dis ;
     et les chauces de fer chauciees
     de sa süor anruïlliees,
     car molt avoit sofferz travauz,

demande à
ses gens de rester là et suit le nain qui pourtant l'a
trahi. Mais son escorte, qui est restée là, peut
l'attendre longtemps car ceux qui l'ont attiré dans un
piège et se sont saisis de lui n'ont aucune envie de le
rendre ! Ses compagnons sont très affectés quand ils
ne le voient pas revenir et ce d'autant plus qu'ils ne
savent que faire. Ils disent tous que le nain les a trahis
et ils en ont grand dépit : ce serait folie d'en douter !
Le cœur serré, ils commencent à le chercher mais ils
ne savent où le trouver ni même dans quelle direction
le chercher. Tous ensemble, ils tiennent conseil : les
plus raisonnables d'entre eux se mettent d'accord
pour aller jusqu'au Pont-sous-les-eaux, qui est tout
5100 proche et pour chercher ensuite Lancelot en demandant conseil à messire Gauvain s'ils peuvent le rencontrer quelque part. Tous se rallient à ce plan sans rien
en modifier.

Ils partent donc vers le Pont-sous-les-eaux où, en
arrivant, ils aperçoivent Gauvain : il avait trébuché en
traversant le pont et était tombé dans l'eau profonde.
Tantôt il refaisait surface, tantôt il coulait ; on le
voyait tour à tour apparaître et disparaître. Les
chevaliers accourent et l'agrippent qui avec des
branches d'arbre, qui avec des perches, qui avec des
crochets [94]. Il n'avait plus que sa cotte de mailles sur le
dos et sur la tête son heaume précieux qui en valait
bien dix autres. Il portait encore ses chausses de fer
rouillées par la sueur car il avait enduré maintes dures
épreuves,

5120 et mainz perils et mainz asauz
     avoit trespassez et vaincuz.
     Sa lance estoit, et ses escuz
     et ses chevax, a l'autre rive.
     Mes ne cuident pas que il vive
5125 cil qui l'ont tret de l'eve fors,
     car il en avoit molt el cors,
     ne des que tant qu'il l'ot randue
     n'ont de lui parole antandue.
     Mes quant sa parole et sa voiz
5130 rot son cuer delivre et sa doiz,
     qu'an le pot oïr et antandre,
     au plus tost que il s'i pot prandre
     a la parole, se s'i prist :
     lués de la reïne requist
5135 a ces qui devant lui estoient
     se nule novele an savoient.
     Et cil qui li ont respondu
     d'avoec le roi Bademagu
     dïent qu'ele ne part nule ore,
5140 qui molt la sert et molt l'enore.
[46e] « Vint la puis nus an ceste terre, »
     fet messire Gauvains, « requerre ! »
     Et il respondirent : « Oïl,
     Lanceloz del Lac, » font se il,
5145 « qui passa au Pont de l'Espee.
     Si l'a resqueusse et delivree,
     et avoec nos autres trestoz ;
     mes traïz nos en a uns goz,
     uns nains boçuz et rechigniez,
5150 laidemant nos a engigniez,
     qui Lancelot nos a fortret.
     Nos ne savons qu'il an a fet. »
     « Et quant ? » fet messire Gauvains.
     « Sire, hui nos a ce fet li nains,
5155 molt pres de ci, quant il et nos
     venïemes ancontre vos. »
     « Et comant s'est il contenuz
     puis qu'an cest païs fu venuz ? »
     Et cil li comancent a dire ;

surmonté maints dangers et remporté
maints combats. Sa lance, son écu et son cheval
5125 étaient restés sur l'autre rive. Ses sauveteurs ont
finalement réussi à le sortir de l'eau mais ils ne
pensaient pas qu'il soit vivant car il avait beaucoup bu
et tant qu'il n'eut pas rendu le tout, ils n'entendirent
aucun mot sortir de sa bouche. Mais quand il eut
recouvré l'usage de la parole, que ses poumons furent
dégagés et que son cœur se fut remis à battre, et
quand enfin on put comprendre ce qu'il disait, il se
mit à parler aussi vite qu'il le put. D'abord il demanda
à ceux qui l'entouraient s'ils avaient des nouvelles de
la reine et ceux-ci lui répondirent qu'elle demeurait à
la cour du roi Baudemagus, lequel l'entourait de
beaucoup d'égards.

« Personne n'est-il venu récemment dans ce pays
pour la rechercher ? demanda Gauvain.

— Si, firent-ils, Lancelot du Lac qui a franchi le
Pont-de-l'épée. Il l'a secourue et délivrée et nous tous
5150 avec elle. Mais un gnome, un nain bossu et grimaçant,
nous a trahis ; il nous a vilainement trompés en nous
enlevant Lancelot et nous ne savons pas ce qu'il a fait
de lui.

— Mais quand cela ? demanda Gauvain.

— Aujourd'hui même, sire ; tout près d'ici, alors
que Lancelot et nous venions à votre rencontre.

— Et comment Lancelot s'est-il comporté depuis
son entrée dans ce pays ? »

Alors ils commencent à le mettre au courant ;

5160 si li recontent tire a tire
     si c'un tot seul mot n'i oblïent ;
     et de la reïne li dïent
     qu'ele l'atant, et dit por voir
     que riens ne la feroit movoir
5165 del païs tant qu'ele le voie,
     por novele que ele en oie.
     Messire Gauvains lor respont :
     « Quant nos partirons de cest pont,
     irons nos querre Lancelot ? »
5170 N'i a un seul qui mialz ne lot
     qu'a la reïne aillent ençois :
     si le fera querre li rois ;
     car il cuident qu'an traïson
     l'ait fet ses filz metre an prison,
5175 Meleaganz, qui molt le het.
     Ja an leu, se li rois le set,
     ne sera qu'il nel face randre ;
     des ore se pueent atandre.
     A cest consoil tuit s'acorderent
5180 et tot maintenant s'aroterent
     tant que vers la cort s'aprocherent
     ou la reïne et li rois erent,
     et Kex avoec, li seneschax,
     et s'i estoit li desleax,
[46f] de traïson plains et conblez,
     qui molt laidemant a troblez
     por Lancelot toz ces qui vienent.
     Por mort et por traï se tienent,
     s'an font grant duel, que molt lor poise.
5190 N'est pas la novele cortoise
     qui la reïne cest duel porte,
     neporquant ele s'an deporte
     au plus belemant qu'ele puet ;
     por monseignor Gauvain l'estuet
5195 auques esjoïr, si fet ele.
     Et neporquant mie ne cele
     son duel que auques n'i apeire ;
     et joie et duel li estuet feire :
     por Lancelot a le cuer vain,

ils lui
racontent de bout en bout tous les événements sans
omettre un seul détail ; puis ils lui rapportent que la
reine l'attend, qu'elle a déclaré que quelque nouvelle
qu'elle entende à son sujet, rien ne pourrait lui faire
quitter ce pays avant qu'elle l'ait vu de ses propres
yeux.

« En quittant ce pont, irons-nous à la recherche de
Lancelot ? » demande alors Gauvain.

Il n'y en a pas un qui ne conseille plutôt de se
rendre d'abord auprès de la reine ; le roi lui-même fera
5175 rechercher Lancelot car ils pensent tous que c'est
Méléagant, son fils, qui le hait profondément, qui l'a
fait traîtreusement saisir et jeter au fond d'une prison.
Dans ces conditions, en quelque lieu qu'il soit, si le
roi est mis au courant, il n'aura de cesse qu'il ne le
fasse libérer. Aussi peuvent-ils s'en reposer sur lui.
Tous s'arrêtèrent à cet avis et sur l'heure ils reprirent
la route. Ils arrivèrent enfin à la cour où se trouvaient
la reine, le roi, Keu le sénéchal et l'infâme scélérat
rempli de fourberie qui était cause de la sourde
inquiétude éprouvée par les arrivants au sujet de
Lancelot. Tous se tiennent pour vilainement trahis et
laissent percer le chagrin que cela leur cause. Ce n'est
pas une nouvelle bien gaie que celle que rapporte ce
chagrin aux oreilles de la reine ! Pourtant elle prend
l'air le plus joyeux qu'elle peut car il lui faut montrer
de la gaieté en l'honneur de Gauvain et c'est ce qu'elle
s'efforce de faire. Mais elle avait beau refouler son
chagrin, il transparaissait sur son visage où joie et
douleur se mêlaient : elle a le cœur serré à la pensée de
5200 Lancelot

5200 et contre monseignor Gauvain
mostre sanblant de passejoie.
N'i a nul qui la novele oie,
ne soit dolanz et esperduz
de Lancelot qui est perduz.
5205 De monseignor Gauvain eüst
li rois joie et molt li pleüst
sa venue et sa conuissance ;
mes tel duel a et tel pesance
de Lancelot qui est traïz
5210 que maz an est et esbaïz.
Et la reïne le semont
et prie qu'aval et amont
par sa terre querre le face,
tot sanz demore et sanz espace ;
5215 et messire Gauvains et Qués
un trestot seul n'i a remés
qui de ce nel prit et semoingne.
« Sor moi lessiez ceste besoigne, »
fet li rois, « si n'en parlez ja,
5220 que j'en fui priez grant piece a.
Tot sanz proiere et sanz requeste
ferai bien feire ceste anqueste. »
Chascuns l'en ancline et soploie.
Li rois maintenant i envoie
5225 par son rëaume ses messages,
sergenz bien coneüz et sages,
qui ont par tote la contree
de lui novele demandee.
[47a] Par tot ont la novele anquise,
5230 mes n'en ont nule voire aprise.
N'an troverent point, si s'an tornent
la ou li chevalier sejornent
(Gauvains, et Kex, et tuit li autre)
qui dïent que lance sor fautre,
5235 trestuit armé, querre l'iront ;
ja autrui n'i anvoieront.
Un jor aprés mangier estoient
tuit an la sale ou il s'armoient
(s'estoit venu a l'estovoir
5240 qu'il n'i avoit que del movoir)

mais fait mine d'être aux anges à la vue de Gauvain. D'ailleurs chacun est accablé de tristesse à l'annonce de la disparition de Lancelot. La venue de Gauvain et le plaisir de faire sa connaissance auraient grandement réjoui le roi mais il éprouve une si poignante douleur en apprenant que Lancelot a été victime d'une trahison, qu'il en reste abattu et sans voix. La reine l'exhorte à le faire rechercher sur-le-champ à travers tout son royaume et messire Gauvain et Keu joignent leurs prières à la sienne et il n'y a pas un seul chevalier présent qui ne l'en prie lui aussi.

« Laissez-moi donc le soin de cette affaire, répliqua le roi, et n'en parlez plus. Car il y a longtemps que j'ai pris ma décision et je saurai bien le faire rechercher sans qu'il soit besoin de m'en prier. »

Tous s'inclinent devant lui.

Sans plus attendre, le roi envoya aussitôt ses messagers, qui étaient des gens réputés pour leur discernement, à travers tout son royaume. Ils sillonnèrent le pays en posant partout des questions. Ils se sont enquis de Lancelot de tous côtés mais n'ont pu recueillir aucune information véritable. Ils revinrent bredouilles à la cour où séjournaient les chevaliers, Gauvain, Keu et tous les autres qui prirent la décision de se lancer eux aussi dans la recherche armés de pied en cap et la lance en arrêt et jurèrent de ne s'en décharger sur personne d'autre.

Un jour, à la fin du repas, ils s'étaient réunis dans la grande salle et s'armaient car le moment était venu pour eux de se mettre en route.

quant uns vaslez leanz antra,
et parmi aus oltre passa
tant qu'il vint devant la reïne,
qui n'avoit pas color rosine,
5245 que por Lancelot duel avoit
tel, don noveles ne savoit,
que la color en a müee.
Et li vaslez l'a salüee
et le roi qui de li fu prés,
5250 et puis les autres toz aprés,
et Queus et monseignor Gauvain.
Unes letres tint an sa main,
ses tant le roi et il les prant.
A tel qui de rien n'i mesprant
5255 les fist li rois, oiant toz, lire.
Cil qui les lut lor sot bien dire
ce qu'il vit escrit an l'alue,
et dit que « Lanceloz salue
le roi come son boen seignor,
5260 si le mercie de l'enor
qu'il li a fet et del servise,
come cil qui est a devise
trestoz an son comandemant.
Et sachiez bien certainnemant
5265 qu'il est avoec le roi Artu,
plains de santé et de vertu,
et dit qu'a la reïne mande
c'or s'an vaigne — se le comande —
et messire Gauvains et Ques. »
5270 Et s'i a entresaignes tes
qu'il durent croire, et bien le crurent.
Molt lié et molt joiant an furent ;
[47b] de joie bruit tote la corz,
et l'andemain quant il ert jorz
5275 dïent qu'il s'en voldront torner.
Et quant ce vint a l'ajorner,
si s'aparoillent et atornent ;
lievent et montent, si s'an tornent.

C'est alors qu'un
jeune homme entra dans les lieux et passa au milieu
d'eux sans s'arrêter pour aller jusque devant la reine
qui avait perdu son beau teint rose car elle était si
dolente de n'avoir pas de nouvelles de Lancelot
qu'elle en était devenue toute pâle. Le jeune homme
5250 la salua ainsi que le roi qui se trouvait près d'elle, et
tous les autres chevaliers dont Keu et Gauvain. Il
tenait à la main une lettre qu'il tendit au roi. Celui-ci
la prit et la fit lire à haute voix par un clerc habile à
tout déchiffrer. Ce dernier sut parfaitement leur lire
ce qu'il voyait écrit sur le parchemin : Lancelot, leur
annonça-t-il, salue le roi comme son bon seigneur ; en
homme qui lui est totalement dévoué et reconnais-
sant, il le remercie des égards qu'il a eus pour lui et de
ses bienfaits. Qu'on le sache avec certitude : il se
trouve à la cour d'Arthur, en parfaite santé et il prie la
reine ainsi que Gauvain et Keu, de prendre sans
tarder le chemin du retour, si elle veut bien y
consentir. La lettre contenait des détails tels qu'on
pouvait la croire : c'est ce qu'ils firent.

La nouvelle rendit tout le monde heureux et un
joyeux brouhaha emplit la cour entière. Les exilés
5275 clamèrent à tous vents qu'ils partiraient le lendemain
à la pointe du jour. Aussi dès l'aube se préparèrent-ils
à partir : vite levés, ils sautèrent en selle et se mirent
en route.

Et li rois les silt et conduit
5280 a grant joie et a grant deduit
une grant piece de la voie.
Fors de sa terre les convoie,
et quant il les en ot fors mis,
a la reïne a congié pris
5285 et puis a toz comunemant.
La reïne molt sagemant
au congié prandre le mercie
de ce que il l'a tant servie ;
et ses deus braz au col li met,
5290 se li offre et si li promet
son servise et le son seignor —
ne li puet prometre graignor.
Et messire Gauvains ausi
com a seignor et a ami,
5295 et Kex ausi ; tuit li prometent.
Tantost a la voie se metent.
Si les comande a Deu li rois ;
toz les autres aprés ces trois
salue et puis si s'an retorne.
5300 Et la reïne ne sejorne
nul jor de tote la semainne,
ne la rote que ele an mainne,
tant qu'a la cort vient la novele
qui au roi Artus fu molt bele
5305 de la reïne qui aproiche.
Et de son neveu li retoiche
grant joie au cuer et grant leesce,
qu'il cuidoit que par sa proesce
soit la reïne revenue,
5310 et Kex et l'autre genz menue.
Mes autremant est qu'il ne cuident.
Por aus tote la vile vuident,
si lor vont trestuit a l'encontre,
et dit chascuns qui les ancontre,
5315 ou soit chevaliers ou vilains :
« Bien vaingne messire Gauvains,
[46c] qui la reïne a ramenee
et mainte dame escheitivee,

Le roi, tout radieux et plein d'entrain, les accompagna un bon bout de chemin. Il les guida jusqu'aux limites de son royaume puis, la frontière franchie, il fit ses adieux à la reine et à tous ceux qui la suivaient. Au moment de le quitter, la reine le remercia très courtoisement de tout ce qu'il avait fait pour elle. Elle jeta ses bras autour de son cou et l'assura de tout son dévouement au nom du roi son époux comme au sien. Elle ne pouvait faire plus. Messire Gauvain et Keu et tous ceux qui étaient là s'engagèrent pareillement envers lui comme ils l'auraient fait pour leur seigneur ou pour un ami. Là-dessus, ils poursuivirent leur route. Le roi les recommanda à Dieu puis il leur adressa à tous un dernier signe de la main avant de faire rebrousser chemin à sa monture.

5300 Pendant toute la semaine qui suivit, la reine et toute la troupe qu'elle ramenait avec elle, ne prirent guère de repos. Aussi le bruit que la reine approchait parvint-il vite à la cour d'Arthur qui en fut fort heureux. L'idée de revoir aussi son neveu, à la prouesse duquel il attribuait le retour de la reine, de Keu et de tous les autres, lui mettait du baume au cœur. Mais tout ne s'était pas passé comme tous le croyaient. Cependant, pour les accueillir, toute la ville se vida : tous les habitants se précipitèrent à leur rencontre. En les abordant, tous, chevaliers et vilains se mirent à crier :

« Bienvenue à monseigneur Gauvain qui nous ramène la reine et maintes dames avec elle

et maint prison nos a randu. »
5320 Et Gauvains lor a respondu :
« Seignor, de neant m'alosez.
Del dire huimés vos reposez,
qu'a moi nule chose n'an monte.
Ceste enors me fet une honte,
5325 que je n'i ving n'a tans n'a ore ;
failli i ai par ma demore.
Mes Lanceloz a tans i vint,
cui si granz enors i avint
qu'ainz n'ot si grant nus chevaliers. »
5330 « Ou est il donc, biax sire chiers,
quant nos nel veons ci elués ?
« Ou ? » fet messire Gauvains lués.
« A la cort monseignor le roi ;
don n'i est il ? » — « Nenil, par foi,
5335 ne an tote ceste contree.
Puis que ma dame an fu menee
nule novele n'an oïmes. »
Et messire Gauvains lors primes
sot que les letres fausses furent,
5340 qui les traïrent et deçurent ;
par les letres sont deceü.
Lors resont a duel esmeü ;
a cort vienent lor duel menant,
et li rois trestot maintenant
5345 anquiert noveles de l'afaire.
Assez fu qui li sot retraire
comant Lanceloz a ovré,
comant par lui sont recovré
la reïne et tuit li prison,
5350 comant et par quel traïson
li nains lor anbla et fortrest.
Ceste chose le roi desplest,
et molt l'an poise et molt l'an grieve.
Mes joie le cuer li sozlieve,
5355 qu'il a si grant de la reïne,
que li diax por la joie fine ;
quant la rien a que il plus vialt,
del remenant petit se dialt.

et qui nous
a libéré maints prisonniers ! »

Mais Gauvain leur répondit :

« Seigneurs, c'est sans raison que vous m'adressez
des louanges ; vous pouvez vous en dispenser car je ne
suis pour rien dans cet exploit et l'honneur que vous
me faites m'accable de honte car je n'ai pas pu arriver
5325 à temps : ma trop grande lenteur est cause de mon
échec. C'est Lancelot qui est parvenu là-bas avant moi
et c'est lui qui s'y est acquis une gloire telle que jamais
chevalier n'en connut d'aussi grande !

— Mais où est-il donc, cher seigneur, puisque nous
ne le voyons pas là, à vos côtés ?

— Où ? répliqua aussitôt messire Gauvain, mais à
la cour du roi Arthur ! Voulez-vous dire qu'il n'y est
pas ?

— Non, pour sûr ! Ni nulle part dans le pays.
Depuis que madame la reine a été emmenée d'ici nous
n'avons pas eu la moindre nouvelle de lui. »

Messire Gauvain comprit alors seulement que la
lettre était mensongère : on s'était servi d'elle pour les
trahir et les abuser. On s'était moqué d'eux. Ils en
conçurent un sombre ressentiment et arrivèrent à la
cour en s'en lamentant. Le roi leur demanda aussitôt
ce qui s'était passé et il ne manqua pas de volontaires
pour lui raconter par le menu comment Lancelot
s'était comporté, comment, grâce à lui, la reine et tous
les exilés avaient recouvré la liberté et comment aussi,
5350 par trahison, le nain l'avait arraché à leur amitié. Le
roi fut vivement contrarié par ce coup du destin et il
s'en affligea fort. Mais le retour de la reine avait gonflé
son cœur d'une telle joie qu'il oublia bien vite sa
contrariété pour laisser libre cours à son bonheur.
Ayant retrouvé celle qu'il chérissait plus que tout, il
ne ressentit pour le reste qu'une peine légère.

Demantres que fors del païs
5360 fu la reïne (ce m'est vis),
[47d] pristrent un parlemant antr'eles
les dames et les dameiseles
qui desconseilliees estoient,
et distrent qu'eles se voldroient
5365 marïer molt prochienemant.
S'anpristrent a cel parlemant
une ahatine et un tornoi ;
vers celi de Pomelegoi
l'anprist la dame de Noauz.
5370 De cels qui le feront noauz
ne tandront parole de rien,
mes de ces qui le feront bien
dïent que les voldront amer.
Sel feront savoir et crïer
5375 par totes les terres prochienes
et autresi par les loingtienes ;
et firent a molt lonc termine
crïer le jor de l'ahatine
por ce que plus i eüst genz.
5380 Et la reïne vint dedenz
le termine que mis i orent ;
et maintenant qu'eles le sorent
que la reïne estoit venue,
la voie ont cele part tenue
5385 les plusors tant qu'a la cort vindrent
devant le roi, et si le tindrent
molt an grant c'un dun lor donast
et lor voloir lor otreast.
Et il lor a acreanté
5390 ainz qu'il seüst lor volanté
qu'il feroit quanqu'eles voldroient.
Lors li distrent qu'eles voloient
que il sofrist que la reïne
venist veoir lor ahatine.

Pendant que la reine se trouvait éloignée du pays, les dames et les demoiselles célibataires s'étaient rassemblées pour tenir conseil car toutes, elles avaient envie de se marier le plus vite possible. Lors de cette assemblée elles décidèrent donc d'organiser un grand tournoi. La dame de Pomelegoi pour l'un des camps et la dame de Noauz pour l'autre, prirent l'affaire en main. Ces dames décidèrent de n'accorder aucune attention aux mauvais jouteurs mais en revanche elles s'engagèrent à offrir leur main aux meilleurs. Elles décidèrent aussi de faire annoncer le tournoi dans toutes les terres voisines et même dans les plus lointaines. Et elles fixèrent un long délai avant la date de la rencontre afin qu'il y eût plus de jouteurs et de spectateurs.

5375

C'était pendant ce délai que la reine était revenue au pays. Quand elles apprirent le retour de la reine, plusieurs des demoiselles à marier se mirent en chemin pour venir à la cour. Là elles harcelèrent le roi pour qu'il leur accorde un don et ne s'oppose pas à leur requête. Il leur promit, avant même de savoir ce qu'elles voulaient, d'accéder à leurs désirs[95]. Alors elles lui dirent qu'elles désiraient qu'il permette à la reine d'assister à leur tournoi.

5395 Et cil qui rien veher ne sialt
      dist que lui plest, s'ele le vialt.
      Celes qui molt liees an sont
      devant la reïne s'an vont,
      si li dïent eneslepas :
5400 « Dame, ne nos retolez pas
      ce que li rois nos a doné. »
      Et ele lor a demandé :
      « Quex chose est ce ? Nel me celez. »
      Lors li dïent : « Se vos volez
[47e] a nostre ahatine venir,
      ja ne vos an quiert retenir
      ne ja nel vos contredira. »
      Et ele dist qu'ele i ira
      des que il le congié l'an done.
5410 Tantost par tote la corone
      les dameiseles an envoient
      et mandent que eles devoient
      amener la reïne au jor
      qui estoit crïez de l'estor.
5415 La novele par tot ala,
      et loing et pres et ça et la ;
      s'est tant alee et estandue
      qu'el rëaume fu espandue
      don nus retorner ne soloit
5420 (mes ore, quiconques voloit
      avoit et l'antree et l'issue,
      et ja ne li fust desfandue).
      Tant est par le rëaume alee
      la novele, dite et contee,
5425 qu'ele vint chiés un seneschal
      Meleagant le desleal —
      le traïtor, que max feus arde !
      Cil avoit Lancelot an garde :
      chiés lui l'avoit an prison mis
5430 Meleaganz ses anemis,
      qui le haoit de grant haïne.
      La novele de l'anhatine
      sot Lanceloz, l'ore et le terme ;

Lui, qui n'avait pas
coutume de refuser à ses sujets, leur répondit qu'il n'y
voyait pas d'inconvénient si la reine était d'accord.
Tout heureuses de cette réponse, les demoiselles
vinrent trouver la reine et lui dirent sans préambule :
5400 « Dame, ne nous enlevez pas ce que le roi nous a
donné.

— Mais de quoi s'agit-il ? leur demanda la reine.
Ne me le cachez pas.

— Si vous voulez assister à notre tournoi, il ne vous
en empêchera pas car il ne veut pas vous contrarier. »
Puisque le roi lui en donnait la permission, la reine
leur promit d'y aller. Les demoiselles aussitôt envoyè-
rent des messagers dans tout le pays pour dire que le
jour du tournoi elles amèneraient la reine avec elles.
La nouvelle circula partout, çà et là, de loin comme de
près. Elle voyagea tant qu'elle finit par parvenir au
royaume dont nul jadis ne pouvait revenir — bien que
maintenant, quiconque le voulait pouvait y entrer et
en sortir en toute liberté. Elle circula donc tant de
bouche en bouche, cette nouvelle, qu'elle parvint aux
5425 oreilles d'un sénéchal de Méléagant, l'infâme traître
qui aurait dû périr dans les flammes de l'Enfer ! Ce
sénéchal tenait Lancelot sous sa garde : c'est dans son
manoir que l'avait emprisonné Méléagant qui lui
vouait une haine mortelle. Lancelot apprit ainsi la
nouvelle et la date fixée pour le tournoi.

puis ne furent si oil sanz lerme
5435 ne ses cuers liez que il le sot.
Dolant et pansif Lancelot
vit la dame de la meison,
sel mist a consoil a reison :
« Sire, por Deu et por vostre ame,
5440 voir me dites, » fet li la dame,
« por coi vos estes si changiez.
Vos ne bevez ne ne mangiez,
ne ne vos voi joer ne rire.
Seüremant me poez dire
5445 vostre panser et vostre enui. »
« Ha ! dame, se je dolanz sui,
por Deu ne vos an merveilliez.
Voir, que trop sui desconseilliez
[47f] quant je ne porrai estre la
5450 ou toz li biens del mont sera :
a l'ahatine ou toz asanble
li pueples, ensi con moi sanble.
Et neporquant, s'il vos pleisoit
Et Dex tant franche vos feisoit
5455 que vos aler m'i leissessiez,
tot certeinnemant seüssiez
que vers vos si me contanroie
qu'an vostre prison revandroie. »
« Certes, » fet ele, « jel feïsse
5460 molt volantiers se n'i veïsse
ma destrucïon et ma mort.
Mes je criem mon seignor si fort,
Meleagant le deputaire,
que je ne l'oseroie faire,
5465 qu'il destruiroit mon seignor tot.
N'est mervoille se jel redot,
qu'il est si fel con vos savez. »
« Dame, se vos peor avez
que je tantost aprés l'estor
5470 an vostre prison ne retor,
un seiremant vos an ferai
dom ja ne me parjurerai,
que ja n'iert riens qui me detaingne

Dès lors ses yeux restèrent mouillés de larmes et la joie déserta son cœur. La dame de la maison, voyant ainsi Lancelot triste et pensif, lui demanda en aparté la cause de son chagrin :

« Sire, au nom de Dieu et sur votre âme, dites-moi franchement pourquoi vous êtes aussi changé. Vous ne buvez plus, vous ne mangez plus et je ne vous vois plus jamais rire et plaisanter. Vous pouvez me révéler sans crainte le fond de votre pensée et les raisons de votre tristesse.

— Ah ! madame, si je suis triste, pour Dieu, ne vous en étonnez pas. Oui, je suis bien trop affligé de ne pouvoir être là où se trouvera la beauté la plus parfaite, à ce tournoi qui va rassembler une foule nombreuse. Pourtant, si vous acceptiez de m'y laisser aller et si Dieu vous rendait généreuse à ce point, vous pourriez être certaine que je me conduirais à votre égard avec assez de loyauté pour revenir ici dans ma prison.

— Vraiment, fait-elle, je le ferais volontiers si je n'y voyais ma mort assurée. Mais je redoute à tel point mon seigneur, l'infâme Méléagant que je n'ose le faire : ce serait à coup sûr la mort pour mon mari. Ne soyez pas surpris si je le crains à ce point car vous connaissez fort bien sa cruauté.

— Dame, si vous avez peur que je ne revienne pas dans votre prison sitôt le tournoi terminé, je vous ferai un serment pour lequel je ne me parjurerai pas : je vous jurerai que rien ne m'empêchera

qu'an vostre prison ne revaigne
5475 maintenant aprés le tornoi. »
« Par foi », fet ele, « et je l'otroi
par un covant. » — « Dame, par quel ? »
Ele respont : « Sire, par tel
que le retor me jureroiz,
5480 et avoec m'aseüreroiz
de vostre amor, que je l'avrai. »
« Dame, tote celi qui j'ai
vos doing je voir au revenir. »
« Or m'an puis a neant tenir, »
5485 fet la dame tot an rïant.
« Autrui, par le mien esciant,
avez bailliee et comandee
l'amor que vos ai demandee.
Et neporcant sanz nul desdaing
5490 tant con g'en puis avoir, s'an praing.
A ce que je puis m'an tandrai
et le sairemant an prandrai
[48a] que vers moi si vos contendroiz
que an ma prison revandroiz. »
5495 Lanceloz tot a sa devise
le sairemant sor sainte eglise
li fet qu'il revandra sanz faille.
Et la dame tantost li baille
les armes son seignor, vermoilles,
5500 et le cheval qui a mervoilles
estoit biax et forz et hardiz.
Cil monte, si s'an est partiz,
armez d'unes armes molt beles,
trestotes fresches et noveles.
5505 S'a tant erré qu'a Noauz vint ;
de cele partie se tint
et prist fors de la vile ostel ;
einz si prodom n'ot mes itel,
car molt estoit petiz et bas,
5510 mes herbergier ne voloit pas
an leu ou il fust coneüz.
Chevaliers boens et esleüz
ot molt el chastel amassez ;

de revenir en
5475 prisonnier dans votre manoir dès la fin du tournoi.

— Je vous crois, fait-elle, et j'accepte à une condition.

— Dame, dites-moi votre condition.

— Sire, vous allez me jurer que vous reviendrez et
de plus vous me garantirez de m'accorder votre
amour.

— Dame, je vous le promets : je vous accorderai à
mon retour tout celui dont je peux disposer.

— Alors je ne peux pas compter sur grand-chose,
répondit la dame en riant. A ce que je crois comprendre vous avez déjà fait don à autrui de l'amour que je
vous réclame. Pourtant j'accepterai sans le moindre
dédain tout ce que je pourrai en avoir. Je me
contenterai de ce que je pourrai prendre. Mais vous
allez me jurer que vous serez assez loyal envers moi
pour revenir ici dans votre prison. »

Lancelot lui fit donc le serment sur la sainte Eglise
de revenir sans faute, ainsi qu'elle le voulait. La dame
lui prêta alors les armes de son mari qui étaient
vermeilles et son cheval qui était merveilleusement
5500 beau, fort et fougueux. Lancelot monta en selle et
s'éloigna revêtu de fort belles armes qui avaient l'éclat
du neuf. Son chemin le conduisit à Noauz [96]. Il choisit
donc ce camp-là et alla s'héberger hors de la ville.
Jamais chevalier n'accepta un si piètre logis, exigu et
bas de plafond. Mais il ne voulait pas loger en un
endroit où l'on aurait pu le reconnaître. De nombreux
chevaliers de renom s'étaient entassés au château

mes plus en ot defors assez,
5515 que por la reïne en i ot
tant venu que li quinz n'i pot
ostel avoir dedanz recet ;
que por un seul en i ot set
don ja un tot seul n'i eüst
5520 se por la reïne ne fust.
Bien cinc liues tot anviron
se furent logié li baron
es trez, es loges, et es tantes.
Dames et dameiseles gentes
5525 i rot tant que mervoille fu.
Lanceloz ot mis son escu
a l'uis de son ostel defors,
et il, por aeisier son cors,
fu desarmez et se gisoit
5530 en un lit qu'il molt po prisoit,
qu'estroiz ert et la coute tanve
coverte d'un gros drap de chanve.
Lanceloz trestoz desarmez
s'estoit sor ce lit acostez.
5535 La ou il jut si povremant,
atant ez vos un garnemant,
[48b] un hyraut d'armes, an chemise,
qui an la taverne avoit mise
sa cote avoec sa chauceüre
5540 et vint nuz piez grant aleüre,
desafublez contre le vant.
L'escu trova a l'uis devant,
si l'esgarda ; mes ne pot estre
qu'il coneüst lui ne son mestre ;
5545 ne set qui porter le devoit.
L'uis de la meison overt voit,
s'antre anz et vit gesir el lit
Lancelot, et puis qu'il le vit
le connut et si s'an seigna.
5550 Et Lanceloz li anseigna
et desfandi qu'il ne parlast
de lui an leu ou il alast ;
que, s'il disoit qu'il le seüst,

mais
il y en avait encore beaucoup plus au-dehors car ils
étaient venus si nombreux à cause de la présence de la
reine qu'un sur cinq n'avait même pas pu trouver un
abri sous un toit. Oui, pour un seul, il y en avait bien
sept qui ne se seraient pas déplacés n'eût été la
présence de la reine. A bien cinq lieues à la ronde, des
tentes et des abris de feuillages avaient été dressés
pour abriter les barons[97]. Il y avait tant de belles
dames et de gentes demoiselles que c'était un spec-
5525 tacle étourdissant.

Lancelot avait placé son écu à la porte de son logis
et pour mieux se reposer, il avait enlevé son armure et
s'était allongé sur le lit qu'il n'appréciait guère car le
matelas, mince et étroit, était recouvert d'un grossier
drap de chanvre. Lancelot, entièrement désarmé
s'était donc étendu sur ce méchant lit. Pendant qu'il
se reposait sur ce grabat, voici que survint, en
chemise, un jeune drôle, un héraut d'armes qui avait
laissé en gage à la taverne sa cotte, son bas-de-chausse
et ses souliers et qui marchait pieds nus à vive allure,
seul moyen pour lui de résister au vent glacé. Il
remarqua l'écu devant la porte et se mit à l'examiner
mais il eut beau évoquer ses souvenirs, il ne le
reconnaissait pas et ignorait le nom de son propriétaire. Qui donc pouvait porter ces armoiries ? Voyant
la porte de la maison entrouverte, il entra et vit
Lancelot allongé sur le lit. Au premier coup d'œil, il le
5550 reconnut et se signa. Mais Lancelot lui ordonna
sèchement de rester muet à son sujet en tous lieux où
il se trouverait car s'il mentionnait son nom par
mégarde et que lui-même l'apprenne,

mialz li vandroit que il s'eüst
5555 les ialz treiz ou le col brisié.
« Sire, je vos ai molt prisié, »
fet li hyrauz, « et toz jorz pris ;
ne ja tant con je soie vis
ne ferai rien por nul avoir
5560 don mal gré me doiez savoir. »
Tantost de la meison s'an saut,
si s'an vet criant molt an haut :
« Or est venuz qui l'aunera !
Or est venuz qui l'aunera ! »
5565 Ice crioit par tot li garz,
et genz saillent de totes parz,
se li demandent que il crie.
Cil n'est tant hardiz que le die,
einz s'an va criant ce meïsmes ;
5570 et sachiez que dit fu lors primes :
« Or est venuz qui l'aunera ! »
Nostre mestre an fu li hyra
qui a dire le nos aprist,
car il premieremant le dist.
5575 Ja sont assanblees les rotes,
la reïne et les dames totes
et chevalier et autres genz —
car molt i avoit des sergenz
de totes parz destre et senestre.
5580 La ou li tornoiz devoit estre
[48c] ot unes granz loges de fust,
por ce que la reïne i fust
et les dames et les puceles :
einz nus ne vit loges si beles
5585 ne si longues ne si bien faites.
La se sont les dames atraites
trestotes après la reïne,
que veoir voldront l'ahatine
et qui mialz le fera ou pis.
5590 Chevalier vienent dis et dis,
et vint et vint, et trante et trante,
ça quatre vint et ça nonante,
ça cent, ça plus et ça deus tanz.

il vaudrait
mieux pour lui s'être arraché les yeux ou brisé le cou.

« Sire, fit le héraut, je vous ai toujours beaucoup
admiré ; soyez certain qu'aussi longtemps que je
vivrai, je ne ferai rien, quoi qu'on puisse m'offrir,
dont vous pourriez me savoir mauvais gré. »

D'un bond il sortit de la maison et s'en alla en criant
à tue-tête :

« Il est arrivé, celui qui donnera la mesure ! Il est
arrivé celui qui donnera la mesure[98] ! »

Le drôle courait partout en continuant de pousser
ses cris et de tous côtés les gens sortaient sur le pas de
leur porte lui demandant ce qu'il voulait dire. Mais il
n'était pas assez hardi pour vouloir en dire plus et il
s'éloigna en répétant les mêmes mots. Sachez que ce
fut là l'origine de l'expression : « Il est arrivé celui qui
donnera la mesure ! » Ce héraut fut le maître qui nous
l'apprit car il fut le premier à la prononcer.

5575   Les groupes s'étaient déjà rassemblés, la reine avec
toutes les dames, des chevaliers avec leur suite… de
toutes parts, de droite et de gauche accouraient des
hommes d'armes en foule compacte. Là où devait se
dérouler le tournoi, on avait dressé une grande
tribune de bois pour la reine, les dames et les
demoiselles. Jamais on n'avait vu tribune aussi spa-
cieuse, aussi belle et aussi bien construite. C'est là
qu'après la reine, les dames se sont installées pour
assister au tournoi et remarquer ceux qui s'y condui-
ront le mieux ou le plus mal. Les chevaliers arrivent,
dix par dix, vingt par vingt, trente par trente, puis
quatre-vingts d'un côté, quatre-vingt-dix de l'autre,
puis cent d'un côté, puis encore plus de l'autre, puis
deux fois plus par là !

Si est l'asanblee si granz
5595 devant les loges et antor
que il ancomancent l'estor.
Armé et desarmé asanblent ;
les lances un grant bois resanblent,
que tant en i font aporter
5600 cil qui s'an vuelent deporter
qu'il n'i paroit se lances non
et banieres et confanon.
Li josteor au joster muevent,
qui conpaignons asez i truevent
5605 qui por joster venu estoient ;
et li autre se raprestoient
de faire autres chevaleries.
Si sont plainnes les praeries
et les arees et li sonbre,
5610 que l'an n'en puet esmer le nonbre
des chevaliers, tant en i ot.
Mes n'i ot point de Lancelot
a cele premiere asanblee ;
mes quant il vint parmi la pree
5615 et li hirauz le voit venir,
de crier ne se pot tenir :
« Veez celui qui l'aunera !
Veez celui qui l'aunera ! »
Et l'an demande : « Qui est il ? »
5620 Ne lor an vialt rien dire cil.
Quant Lanceloz an l'estor vint,
il seus valoit des meillors vint,
sel comance si bien a feire
que nus ne puet ses ialz retreire
[48d] de lui esgarder, ou qu'il soit.
Devers Pomeleslai estoit
uns chevaliers preuz et vaillanz,
et ses chevax estoit saillanz
et corranz plus que cers de lande.
5630 Cil estoit filz le roi d'Irlande
qui molt bien et bel le feisoit,
mes quatre tanz a toz pleisoit
li chevaliers qu'il ne conoissent.

Le rassemblement est si dense
devant la tribune et tout alentour que c'est déjà la
mêlée ! Avec ou sans armure, tout le monde est en lice
au milieu d'une véritable forêt de lances car ceux qui
comptaient bien en jouer en ont fait apporter une telle
5600 quantité qu'on ne voit plus partout que lances,
étendards et gonfanons ! Les jouteurs s'élancent pour
jouter car il leur est facile de trouver des concurrents
venus dans la même intention et d'autres se préparent
à leur tour pour accomplir d'autres exploits. Les
prairies, les friches et les labours sont remplis de
chevaliers à tel point qu'on ne peut les compter tant ils
sont nombreux. Pourtant lors de ce premier rassemblement, Lancelot n'était pas là. Mais quand il
s'avança dans la prairie, le héraut, qui l'avait vu venir,
ne put s'empêcher de crier : « Regardez celui qui
donnera la mesure ! Regardez celui qui donnera la
mesure ! » Mais on eut beau lui demander : « Qui est-
il ? », il ne voulut rien dire de plus.

Quand Lancelot fut entré dans la mêlée, il montra
qu'à lui seul il en valait bien vingt parmi les meilleurs.
Il se mit à jouter avec une telle vaillance que personne
5625 ne pouvait détacher ses yeux de lui, où qu'il aille.
Dans le camp de Pomelegoi se trouvait un chevalier
renommé pour sa vaillance qui montait un cheval plus
rapide et fougueux qu'un cerf dans la lande. C'était le
fils du roi d'Irlande qui se comportait de manière
remarquable. Mais tous admiraient bien quatre fois
plus le chevalier inconnu.

Trestuit de demander s'angoissent :
5635 « Qui est cil qui si bien le fet ? »
Et la reïne a consoil tret
une pucele cointe et sage,
et dit : « Dameisele, un message
vos estuet feire, et tost le feites
5640 a paroles briemant retraites.
Jus de ces loges avalez,
a ce chevalier m'an alez
qui porte cel escu vermoil,
et si li dites a consoil
5645 que " au noauz " que je li mant. »
Cele molt tost et saigemant
fet ce que la reïne vialt.
Aprés le chevalier s'aquialt
tant que molt pres de lui s'est jointe,
5650 si li dist come sage et cointe
que ne l'ot veisins ne veisine :
« Sire, ma dame la reïne
par moi vos mande, et jel vos di,
que " au noauz ". Quant cil l'oï,
5655 si li dist que molt volantiers,
come cil qui est suens antiers.
Et lors contre un chevalier muet
tant con chevax porter le puet,
et faut quant il le dut ferir.
5660 N'onques puis jusqu'a l'anserir
ne fist s'au pis non que il pot,
por ce qu'a la reïne plot.
Et li autres qui le requiert
n'a pas failli, einçois le fiert
5665 grant cop, roidemant s'i apuie,
et cil se met lors a la fuie ;
ne puis cel jor vers chevalier
ne torna le col del destrier.
[48e] Por a morir rien ne feïst
5670 se sa grant honte n'i veïst
et son leit et sa desenor,
et fet sanblant qu'il ait peor

Tous se demandaient fiévreusement : « Mais qui peut bien être ce merveilleux jouteur ? »

La reine, prenant à part une demoiselle aussi prudente qu'avisée, lui demanda :

« Demoiselle, vous allez porter un message ; faites-le vite et en peu de mots. Descendez de cette tribune et allez trouver de ma part ce chevalier qui porte un écu vermeil ; dites-lui simplement tout bas que je lui ordonne " au plus mal "[99]. »

La demoiselle, rapidement et discrètement, fit ce que voulait la reine. Elle se glissa vers le chevalier
5650 jusqu'à le toucher et lui chuchota adroitement en prenant soin de n'être pas entendue par une oreille voisine :

« Sire, madame la reine vous mande par ma bouche : " au plus mal ". »

En entendant ces mots, Lancelot répond qu'il obéira bien volontiers à la reine en homme lui appartenant corps et âme. Alors il s'élance aussi vite qu'il le peut contre un jouteur mais il rate son coup normalement imparable. De cet instant jusqu'au soir il ne fit que se comporter au plus mal qu'il le pouvait pour faire plaisir à la reine. Par contre, son adversaire, lui, n'a pas manqué son coup : il le heurte violemment et le pousse en prenant appui sur sa lance. Alors Lancelot prit la fuite ! Ce jour-là, il ne dirigea plus son destrier vers aucun chevalier. Même au prix de sa vie, il n'aurait rien fait qui ne lui semblât bon à le couvrir de honte et à le déshonorer publiquement. Il faisait semblant d'avoir peur

de toz ces qui vienent et vont.
Et li chevalier de lui font
5675 lor risees et lor gabois,
qui molt le prisoient ançois.
Et li hirauz qui soloit dire :
« Cil les vaintra trestoz a tire ! »
est molt maz et molt desconfiz,
5680 qu'il ot les gas et les afiz
de ces qui dïent : « Or te tes,
amis, cist ne l'aunera mes.
Tant a auné c'or est brisiee
s'aune que tant nos as prisiee ! »
5685 Li plusor dïent : « Ce que doit !
Il estoit si preuz orendroit,
et or est si coarde chose
que chevalier atandre n'ose.
Espoir por ce si bien le fist
5690 que mes d'armes ne s'antremist,
se fu si forz a son venir
qu'a lui ne se pooit tenir
nus chevaliers, tant fust senez,
qu'il feroit come forsenez.
5695 Or a tant des armes apris
que jamés tant con il soit vis
n'avra talant d'armes porter.
Ses cuers nes puet plus andurer,
qu'el monde n'a rien si mespoise. »
5700 A la reïne pas n'an poise,
einz an est liee et molt li plest,
qu'ele set bien (et si s'an test)
que ce est Lanceloz por voir.
Ensi tot le jor jusqu'au soir
5705 se fist cil tenir por coart,
mes li bas vespres les depart.
Au departir i ot grant plet
de ces qui mialz l'avoient fet :
li filz le roi d'Irlande pansse
5710 sanz contredit et sanz desfansse
qu'il ait tot le los et le pris ;
mes laidemant i a mespris,
[48f] qu'asez i ot de ses parauz.

de tous ceux qui allaient et
venaient. Et les chevaliers qui peu de temps aupara-
5675 vant l'admiraient, le tournaient maintenant en déri-
sion et en faisaient leurs gorges chaudes. Quant au
héraut qui aimait répéter : « C'est lui qui les vaincra
tous les uns après les autres ! », il était maintenant
abasourdi et tout dérouté en entendant les plaisante-
ries et les insultes de ceux qui lui criaient :

« Allez, ami, tais-toi, ton chevalier ne donnera plus
la mesure ! Il l'a tellement donnée qu'il en a brisé sa
baguette que tu nous avais tant vantée ! »

D'autres ajoutaient :

« Est arrivé ce qui devait arriver ! S'il était si
vaillant tout à l'heure, il n'est plus maintenant qu'une
poule mouillée qui fuit devant le moindre chevalier.
Peut-être n'a-t-il si bien jouté au début que parce qu'il
n'a jamais pratiqué le métier des armes : c'est pourquoi il s'est montré si fort dès son entrée en lice
qu'aucun chevalier ayant un peu de bon sens ne
pouvait rivaliser avec lui car il frappait comme un
dératé ! Maintenant, il a pris une telle leçon que
jamais, de son vivant, l'envie le reprendra de porter
des armes ! Il n'a même plus le courage de supporter
les coups : vraiment, il n'y a pas plus couard que lui
au monde ! »

5700 Mais la reine, pour sa part, est loin d'en être
fâchée ; elle en est au contraire tout heureuse car elle
est bien certaine, même si elle n'en dit mot, que c'est
Lancelot lui-même qui est là. Ainsi, tout le jour
jusqu'au soir, Lancelot se fit prendre pour un lâche.
Mais la tombée de la nuit sépara les combattants.
Alors s'éleva un grand débat pour savoir ceux qui
s'étaient le mieux comportés. Le fils du roi d'Irlande
pensait que la palme devait sans contredit lui revenir à
lui seul. Mais il se méprenait beaucoup car beaucoup
l'avaient égalé.

Neïs li chevaliers vermauz
5715 plot as dames et as puceles,
aus plus gentes et aus plus beles,
tant qu'eles n'orent a nelui
le jor bahé tant com a lui ;
que bien orent veü comant
5720 il l'avoit fet premieremant
com il estoit preuz et hardiz.
Puis restoit si acoardiz
qu'il n'osoit chevalier atandre,
einz le poïst abatre et prandre
5725 toz li pires, se il volsist.
Mes a totes et a toz sist
que l'andemain tuit revandront
a l'ahatine, et si prandront
ces cui le jor seroit l'enors
5730 les dameiseles a seignors.
Ensi le dïent et atornent ;
atant vers les ostex s'an tornent,
et quant il vindrent as ostex
an plusors leus en ot de tex
5735 qui ancomancierent a dire :
« Ou est des chevaliers li pire
et li neanz et li despiz ?
Ou est alez ? Ou est tapiz ?
Ou iert trovez ? Ou le querrons ?
5740 Espoir jamés ne le verrons,
que Malvestiez l'en a chacié
dom il a tel fes anbracié
qu'el monde n'a rien si malveise.
N'il n'a pas tort, car plus a eise
5745 est uns malvés cent mile tanz
que n'est uns preuz, uns conbatanz.
Malvestiez est molt aeisiee,
por ce l'a il an pes beisiee,
s'a pris de li quanque il a.
5750 Onques voir tant ne s'avilla
Proesce qu'an lui se meïst
ne que pres de lui s'aseïst ;

Même le chevalier vermeil avait beaucoup plu aux plus nobles beautés, dames et demoiselles, à tel point que durant toute la journée elles
n'avaient suivi personne des yeux autant que lui. Elles
avaient fort bien remarqué combien il avait fait preuve
d'une éclatante vaillance au début du tournoi. Evi-
demment, par la suite il s'était montré lâche au point
de n'oser affronter le moindre chevalier et même le
5725 plus mauvais d'entre eux aurait pu, s'il l'avait voulu,
le renverser et le faire prisonnier. Mais toutes et tous
sont décidés à revenir le lendemain au tournoi et les
demoiselles résolues à prendre pour époux ceux à qui
reviendra l'honneur de la journée. Tel était leur dire
et leur intention. Après quoi chacun revint à son
hôtel.

Mais quand ils eurent regagné leurs logis, certains,
en plusieurs lieux recommencèrent à médire :

« Où donc est passé le plus couard, le plus mauvais
et le plus méprisable des chevaliers ? Où est-il allé ?
Où s'est-il caché ? Où le chercher et où le trouver ?
Peut-être ne le reverrons-nous plus jamais car Lâcheté
l'aura fait s'enfuir : elle lui a légué une telle part
d'elle-même qu'il est difficile de trouver dans le
monde quelqu'un qui en soit mieux pourvu ! Mais il
n'a pas tort : c'est cent mille fois plus confortable
d'être un lâche plutôt qu'un courageux combattant !
Lâcheté aime ses aises aussi s'est-il empressé de lui
5750 donner le baiser de la paix pour lui dérober tout ce qui
fait maintenant sa richesse ! Et c'est bien vrai que
jamais Prouesse ne fut assez sotte pour siéger à son
côté ou se réfugier dans son cœur.

mes an lui s'est tote reposte
Malvestiez, s'a trové tel oste
5755 qui tant l'ainme et qui tant la sert
que por s'enor la soe pert. »

[49a] Ensi tote nuit se degenglent
cil qui de mal dire s'estrenglent.
Mes tex dit sovant mal d'autrui
5760 qui est molt pire de celui
que il blasme et que il despit ;
chascuns ce que lui plest an dit.
Et quant ce vint a l'anjornee
refu la genz tote atornee,
5765 si s'an vindrent a l'anhatine.
Es loges refu la reïne
et les dames et les puceles,
s'i ot chevaliers avoec eles
assez qui armes ne porterent,
5770 qui prison ou croisié se erent,
et cil lor armes lor devisent
des chevaliers que il plus prisent.
Antr'ax dïent : « Veez vos or
celui a cele bande d'or
5775 parmi cel escu de bernic ?
C'est Governauz de Roberdic.
Et veez vos celui aprés
qui an son escu pres a pres
a mise une aigle et un dragon ?
5780 C'est li filz le roi d'Arragon
qui venuz est an ceste terre
por pris et por enor conquerre.
Et veez vos celui dejoste
qui si bien point et si bien joste
5785 a cel escu vert d'une part,
s'a sor le vert point un liepart,
et d'azur est l'autre mitiez ?
C'est Ignaurés li covoitiez,
li amoreus et li pleisanz.
5790 Et cil qui porte les feisanz
an son escu poinz bec a bec ?
C'est Coguillanz de Mautirec.

C'est Lâcheté qui y a trouvé refuge et elle a trouvé en lui un hôte qui l'adore et la sert au point de lui sacrifier son propre honneur ! »

Ainsi toute la nuit jacassent ces méchants empressés à médire. Mais tel dit souvent du mal d'autrui qui est souvent pire que celui dont il médit ! Chacun se laisse ainsi aller à dire ce qui lui passe par la tête.

Quand le jour reparut, tout le monde fut bientôt prêt et on regagna le lieu du tournoi. La reine prit à nouveau place dans la tribune accompagnée des dames et des demoiselles et de nombreux chevaliers qui avaient renoncé à jouter car ils étaient prisonniers sur parole ou s'étaient croisés [100]. Ils décrivaient aux dames qui les entouraient les blasons des chevaliers qu'ils admiraient le plus.

« Regardez, disaient-ils à leur auditoire, ce cheva-
5775 lier qui porte un écu rouge traversé d'une bande d'or : c'est Governal de Roberdic. Et derrière lui, celui qui a fait peindre côte à côte sur son écu un aigle et un dragon : c'est le fils du roi d'Aragon qui est venu dans ce pays pour acquérir gloire et renommée. Et celui-là, tout à côté, qui est si rapide à la joute, avec un écu mi-parti vert avec un léopard et mi-parti azur : c'est l'agréable et galant Ignauré [101] qui fait courir tous les cœurs derrière lui. Et celui qui porte sur son écu deux faisans bec à bec : c'est Coguillant de Mautirec.

Et veez vos ces deus delez
a ces deus chevax pomelez,
5795 as escuz d'or as lÿons bis ?
Li uns a non Semiramis
et li autres est ses conpainz,
s'ont d'un sanblant lor escuz tainz.
Et veez vos celui qui porte
5800 an son escu pointe une porte,
[49b] si sanble qu'il s'an isse uns cers ?
Par foi, ce est li rois Yders. »
Ensi devisent des les loges :
« Cil escuz fu fez a Lymoges,
5805 si l'an aporta Piladés
qui an estor vialt estre adés
et molt le desirre et golose.
Cil autres fu fez a Tolose
et li lorains et li peitrax,
5810 si l'en aporta Keus d'Estrax.
Cil vint de Lÿon sor le Rosne —
n'a nul si boen desoz le trosne —
si fu por une grant desserte
donez Taulas de la Deserte
5815 qui bel le porte et bien s'an cuevre.
Et cil autres si est de l'uevre
d'Engleterre et fu fez a Londres,
ou vos veez ces deus arondres
qui sanblent que voler s'an doivent,
5820 mes ne se muevent, ainz reçoivent
mainz cos des aciers poitevins.
Sel porte Thoas li meschins. »
Ensi devisent et deboissent
les armes de ces qu'il conoissent ;
5825 mes de celui mie n'i voient
qu'an tel despit eü avoient,
si cuident qu'il s'an soit anblez
quant a l'estor n'est assanblez.
Quant la reïne point n'an voit,
5830 talanz li prist qu'ele l'anvoit
les rans cerchier tant qu'an le truisse.

Voyez-vous maintenant ces deux-là, tout près de lui,
sur leurs destriers pommelés avec des lions gris peints
sur l'or de leurs écus ? L'un s'appelle Sémiramis et
l'autre est son compagnon fidèle : c'est la raison pour
laquelle ils portent des écus semblables. Regardez
maintenant celui qui a sur son écu une porte peinte
5800 par laquelle on croirait voir sortir un cerf : eh bien,
c'est le roi Yder [102]. »

Ainsi, du haut de la tribune passaient-ils en revue
les jouteurs.

« Cet écu a été fabriqué à Limoges et c'est Pilade
qui l'en a rapporté, lui dont le principal souci est de se
jeter au plus profond de la mêlée. Cet autre écu vient
de Toulouse ainsi que le lorain et le poitrail du
cheval : c'est Keu d'Estral qui l'a ramené. Celui-là
vient de Lyon sur le Rhône et il n'y a pas meilleur
sous le ciel ; il fut donné à Taulas de la Déserte en
récompense d'un grand service et il sait admirable-
ment le porter et s'en servir. Et cet autre là, du beau
travail anglais, vient de Londres : vous y voyez deux
hirondelles sur le point de s'envoler mais elles resteront sans bouger pour faire face aux coups des épées
en acier poitevin. C'est le jeune Thoas qui le porte. »

Voilà comment ils décrivaient les blasons de ceux
5825 qu'ils connaissaient. Mais ils n'avaient pas repéré
l'écu de celui qu'ils portaient en bien piètre estime.
Puisqu'il n'était pas dans la mêlée, il avait dû
s'esquiver. Mais quand la reine ne le vit nulle part,
elle eut envie de l'envoyer chercher à travers les rangs
jusqu'à ce qu'on le trouve.

Ne set cui envoier i puisse
qui mialz le quiere de celi
qui hier i ala de par li.
5835 Tot maintenant a li l'apele,
si li dit : « Alez, dameisele,
monter sor vostre palefroi.
Au chevalier d'ier vos envoi,
sel querez tant que vos l'aiez ;
5840 por rien ne vos an delaiez,
et tant si li redites or
qu' " au noauz " le reface ancor.
Et quant vos l'en avroiz semons,
s'antandez bien a son respons. »
[49c] Cele de rien ne s'en retarde,
qui bien s'estoit donee garde
le soir quel part il torneroit,
por ce que sanz dote savoit
qu'ele i reseroit anvoiee.
5850 Parmi les rans s'est avoiee
tant qu'ele vit le chevalier ;
si li vet tantost conseillier
que ancor « au noauz » le face,
s'avoir vialt l'amor et la grace
5855 la reïne, qu'ele li mande.
Et cil : « Des qu'ele le comande, »
li respont, « la soe merci. »
Tantost cele se departi.
Et lors comancent a huier
5860 vaslet, sergent et escuier,
et dïent tuit : « Veez mervoilles
de celui as armes vermoilles !
Revenuz est ! Mes que fet il ?
Ja n'a el monde rien tant vil,
5865 si despite ne si faillie ;
si l'a Malvestiez an baillie
qu'il ne puet rien contre li faire. »
Et la pucele s'an repaire,
s'est a la reïne venue,
5870 qui molt l'a corte et pres tenue
tant que la responsse ot oïe

Elle ne voyait pour cette tâche personne de plus capable que la messagère qu'elle avait envoyée la veille. Elle l'appela sur l'heure et lui dit :

« Allez, demoiselle, montez sur votre palefroi. Je vous envoie vers le même chevalier qu'hier ; cherchez-le jusqu'à ce que vous l'ayez trouvé et ne perdez pas de temps. Vous lui direz de nouveau qu'il recommence à faire " au plus mal ". Et quand vous lui aurez transmis ce message, écoutez bien la réponse qu'il vous fera. »

Celle-ci ne perdit pas de temps : la veille au soir elle avait pris soin de regarder dans quelle direction repartirait le chevalier car elle se doutait qu'on la renverrait vers lui. Elle se faufila entre les rangs jusqu'à ce qu'elle aperçoive le chevalier et elle alla aussitôt lui répéter tout bas de se conduire encore « au plus mal » s'il voulait obtenir les bonnes grâces de la reine car elle le lui demandait. « Puisqu'elle l'ordonne, je lui en sais gré », lui répondit-il. Sur ces mots la demoiselle s'éclipsa pendant que la valetaille commençait à le huer en criant :

« Miracle ! Venez voir l'homme aux armes ver- meilles ! Il est revenu ! Mais que va-t-il faire ? Il n'y a pas au monde un être aussi vil, aussi couard et aussi méprisable ; c'est Lâcheté qui le gouverne et il ne peut rien faire contre elle. »

La demoiselle était revenue auprès de la reine qui était suspendue à ses lèvres. En entendant la réponse faite à son ordre,

　　　dom ele s'est molt esjoïe,
　　　por ce c'or set ele sanz dote
　　　que ce est cil cui ele est tote
5875　et il toz suens sanz nule faille.
　　　A la pucele dit qu'ele aille
　　　molt tost arriere et si li die
　　　que ele li comande et prie
　　　que « au mialz » face qu'il porra.
5880　Et cele dit qu'ele i ira
　　　tot maintenant sanz respit querre.
　　　Des loges est venue a terre
　　　la ou ses garçons l'atandoit,
　　　qui son palefroi li gardoit.
5885　Et ele monte, si s'an va
　　　tant que le chevalier trova ;
　　　si li ala maintenant dire :
　　　« Or vos mande ma dame, sire,
[49d]　que tot " le mialz " que vos porroiz. »
　　　Et il respont : « Or li diroiz
5890　qu'il n'est riens nule qui me griet
　　　a feire, des que il li siet,
　　　que quanque li plest m'atalante. »
　　　Lors ne fu mie cele lante
5895　de son message reporter,
　　　que molt an cuide deporter
　　　la reïne et esleescier.
　　　Quanqu'ele se pot adrecier
　　　s'est vers les loges adreciee.
5900　Et la reïne s'est dreciee,
　　　se li est a l'ancontre alee ;
　　　mes n'est mie jus avalee,
　　　einz l'atant au chief del degré.
　　　Et cele vient, qui molt a gré
5905　li sot son message conter.
　　　Les degrez comance a monter,
　　　et quant ele est venue a li
　　　si li dist : « Dame, onques ne vi
　　　nul chevalier tant deboneire,
5910　qu'il vialt si oltreemant feire
　　　trestot quanque vos li mandez ;

son cœur s'est gonflé de joie car elle a maintenant la certitude que le chevalier n'est autre que celui à qui elle appartient totalement et qui lui appartient à elle corps et âme. Elle demande alors à la demoiselle d'aller bien vite le retrouver et de lui dire qu'elle lui demande instamment de faire au mieux qu'il le pourra. Celle-ci lui promet d'y aller sans prendre un instant de répit. Elle descend de la tribune à l'endroit même où l'attendait le valet qui gardait son palefroi. Elle saute en selle et rejoint bien vite le chevalier auquel elle déclare :

« Sire, maintenant ma dame vous prie de faire " au mieux " que vous pourrez.

— Dites-lui, répond-il, que rien ne peut m'ennuyer dès lors que j'agis à son gré car tout ce qui lui plaît me comble le cœur. »

La demoiselle ne fut pas lente à rapporter son message car elle pensait bien qu'il réjouirait profondément la reine. Dès qu'elle l'a pu, elle s'est dirigée vers la tribune ; la reine s'est relevée pour venir au-devant d'elle. Pourtant elle s'est retenue de descendre les marches ; elle l'a attendue en haut de l'escalier. La demoiselle arriva enfin pour lui transmettre avec tact son message ; elle monta les escaliers, rejoignit la reine et lui dit :

« Madame, je n'ai jamais vu chevalier si complaisant car il est si attentif à accomplir scrupuleusement tout ce que vous lui ordonnez

que, se le voir m'an demandez,
autel chiere tot par igal
fet il del bien come del mal. »
5915 « Par foi, » fet ele, « bien puet estre. »
Lors s'an retorne a la fenestre
por les chevaliers esgarder.
Et Lanceloz sanz plus tarder
l'escu par les enarmes prant,
5920 que volentez l'art et esprant
de mostrer tote sa proesce.
Le col de son destrier adresce
et lesse corre antre deus rans.
Tuit seront esbaï par tans
5925 li deceü, li amusé,
qui an lui gaber ont usé
piece del jor et de la nuit —
molt s'an sont grant piece deduit
et deporté et solacié.
5930 Par les enarmes anbracié
tint son escu li filz le roi
d'Irlande, et point a grant desroi
[49e] de l'autre part ancontre lui.
Si s'antrefierent anbedui
5935 si que li filz le roi d'Irlande
de la joste plus ne demande,
que sa lance fraint et estrosse ;
car ne feri mie sor mosse,
mes sor ais molt dures et seches.
5940 Lanceloz une de ses teches
li a aprise a cele joste,
que l'escu au braz li ajoste
et le braz au costé li serre,
sel porte del cheval a terre.
5945 Et tantost chevalier descochent,
d'anbedeus parz poingnent et brochent,
li uns por celui desconbrer
et li autres por l'enconbrer.
Li un lor seignors eidier cuident,
5950 et des plusors les seles vuident
an la meslee et an l'estor.

qu'il semble véritable-
ment aussi serein à l'égard du bien qu'à l'égard du
mal.

— Par ma foi, fit la reine, c'est bien possible. »

Elle retourna alors à sa loge pour regarder les
jouteurs.

Lancelot n'attend plus : tout brûlant du désir de
montrer sa valeur, il saisit son écu par les courroies de
bras, fait tourner du bon côté l'encolure de son
destrier et le lance entre deux rangs de combattants.
Ils resteront longtemps sur leur surprise, ceux que son
5925 attitude avait trompés et qui avaient passé une grande
partie du jour et de la nuit à se moquer de lui. Oui, ils
s'étaient grandement amusés à ses dépens ! De l'autre
bout de la lice, son écu solidement passé au bras, le
fils du roi d'Irlande, fond à bride abattue sur Lancelot. Ils se rencontrent avec une telle violence que le fils
du roi d'Irlande en perd l'envie de jouter : sa lance
vole en miettes car il n'a pas frappé sur de la mousse
mais sur un écu en bois dur et bien sec. Dans cette
joute Lancelot lui aura au moins appris un de ses
coups favoris : il plaque son écu contre le sien, le saisit
par le bras et l'envoie voler à terre. Aussitôt des
chevaliers s'élancent des deux camps en éperonnant
leurs chevaux, les uns pour dégager le malheureux, les
autres pour y faire obstacle. Les premiers croient
5950 pouvoir aider leur seigneur mais beaucoup vident les
arçons dans la fureur de la mêlée.

Mes onques an trestot le jor
Gauvains d'armes ne se mesla,
qui ert avoec les autres la ;
5955 qu'a esgarder tant li pleisoit
les proesces que cil feisoit
as armes de sinople taintes,
qu'estre li sanbloient estaintes
celes que li autre feisoient :
5960 envers les soes ne paroient.
Et li hyrauz se resbaudist
tant qu'oiant toz cria et dist :
« Or est venuz qui l'aunera !
Huimés verroiz que il fera ;
5965 Huimés aparra sa proesce ! »
Et lors li chevaliers s'adresce
Son cheval et fet une pointe
ancontre un chevalier molt cointe,
et fiert si qu'il le porte jus
5970 loing del cheval cent piez ou plus.
Si bien a faire le comance
et de l'espee et de la lance,
que il n'est hom qui armes port
qu'a lui veoir ne se deport.
Nes maint de ces qui armes portent
s'i redelitent et deportent,
[49f] que granz deporz est de veoir
con fet trabuchier et cheoir
chevax et chevaliers ansanble.
5980 Gaires a chevalier n'asanble
qu'an sele de cheval remaingne,
et les chevax que il gaaigne
done a toz ces qui les voloient.
Et cil qui gaber le soloient
5985 dïent : « Honi somes et mort.
Molt avomes eü grant tort
de lui despire et avillier.
Certes il valt bien un millier
de tex a en cest chanp assez,
5990 que il a vaincuz et passez
trestoz les chevaliers del monde,

Gauvain qui se trouvait là, dans le camp des seconds, ne participa pas à la joute ce jour-là car il prenait tant de plaisir à regarder les prouesses accomplies par le chevalier à l'armure teinte en rouge que celles des autres chevaliers lui semblaient sans éclat ; à côté des siennes, elles disparaissaient. Le héraut avait retrouvé toute sa bonne humeur et il se remit à crier :

« Il est venu celui qui donnera la mesure ! Vous allez voir ce qu'il va faire aujourd'hui ! C'est aujourd'hui que sa vaillance apparaîtra. »

Le chevalier à l'armure vermeille fait alors tourner son cheval dans une autre direction et le lance au galop contre un chevalier qui s'était distingué : il le frappe avec une telle force qu'il l'envoie au sol à plus de cent pieds de son cheval. Il se met ensuite à jouer si bien de la lance et de l'épée qu'il n'est pas un seul connaisseur en faits d'armes qui ne prenne grand plaisir à le regarder. Et beaucoup de ceux mêmes qui participent au tournoi ne peuvent se rassasier de l'admirer car c'est un plaisir sans égal de voir comment il renverse à la fois chevaux et cavaliers. Il n'y a guère de chevaliers auxquels il se mesure qui restent en selle [103]. Et il donne généreusement à qui les veut tous les chevaux qu'il gagne. Ceux qui naguère s'étaient moqués de lui se lamentaient :

« Nous sommes honnis, nous sommes perdus ! Nous avons eu grand tort de le mépriser et de le traîner dans la boue car certes, à lui seul il vaut bien mille des meilleurs chevaliers qui se trouvent dans cette lice. Il les a tous vaincus et surpasse tous les chevaliers du monde.

qu'il n'i a un qu'a lui s'aponde. »
Et les dameiseles disoient,
qui a mervoilles l'esgardoient,
5995 que cil les tolt a marïer ;
car tant ne s'osoient fïer
en lor biautez n'an lor richeces
n'an lor pooirs n'an lor hauteces,
que por biauté ne por avoir
6000 deignast nule d'eles avoir
cil chevaliers, que trop est prouz.
Et neporquant se font tex vouz
les plusors d'eles, qu'eles dïent
que s'an cestui ne se marïent
6005 ne seront ouan marïees,
n'a mari n'a seignor donees.
Et la reïne qui antant
ce dom eles se vont vantant,
a soi meïsme an rit et gabe ;
6010 bien set que por tot l'or d'Arrabe,
qui trestot devant li metroit,
la meillor d'eles ne prandroit,
la plus bele ne la plus gente,
cil qui a totes atalante.
6015 Et lor volentez est comune
si qu'avoir le voldroit chascune.
Et l'une est de l'autre jalouse
si con s'ele fust ja s'espouse,
por ce que si adroit le voient
6020 qu'eles ne pansent ne se croient
[50a] que nus d'armes, tant lor pleisoit,
poïst ce feire qu'il feisoit.
Si bien le fist qu'au departir
d'andeus parz distrent sanz mantir
6025 que n'i avoit eü paroil
cil qui porte l'escu vermoil.
Trestuit le distrent et voirs fu.
Mes au departir son escu
leissa an la presse cheoir,
6030 la ou greignor la pot veoir,
et sa lance et sa coverture ;

Il n'y en a pas un qui puisse se comparer à lui ! »

Tout en le fixant de leurs yeux émerveillés, les demoiselles se disaient qu'il leur enlevait tout espoir de l'avoir pour mari : elles n'osaient se fier à leur beauté, à leur richesse, à la puissance que pouvait leur donner une haute naissance car ce chevalier ne daignerait poser ses regards sur aucune d'entre elles quelle que soit sa beauté ou sa fortune : il était de trop grande valeur. Pourtant plusieurs d'entre elles se jurent bien que si elles ne se marient pas avec lui, elles ne seront pas près d'être mariées ni d'accepter un maître et seigneur ! La reine, qui entend leurs vantardises, retient un rire moqueur : elle sait bien que même si la plus belle d'entre elles déposait à ses pieds tout l'or d'Arabie, celui qui leur fait battre le cœur à toutes ne la prendrait pas, fût-elle de surcroît la plus noble. Elles ont toutes le même désir : chacune voudrait l'avoir pour elle seule et se sent déjà aussi jalouse de l'autre que si elle était mariée. Elles le voient si adroit à jouter et il leur plaît tant qu'elles ne peuvent pas croire qu'un autre chevalier puisse égaler ses exploits.

Il s'était si magnifiquement comporté qu'à la fin du tournoi dans les deux camps tout le monde affirma sans hésitation que le chevalier vermeil n'avait pas eu d'égal. Tous le dirent et c'était vrai. Mais, dans la bousculade qui marqua la fin du tournoi, au moment où la foule était la plus dense, il laissa tomber à terre son écu, sa lance et la housse de son cheval

puis si s'an va grant aleüre.
Si s'an ala si en anblee
que nus de tote l'asanblee
6035 qui la fust garde ne s'an prist.
Et cil a la voie se mist,
si s'an ala molt tost et droit
cele part don venuz estoit
por aquiter son sairemant.
6040 Au partir del tornoiemant
le quierent et demandent tuit ;
n'an trueuvent point, car il s'an fuit,
qu'il n'a cure qu'an le conoisse.
Grant duel en ont et grant angoisse
6045 li chevalier, qui an feïssent
grant joie se il le tenissent.
Et se aus chevaliers pesa
quant il ensi lessiez les a,
les dameiseles, quant le sorent,
6050 asez plus grant pesance en orent,
et dïent que par saint Johan
ne se marïeront ouan :
quant celui n'ont qu'eles voloient,
toz les autres quites clamoient.
6055 L'anhatine ensi departi
c'onques nule n'an prist mari.

et il
s'éloigna à toute allure. Il partit si bien à la dérobée
que personne dans l'assemblée ne s'en aperçut. Il se
mit en chemin pour revenir directement et au plus
vite au manoir d'où il était venu, afin de tenir son
serment.

Cependant, dès la fin du tournoi, tous le récla-
maient et le cherchaient. Mais personne ne put le
trouver : il se hâtait de fuir pour ne pas être reconnu.
Tous les chevaliers en furent bien dépités et attristés ;
ils lui auraient fait fête s'ils avaient pu l'avoir parmi
eux. Mais si les chevaliers se désolaient de son
6050 brusque départ, les demoiselles, en l'apprenant, en
furent encore plus affectées. Elles juraient par saint
Jean qu'elles ne se marieraient pas dans l'année :
puisqu'elles ne pouvaient avoir celui qu'elles voulaient, elles rendaient leur liberté à tous les autres !
Ainsi le tournoi s'acheva sans qu'une seule eût trouvé
un mari !

Et Lanceloz pas ne sejorne,
mes tost an sa prison retorne.
Et li seneschax vint ençois
6060 de Lancelot deus jors ou trois,
si demanda ou il estoit.
Et la dame qui li avoit
ses armes vermoilles bailliees,
bien et beles apareilliees,
[50b] et son hernois et son cheval,
le voir an dist au seneschal
comant ele l'ot anvoié
la ou en avoit tornoié,
a l'ahatine de Noauz.
6070 « Dame, voir, » fet li seneschauz,
« ne poïssiez faire noaus !
Molt m'an vanra, ce cuit, granz maus,
que messire Meleaganz
me fera pis que li jaianz
6075 se j'avoie esté perilliez.
Morz an serai et essilliez
maintenant que il le savra,
que ja de moi pitié n'avra ! »
« Biax sire, or ne vos esmaiez, »
6080 fet la dame, « mie n'aiez
tel peor, qu'il ne vos estuet.
Riens nule retenir nel puet,
que il le me jura sor sainz
qu'il vanroit, ja ne porroit ainz. »
6085 Li seneschaus maintenant monte,
a son seignor vint, se li conte
tote la chose et l'avanture ;
mes ice molt le raseüre
que il li dit confaitemant
6090 sa fame an prist le sairemant
qu'il revandroit an la prison.
« Il n'an fera ja mesprison, »

LA DERNIÈRE PERFIDIE DE MÉLÉAGANT

Lancelot, quant à lui, ne traînait pas ; il revenait à grande allure vers sa prison. Mais le sénéchal qui l'avait sous sa garde revint chez lui deux ou trois jours avant lui. Il demanda où il était et la dame qui avait prêté à Lancelot les belles armes vermeilles de son mari ainsi que le reste de son équipement et son destrier, ne lui cacha pas la vérité ; elle lui avoua qu'elle lui avait ainsi permis de prendre part au tournoi de Noauz.

« Dame, fit le sénéchal, vraiment vous ne pouviez faire pire ! Cela me vaudra, je crois, de grands malheurs car Méléagant mon seigneur, me fera subir un sort plus effroyable que si j'étais tombé, à la suite 6075 d'un naufrage, aux mains du géant qui hante le Mont Saint-Michel [104] ! Dès qu'il l'apprendra il me fera mourir dans les pires tourments. Il n'aura aucune pitié de moi.

— Cher seigneur, ne vous alarmez pas, répondit la dame, ne craignez rien : vous n'avez pas de raison d'avoir peur. Rien ne peut retenir Lancelot loin d'ici car il m'a juré sur les reliques des saints qu'il reviendrait au plus tôt qu'il le pourrait. »

Le sénéchal sauta alors en selle et alla trouver son seigneur pour lui conter toute l'histoire. Mais pour le rassurer il lui dit que sa femme avait fait jurer à Lancelot qu'il reviendrait dans sa prison.

« Il ne se parjurera pas,

　　　　fet Meleaganz, « bien le sai,
　　　　et neporquant grant duel en ai
6095　de ce que vostre fame a fait ;
　　　　je nel volsisse por nul plait
　　　　qu'il eüst esté an l'estor.
　　　　Mes or vos metez au retor
　　　　et gardez, quant il iert venuz,
6100　qu'il soit an tel prison tenuz
　　　　qu'il nisse de la prison fors
　　　　ne n'ait nul pooir de son cors ;
　　　　et maintenant le me mandez. »
　　　　« Fet iert si con vos comandez, »
6105　fet li seneschax. Si s'an va
　　　　et Lancelot venu trova
　　　　qui prison tenoit an sa cort.
　　　　Uns messages arriere cort,
[50c]　que li seneschax en anvoie
6110　a Meleagant droite voie,
　　　　si li a dit de Lancelot
　　　　qu'il est venuz. Et quant il l'ot,
　　　　si prist maçons et charpantiers
　　　　qui a enviz ou volantiers
6115　firent ce qu'il lor comanda.
　　　　Les meillors del païs manda,
　　　　si lor a dit qu'il li feïssent
　　　　une tor, et poinne i meïssent
　　　　ençois qu'ele fust tote feite.
6120　Sor la mer fu la pierre treite ;
　　　　que pres de Gorre iqui de lez
　　　　an cort uns braz et granz et lez ;
　　　　enmi le braz une isle avoit
　　　　que Melïaganz bien savoit ;
6125　la comanda la pierre a traire
　　　　et le merrien por la tor faire.
　　　　An moins de cinquante et set jorz
　　　　fu tote parfeite la torz :
　　　　forz et espesse et longue et lee.
6130　Quant ele fu ensi fondee,
　　　　Lancelot amener i fist
　　　　et an la tor ensi le mist.

fit Méléagant, je le sais bien
mais cependant je suis très contrarié par ce que votre
femme a fait : à aucun prix je n'aurais voulu qu'il aille
à ce tournoi. Mais retournez chez vous sans tarder et
6100 prenez garde à ce que Lancelot, quand il sera revenu,
soit suffisamment surveillé pour être dans l'incapacité
de s'échapper de sa prison et pour ne plus pouvoir
ainsi disposer de lui-même. Et hâtez-vous de m'aver-
tir.

— Il en sera fait comme vous l'ordonnez », répondit le sénéchal.

Le sénéchal revint chez lui où il trouva Lancelot qui
était revenu se constituer prisonnier dans son manoir.
Il envoya un messager qui refit rapidement le chemin
inverse pour annoncer à Méléagant le retour de
Lancelot. A cette nouvelle, Méléagant convoqua des
maçons et des charpentiers qui, de gré ou de force,
obéirent à ses ordres. Il rassembla les meilleurs du
pays et leur ordonna de bâtir une tour et d'unir leurs
efforts pour l'édifier au plus vite. On amena la pierre
par la mer. En effet, près de Gorre, un large bras de
mer entourait une île que Méléagant connaissait. C'est
6125 là que sur son ordre on a extrait la pierre du sol et
coupé les chevrons pour construire la tour. En moins
de cinquante-sept jours la tour fut terminée. Elle était
très haute, énorme, avec des murs épais. Quand elle
fut ainsi édifiée, Méléagant fit amener Lancelot et l'y
enferma.

Puis comanda les huis murer
et fist toz les maçons jurer
6135 que ja par aus de cele tor
ne sera parole a nul jor.
Ensi volt qu'ele fust celee,
ne n'i remest huis ne antree
fors c'une petite fenestre.
6140 Leanz covint Lancelot estre ;
si li donoit l'an a mangier
molt povremant et a dongier
par cele fenestre petite
a ore devisee et dite,
6145 si con l'ot dit et comandé
li fel plains de desleauté.
Or a tot fet quanque il vialt
Meleaganz. Aprés s'aquialt
droit a la cort le roi Artu ;
6150 estes le vos ja la venu.
Et quant il vint devant le roi,
molt plains d'orguel et de desroi
[50d] a comanciee sa reison :
« Rois, devant toi an ta meison
6155 ai une bataille arramie ;
mes de Lancelot n'i voi mie,
qui l'a enprise ancontre moi.
Et neporquant, si con je doi,
ma bataille oiant toz presant,
6160 ces que ceanz voi an presant.
Et s'il est ceanz, avant veigne
et soit tex que covant me teigne
an vostre cort d'ui en un an.
Ne sai s'onques le vos dist l'an
6165 an quel meniere et an quel guise
ceste bataille fu anprise ;
mes je voi chevaliers ceanz
qui furent a noz covenanz,
et bien dire le vos savroient
6170 se voir reconuistre an voloient.
Mes se il le me vialt noier,
ja n'i loierai soldoier,

Puis il ordonna de murer les portes et fit jurer à tous les maçons que jamais de leur vie ils ne souffleraient mot de cette tour[105]. Il voulait ainsi qu'elle reste ignorée. Pour seule ouverture il ne resta qu'une petite fenêtre. C'est là que Lancelot fut obligé de vivre et c'est par cette petite fenêtre qu'on lui donnait chichement à manger et encore avec difficulté à des heures prescrites ainsi que l'avait ordonné cet infâme scélérat de Méléagant.

Méléagant a donc ainsi réalisé tout ce qui lui tenait à cœur. Après quoi, sans perdre un instant, il file à la
6150 cour du roi Arthur où il arrive bientôt. Il se précipite devant le roi et d'un ton arrogant s'adresse à lui en ces termes :

« Roi j'ai juré solennellement de me battre en combat singulier devant toi, en ta cour ; mais je n'y vois pas Lancelot et c'est pourtant lui qui s'est engagé à lutter contre moi. Néanmoins, ainsi que je dois le faire, devant tous ceux que je vois ici, je l'appelle à me rencontrer. S'il est ici, qu'il s'avance et qu'il se déclare prêt à me tenir parole d'ici un an en ta cour même. Je ne sais si on vous a rapporté en quelles circonstances ce combat fut décidé, mais je vois ici des chevaliers qui étaient présents lorsque nous en avons arrêté les conditions et ils pourraient vous le confirmer s'ils voulaient bien reconnaître la vérité. Si Lancelot veut me désavouer, je n'aurai pas recours aux services d'un mercenaire ;

einz le mosterrai vers son cors. »
La reïne, qui seoit lors
6175 delez le roi, a soi le tire
et si li encomance a dire :
« Sire, savez vos qui est cist ?
C'est Melïaganz qui me prist
el conduit Kex le seneschal ;
6180 assez li fist et honte et mal. »
Et li rois li a respondu :
« Dame, je l'ai bien antendu :
je sai molt bien que ce est cil
qui tenoit ma gent an essil. »
6185 La reïne plus n'an parole.
Li rois atorne sa parole
vers Meleagant, si li dit :
« Amis, » fet il, « se Dex m'aït,
de Lancelot nos ne savons
6190 noveles, don grant duel avons. »
« Sire rois, » fet Meleaganz,
« Lanceloz me dist que ceanz
le troveroie je sanz faille,
ne je ne doi ceste bataille
6195 semondre s'an vostre cort non.
Je vuel que trestuit cist baron
[50e] qui ci sont m'an portent tesmoing,
que d'ui en un an l'en semoing
par les covanz que nos feïsmes
6200 la ou la bataille anpreïsmes. »
A cest mot an estant se lieve
messire Gauvains, cui molt grieve
de la parole que il ot,
et dit : « Sire, de Lancelot
6205 n'a point an tote ceste terre ;
mes nos l'anvoieromes querre,
se Deu plest, sel trovera l'an
ançois que veigne au chief de l'an,
s'il n'est morz ou anprisonez.
6210 Et s'il ne vient, si me donez
la bataille — je la ferai.
Por Lancelot m'an armerai

je saurai bien tout seul faire la preuve de ses torts. »

La reine, qui était assise auprès du roi, l'attira vers
6175 elle et lui glissa à l'oreille :

« Sire, savez-vous qui est ce chevalier ? C'est Méléagant qui me fit prisonnière alors que j'étais sous la sauvegarde de Keu auquel il causa beaucoup de honte et de souffrance.

— Dame, lui répondit le roi, je l'ai fort bien compris. Je sais parfaitement que c'est lui qui retenait mes sujets en exil. »

La reine n'ajouta rien et le roi, se tournant vers Méléagant, lui répondit :

« Ami, Dieu m'en soit témoin, nous sommes sans nouvelles de Lancelot et cela nous inquiète beaucoup.

— Sire roi, répliqua Méléagant, Lancelot m'avait assuré qu'à coup sûr je le trouverais ici et je ne peux l'assigner à ce combat nulle part ailleurs qu'en votre cour. Je veux que tous ces barons qui sont ici m'en soient témoins : en vertu des accords que nous avons conclus lorsque nous avons décidé ce combat, je le
6200 somme de me tenir sa promesse dans un an à compter d'aujourd'hui. »

A ces mots, Gauvain, qu'une telle sommation agaçait beaucoup, bondit sur ses pieds et déclara :

« Sire, en ce qui concerne Lancelot, il ne se trouve nulle part en ce royaume mais nous le ferons chercher et s'il plaît à Dieu nous le retrouverons avant un an à moins qu'il ne soit mort ou emprisonné au fond d'un cachot. Et s'il ne reparaît pas, accordez-moi ce combat ; je le souhaite de tout cœur. Au jour dit, je serai armé de pied en cap en lieu et place de Lancelot

au jor, se il ne vient ençois. »
« Haï ! por Deu, biax sire rois, »
6215 fet Melïaganz, « donez li.
Il la vialt et je vos an pri,
qu'el monde chevalier ne sai
a cui si volentiers m'essai,
fors que Lancelot seulement.
6220 Mes sachiez bien certainnement,
s'a l'un d'aus deus ne me conbat,
nul eschange ne nul rachat
fors que l'un d'aus deus n'an prandroie. »
Et li rois dit que il l'otroie
6225 se Lanceloz ne vient dedanz.
Atant s'an part Meleaganz
et de la cort le roi s'an va ;
ne fina tant que il trova
le roi Bademagu son pere.
6230 Devant lui, por ce que il pere
qu'il est preuz et de grant afeire,
comança un sanblant a feire
et une chiere merveilleuse.
Ce jor tenoit cort molt joieuse
6235 li rois a Bade sa cité.
Jorz fu de sa natevité,
por ce la tint grant et pleniere ;
si ot gent de mainte meniere
avoec lui venu plus qu'assez.
6240 Toz fu li palés antassez
[50f] de chevaliers et de puceles.
Mes une en i ot avoec eles
(cele estoit suer Meleagant)
don bien vos dirai ça avant
6245 mon pansser et m'antencïon ;
mes n'an vuel feire mancïon,
car n'afiert pas a ma matire
que ci androit an doie dire,
ne je ne la vuel boceier
6250 ne corronpre ne forceier,
mes mener boen chemin et droit.

s'il ne reparaît pas d'ici là.

— Ha ! pour Dieu, beau sire roi, fit Méléagant, accordez-lui ce combat : il le désire et, pour ma part, je vous en prie car, excepté Lancelot, il n'y a pas de chevalier au monde avec qui je souhaite autant me mesurer. Mais soyez assuré que si je ne peux me mesurer à aucun des deux, je n'accepterai aucun échange ni aucun remplaçant à la place de l'un ou de l'autre. »

6225 Le roi déclara qu'il en était d'accord si Lancelot ne revenait pas à temps. Et, sans plus attendre, Méléagant quitta la cour d'Arthur pour revenir d'une traite trouver son père le roi Baudemagus. Il afficha en sa présence un air d'importance pour bien montrer qu'il était un preux d'un rare mérite. Ce jour-là le roi tenait en sa cité de Bade une cour plénière fort joyeuse : c'était le jour de son anniversaire aussi la joie éclatait-elle de partout et il était entouré de gens de toutes sortes venus en grand nombre. Tout le palais était rempli de chevaliers et de demoiselles. Parmi elles s'en trouvait une, qui était la sœur de Méléagant, dont je vous dirai bientôt quel rôle je compte lui faire jouer. Mais pour l'instant je ne veux pas en parler car il ne convient pas à mon plan d'en dire davantage dès 6250 maintenant : je ne veux pas déformer ou rompre l'ordonnance de mon récit que je tiens à poursuivre de la manière la plus directe et la plus logique.

Et si vos dirai orandroit
ou Meleaganz est venuz,
qui, oiant toz gros et menuz,
6255 dist a son pere molt en haut :
« Pere, » fet il, « se Dex vos saut,
se vos plest, or me dites voir
se cil ne doit grant joie avoir
et se molt n'est de grant vertu
6260 qui a la cort le roi Artu
par ses armes se fet doter. »
Li peres, sanz plus escoter,
a sa demande li respont :
« Filz, » fet il, « tuit cil qui boen sont
6265 doivent enorer et servir
celui qui se puet desservir,
et maintenir sa conpaignie. »
Lors le blandist et si li prie
et dit c'or ne soit mes teü
6270 por coi a ce amanteü,
qu'il quiert, qu'il vialt et dom il vient.
« Sire, ne sai s'il vos sovient, »
ce dit ses filz Meleaganz,
« des esgarz et des covenanz
6275 qui dit furent et recordé
quant par vos fumes acordé
et moi et Lancelot ansanble.
Bien vos an manbre, ce me sanble,
que devant plusors nos dist l'an
6280 que nos fussiens au chief de l'an
an la cort Artus prest andui.
G'i alai quant aler i dui,
apareilliez et aprestez
de ce por coi g'i ere alez.
[51a] Tot ce que je dui faire fis :
Lancelot demandai et quis,
contre cui je devoie ovrer,
mes nel poi veoir ne trover.
Foïz s'an est et destornez !
6290 Or si m'an sui par tel tornez
que Gauvains m'a sa foi plevie
que se Lanceloz n'est an vie

Pour l'heure, sachez seulement que dès son arrivée, Méléagant s'adressa à son père à voix assez haute pour être entendu de tous, grands et petits.

« Père, dit-il, aussi vrai que je souhaite que Dieu vous tienne en sa sauvegarde, je vous prie de me dire bien franchement, si vous n'y voyez pas d'inconvénient, si, d'après vous, celui qui sait se faire craindre par ses armes à la cour du roi Arthur n'a pas lieu d'en être satisfait et si cela ne témoigne pas de sa haute vaillance. »

Son père, sans en entendre davantage, répondit à sa question :

« Fils, tous ceux qui ont du cœur doivent honorer et servir celui qui témoigne d'un tel mérite et ils doivent rechercher sa compagnie. »

Il flatte son orgueil et le prie de ne pas lui cacher la raison de ses propos ni ses intentions, ni ce qu'il souhaite ni d'où il vient.

« Sire, répondit Méléagant, je ne sais si vous vous 6275 rappelez des termes et des conditions de l'accord qui fut conclut entre Lancelot et moi à la suite de votre intervention. Vous devez bien vous souvenir, je pense, que devant plusieurs témoins, on nous enjoignit de nous retrouver tous les deux à la cour d'Arthur, un an après ma sommation, prêts à nous battre de nouveau. J'y suis donc allé en temps voulu, disposé à respecter l'engagement qui m'y conduisait. J'ai fait alors tout ce que je devais faire : j'ai demandé et cherché Lancelot contre qui je devais me battre mais je n'ai pu ni le voir ni le trouver. Il a dû fuir et se cacher quelque part ! Alors je ne m'en suis retourné qu'avec l'engagement solennel de Gauvain que si Lancelot n'est plus en vie

et se dedanz le terme mis
ne vient, bien m'a dit et promis
6295 que ja respiz pris n'an sera,
mes il meïsmes la fera
ancontre moi por Lancelot.
Artus n'a chevalier qu'an lot
tant con cestui — c'est bien seü.
6300 Mes ainz que florissent seü
verrai ge, s'au ferir venons,
s'au fet s'acorde li renons —
et mon vuel seroit orandroit ! »
« Filz, » fet li peres, « or en droit
6305 te fez ici tenir por sot.
Or set tex qui devant nel sot
par toi meïsmes ta folie.
Voirs est que boens cuers s'umilie,
mes li fos et li descuidiez
6310 n'iert ja de folie vuidiez.
Filz, por toi le di, que tes teches
par sont si dures et si seches
qu'il n'i a dolçor n'amitié ;
li tuens cuers est trop sanz pitié,
6315 trop es de la folie espris.
C'est ce por coi ge te mespris ;
c'est ce qui molt t'abeissera.
Se tu es preuz, assez sera
qui le bien an tesmoingnera
6320 a l'ore qui besoingnera ;
n'estuet pas prodome loer
son cuer por son fet aloer,
que li fez meïsmes se loe.
Neïs la monte d'une aloe
6325 ne t'aïde a monter an pris
tes los, mes assez mains t'en pris.
Filz, je te chasti ; mes cui chaut ?
Quanqu'an dit a fol petit vaut,
que cil ne se fet fors debatre
[51b] qui de fol vialt folie abatre.
Et biens qu'an anseigne et descuevre
ne valt rien, s'an nel met a oevre,

ou s'il ne réapparaît pas
avant le terme fixé, le combat ne sera pas remis à plus
tard : lui-même, il me l'a juré, se mesurera à moi à la
place de Lancelot. Arthur n'a pas de chevalier qu'on
6300 vante autant que lui, c'est bien connu. Mais avant que
les sureaux ne soient refleuris, je verrai bien, si
toutefois on en vient à échanger quelques coups, si la
réalité est en accord avec cette renommée. J'aimerais
bien y être déjà !

— Mon fils, répondit Baudemagus, tu viens à
l'instant de te faire juger comme un sot. Maintenant,
celui qui l'ignorait encore, a appris de ta bouche
même ta folie. C'est bien vrai que celui qui a un cœur
pur et généreux est capable de s'humilier mais le fou
rempli d'orgueil n'arrivera jamais à se guérir de sa
folie [106]. Fils, c'est pour toi que je le dis, car tu es si
enclin à la dureté et à la cruauté qu'il n'y a pas en toi la
plus petite trace de douceur et d'amour ; ton cœur est
par trop fermé à toute pitié et tu es entièrement
dominé par une folie furieuse. C'est pourquoi je
n'éprouve pour toi que mépris et c'est ce qui te
perdra. Si tu es un vaillant parmi les vaillants, il y aura
assez de gens pour en témoigner au moment qu'il
faudra. Il n'est pas nécessaire à un preux de louer lui-
même son courage pour donner plus d'éclat à ce qu'il
fait : les actes parlent d'eux-mêmes. Les éloges que tu
fais de toi ne contribuent pas à augmenter ta valeur,
6325 même pas du prix que l'on peut attacher à une
alouette ; bien au contraire, pour ma part, je t'en
estime d'autant moins. Fils, je peux bien te faire la
morale, mais à quoi cela sert-il ? Tout ce que l'on peut
dire à un fou a bien peu d'effet. Car celui qui veut
guérir un fou de sa folie ne parvient qu'à s'épuiser lui-
même. Il ne sert à rien de faire découvrir le bien et de
l'enseigner à quelqu'un qui refuse de le mettre en
pratique :

einz est lués alez et perduz. »
Lors fu duremant esperduz
6335 Meleaganz et forssené.
Onques home de mere né
(ce vos puis je bien por voir dire)
ne veïstes ausi plain d'ire
com il estoit ; et par corroz
fu ilueques li festuz roz,
car de rien nule ne blandist
son pere, mes itant li dist :
« Est ce songes ou vos resvez,
qui dites que je sui desvez
6345 por ce se je vos cont mon estre ?
Com a mon seignor cuidoie estre
a vos venuz, com a mon pere ;
mes ne sanble pas qu'il apere,
car plus vilmant me leidoiez,
6350 ce m'est avis, que ne doiez !
Ne reison dire ne savez
por coi ancomancié l'avez. »
« Si faz assez. » — « Et vos de quoi ? »
« Que nule rien an toi ne voi
6355 fors seulemant forssan et rage.
Je conuis molt bien ton corage
qui ancor grant mal te fera.
Et dahait qui ja cuidera
que Lanceloz li bien apris,
6360 qui de toz fors de toi a pris,
s'an soit por ta crieme foïz !
Mes espoir qu'il est anfoïz
ou an tel prison anserrez,
don li huis est si fort serrez
6365 qu'il n'an puet issir sanz congié.
Certes c'est la chose dont gié
seroie duremant iriez
s'il estoit morz ou anpiriez.
Certes trop i avroit grant perte,
6370 se criature si aperte,
si bele, si preuz, si serie,
estoit si a par tans perie.
[51c] Mes c'est mançonge, se Deu plest ! »

la leçon est vite oubliée et totalement vaine. »

En entendant ces mots, Méléagant ne put se contenir et devint ivre de rage. Jamais on ne vit créature humaine — et cela je peux bien vous l'affirmer — entrer dans une telle colère. Dans cet accès de fureur, la mince couverture de décence qui le retenait encore vola en éclats et, sans aucune retenue, il répondit à son père :

« Etes-vous en train de rêver ou de délirer tout éveillé pour dire que je suis fou quand je vous raconte ce qui fait ma vie ? Je pensais être venu à vous comme à mon père et à mon seigneur mais il ne me semble guère qu'il en soit ainsi car vous m'insultez plus 6350 vilainement qu'à mon avis vous n'en avez le droit. Et vous ne sauriez même pas dire la raison de cette algarade !

— Oh si ! et sans problème !

— Alors quelle est-elle selon vous ?

— Tout simplement que je ne vois rien de bon en toi mais seulement rage et folie. Je connais fort bien le fond de ton cœur qui t'attirera encore de méchants ennuis. Maudit soit celui qui pourrait penser que Lancelot, ce modèle de la chevalerie, qui est estimé de tous sauf de toi, ait pu s'enfuir par crainte de toi ! Peut-être est-il enterré ou enfermé dans une prison dont la porte est si solidement verrouillée qu'il ne peut en sortir sans la permission de son geôlier ! Certes, s'il était mort ou touché dans son intégrité physique, j'en serais très vivement affecté. Ce serait une perte irréparable si un être d'un tel mérite, aussi beau, aussi vaillant et aussi pétri de qualités avait aussi tôt disparu. Mais plaise à Dieu qu'il n'en soit rien ! »

     Atant Bademaguz se test ;
6375 mes quanqu'il ot dit et conté
     ot antendu et escouté
     une soe fille pucele,
     et sachiez bien que ce fu cele
     c'or ainz amantui an mon conte,
6380 qui n'est pas liee quant an conte
     tex noveles de Lancelot.
     Bien aparçoit qu'an le celot,
     quant an n'an set ne vant ne voie.
     « Ja Dex, » fet ele, « ne me voie,
6385 quant je jamés reposerai
     jusque tant que je an savrai
     novele certainne et veraie. »
     Maintenant sanz nule delaie,
     sanz noise feire et sanz murmure,
6390 s'an cort monter sor une mure
     molt bele et molt soëf portant.
     Mes de ma part vos di ge tant,
     qu'ele ne set onques quel part
     torner quant de la cort se part.
6395 N'ele nel set, n'ele nel rueve,
     mes el premier chemin qu'el trueve
     s'an antre. Et va grant aleüre
     ne set ou, mes par avanture,
     sanz chevalier et sanz sergent.
6400 Molt se haste, molt est an grant
     d'aconsivre ce qu'ele chace.
     Molt se porquiert, molt se porchace,
     mes ce n'iert ja mie si tost.
     N'estuet pas qu'ele se repost
6405 ne demort an un leu granmant,
     s'ele vialt feire avenanmant
     ce qu'ele a anpanssé a faire :
     c'est Lancelot de prison traire,
     s'el le trueve et feire le puisse.

LIBÉRATION DE LANCELOT

Après sa harangue, Baudemagus resta silencieux.
6375 Mais une sienne fille avait attentivement écouté tous
ses propos. C'était la demoiselle dont j'ai fait mention
un peu plus haut dans mon récit. Et elle n'était pas
des plus heureuses en entendant rapporter de telles
nouvelles au sujet de Lancelot. Elle comprit fort bien
qu'on le détenait au secret puisqu'on n'en avait de
nouvelles de nulle part.

« Puisse Dieu ne jamais m'accepter dans son Paradis si jamais je prends une minute de repos avant
d'avoir de lui des nouvelles certaines », se dit-elle.

Et sur l'heure, sans rien dire de ses intentions, elle
courut enfourcher une mule très belle et douce à
monter. En ce qui me concerne, je me bornerai à
préciser qu'en quittant la cour, elle ne savait dans
quelle direction diriger ses pas. Elle ne le sait pas et ne
cherche pas à s'en enquérir : elle s'engage dans le
premier chemin qu'elle trouve et s'en va à grande
allure, à l'aventure, sans être escortée d'un chevalier
ou d'un homme d'armes. Elle se hâte, désireuse de
6400 découvrir au plus vite ce qu'elle cherche. Elle se
donne beaucoup de mal et s'active mais elle n'est pas
au bout de ses peines. Elle ne peut guère se reposer ni
demeurer longtemps dans le même lieu si elle veut
mener à bon terme l'entreprise dans laquelle elle s'est
engagée, à savoir libérer Lancelot de sa prison si elle
peut le retrouver et si elle peut le sortir de là.

6410 Mes je cuit qu'ainçois qu'el le truisse
      en avra maint païs cerchié,
      maint alé et maint reverchié,
      ainz que nule novele an oie.
      Mes que valdroit se je contoie
6415 ne ses gistes ne ses jornees ?
      Mes tantes voies a tornees
[51d] amont, aval, et sus et jus,
      que passez fu li mois ou plus
      c'onques plus aprandre n'an pot
6420 ne moins qu'ele devant an sot —
      et c'est neanz tot an travers.
      Un jor s'an aloit a travers
      un champ molt dolante et pansive,
      et vit bien loing, lez une rive,
6425 pres d'un braz de mer — une tor.
      Mes n'avoit d'une liue antor
      meison ne buiron ne repeire.
      Meleaganz l'ot feite feire
      qui Lancelot mis i avoit,
6430 mes cele neant n'an savoit.
      Et si tost com el l'ot veüe,
      s'i a si mise sa veüe
      qu'aillors ne la torne ne met ;
      et ses cuers tres bien li promet
6435 que c'est ce qu'ele a tant chacié.
      Mes ore an est venue a chié,
      qu'a droite voie l'a menee
      Fortune, qui tant l'a penee.
      La pucele la tor aproche,
6440 et tant a alé qu'ele i toche.
      Antor va, oroille et escote,
      et s'i met s'antencion tote
      savoir mon se ele i oïst
      chose dont ele s'esjoïst.
6445 Aval esgarde et amont bee,
      si voit la tor et longue et lee.
      Mes mervoille a ce que puet estre
      qu'ele n'i voit huis ne fenestre,
      fors une petite et estroite.

Mais je pense qu'avant de le retrouver, ou d'avoir quelque nouvelle de lui, il lui faudra explorer en tous sens maintes et maintes contrées. Mais à quoi me servirait de raconter par le menu ses étapes et ses haltes ? Toujours est-il qu'elle emprunta tant de chemins, ici et là, en amont comme en aval, qu'un bon mois passa sans qu'elle eût pu en apprendre plus qu'elle n'en savait déjà, c'est-à-dire pratiquement rien. Un jour qu'elle traversait un champ, triste et pensive, elle vit au loin, sur un rivage, en bordure d'un bras de mer, 6425 une tour isolée. Sur une bonne lieue à la ronde, il n'y avait ni maison, ni manoir, ni hutte de berger. C'était la tour qu'avait fait construire Méléagant pour y enfermer Lancelot. Mais la demoiselle n'en savait rien. Dès qu'elle l'eut aperçue, elle la fixa sans pouvoir en détourner les yeux. Elle eut brusquement la conviction intime que c'était là ce qu'elle avait tant cherché. Elle était maintenant arrivée au bout de sa quête car Fortune l'avait conduite droit au but après l'avoir si longtemps maintenue dans l'errance.

La demoiselle s'approche de la tour jusqu'à la toucher ; elle en fait le tour en tendant l'oreille ; elle se concentre pour tenter de percevoir un signe de vie dont elle pourrait se réjouir. Elle regarde le pied de la tour puis jette ses regards vers le haut, écrasée par sa masse et sa hauteur. Elle est très intriguée et se demande pourquoi on n'y voit aucune porte ni aucune fenêtre excepté une seule, petite et étroite.

6450 An la tor, qui est haute et droite,
n'avoit eschiele ne degré.
Por ce croit que c'est fet de gré
et que Lanceloz est dedanz ;
mes ainz qu'ele manjut des danz
6455 savra se ce est voirs ou non.
Lors le vet apeler par non :
apeler voloit Lancelot,
mes ce la tarde que ele ot
andemantiers que se teisoit
6460 une voiz qui un duel feisoit
[51e] an la tor, merveilleuse et fort,
qui ne queroit el que la mort.
La mort covoite et trop se diaut :
trop par a mal et morir viaut ;
6465 sa vie et son cors despisoit
a la foiee, si disoit
foiblement a voiz basse et roe :
« Haï ! Fortune, con ta roe
m'est ore leidemant tornee !
6470 Malemant la m'as bestornee,
car g'iere el mont, or sui el val :
or avoie bien, or ai mal ;
or me plores, or me rioies.
Las, cheitis, por coi t'i fioies
6475 quant ele si tost t'a lessié ?
An po d'ore m'a abessié
voiremant de si haut si bas.
Fortune, quant tu me gabas,
molt feïs mal — mes toi que chaut ?
6480 A neant est comant qu'il aut.
Ha ! sainte Croiz, sainz Esperiz,
con sui perduz ! Con sui periz !
Con sui del tot an tot alez !
Ha ! Gauvain, vos qui tant valez,
6485 qui de bontez n'avez paroil,
certes duremant me mervoil
por coi vos ne me secorez !
Certes trop i par demorez,
si ne feites pas corteisie.

Et il n'y a
[6450] aucune échelle ni aucun escalier pour pénétrer dans
cette tour aux murs droits montant vers le ciel. Aussi
la demoiselle pense-t-elle que tout cela est voulu et
que Lancelot est prisonnier à l'intérieur. Avant même
de consentir à prendre quelque nourriture, elle saura
si son intuition est vraie ou fausse. Elle était sur le
point d'appeler Lancelot par son nom mais elle se
retint car, alors qu'elle était encore restée silencieuse,
elle entendit quelqu'un qui, dans la tour, se lamentait
à grands cris douloureux en appelant la mort de tous
ses vœux. Celui qui laissait ainsi éclater sa douleur et
sa souffrance en souhaitant la fin de sa vie sans espoir
s'exprimait avec difficulté d'une voix faible et rau-
que :

« Ah ! Fortune, comme ta roue a vilainement
tourné pour moi ! Tu l'as méchamment fait retomber
car j'étais à son sommet et je suis maintenant tout au
bas [107] ; je nageais dans le bonheur et maintenant je me
noie dans la souffrance ; maintenant tu me boudes
alors qu'hier tu me souriais. Hélas ! Pauvre infortuné,
pourquoi te fiais-tu à elle qui t'a si vite abandonné ! Il
[6475] lui a fallu bien peu de temps pour me précipiter de si
haut vers le bas. Fortune, tu as bien mal agi en te
moquant ainsi de moi. Mais que t'importe ! Tu te
soucies fort peu de notre destin ! Ah ! Sainte Croix !
Ah ! Saint Esprit ! Comme ma perte est assurée ! C'en
est fait de moi ! Comme ma situation a changé du tout
au tout ! Ah ! Gauvain, vous qui êtes si vaillant et qui
n'avez pas votre égal en générosité, je me demande
avec stupeur pourquoi vous ne venez pas à mon
secours ! Certes vous tardez trop et ce n'est pas là une
attitude bien courtoise !

6490 Bien deüst avoir vostre aïe
cil cui tant soliez amer.
Certes deça ne dela mer,
ce puis je bien dire sanz faille,
n'eüst destor ne repostaille
6495 ou je ne vos eüsse quis
a tot le moins set anz ou dis,
se je an prison vos seüsse,
einz que trové ne vos eüsse.
Mes de coi me vois debatant ?
6500 Il ne vos an est mie atant
qu'antrer an vuilliez an la poinne.
Li vilains dit bien voir qu'a poinne
puet an mes un ami trover ;
de legier puet an esprover
[51f] au besoing qui est boens amis.
Las ! Plus a d'un an qu'an m'a mis
ci an ceste tor an prison !
Gauvain, jel tieng a mesprison
certes quant lessié m'i avez.
6510 Mes espoir — quant vos nel savez –
espoir que je vos blasme a tort.
Certes, voirs est, bien m'an recort !
Et grant oltrage et grant mal fis
quant jel cuidai, car je sui fis
6515 que por quanque cuevrent les nues
ne fust que n'i fussent venues
voz genz et vos por moi fors traire
de cest mal et de cest contraire,
se vos de voir le seüssiez.
6520 Et feire le redeüssiez
par amor et par conpaignie,
qu'autremant nel redi je mie.
Mes c'est neanz — ce ne puet estre !
Ha ! de Deu et de saint Cervestre
6525 soit maudiz, et Dex le destine
Qui a tel honte me define !
C'est li pires qui soit an vie,
Meleaganz, qui par envie
m'a fet tot le pis que il pot. »

Celui que vous aviez coutume
de tenir pour votre ami intime aurait bien mérité de
recevoir votre aide. Vraiment je peux bien affirmer
sans mentir, que des deux côtés de la mer, il n'y a pas
d'endroit assez reculé et de retraite secrète où je ne
vous aurais cherché jusqu'à ce que je vous aie trouvé
et ce pendant au moins sept ou dix ans, si je vous avais
su prisonnier. Mais à quoi bon tout ce débat ! Je ne
compte sans doute pas suffisamment à vos yeux pour
6500 que vous vouliez vous mettre en peine à cause de moi !
Le vilain dit à juste titre dans ses proverbes qu'il est
toujours difficile de trouver un ami mais que, par
contre, il est très facile dans le besoin de distinguer le
vrai[108]. Hélas ! il y a plus d'un an qu'on m'a enfermé
dans cette tour ! Ah ! Gauvain, je tiens pour indigne
de vous de m'y avoir laissé croupir aussi longtemps !
Mais peut-être je vous blâme à tort car vous devez
ignorer ma situation. Certes cela est vraisemblable et
j'en suis persuadé ! J'ai médit de vous et me suis
montré injuste en vous pensant insensible à mon sort,
car je suis certain que rien sous la voûte du ciel
n'aurait pu vous empêcher vous et vos compagnons de
venir m'arracher à mon sort infortuné, si vous aviez su
la vérité. Et vous l'auriez fait au nom de l'amitié qui
nous unit : je ne peux penser autre chose de vous.
Mais c'est la fin. Rien de bon ne peut plus m'arriver !
Ah ! Qu'il soit maudit de tous les saints celui qui me
condamne à finir mes jours d'une manière aussi
6525 honteuse et que Dieu le punisse en conséquence !
C'est de tous les humains le pire qui soit, ce Méléagant qui, par pure envie, m'a fait tout le mal qu'il
a pu. »

6530 Atant se coise, atant se tot
cil qui a dolor sa vie use.
Mes lors cele qui aval muse,
quanqu'il ot dit ot entandu ;
n'a plus longuemant atandu,
6535 c'or set qu'ele est bien assenee.
Si l'apele come senee
« Lancelot ! » quanqu'el puet et plus,
« Amis, vos qui estes lessus,
parlez a une vostre amie. »
6540 Mes cil dedanz ne l'oï mie.
Et cele plus et plus s'esforce,
tant que cil qui n'a point de force
l'antroï, si s'an merveilla
que puet estre qui l'apela.
6545 La voiz entant, apeler s'ot,
mes qui l'apele il ne le sot :
fantosme cuide que ce soit.
Tot entor soi garde et porvoit
[52a] savoir se il verroit nelui,
6550 mes ne voit fors la tor et lui.
« Dex, » fet il, « qu'est ice que j'oi ?
J'oi parler et neant ne voi !
Par foi, ce est plus que mervoille !
Si ne dor je pas, ençois voille.
6555 Espoir, s'il m'avenist an songe
cuidasse que ce fust mançonge ;
mes je voil, et por ce me grieve. »
Lors a quelque poinne se lieve
et va vers le pertuis petit,
6560 belemant, petit et petit,
et quant il i fu, si s'acoste
sus et jus, de lonc et de coste.
Quant sa veüe a mise fors,
si com il puet esgarde, lors
6565 vit celi qui huchié l'avoit.
Ne la conut, mes il la voit ;
mes cele tantost conut lui,
si li dit : « Lanceloz, je sui
por vos querre de loing venue.

Alors, celui qui passe sa vie dans la souffrance, arrête là ses plaintes mais la demoiselle qui attendait toujours en silence au pied de la tour avait tout entendu. Sans plus se retenir, car elle est maintenant sûre de toucher au but, elle l'appelle d'une voix assurée :

« Lancelot, crie-t-elle aussi fort qu'elle le peut, ami, vous qui êtes là-haut dans cette tour, répondez à l'appel d'une amie. »

Mais celui qui était prisonnier dans la tour ne l'entendit pas. Pourtant la demoiselle s'efforçait de crier de plus en plus fort, tant et si bien que Lancelot, malgré la langueur dans laquelle il se trouvait, finit quand même par la percevoir faiblement et il se demanda avec étonnement qui pouvait bien l'appeler. Une voix qui prononçait son nom parvenait jusqu'à lui mais il ne pouvait savoir à qui elle appartenait. Il pensa que c'était un fantôme. Il regarda tout autour de lui, fouillant la pénombre des yeux pour chercher 6550 une présence mais il était bien seul dans la tour.

« Dieu, fait-il, quelle est cette voix que j'entends ? Quelqu'un parle et je ne vois personne. Par ma foi, c'est étrange ! Pourtant je ne dors pas ; j'ai les yeux bien ouverts. Si j'avais fait un songe en dormant, j'aurais pu croire à une simple illusion mais je suis bien éveillé et cela me tourmente. »

Alors, avec beaucoup de peine, il se redresse et lentement se dirige vers la petite fenêtre. Arrivé là, il se cale tant bien que mal dans l'étroite ouverture et tente, autant qu'il le peut, de balayer du regard l'extérieur de la tour. Alors il voit celle qui l'avait appelé. Il ne sait pas qui elle est mais du moins il la voit. Elle, par contre, le reconnaît bien.

« Lancelot, lui dit-elle, je suis venue de très loin pour vous chercher.

6570 Or est si la chose avenue,
     Deu merci, c'or vos ai trové.
     Je suis cele qui vos rové
     quant au Pont de l'Espee alastes
     un don, et vos le me donastes
6575 molt volantiers quant jel vos quis :
     ce fu del chevalier conquis
     le chief, que je vos fis tranchier,
     que je nes point n'avoie chier.
     Por ce don et por ce servise
6580 me sui an ceste poinne mise ;
     por ce vos metrai fors de ci. »
     « Pucele, la vostre merci, »
     fet donques li anprisonez.
     « Bien me sera guerredonez
6585 li servises que je vos fis,
     se je fors de ceanz sui mis.
     Se fors de ci me poez metre,
     por voir vos puis dire et prometre
     que je toz jorz mes serai vostres,
6590 si m'aïst sainz Pos li apostres.
     Et se je Deu voie an la face,
     jamés n'iert jorz que je ne face
[52b] quanque vos pleira comander.
     Ne me savroiz ja demander
6595 chose nule, por que je l'aie,
     que vos ne l'aiez sanz delaie. »
     « Amis, ja de ce ne dotez
     que bien n'an soiez fors botez ;
     hui seroiz desclos et delivres.
6600 Je nel leiroie por mil livres
     que fors n'an soiez ainz le jor.
     Lors vos metrai a grant sejor,
     a grant repos, et a grant aise :
     je n'avrai chose qui vos plaise,
6605 se vos la volez, ne l'aiez.
     Ja de rien ne vos esmaiez.
     Mes ençois me covient porquerre,
     ou que soit ci an ceste terre
     aucun engin, se je le truis,

Maintenant, Dieu merci, je suis
au bout de mes peines car je vous ai trouvé. Je suis
celle qui vous a demandé un don alors que vous vous
rendiez au Pont-de-l'épée et vous me l'avez accordé de
6575 bon gré dès que je vous l'ai eu demandé : il s'agissait
de la tête de ce chevalier que vous avez vaincu et que
je détestais. Pour moi, vous la lui avez tranchée. C'est
pour vous remercier de ce don et de ce service que je
me suis lancée dans cette pénible quête et que je vous
sortirai de cette tour.

— Grand merci, demoiselle, répond le prisonnier,
je serai bien récompensé du service que je vous ai
rendu si grâce à vous je sors d'ici. Si vous réussissez à
me tirer de là, je peux bien vous jurer au nom de
l'apôtre saint Paul que je vous serai à tout jamais
acquis. Aussi vrai que je souhaite de me trouver un
jour devant Dieu, je vous promets qu'il n'y aura pas
un seul jour où je ne fasse tout ce qu'il vous plaira de
me commander. Quoi que vous me demandiez, vous
l'aurez sur-le-champ, si cela dépend de moi.

— Ami, ne craignez rien : vous allez sortir de votre
prison ; dès aujourd'hui même vous serez en liberté.
Même pour mille livres je ne renoncerais pas à ce que
6600 vous en soyez délivré dans le courant de la journée.
Après quoi je ferai en sorte que vous puissiez vous
reposer dans les meilleures conditions : il n'y a pas
une chose qui dépende de moi que vous n'aurez si
vous en avez envie. Ne vous faites pas de souci. Mais
auparavant il me faut chercher quelque part dans les
environs un outil quelconque qui vous permette, si je
le trouve,

6610 com puisse croistre cest pertuis
tant que vos issir an puissiez. »
« Et Dex doint que vos le truissiez, »
fet se cil qui bien s'i acorde.
« Et j'ai ceanz a planté corde
6615 que li sergent bailliee m'ont
por traire le mangier amont —
pain d'orge dur et eve troble
qui le cuer et le cors me troble. »
Lors la fille Bademagu
6620 un pic fort, quarré et agu
porquiert, et tantost si le baille
celui qui tant an hurte et maille,
et tant a feru et boté,
neporquant s'il li a grevé,
6625 qu'issuz s'an est legierement.
Or est a grant alegemant,
or a grant joie (ce sachiez)
quant il est de prison sachiez
et quant il d'iluec se remue
6630 ou tel piece a esté an mue.
Or est au large et a l'essor ;
et sachiez bien que por tot l'or
qui est espanduz par le mont,
qui tot le meïst an un mont
6635 et tot li donast et ofrist,
[52c] arrieres estre ne volsist.
Ez vos desserré Lancelot,
qui si ert vains qu'il chancelot
de vanité et de feblece.
6640 Cele si soëf que nel blece
le met devant soi sor sa mure,
puis si s'an vont grant aleüre.
Mes la pucele se desvoie
tot de gré, por ce qu'an nes voie ;
6645 et chevalchent celeemant,
car s'ele alast apertemant
espoir assez tost lor neüst
aucuns s'il les reconeüst,
et ce ne volsist ele pas.

d'agrandir suffisamment cette ouverture pour pouvoir sortir de là.

— Dieu fasse que vous le trouviez, répond Lancelot qui est bien d'accord avec elle. Pour ma part, je dispose ici d'une bonne longueur de corde que mes gardiens m'ont donnée pour remonter ma nourriture faite de pain d'orge très dur et d'eau trouble qui me lève le cœur et me fait perdre mes forces. »

La fille du roi Baudemagus se met alors en quête et trouve un pic solide, massif et pointu qu'elle fait aussitôt passer à Lancelot, lequel attaque la muraille à grands coups répétés tant et si bien qu'après des 6625 efforts épuisants, il peut sortir de la tour sans trop de difficultés. C'est pour lui un grand soulagement et une grande joie que d'être ainsi arraché à ces lieux où il était resté si longtemps cloîtré et de pouvoir retrouver sa liberté de mouvement. Maintenant il est à l'air libre et il a tout l'espace devant lui. Même si on lui avait offert tout l'or du monde rassemblé en un tas, il n'aurait pas voulu revenir en arrière !

Lancelot était donc libre mais il était si fatigué qu'il chancelait de faiblesse et d'épuisement. Avec une grande douceur pour éviter de lui faire mal, la demoiselle le fit monter devant elle sur sa mule et ils s'éloignèrent rapidement. Volontairement la demoiselle évita les chemins trop fréquentés afin qu'on ne les remarque pas. Ils chevauchèrent en cachant leur présence car s'ils s'étaient montrés au grand jour quelqu'un aurait pu les reconnaître et leur causer rapidement préjudice, ce que la demoiselle voulait éviter.

6650 Por ce eschive les max pas
      et est venue a un repeire
      ou sovant sejorne et repeire,
      por ce que biax estoit et genz.
      Et li repeires et les genz
6655 erent an son comant del tot ;
      si estoit planteïs de tot
      li leus, et sains et molt privez.
      La est Lanceloz arivez ;
      et si tost com il fu venuz,
6660 quant il fu de sa robe nuz,
      en une haute et bele couche
      la pucele soëf le couche.
      Puis le baigne, puis le conroie
      si tres bien que je n'an porroie
6665 la mitié deviser ne dire.
      Soëf le menoie et atire
      si com ele feïst son pere :
      tot le renovele et repere,
      tot le remue, tot le change.
6670 Or n'est mie moins biax d'un ange,
      n'est mes roigneus n'esgeünez,
      mes forz et biax ; si s'est levez.
      Et la pucele quis li ot
      robe plus bele qu'ele pot,
6675 dom au lever le revesti ;
      et cil lieemant la vesti
      plus legiers que oisiax qui vole.
      La pucele beise et acole,
[52d] puis li dist amïablemant :
6680 « Amie, » fet il, « seulemant
      a Deu et a vos rant merciz
      de ce que sains sui et gariz.
      Par vos sui de prison estors,
      por ce poez mon cuer, mon cors,
6685 et mon servise et mon avoir,
      quant vos pleira, prandre et avoir.
      Tant m'avez fet que vostres sui.
      Mes grant piece a que je ne sui
      a la cort Artus mon seignor,

C'est pourquoi elle passa à l'écart des endroits
6650 dangereux pour arriver enfin à un manoir où elle
aimait séjourner à cause de la beauté et de l'agrément
des lieux. Tous les habitants du manoir lui étaient
entièrement dévoués. L'endroit était bien pourvu de
tout ce dont on pouvait avoir besoin ; l'air y était pur
et la tranquillité assurée. C'est là que la demoiselle
conduisit Lancelot. A peine furent-ils arrivés que la
demoiselle déshabilla Lancelot et le fit douillettement
coucher dans un grand lit somptueusement garni.
Puis elle le baigna et lui prodigua tant de soins que je
ne saurais même en énumérer la moitié. Elle le massa
et lui pétrit les chairs avec douceur comme elle l'aurait
fait à son propre père ; elle lui fit retrouver son état
antérieur, sa force, sa vigueur, sa beauté ; elle le
transforma à tel point qu'une grâce angélique se
répandit sur ses traits. Il n'est plus maintenant l'être
affamé et rongé par la gale qu'il était ; il a retrouvé
toute sa force et sa beauté. Maintenant il peut se lever
de son lit.

La demoiselle lui a fait apporter une robe de
6675 chevalier, la plus belle qu'elle a pu trouver et elle la lui
fait revêtir à son lever. En la passant, Lancelot se sent
transporté de bonheur et aussi léger qu'un oiseau dans
son vol. Il embrasse la demoiselle et lui dit avec une
amicale tendresse :

« Amie, c'est à Dieu et à vous seule que je rends
grâce de me retrouver ainsi en pleine santé. C'est
grâce à vous que j'ai pu échapper à ma prison ; aussi
vous pouvez disposer à votre gré de mon cœur, de
mon corps, de mes biens et de mon bras. Vous avez
tant fait pour moi que je suis entièrement vôtre. Mais
il y a bien longtemps que je n'ai pas paru à la cour
d'Arthur, mon seigneur,

6690 qui m'a portee grant enor —
et g'i avroie assez a feire.
Or, douce amie deboneire,
par amors si vos prieroie
congié d'aler ; et g'i iroie,
6695 s'il vos pleisoit, molt volantiers. »
« Lancelot, biax dolz amis chiers, »
fet la pucele, « jel vuel bien,
que vostre enor et vostre bien
vuel je par tot et ci et la. »
6700 Un merveilleus cheval qu'ele a,
le meillor c'onques veïst nus,
li done cele, et cil saut sus
qu'as estriés congié n'an rova :
ne sot mot quant sus se trova.
6705 Lors a Deu qui onques ne mant
s'antrecomandent boenemant.

qui m'a toujours grande-
ment honoré et j'aurais beaucoup de choses à y faire.
Ma douce et noble amie, j'aimerais vous prier au nom
de notre amitié de m'accorder la permission de me
rendre là-bas. Si cela ne vous ennuyait pas, j'aimerais
beaucoup y aller.

— Lancelot, cher et tendre ami, j'y consens volontiers car je ne désire en tous lieux et en tous temps que
votre honneur et votre bien. »

6700   Elle lui fait don d'un cheval merveilleux, le meilleur
qu'on ait jamais vu et Lancelot saute en selle sans
même se servir des étriers. Il ne savait comment
exprimer sa joie d'être de nouveau sur un cheval.
Alors, d'un cœur sincère, ils se recommandèrent
mutuellement à Dieu qui est la droiture même.

Lanceloz s'est mis a la voie
si liez que, se juré l'avoie,
ne porroie por nule painne
6710 dire la joie qu'il demainne
de ce qu'ainsi est eschapez
de la ou il fu antrapez.
Mes or dit sovant et menu
que mar l'a en prison tenu
6715 li traîtres, li forsligniez,
qui est gabez et angigniez.
« Et maugré suen an sui je fors ! »
Donc jure le cuer et le cors
Celui qui tot le mont cria,
6720 qu'avoir ne richesce n'en a
des Babiloine jusqu'a Gant
por qu'il leissast Meleagant
[52e] eschaper, se il le tenoit
et de lui au desus venoit —
6725 que trop li a fet leit et honte !
Mes li afeires a ce monte
que par tans en iert a meïsmes,
car cil Meleaganz meïsmes,
qu'il menace et tient ja si cort,
6730 estoit ce jor venuz a cort
sanz ce que nus ne le manda.
Quant il i fu, si demanda
tant monseignor Gauvain qu'il l'ot.
Puis li requiert de Lancelot
6735 (li mauvés traîtres provez),
se puis fu veüz ne trovez —
ausi con s'il n'en seüst rien !
(Nel feisoit il, nel sot pas bien,
mes il le cuidoit bien savoir !)
6740 Et Gauvains li a dit por voir
qu'il nel vit ne il ne vint puis.
« Des qu'ainsi est que je vos truis, »

Lancelot s'est mis en chemin, si heureux que même s'il l'avait voulu, il n'aurait pu traduire, quelque effort qu'il y mette, la joie qu'il ressentait d'être ainsi sorti du piège dans lequel il croupissait. Mais bien souvent il murmure entre ses dents que c'est pour son malheur que l'a ainsi tenu en prison l'infâme scélérat, indigne de sa caste, qui est maintenant bien trompé à son tour et digne de risée. « Malgré lui j'en suis sorti », se répète Lancelot et il jure par Celui qui créa l'univers qu'il n'y a aucun trésor de Babylone jusqu'à Gand contre lequel il laisserait Méléagant en vie s'il le tenait entre ses mains, réduit à sa merci, car le scélérat lui a causé trop de préjudices ! Mais le sort fera qu'il sera dans peu de temps à même de mettre ses menaces à exécution. En effet ce même Méléagant, objet de sa colère et qu'il voudrait déjà tenir entre ses mains, était ce même jour venu à la cour d'Arthur sans que personne ne l'eût mandé. Dès son arrivée il réclama avec une telle insistance monseigneur Gauvain qu'il fut conduit en sa présence. L'hypocrite scélérat lui demanda alors des nouvelles de Lancelot et si on l'avait retrouvé, comme s'il n'en savait rien ! Mais tout en croyant bien le savoir, il n'était que fort imparfaitement renseigné. Gauvain lui répondit qu'en vérité il n'avait pas revu Lancelot et qu'il n'était pas revenu.

« Eh bien, puisqu'au moins je vous trouve vous,

6725

fet Meleaganz, « donc venez
et mon covenant me tenez,
6745 car plus ne vos en atandrai. »
Ce fet Gauvains : « Bien vos randrai,
se Deu plest ou j'ai ma creance,
jusqu'a po vostre covenance.
Bien me cuit a vos aquiter.
6750 Mes se vient a plus poinz giter
et g'en giet plus que ne façoiz,
si m'aïst Dex et sainte Foiz
quanqu'avra el geu tot an tasche
prendrai, ja n'en avrai relasche. »
6755 Et lors Gauvains sans plus atandre
comande gitier et estandre
iluec un tapiz devant soi.
Isnelemant font sanz esfroi
tot son comant li escuier,
6760 mes sanz grondre et sans enuier
de ce qu'il rueve s'antremetent.
Le tapiz prenent, si le metent
cele part ou il comanda ;
cil saut sus, einz n'i aresta,
6765 et de desore armer se rueve
aus vaslez que devant soi trueve,
[52f] qui ancors desfublé estoient.
Trois en i ot qui li estoient
ne sai ou cosin ou neveu,
6770 por voir bien anseignié et preu.
Cil l'armerent bel et si bien
qu'il n'a el monde nule rien
dont nus hom reprendre les puisse
por nule rien que il i truisse
6775 en chose qu'il en aient fait.
Quant l'ont armé, li uns d'ax vait
amener un destrier d'Espaigne,
tel qui plus tost cort par chanpaigne,
par bois, par tertres et par vax
6780 que ne fist li boens Bucifax.
El cheval tel con vos oez
monta li chevaliers loez,

répliqua Méléagant, venez me tenir votre promesse
car je n'attendrai pas plus longtemps.

— S'il plaît à Dieu, je vous paierai mes dettes avant
peu à votre convenance, fit Gauvain. Je compte bien
6750 m'acquitter envers vous. Mais si, comme aux dés,
nous jouons à qui fera le plus de points et que j'en fais
plus que vous, Dieu m'en soit témoin, je ne m'arrête-
rai pas avant d'avoir raflé toute la somme mise en
jeu ! »

Alors, sans plus attendre, Gauvain ordonna de
dérouler un tapis sur le sol devant lui, ce que firent
promptement et sans maugréer ses écuyers. Ils prirent
un tapis et l'étendirent là où il leur avait commandé.
Gauvain monta dessus et sur-le-champ demanda aux
valets [109] qui se trouvaient auprès de lui et qui étaient
encore en chemise, de l'armer. Ils étaient trois, ses
cousins ou bien ses neveux, je ne sais trop, mais tous
les trois bien appris et fort stylés. Ils l'armèrent
parfaitement et avec un souci du détail tel que
personne au monde n'aurait trouvé à redire quoi que
6775 ce soit à propos de leur travail. Quand ils l'eurent
armé, l'un d'entre eux alla lui chercher un destrier
d'Espagne plus rapide à courir à travers les champs et
les bois, les collines et les vallons que le fameux
Bucéphale. C'est sur ce magnifique cheval que monta
Gauvain, le chevalier le plus renommé,

Gauvains, li plus bien anseigniez
qui onques fust de main seigniez.
6785 Et ja voloit son escu prandre
quant il vit devant lui descendre
Lancelot, don ne se gardoit.
A grant mervoille l'esgardoit
por ce que si soudainnemant
6790 est venuz ; et, se je n'an mant,
mervoilles li sont avenues
ausins granz con s'il fust des nues
devant lui cheüz maintenant.
Mes nel va lors rien detenant
6795 ne besoinz qu'il poïst avoir,
quant il voit que c'est il por voir,
qu'a terre ne soit descenduz ;
lors li vet ses braz estanduz,
si l'acole et salue et beise.
6800 Or a grant joie, or est a eise
quant son conpaignon a trové.
Et je vos dirai voir prové,
si ne m'an mescreez vos pas,
que Gauvains tot eneslepas
6805 ne volsist pas qu'an l'esleüst
a roi, por ce qu'il ne l'eüst.
Ja set li rois, ja sevent tuit
que Lanceloz, cui qu'il enuit,
qui tel piece a esté gaitiez,
6810 est venuz toz sains et haitiez.
[53a] S'an font grant joie tuit ansanble,
et por lui festoier s'asanble
la corz qui l'onc tans l'a bahé.
N'i a nul tant de grant ahé
6815 ou de petit, joie n'an face.
Joie depiece et si esface
la dolor, qui ençois i ert ;
li diaus s'an fuit, si i apert
joie qui formant les rapele.
6820 Et la reïne n'i est ele
a cele joie qu'an demainne ?
Oïl, voir, tote premerainne.

le plus au fait
des usages et le plus courtois de tous ceux qui furent
jamais bénis. Il était sur le point de se saisir de son écu
lorsqu'il vit Lancelot auquel il ne s'attendait guère,
mettre pied à terre devant lui. Il resta bouche bée en le
voyant aussi soudainement apparaître. Sans mentir,
son apparition était pour Gauvain aussi miraculeuse
que s'il était brusquement tombé des nues devant lui.
Mais quand il est certain que c'est bien lui, plus rien
ne le retient de sauter à terre pour courir vers lui bras
ouverts, le serrer contre son cœur et l'embrasser.
6800 D'avoir ainsi retrouvé son compagnon le remplit de
bonheur. Et croyez-moi, car c'est la pure vérité,
Gauvain aurait alors sans hésitation refusé une couronne royale plutôt que de n'avoir pas retrouvé son
ami.

Déjà le roi est au courant ; déjà tous savent que
Lancelot que l'on a si longtemps attendu est de retour
sain et sauf, même si cela doit en chagriner certains.
Tous laissent éclater leur joie et se rassemblent pour
lui faire fête car toute la cour avait espéré son retour
depuis trop longtemps. Tous, quel que soit leur âge,
jeunes ou vieux manifestent leur allégresse. Elle
dissipe la tristesse qui régnait peu de temps auparavant. Le chagrin s'efface pour laisser place à la joie qui
entraîne tous les cœurs. Et la reine ? Ne participe-
t-elle pas à la joie générale ? Si, bien sûr, elle est au
tout premier rang !

Comant ? Dex, ou fust ele donques ?
Ele n'ot mes si grant joie onques
6825 com or a de sa bienvenue
et ele a lui ne fust venue ?
Si est voir, ele an est si pres
qu'a po se tient — molt s'an va pres —
que li cors le cuer ne sivoit.
6830 Ou est donc li cuers ? Il beisoit
et conjoïssoit Lancelot.
Et li cors, por coi se celot ?
N'estoit bien la joie anterine ?
A y donc corroz ne haïne ?
6835 Nenil certes, ne tant ne quant ;
mes puet cel estre, li auquant
(li rois, li autre qui la sont,
qui lor ialz espanduz i ont)
aparceüssent tost l'afeire
6840 s'ainsi, veant toz, volsist feire
tot si con li cuers le volsist.
Et se Reisons ne li tolsist
ce fol panser et cele rage,
si veïssent tot soṇ corage.
6845 Lors si fust trop granz la folie !
Por ce Reisons anferme et lie
son fol cuer et son fol pansé,
si l'a un petit racenssé
et a mis la chose an respit
6850 jusque tant que voie et espit
un boen leu et un plus privé,
ou il soient mialz arivé
que il or ne sont a ceste ore.
Li rois Lancelot molt enore,
[53b] et quant assez l'ot conjoï,
se li dist : « Amis, je n'oï
certes de nul home noveles
piece a qui si me fussent beles
con de vos ; mes molt m'esbaïs
6860 an quel terre et an quel païs
vos avez si grant piece esté.
Et tot iver et tot esté

Vous en doutez ? Grand Dieu, où
pourrait-elle donc être ? Jamais elle n'éprouva un
bonheur aussi intense que celui que lui procura le
6825 retour de Lancelot et elle serait restée à l'écart ! Non,
elle est bien là ; elle est même si près de lui que peu
s'en faut que son corps — déjà si près — ne suive son
cœur. Car son cœur où était-il ? Il couvrait Lancelot
de caresses et de baisers. Et le corps, lui, pourquoi
cachait-il ses impulsions ? Le bonheur éprouvé
n'était-il pas parfait ? S'y mêlait-il un soupçon d'amertume et de dépit ? Non, bien sûr. Il s'en fallait de
beaucoup mais il aurait pu se faire que quelqu'un, le
roi ou quelque autre de ses compagnons qui avaient
les yeux bien ouverts, découvre son secret si devant
tous, elle avait laissé son corps suivre les impulsions
de son cœur. Si la raison n'avait pas refréné sa folle
ardeur et son désir passionné, tout le monde aurait été
au courant de ses sentiments. C'eût été une trop
grande folie. C'est pourquoi la raison maîtrise les
élans de son cœur et la violence de son désir ; elle lui
fait reprendre ses esprits et repousser la libre manifestation de son amour à un peu plus tard [110] quand elle
aura trouvé un endroit plus propice et plus abrité des
6850 regards indiscrets où ils pourront se rejoindre dans de
meilleures conditions que celles que leur offre le
présent.

Le roi combla Lancelot de marques d'honneur et
d'affection puis, après l'avoir ainsi chaleureusement
accueilli, il lui demanda :

« Ami, il y a longtemps que je n'ai pas appris de
quiconque des nouvelles qui m'ont autant réjoui que
votre retour. Mais je me demande bien dans quel pays
vous avez pu rester aussi longtemps. Pendant tout
l'hiver et tout l'été

vos ai fet querre et sus et jus,
n'onques trover ne vos pot nus. »
6865 « Certes, » fet Lanceloz, « biax sire,
a briés paroles vos puis dire
tot si com il m'est avenu.
Meleaganz si m'a tenu,
li fel traïtres, an prison
6870 des cele ore que li prison
de sa terre furent delivre,
si m'a fet a grant honte vivre
en une tor qui est sor mer.
La me fist metre et anfermer,
6875 la menasse ancor dure vie
se ne fust une moie amie,
une pucele cui ge fis
un petit servise jadis.
Cele por assez petit don
6880 m'a rendu large guerredon ;
grant enor m'a feite et grant bien.
Mes celui cui je n'aim de rien,
que cele honte et cest mesfet
m'a porchacié, porquis et fet,
6885 voldrai randre son paiemant
orandroit sanz delaiemant.
Il l'est venuz querre et il l'ait :
n'estuet pas que il se delait
por l'atandre, car trop est prez.
6890 Et je meïsmes resui prez —
mes ja Dex ne doint qu'il s'an lot ! »
Lors dit Gauvains a Lancelot :
« Amis, » fet il, « iceste paie
se je vostre deteur la paie,
6895 c'iert assez petite bontez.
Et ausi sui je ja montez
et toz prez, si con vos veez.
Biax dolz amis, ne me veez
[53c] cest don que je requier et vuel. »
6900 Cil dit qu'il se leiroit ainz l'uel,
voire andeus, de la teste traire
einz qu'a ce le poïst atraire.

je vous ai fait chercher partout et jamais personne n'a pu vous trouver.

— Sire, fit Lancelot, je peux vous dire en peu de mots tout ce qui m'est arrivé. Ce scélérat de Méléagant m'a retenu dans une prison dès le jour où tous les captifs exilés dans sa terre ont été libérés. Et il m'a fait mener une existence misérable dans une tour qui se trouve au bord de la mer. C'est là qu'il m'a fait

6875 enfermer et j'y mènerais encore une existence pitoyable sans le dévouement d'une amie à moi, une demoiselle à qui je rendis jadis un petit service. Elle m'a largement récompensé du modeste petit don que je lui avais fait car elle m'a prodigué de grands égards et des soins sans nombre. Quant à celui que je ne porte guère dans mon cœur, celui qui m'a infligé ce traitement honteux, je ne désire que lui payer son dû le plus rapidement possible. Il est venu le chercher ; il va l'avoir. Il ne faut pas qu'il l'attende trop longtemps puisqu'il est déjà prêt. Pour ma part, je suis tout aussi prêt. Fasse Dieu qu'il n'ait pas à s'en réjouir ! »

Alors Gauvain dit à Lancelot :

« Ami, laissez-moi payer votre dette à votre créancier, ce ne sera qu'une petite broutille et je suis déjà armé et en selle, tout prêt au combat comme vous pouvez le voir. Bel ami, ne me refusez pas cette faveur à laquelle je tiens beaucoup. »

Mais Lancelot lui répond qu'il préférerait se laisser

6900 arracher un œil, voire les deux, plutôt que d'accepter.

Bien jure que ja n'avandra.
Il li doit et il li randra,
6905 car de sa main li afia.
Gauvains voit bien mestier n'i a
riens nule que dire li sache,
si desvest son hauberc et sache
de son dos, et toz se desarme.
6910 Lanceloz de ces armes s'arme
tot sanz delai et sanz demore ;
il ne cuide ja veoir l'ore
qu'aquitez se soit et paiez.
N'avra mes bien s'iert apaiez
6915 Melïaganz, qui se mervoille
oltre reison de la mervoille
qu'il a ses ialz esgarde et voit ;
a bien petit qu'il ne desvoit
et par po n'a le san changié.
6920 « Certes, » fet il, « fos fui quant gié
n'alai ençois que ça venisse
veoir s'ancore le tenisse
an ma prison et an ma tor,
celui qui or m'a fet un tor.
6925 Ha ! Dex, je por coi i alasse ?
Comant, por quel reison cuidasse
que il s'an poïst estre issuz ?
N'est li murs assez fort tissuz
et la torz assez forz et haute ?
6930 N'il n'i avoit pertuis ne faute
par ou il issir an peüst,
s'aïde par defors n'eüst.
Espoir qu'il i fu ancusez ?
Or soit que li murs soit usez
6935 et toz cheoiz et toz fonduz,
ne fust il avoec confonduz
et morz, et desmanbrez et roz ?
Oïl, si m'aïst Dex, trestoz,
s'il fust cheüz morz fust sanz faille.
6940 Mes je cuit qu'ainz que li murs faille
faudra, ce cuit, la mers trestote
si qu'il n'en i remandra gote,

Il jure que cela ne se passera pas ainsi. C'est lui qui a
une dette et il la remboursera à Méléagant car il lui en
a fait le serment. Gauvain voit bien que tout ce qu'il
pourrait lui dire ne servirait à rien ; il quitte sa cotte de
maille et se désarme. Sans plus attendre, Lancelot lui
emprunte ses armes, tout impatient qu'il est de voir
venu le moment de régler ses comptes. Il ne pourra
pas prendre de plaisir tant qu'il n'aura pas remboursé
Méléagant qui n'en croit pas ses oreilles du miracle
qui s'est produit devant lui. Peu s'en faut qu'il n'en
perde la raison et sombre dans la folie.

   « Certes, se dit-il, j'ai été bien fou de ne pas aller
vérifier avant de venir ici que je retenais toujours
6925 prisonnier dans ma tour celui qui vient maintenant de
se jouer de moi. Mais, grand Dieu, pourquoi y serais-
je allé ? Comment aurais-je pu croire qu'il pourrait
s'en échapper ? Les murs ne sont-ils pas assez solidement bâtis et la tour suffisamment haute et inexpu-
gnable ? Et il n'y avait aucun trou ni aucune fissure
par lesquels il aurait pu sortir sans aide extérieure.
Peut-être a-t-on révélé le secret de sa présence ?
Supposons que les murs se soient fissurés et se soient
écroulés d'un seul coup : n'aurait-il pas été tué et mis
en pièces dans leur éboulement ? Si ! Par Dieu, la
chute du mur aurait sans aucun doute entraîné sa
mort. Et je suis persuadé qu'avant que ces murs ne
s'écroulent, il n'y aura plus une goutte d'eau dans la
mer

[53d] ne li monz ne durera plus,
s'a force n'est abatuz jus.
6945 Autremant va, n'est pas issi :
aïde ot quant il en issi,
ne s'an est autremant volez.
Bien sui par consant afolez.
Comant qu'il fust, il an est fors.
6950 Mes se m'an gardasse bien lors,
ja ne fust ne ja n'avenist,
ne ja mes a cort ne venist.
Mes tart an sui au repantir.
Cil qui n'a talant de mantir,
6955 li vilains, dit bien chose estable :
que trop a tart ferme an l'estable
quant li chevax an est menez.
Bien sai c'or serai demenez
a grant honte et a grant laidure,
6960 se assez ne suefre et andure.
Quel sosfrir et quel andurer ?
Mes tant con je porrai durer
li donrai je assez antante,
se Deu plest, a cui j'ai m'atante. »
6965 Ensi se va reconfortant,
ne ne demande mes fors tant
qu'il an chanp soient mis ansanble.
Et c'iert par tans, si con moi sanble,
car Lanceloz le va requerre
6970 qui molt tost le cuide conquerre.
Mes ainz que li uns l'autre assaille,
lor dit li rois que chascuns aille
aval soz la tor an la lande —
n'a si bele jusqu'an Irlande.
6975 Et il si font ; la sont alé ;
molt furent tost jus avalé.
Li rois i va, et tuit et totes,
a granz tropiax et a granz rotes.
La s'an vont tuit ; nuz n'i remaint.
6980 Et as fenestres revont maint,
la reïne, dames, puceles,
por Lancelot, gentes et beles.

et ce sera la fin du monde ! A moins, bien sûr,
que l'on abatte cette muraille de force ! Non, il en a
été autrement : il ne s'est pas évadé tout seul ; on l'a
aidé. Il ne s'est quand même pas envolé ! Il faut bien
le reconnaître, j'ai été victime d'un complot ! Quoi
6950 qu'il en soit, il est maintenant en liberté ! Si j'avais
pris mes précautions en temps utile, rien de tout cela
ne serait arrivé et il n'aurait pas réapparu à la cour.
Mais il est bien tard pour m'en mordre les doigts. Le
vilain, qui ne cherche jamais de faux-fuyants, rapporte dans ses proverbes une vérité indéniable : il est
trop tard pour fermer l'écurie quand le cheval a été
volé ! Je sais bien qu'à présent je serai traîné dans la
boue et méprisé si je ne supporte pas sans broncher de
dures épreuves. Mais quelles seront ces épreuves et
jusqu'où vais-je devoir souffrir ? Tant que je pourrai
tenir, je mettrai tout mon cœur à lui résister avec
l'aide de Dieu en qui je crois. »

Ainsi il essaie de se réconforter et ne demande rien
de plus que d'être conduit avec son adversaire sur le
lieu du combat. Et il n'aura pas longtemps à attendre,
à ce que je crois, car Lancelot, qui pense bien en venir
rapidement à bout, vient déjà le chercher. Mais avant
qu'ils n'en viennent aux mains, le roi leur demanda à
chacun de se rendre dans la lande au pied du donjon.
Il n'y en avait pas de plus belle jusqu'en Irlande. Les
deux combattants lui obéissent et s'y rendent rapidement. Le roi les suit, accompagné de toute sa cour en
rangs serrés. Tout le monde sans exception y va. La
reine et maintes dames et maintes nobles et belles
demoiselles vont s'installer aux fenêtres du donjon
pour admirer Lancelot.

En la lande un sagremor ot,
si bel que plus estre ne pot ;
6985 molt tenoit place, molt est lez.
S'est tot antor selonc orlez
[53e] de menue erbe fresche et bele,
qui an toz tans estoit novele.
Soz le sagremor gent et bel,
6990 qui fu plantez del tans Abel,
sort une clere fontenele
qui de corre est assez isnele.
Li graviers est et biax et genz
et clers, con se ce fust argenz ;
6995 et li tuiax, si con ge cuit,
de fin or esmeré et cuit ;
et cort parmi la lande aval,
antre deus bois parmi un val.
Iluec plest le roi qu'il se siee,
7000 qu'il n'i voit rien qui li dessiee.
Les genz fet treire bien ansus ;
et Lanceloz molt tost cort sus
Melïagant de grant aïr,
con celui cui molt puet haïr.
7005 Mes avant, einz que il le fiere,
li dist a haute voiz et fiere :
« Traiez vos la, je vos desfi !
Et sachiez bien trestot de fi
que ne vos espargnerai point ! »
7010 Lors broche son cheval et point,
et arriers un petit se trait
tant de place con uns ars trait.
Puis lessent l'uns vers l'autre corre
quanque cheval lor porent corre,
7015 si s'antrefierent maintenant
es escuz, qui bien son taingnant,
qu'il les ont troez et perciez,
mes l'uns ne l'autres n'est bleciez
n'an char conseüz a cele ore.
7020 Lors passent oltre sanz demore,
puis se revont granz cos doner,
quanque chevax puet randoner,

Il y avait dans la lande un sycomore : on n'aurait pu en imaginer de plus beau. Son feuillage abondant ombrageait une large place et son pied était entouré d'un beau gazon dru et frais constamment vert. Sous ce magnifique sycomore planté au temps d'Abel, jaillissait une source dont l'eau limpide courait sur un lit de graviers si clairs et brillants qu'on les eût cru en pur argent. Son eau, autant que je sache, sortait par un conduit d'or pur et dévalait parmi la lande pour se perdre entre deux bois dans un vallon [111]. C'est là qu'il plut au roi de s'asseoir car il ne voyait là rien qui ne lui convînt. Il fit ensuite reculer ses gens bien en arrière. Et Lancelot fondit sur Méléagant avec l'impétuosité de quelqu'un qu'habite la haine. Mais avant de le frapper, il lui cria d'une voix terrible :

« Venez par ici, je vous lance un défi et sachez bien sans l'ombre d'un doute que je ne vous épargnerai pas ! »

Il éperonne alors son cheval et revient en arrière à une portée d'arc pour prendre du champ. Puis l'un et l'autre laissent la bride à leurs chevaux pour se rencontrer au grand galop. Sous le choc, les lances transpercent leurs solides écus mais ni l'un ni l'autre n'est blessé ni atteint dans sa chair lors de cette première passe d'armes. Leur élan les entraîne loin l'un de l'autre, mais sans perdre un instant, ils reviennent à fond de train échanger de nouveau de grands coups

es escuz qui boen sont et fort.
Et il resont de grant esfort,
7025 et chevalier preu et vassal,
et fort et isnel li cheval.
Et a ce qu'il fierent granz cos
sor les escuz qu'il ont as cos,
les lances sont oltre passees
7030 qui fraites ne sont ne quassees,
[53f] et sont a force parvenues
desiqu'a lor charz totes nues.
Par grant vertu l'uns l'autre anpaint
qu'a terre se sont jus anpaint.
7035 Ne peitrax ne cengle n'estriés
n'i pot eidier, que par derriers
chascuns d'ax la sele ne vuide
et chieent a la terre vuide.
Esfreé an sont li cheval
7040 qui s'an vont amont et aval —
lis un regibe, l'autres mort,
que l'uns volsist l'autre avoir mort.
Et li chevalier qui cheïrent
plus tost qu'il porent sus saillirent
7045 et ont tost les espees traites,
qui de letres erent portraites.
Les escuz devant lor vis metent,
et des ore mes s'antremetent
comant se puissent domagier
7050 as espees tranchanz d'acier.
Lanceloz nel redote mie,
car il savoit plus d'escremie
la mitié que cil n'an savoit,
car an s'anfance apris l'avoit.
7055 Andui s'antrefierent granz cos
sor les escuz qu'il ont as cos
et sor les hiaumes d'or barrez,
que fraiz les ont et anbarrez.
Mes Lanceloz le haste fort,
7060 si li done un grant cop et fort
devant l'escu a descovert
el braz destre de fer covert;
si li a colpé et tranchié.

sur leurs robustes écus. Tous les deux
7025 sont des combattants émérites d'une force exceptionnelle et leurs chevaux rivalisent de puissance et de
vitesse. Mais sous la violence répétée des coups, les
lances, qui ne se sont pas brisées, ont traversé leurs
écus et forcé le passage jusqu'à leur chair nue.
Chacun, d'une poussée prodigieuse, a renversé son
adversaire à terre. Ni poitrail, ni sangle, ni étrier n'ont
pu les empêcher de vider leur selle par-dessus la
croupe des destriers et de tomber sur la terre nue. Les
chevaux en proie à une peur panique, galopent en tous
sens, ruant et mordant, comme si l'un voulait tuer
l'autre.

Les deux chevaliers tombés à terre se sont relevés
d'un bond et ont tiré leurs épées gravées à leur devise.
Leur écu à hauteur du visage, ils ne songent désor
7050 mais plus qu'à la manière dont ils pourront s'atteindre
du tranchant de leurs épées d'acier. Mais Lancelot
n'éprouvait aucune crainte car il avait deux fois plus
de connaissances en escrime que Méléagant pour
l'avoir pratiquée dès son enfance. Tous les deux
s'assènent de grands coups sur les écus retenus à leur
cou par une courroie et sur leurs heaumes lamés d'or
qu'ils ont bien vite fendus et bosselés. Mais Lancelot
presse de plus en plus Méléagant et, d'un coup
magistral, il tranche le bras droit pourtant bardé de
fer que l'imprudent avait laissé une fraction de
seconde à découvert devant son écu.

Et quant il se sant domagié
7065 de sa destre qu'il a perdue,
dist que chier li sera vandue.
S'il an puet leu ne aise avoir,
ne remanra por nul avoir ;
car tant a duel et ire et rage
7070 qu'a bien petit que il n'anrage ;
et molt po prise son afeire
s'un malvés geu ne li puet feire.
Vers lui cort, que prendre le cuide,
mes Lanceloz bien se porcuide ;
[54a] car a s'espee qui bien taille
li a fet tele osche an s'antraille
dom il ne respassera mais,
einz iert passez avrix et mais ;
que le nasal li hurte as danz
7080 que trois l'en a brisiez dedanz.
Et Melïaganz a tele ire
qu'il ne puet parler ne mot dire ;
ne merci demander ne daingne,
car ses fos cuers li desansaingne,
7085 qui trop l'enprisone et anlace.
Lanceloz vient, si li deslace
le hiaume et la teste li tranche.
Jamés cist ne li fera ganche :
morz est cheüz, fet est de lui.
7090 Mes or vos di, n'i a celui
qu'ilueques fust qui ce veïst
cui nule pitiez an preïst.
Li rois et tuit cil qui i sont
grant joie an demainnent et font.
7095 Lancelot desarment adonques
cil qui plus lié an furent onques,
si l'en ont mené a grant joie.
Seignor, se j'avant an disoie,
ce seroit oltre la matire.
7100 Por ce au definer m'atire :
ci faut li romanz an travers.
Godefroiz de Leigni, il clers,
a parfinee la Charrete ;

En se sentant ainsi blessé et privé de sa main droite, Méléagant se jure bien qu'il le fera payer cher à son adversaire. Si l'occasion lui en est donnée, rien ne l'empêchera de se venger. Il est si éperdu de douleur et de rage qu'il en perd presque la raison. De plus, il ne donne pas cher de sa peau s'il ne réussit pas à prendre son adversaire par traîtrise. Il fond brusquement sur lui escomptant
7075 le prendre en défaut. Mais Lancelot est sur ses gardes : d'un coup de son épée tranchante, il a fait au félon une telle entaille au moment où il se ruait sur lui, qu'il n'en guérira pas avant qu'au moins avril et mai soient passés : il lui a fait rentrer le nasal dans les dents en lui en brisant au moins trois. Dans sa souffrance et sa colère, Méléagant ne peut prononcer un seul mot et il se refuse à implorer la pitié car son cœur abruti par l'orgueil qui le régente encore le lui interdit. Lancelot s'approche de lui, lui délace le heaume et lui tranche la tête. Jamais plus Méléagant ne le fera tomber dans ses pièges : il tombe mort. C'en est fait de lui. Et je peux bien vous l'assurer, aucun des spectateurs ayant assisté à sa fin, n'éprouva pour lui la moindre pitié. Au contraire, le roi et tous ceux qui étaient là laissèrent éclater leur joie. Ceux que la mort de Méléagant avait le plus comblé de bonheur désarmèrent Lancelot et ils lui firent un joyeux cortège.

Seigneur, si je poursuivais mon récit, je sortirais de
7100 mon sujet. C'est pourquoi je m'apprête à le clore : c'est ici que prend fin le roman. Godefroi de Leigni, le clerc, a mené à son terme *Le Chevalier de la Charrette*.

mes nus hom blasme ne l'an mete
7105 se sor Crestïen a ovré,
car ç'a il fet pour le boen gré
Crestïen, qui le comança.
Tant en a fet des lors an ça
ou Lanceloz fu anmurez,
7110 tant con li contes est durez.
Tant en a fet. N'i vialt plus metre
ne moins, por le conte malmetre.

Ci faut li romans de Lancelot de la Charrete.

Que personne ne le blâme s'il a ajouté sa pierre à l'œuvre de Chrétien car il ne l'a fait qu'avec le plein accord de celui-ci qui avait commencé le récit. Son apport commence au moment où Lancelot est emprisonné dans la tour et s'achève avec la fin du conte. Telle est sa part personnelle et il ne veut plus rien y ajouter ou en retrancher de peur de dénaturer le récit.

Ainsi s'achève le roman de Lancelot, le chevalier de la charrette.

NOTES

1. Il s'agit de la comtesse Marie, fille de Louis VII et d'Aliénor d'Aquitaine, qui avait épousé le comte Henri Ier de Champagne en 1159 et en deviendra veuve en 1181. Protectrice des arts et lettres elle tint à Troyes une cour dont le rayonnement ne le cédait en rien à celui de la cour de Poitiers où s'était retirée Aliénor d'Aquitaine après sa séparation d'Henri II Plantagenêt.

2. Le *roman* est d'abord un récit écrit *in rusticam romanam linguam*, en langue romane, langue parlée devenue par évolution et transformations fort différente du latin dont elle est originaire et qui, à la fin du XIIe siècle, n'est plus guère compris des foules. C'est la raison pour laquelle, lorsque le goût des cours pour les épopées se fut un peu atténué, on traduisit du latin en *roman* les légendes de l'Antiquité et cette version romane prit le nom de roman : *Roman de Thèbes, Roman de Troie...* Comme le souligne Michel Rousse (*Le Chevalier au Lion*, GF-Flammarion, Paris, 1990, p. 11), « le nom d'une langue devint le nom d'un genre : le récit traduit ». Le succès de ce nouveau genre fut tel que l'on se mit bientôt à inventer de nouvelles aventures amoureuses et guerrières : le *roman* moderne était né.

3. Du latin *sardonyx* ou onyx de Sardaigne : c'est une pierre fine très recherchée.

4. Il semble, d'après les romans arthuriens, que le roi avait coutume de réunir ses barons à Pâques, à l'Ascension ou à la Pentecôte, ce que confirment les chroniqueurs. Mais on peut attacher une valeur symbolique au fait que le roman commence ici *lors d'une Ascension* : cette fête célèbre l'élévation du Christ au ciel après sa mort et donc le moment où, dans la vie intérieure, l'esprit transcende les conditions matérielles de l'existence. On peut donc y lire, d'une manière voilée, une invitation à s'élever... et à saisir la signification symbolique du roman.

5. Carlion, aujourd'hui Caerleon-upon-Usk, se trouve au Pays de Galles. Mais Chrétien se soucie peu de la vérité géographique.

6. Camaalot est la résidence mythique d'Arthur.

7. L'inertie du roi suite à un défi est un motif fréquent des aventures qui débutent à la cour d'Arthur : dans le *Conte du Graal*, Arthur reste sans réaction lorsque le Chevalier Vermeil vient tout armé à sa table et

dérobe la coupe d'or de Guenièvre (geste symbolique qui équivaut à l'enlèvement) en le mettant au défi de la récupérer. C'est le vieux thème folklorique du *roi malade* qui traduit l'idée que le pays et la collectivité — représentés par l'image du roi qui est le garant de leur bien-être physique et psychique et de leur survie — sont entrés dans une crise grave qui les conduit à la pétrification, à l'éclatement et à la destruction (cf. le pays dévasté du roi pêcheur dans le *Conte du Graal*). Dans les contes le problème est résolu par le *remplacement du vieux roi* par un jeune héros providentiel qui franchit avec succès toutes les épreuves de son initiation. Dans les récits arthuriens c'est un chevalier hors du commun qui va « restaurer » l'image d'Arthur en lui faisant retrouver la souveraineté perdue : Perceval rapporte au roi la coupe d'or de Guenièvre et Lancelot lui ramène la reine elle-même conformément à la mythologie celtique qui fait de la reine le symbole de la Souveraineté sans laquelle le roi reste impuissant — ce qu'évoque parfaitement le rôle de la *dame* dans le jeu d'Echecs.

8. Le *sénéchal* (du francisque *siniskalk, " serviteur le plus âgé "), peut assurer deux catégories de fonctions : ce peut être un haut dignitaire chargé d'une *sénéchaussée* ou, comme Keu, un officier de bouche (poste de confiance en raison des craintes d'empoisonnement), sorte de majordome qui a de plus l'entière responsabilité de l'organisation des fêtes, des cérémonies et administre souvent la justice. Keu (dont le nom signifie " cuisinier ", maître-*queux*) est traditionnellement irritable, plein de suffisance et de démesure.

9. Le *setier* (du latin *sextarium* 'sixième partie') est une mesure de capacité et la plus petite qui soit.

10. C'est le motif du *don contraignant* (cf. Jean Frappier, *Le Motif du don contraignant dans la littérature française du Moyen Age*, dans *Amour courtois et Table Ronde*, Genève, 1973, pp. 225-264); c'est, dans le monde arthurien, une des obligations du roi de devoir accepter d'accorder un don sans en connaître la nature et il est contraint, sous peine d'être en contradiction avec la norme de libéralité (de « largesse ») qui est une des vertus essentielles de la noblesse et de la courtoisie (et un des fondements du pouvoir royal. Cf. Jean Markale, *Lancelot et la chevalerie arthurienne*, Imago, Paris, 1985, p. 182), de tenir sa parole même si le don sollicité est contraire à sa volonté. Ainsi, comme le remarque José Vicenzo Molle (*Le Réalisme des cérémonies et des conventions sociales dans le « Lancelot » de Chrétien de Troyes*, dans *Actes du colloque Lancelot*, publiés par Danielle Buschinger, Kümmerle Verlag, Göppingen, 1984, pp. 117-134) « grâce à la loi du don, le chevalier, dominé par le roi, peut renverser ce rapport en rendant le roi son assujetti ».

11. Le *palefroi* est un cheval dressé à marcher à l'amble et qui, plus confortable à chevaucher est surtout destiné aux dames.

12. Manifestement Guenièvre s'adresse ainsi sans le nommer à Lancelot, sans doute absent de la cour au moment de l'affront. Cela laisse supposer qu'il existe déjà entre eux une liaison. Est-ce là un souvenir d'une version primitive ou l'obligation de justifier la passion totale et exclusive qui est celle de Lancelot dès le début de l'aventure par une longue approche antérieure de la dame conforme à l'éthique de la

fin'amor ? Pourtant, vraisemblablement pour conférer à son récit une portée symbolique (cf. *introduction*), Chrétien fera surgir d'*ailleurs* un sauveteur anonyme dont on n'apprendra que bien plus tard qu'il *est* Lancelot. Ce qui, d'une certaine manière, tend à faire de la *reine* Guenièvre une projection spécifique de la *dame courtoise* dont tout chevalier rêve d'être l'amant.

13. Gauvain, neveu d'Arthur — position que privilégie la filiation matrilinéaire — et sans doute, dans les textes primitifs, amant, comme Tristan, de la femme de son oncle — ce que gomme ici Chrétien de Troyes en faisant de Lancelot *l'unique* amant de Guenièvre — est le parangon des chevaliers de la cour d'Arthur — ou plutôt l'image que s'en fait le conscient collectif — car c'est par rapport à lui que s'estime la valeur d'un chevalier. « Dans le texte gallois de *Kulhwch et Olwen*, premier en date des récits littéraires arthuriens, il se nomme Gwalchmai, ce qui veut dire " Faucon de Mai ". Il porte un nom d'oiseau qui est peut-être le souvenir d'un totémisme archaïque. Il a une particularité : sa force est ordinaire le matin, s'accroît au cours de la journée et disparaît l'après-midi pour s'accroître à nouveau jusqu'à minuit. Sans vouloir en faire un héros solaire, il faut bien reconnaître qu'il a un lien avec la course du soleil. Ce n'est donc pas un personnage inventé par les romanciers courtois, mais une figure mythologique ancienne sur laquelle nous n'avons guère de renseignements précis. » (Jean Markale, *Lancelot et la chevalerie arthurienne*, p. 179.)

14. Le *destrier* est un cheval de bataille robuste et fougueux, spécialement dressé pour la joute à la lance, que le chevalier ne montait qu'au moment du combat et que, le reste du temps, l'écuyer menait à côté de lui pour ne pas le fatiguer, en le tenant par la main droite (d'où son nom). Cf. André Eskénazi, " *Cheval* " et " *destrier* " *dans les romans de Chrétien de Troyes*, dans *Revue de linguistique romane*, 53, 1989, pp. 398-433.

15. Souvenir du *tumbril* anglo-normand, elle est la charrette des condamnés que l'on conduit à l'échafaud. Elle manifeste le déshonneur de ceux qui se sont mis hors la loi et que la société juge coupables.

16. La longue verge que le nain tient dans sa main évoque l'*escourgée*, signe distinctif des personnages féeriques. Elle fait de lui un messager de l'Autre-Monde.

17. Ce débat très rhétorique d'Amour et de Raison oriente le texte vers une signification conforme à l'éthique courtoise que Chrétien a pour mission d'illustrer. Mais plus profondément il faut y voir un débat intérieur entre l'*éros* et le *logos*, entre l'*inconscient* et le *conscient*.

18. Apporter des manteaux à des chevaliers qui viennent d'arriver en un lieu et de se désarmer fait partie des bonnes manières de l'hospitalité courtoise. Le fait que ceux-ci soient fourrés de *petit-gris*, qui est une fourrure d'écureuil très recherchée, indique le haut niveau social des hôtes. Les principales fourrures portées par les nobles au XIIe siècle étaient le *bièvre* (castor), la *martre*, le *vair* ou *petit-gris*, l'*ermine* et la *sibeline*. Les vilains se contentaient de fourrure de chat et de lapin.

19. La description de ce lit royal montre le désir de Chrétien d'actualiser son récit par des touches réalistes qui évoquent avec précision la vie du XIIe siècle. Cf. José Vincenzo Molle, *Le Réalisme des*

cérémonies et des conventions sociales dans le « Lancelot » de Chrétien de Troyes, dans *Actes du Colloque Lancelot*, publiés par Danielle Buschinger, Kümmerle Verlag, Göppingen, 1984, pp. 117-134. Mais dans le récit ce lit qui, pour le commun des mortels, ne peut être destiné à Lancelot qui vient d'enfreindre toutes les lois de la chevalerie, constitue pour lui un test de souveraineté. Les *lits périlleux* abondent dans les récits arthuriens. Symboles bivalents de naissance et de mort, ils apparaissent comme l'un des lieux clés de l'initiation et de l'épreuve qui ouvre l'accès à la connaissance ésotérique.

20. Dans cette vision onirique, le blessé est évidemment Keu, les trois demoiselles qui entourent la civière les trois Parques et le chevalier qui mène la reine à sa gauche — signe de possession et de mauvais augure car pour les Celtes la gauche est la direction inverse du sens du soleil, donc la direction de l'ombre, de la nuit et de la mort — et qui est caractérisé par son gigantisme, Méléagant, la figure du Mal.

21. Lieu où se croisent les chemins, le carrefour symbolise la rencontre avec le destin. Lieu épiphanique (lieu des apparitions et des révélations) par excellence, le carrefour est hanté par des génies redoutables que l'homme a intérêt à se concilier. Dans toutes les traditions, on a dressé aux carrefours des obélisques, des autels, des pierres, des chapelles, des inscriptions : c'est le lieu qui incite à l'arrêt et à la réflexion. Il est aussi un lieu de passage d'un monde à un autre, d'une vie à une autre, de la vie à la mort.

22. D'après Jean Frappier (*Le Chevalier de la Charrette*, Champion, Paris, 1967, p. 187) le royaume de Gorre — ou Goirre —, royaume de Baudemagus, est à identifier avec l'île de Voirre (Verre), pays, comme Avalon, de l'Autre-Monde celtique. Ce royaume *dont nul étranger ne revient* est celui de la Mort ou plutôt de la vie d'après la mort.

23. Dans toutes les traditions les ponts sont des lieux de passage et d'épreuve sur la route initiatique. Souvent symbolisé par une épée, comme le pont Chinvat de la tradition iranienne, le kouo-kiao chinois ou le Sirât islamique, le pont met l'homme sur une voie étroite, difficile et douloureuse où il rencontre inéluctablement l'obligation de choisir. Et son choix le damne ou le sauve.

24. La promesse de mise à sa disposition faite à un adjuvant féerique en échange d'un service rendu — et qui rappelle le principe du *don contraignant* — est un motif fréquent des contes merveilleux. Elle lie le héros pour lequel elle est un test de discernement et de fidélité à ses engagements.

25. Dans les récits merveilleux, les rivières à franchir marquent souvent la frontière de l'Autre-Monde. Ici elle est pour Lancelot, perdu dans son rêve, la limite d'un monde intermédiaire.

26. S'adresser à un chevalier en le défiant sans même l'avoir salué est le signe évident d'un manque de courtoisie, défaut que sanctionne nécessairement la défaite car « dans l'éthique du roman courtois l'impolitesse fonctionne comme un " indice " d'infériorité ». (Cf. José Vincenzo Molle, *art. cit.*, p. 129.)

27. Le *haubert* est une cotte de mailles.

28. Au sens premier ce terme désignait un chevalier noble relevant d'un suzerain et dans la chanson de geste il a une valeur laudative. Mais

chez Chrétien de Troyes, lorsqu'il est utilisé en apostrophe par un chevalier, il témoigne d'un certain mépris envers l'interpellé.

29. Dès que ses combats se prolongent trop à son gré, Lancelot, à l'instar de Cûchulainn, entre dans une mythique *fureur guerrière* à laquelle personne ne peut résister.

30. Les formules du type *se m'aist Dex, se Dex m'amant...* sont des formules figées destinées à donner plus de solennité et de poids à un serment en l'appuyant sur quelque chose qui ne peut pas être mis en doute et notamment la croyance en Dieu. D'où notre traduction.

31. On peut supposer que la demoiselle qui accompagne le chevalier du gué et demande sa grâce à Lancelot n'est autre que la fée rencontrée au carrefour à qui il avait promis d'obéir en remerciement du service rendu. Lancelot est ainsi constamment guidé et suivi dans son cheminement par des êtres féeriques qui sont tous des projections de la fée-Guenièvre qui fait son initiation en l'éprouvant.

32. Il pourrait ici sembler préférable d'adopter la leçon des autres manuscrits : *ele i amenoit*. Pourtant, comme le fait remarquer William W. Kibler (*éd. cit.*, p. 300), la version retenue ajoute au récit un caractère de mystère et de prédétermination tout à fait conforme à la nature de l'aventure de Lancelot. D'ailleurs le début de l'épisode est clair : la demoiselle est venue au-devant de lui pour lui faire sa proposition. Lancelot suit un chemin dont les étapes sont minutieusement prévues par avance selon la progression nécessaire à son initiation.

33. La description du manoir de la demoiselle est conforme à celle des demeures merveilleuses de l'Autre-Monde onirique : absence d'êtres humains ; vive clarté et souvent table somptueusement parée et garnie. Il n'en reste pas moins qu'à travers ces descriptions on a une évocation des coutumes de la vie quotidienne dans l'aristocratie : vaisselle, couverts, mets et boissons, habitudes d'hygiène avant le repas.

34. C'est ici pour Lancelot l'épreuve organisée de la tentation du désir sexuel biologique.

35. En chevalier courtois, Lancelot ne pense qu'à la honte qui rejaillirait sur lui s'il ne respectait pas la promesse faite et cela malgré le dilemme que lui pose ce respect. Le respect de la parole donnée est la première vertu du chevalier et il ne saurait s'y soustraire sans déroger ce que montre bien l'obéissance des vaincus qui, prisonniers sur parole, se rendent seuls au lieu de détention désigné par leur vainqueur. Lancelot lui-même reviendra de son propre gré dans la prison de Méléagant, après le tournoi de Noauz, pour respecter la parole donnée à la femme du vavasseur.

36. Le texte souligne bien le fait que la tentative de viol était un piège prémédité pour tester la manière dont Lancelot était capable de dominer son désir physique.

37. Comme le remarque Jean Frappier (*op. cit.*, p. 187), l'habitude médiévale était de dormir nu. Le fait que la demoiselle garde sa chemise prouve donc qu'elle savait déjà que Lancelot ne succomberait pas à la tentation charnelle. Mais en le contraignant à s'allonger ainsi chastement près d'elle, elle le libère de sa promesse dont il respecte la lettre à défaut de l'esprit.

38. Le denier angevin était une monnaie d'argent frappée en Anjou.

39. Logres, venu du gallois Lloegr ou Lloegyr, qui désignait la partie de l'Angleterre voisine du Pays de Galles et, par extension, l'Angleterre en général, est le nom du royaume d'Arthur dans les romans bretons. La forme latinisée Loegria se trouve dans l'*Historia regum Britanniae* de Geoffroy de Monmouth (Jean Frappier, *op. cit.*, p. 187). Par opposition au royaume de Gorre, celui de Logres représente le monde conscient.

40. Cette « coutume de Logres » explique la joie qu'éprouvera le prétendant orgueilleux en rencontrant la demoiselle de son cœur escortée par Lancelot car cette rencontre est pour lui une occasion inespérée de disposer de la jeune femme en l'enlevant à son chevalier servant. Cette coutume est ainsi profondément anticourtoise car elle réduit la femme au rang de butin récompensant la victoire dans un combat — conception de la société chevaleresque patriarcale primitive.

41. Le géant Ysoré était un roi païen qui est mentionné dans plusieurs chansons de geste et notamment dans *Le moniage Guillaume*. Il fut tué sous les murs de Paris par Guillaume d'Orange.

42. La foire du Lendit est une foire annuelle qui se tenait en juin près de Saint-Denis. *Lendit* vient du latin *indictum* « date convenue ».

43. Lorsque le prétendant orgueilleux arrive, Lancelot se trouve dans la même situation que Keu escortant Guenièvre face à Méléagant. D'ailleurs, le prétendant orgueilleux est un double de Méléagant : son comportement est explicite à cet égard.

44. Comme le remarque Antoinette Saly (*L'épisode du pré aux jeux dans* « *Le Chevalier de la charrette* » *Actes du colloque Lancelot*, Kümmerle Verlag, Göppingen, 1984, pp. 191-197), « le Pré-aux-jeux est un passage périlleux qui recèle un redoutable piège prêt à se refermer sur le héros. La danse dont on ne ressort plus appartient au monde dont on ne revient pas, c'est un sortilège de l'Autre-Monde ». Mais « le passage de Lancelot dans le Pré-aux-jeux est circonscrit par la suspension et la reprise des caroles. Il n'est pas entré dans la danse » ; « il échappe au sortilège », sauvé par la détestable renommée que lui vaut d'être monté dans la charrette. Le mal devient un bien. Mais cela prouve aussi que Lancelot, héros à caractère chamanique, ne peut être retenu dans l'Au-Delà.

45. Dans cet Autre-Monde qu'est le Pré-aux-jeux va déjà se jouer une préfiguration du drame au Pays de Gorre. Le vieux roi, qui anticipe la figure de Baudemagus, est une projection du *Vieux Sage* : il est vêtu de blanc et de rouge, couleurs de l'initiation.

46. Les critiques ne sont pas d'accord sur ce nom : pour Jean Frappier il s'agit de Léonès ; pour K. Uitti de Louis. Quoi qu'il en soit ces noms sont ceux de chevaliers vivant à la cour d'Arthur. En entrant dans ce cimetière du futur, Lancelot a donc franchi le miroir ; il est entré dans la *vie d'après la mort* et, tel un chaman, il en retire la connaissance du futur. Preuve de son progrès sur la voie de l'initiation.

47. Le texte de Karl D. Uitti (*Le Chevalier de la Charrette*, Classiques Garnier, Bordas, Paris, 1989) propose : *Qui ne soit de la entor nez*, « qui ne soit natif du lieu », ce qui est discutable.

48. C'est un petit noble. L'étymologie du terme *vassus vassorum* « Vassal de vassal », montre bien qu'il est des plus humbles. Pourtant il apparaît toujours comme un hôte hospitalier, loyal et courtois.

49. La pauvreté du vavasseur se marque dans le fait qu'il habite un

manoir c'est-à-dire une demeure particulière sans donjon ni fortifications et aussi dans le fait que l'accueil et le service des hôtes sont assurés par sa propre famille.

50. Une bretèche est une tour fortifiée dont les fenêtres sont masquées par un mur ou qui ne comporte que d'étroites meurtrières et qui est généralement placée en des lieux stratégiques pour défendre un passage. Elle est occupée en permanence de guetteurs.

51. Est-ce une tentative de dissuasion pour faire pression sur Lancelot ou la crainte éprouvée devant la fureur guerrière d'un héros que l'on sait invincible ? Chrétien laisse planer le doute.

52. Le *roncin* est un cheval de charge et de trait, un cheval de paysan qu'un chevalier se sentirait déshonoré de monter.

53. La pierre magique de Lancelot, qui lui permet de rompre les enchantements, rappelle les origines féeriques du héros : il a en effet été recueilli et élevé par la Dame du Lac, la fée Viviane liée aux sources et aux rivières, ce qui explique sa nature de héros prédestiné, sa force surhumaine et sa mythique et mystérieuse fureur guerrière. Pour Jean Markale, Viviane s'incarne aussi en Guenièvre : dès lors on comprend mieux l'attirance de Lancelot pour cet Eternel Féminin, mère et amante, Grande Déesse Mère incarnée. Et le fait aussi qu'il soit constamment guidé, aidé, secouru par des figures féminines.

54. L'accueil des chevaliers se déroule toujours selon le même rituel : après l'échange des salutations on désarme les arrivants, on leur donne des manteaux puis on les invite aux ablutions et on les fait asseoir à table.

55. L'attitude du chevalier, comme celle de Méléagant — qu'il rappelle — à la cour d'Arthur, est caractéristique du manque de courtoisie par le non-respect des usages : il ne salue pas et s'avance à cheval jusqu'à la table où se trouvent les convives. La vraisemblance s'efface ici devant le motif littéraire.

56. Le *heaume* est un casque de fer de forme conique — pour faire glisser les coups d'épée — qui protège la tête. S'y rattachent, sur le devant, une lame métallique, le *nasal*, qui protège le nez et un tissu de mailles de fer qui redescend jusque sur le *haubert*, la *ventaille*, qui protège le bas du visage.

57. Les combats singuliers qui, chez Chrétien de Troyes, rappellent ceux des *chansons de geste*, sont presque toujours stéréotypés : mêmes notations, même progression, même dénouement. Combat à cheval à la lance puis à l'épée si aucun des deux combattants n'est tombé de cheval lors de la première joute ; puis combat à pied à l'épée ; combat longtemps indécis avec de graves blessures de part et d'autre et, enfin, victoire du héros qui contraint l'adversaire à demander grâce en coupant les courroies de son casque protecteur. L'adversaire doit alors aller se constituer prisonnier en un lieu nommé par le vainqueur où il est exécuté... à moins qu'une demoiselle n'obtienne sa grâce totale. Mêmes notations traditionnelles pour rendre la violence des coups : les lances volent en éclats ; sous les coups d'épée les écus sont fendus, les cottes de mailles et les heaumes endommagés ; le sang coule et les chevaux s'écroulent morts. Les seules variations résident dans la longueur de la narration, dans la présence ou non d'un public, dans la nature du combat : guerre, tournoi ou combat judiciaire.

58. Ses caractéristiques font d'elle une fée qui rappelle la *Demoiselle Hideuse* qui vient provoquer Perceval à la cour d'Arthur : elle monte une mule *fauve*, porte les cheveux *dénoués*, n'a pas de manteau et tient à la main une *escourgée*, sorte de fouet à lanières qui est l'insigne des êtres de l'Autre-Monde. D'ailleurs sa mule se déplace à une allure qui relève de la féerie. Messagère de l'Au-Delà — de l'inconscient —, elle vient éclairer Lancelot sur le but de sa mission en exigeant de lui, comme au théâtre, une répétition de ce qu'il devra accomplir plus tard : éliminer totalement le mal représenté par le chevalier provocateur qui préfigure Méléagant.

59. A mots couverts, la demoiselle souhaite à Lancelot la réalisation de ses vœux, c'est-à-dire l'amour et le don total de Guenièvre. Ce qui a fait penser à la critique qu'elle était elle-même une des incarnations de la Féminité-Guenièvre car la forme de son souhait laisse à penser qu'elle a la connaissance de ce qui se réalisera dans le futur.

60. C'est le motif du *guerredon*, la récompense due pour un service rendu ou un don.

61. C'est vraisemblablement cette réplique qui a donné à Godefroi de Leigni, le continuateur de Chrétien, l'idée de faire de la demoiselle la sœur de Méléagant, celle qui aidera Lancelot à sortir de la tour où son ennemi l'avait emprisonné. Mais on peut douter que Chrétien lui-même ait eu cette idée.

62. Second débat rhétorique, cette fois entre Largesse et Pitié qui sont deux qualités fondamentales du chevalier, la générosité qui se manifeste par des dons (et qui est, rappelons-le, un des fondements de la société chevaleresque) et la miséricorde pour les faibles et les vaincus qui est une vertu chrétienne. La situation plonge Lancelot dans un cruel dilemme car il ne peut satisfaire l'une qu'au détriment de l'autre. Pourtant il fait preuve de sa courtoisie et de sa vertu chevaleresque en trouvant une astuce pour respecter les deux à la fois. Test positif qui le montre comme le parangon de la chevalerie, ce d'autant plus qu'il a d'abord privilégié la pitié — vertu difficile pour un guerrier — faisant dépendre sa *largesse* de sa force guerrière qu'il sait par ailleurs invincible.

63. Avant l'étape décisive du Pont-de-l'épée, Chrétien souligne à nouveau dans son récit le bénéfice social et collectif de la quête de Lancelot qui apparaît comme un nouveau type de *fin'amant* et qui instaure une nouvelle éthique de l'amour *chevaleresque* dans la mesure où sa quête de la *dame* s'épanouit au service d'autrui.

64. Seul le manuscrit C présente le terme *mer betee* « mer polaire glacée » ; tous les autres manuscrits préfèrent « *mer salee* », ce qui est plus logique compte tenu de la rime.

65. Ce pont, qui rappelle le pont Chinvat de la tradition iranienne, a un aspect franchement onirique que conforte l'illusion des lions qui le gardent. Il est la Porte Etroite de l'Autre-Monde.

66. Le martyre physique éprouvé par Lancelot est une image des déchirements spirituels qui se produisent lors de toute initiation, une image des souffrances endurées lors de cette quête introvertie que C. G. Jung nomme *processus d'individuation*.

67. Le *prodom* ou *prudhomme* est d'abord au sens étymologique un homme *preux*, vaillant au combat, mais l'utilisation de ce terme par le clergé pour désigner les saints va lui conférer une valeur religieuse et

morale qui se superpose à la valeur guerrière primitive. A la fin du XIIe siècle, le terme évoque plutôt la rectitude — et la « courtoisie » — que la vaillance. Plus tard il devient un qualificatif attaché à la bourgeoisie pour désigner la compétence commerciale ou artisanale, valeur qui explique son emploi actuel pour désigner un magistrat de l'ordre juridictionnel, membre élu d'un tribunal d'exception chargé de juger les différends d'ordre professionnel entre employeurs et employés, le *Conseil de prud'hommes*.

68. Dans cette scène au Pays de Gorre qui renouvelle celle du Pré aux jeux à ceci près que Baudemagus échoue là où le vieux roi avait réussi, on peut voir avec Charles Méla (*La Reine et le Graal*, Editions du Seuil, Paris, 1984, pp. 305-310) la scène freudienne de la révolte contre la figure interdictrice du Père (le roi interdit la reine à son fils qui refuse de s'incliner) et dès lors le message profond du texte se lit dans l'opposition entre Lancelot le Fils élu — parce que sa Passion, symbolisée par ses souffrances au Pont-de-l'épée, « célèbre et expie tout ensemble le meurtre du Père » — et Méléagant, le Fils maudit, frère noir du héros, son double, « la déformation fantastique, monstrueuse, de sa propre image, mais qui ne laisse pourtant pas d'être secrètement conforme aux forces obscures qu'il porte en lui ».

69. D'après une croyance populaire très répandue et qu'attestent de nombreux textes médiévaux, le *baume aux trois Maries* composé des aromates achetés par Marie-Madeleine, Marie, mère de Jacques le Mineur et Marie Salomé pour embaumer le corps du Christ (baume, encens, myrrhe, silaloë, aloès d'après l'*Office du Saint Sépulcre ou de la Résurrection*) aurait eu des vertus thérapeutiques miraculeuses.

70. Une des caractéristiques de Lancelot est sa constante obsession de perdre du temps. C'est aussi l'une des héros des contes de fées. L'obsession du temps qui s'écoule irrémédiablement, du temps compté, est, il est vrai, l'une des obsessions fondamentales de l'être humain : en ce sens Lancelot apparaît comme le représentant de l'humanité souffrante lancée dans la quête impatiente de son salut.

71. Les écoles de médecine les plus réputées au Moyen Age se trouvaient à Salerne en Italie et à Montpellier.

72. D'après les textes, il semble qu'au Moyen Age Poitiers ait été un des hauts lieux de la fabrication d'armes en acier fort réputées.

73. Nous préférons ici la leçon retenue par Karl D. Uitti (*op. cit.*, vers 3558) : *Et li haubers menu mailliez* à celle que représente l'édition de William W. Kibler : *De braz, de janbes, et de piez* (v. 3542) qui forme redondance.

74. On a souvent parlé de l'ironie de Chrétien de Troyes : l'exemple en est ici patent car comment Lancelot pourrait-il se défendre « par-derrière » en gardant les yeux fixés sur Guenièvre lorsqu'il a affaire à un adversaire aussi redoutable, cynique et déterminé que Méléagant ? Cela a pu faire dire à certains critiques que Chrétien prenait ainsi ses distances vis-à-vis d'un sujet qui lui avait été imposé et d'une éthique avec laquelle il n'était pas pleinement d'accord. Mais peut-être faut-il voir dans cet épisode d'un roman qui s'appuie en grande partie sur un merveilleux signifiant une résurgence du mythe de l'homme-lune qui se ressource aux rayons de la femme-soleil.

75. Baudemagus, en faisant jouer le principe respecté du *guerredon*, place Guenièvre dans l'impossibilité de refuser d'accéder à sa prière.

76. Chrétien de Troyes connaissait l'histoire tragique des amours de Pyrame et Thisbé contée par Ovide dans ses *Métamorphoses* (IV, v. 55 sq) et par le poème français de *Piramus et Tisbé* qui, d'après Jean Frappier, date au plus tard du troisième quart du XIIᵉ siècle.

77. Ce comportement anticourtois et antichevaleresque porte en lui-même la défaite et la mort de Méléagant.

78. C'est, dans les romans, le délai habituel de la convocation à un combat judiciaire : c'est, par exemple, le délai prescrit à Gauvain dans le *Conte du Graal*, pour se disculper en se battant contre Guiganbresil et pour subir la décolation par le Chevalier Vert, dans le poème anglais du XIVᵉ siècle *Sire Gauvain et le Chevalier Vert* (*ed.* E. Pons. Bibl. de Phil. Germ., IX, Paris, 1946).

79. La froideur de Guenièvre témoigne à Lancelot qu'il n'a pas été un parfait amant mais il ignore pourquoi. Il le saura plus tard. En attendant cela attise son désir. C'est l'application stricte du code de l'amour selon lequel « une conquête facile rend l'amour sans valeur, une conquête difficile lui donne du prix ». C'est d'ailleurs ce même code qui ajoute : « l'amant ne saurait rien refuser à son amante », ce que vraisemblablement a dû faire Lancelot. On saura plus tard que c'est son hésitation à monter dans la charrette qui est ainsi pénalisée car considérée comme l'amorce d'un refus. L'amour courtois est total et exclusif.

80. Un *breibançon* est un mercenaire venu du Brabant.

81. Pour Jean Markale (*L'Amour courtois ou le couple infernal*, Imago, Paris 1987, pp. 131-133), Guenièvre, se sentant coupable de la mort de Lancelot, doit *expier*, mais pour expier, à la différence d'Yseult, elle a besoin de survivre car « le couple formé par Guenièvre et Lancelot n'a pas encore atteint sa phase finale où, la fusion étant atteinte, seule la mort peut satisfaire un désir qui n'en peut plus de se manifester ».

82. Le *verger* et la *chambre* sont les deux sanctuaires de l'amour courtois.

83. Le jeu rituel qui se déroule demande certaines complications car, ainsi que le remarque Charles Méla (*La Reine et le Graal, op. cit.*, p. 286) « si la voie paraît libre à l'amant, force lui est de s'inventer une interdiction plus absolue encore [...] Au plus près de la satisfaction, tout se passe comme si le manque lui-même lui faisait défaut et qu'il lui fallût à tout prix le rétablir. Il se crée à lui-même son propre supplice si l'autre oublie d'être cruelle. Telle est la plus profonde vérité jamais atteinte dans la *fin' amor* ». Tel est le rôle de la grille qui sépare Lancelot d'une Guenièvre consentante.

84. C'est l'ultime épreuve du rituel qui renouvelle celle du Pont-de-l'épée. Dans les deux cas, le sang qui coule a une forte connotation sexuelle et initiatique. De plus, comme le souligne Jean Markale (*L'Amour courtois ou le couple infernal, op. cit.*, p. 130), « ce ne peut être que *honni* et *blessé* que Lancelot parvient devant Guenièvre. Il a dû se dépouiller de tout, en quelque sorte redevenir vierge : Madame la Reine l'exige. C'était le prix à payer pour pénétrer le verger paradisiaque où la déesse, dans la plus grande impatience, attend l'amant qui sera digne d'être son égal ».

85. Le texte le souligne, l'aboutissement d'une *fin' amor* exemplaire, la fusion avec la déesse, est un rituel. Pour Lancelot, Guenièvre est le Graal, « la déesse toute-puissante, mère de l'humanité, à laquelle... en tant que représentant de cette humanité, (il) vient rendre un culte qui n'a rien d'idolâtre, parce que là, à ce moment précis, Guenièvre n'est pas une image absente mais une réalité charnelle et spirituelle, l'une n'allant pas sans l'autre » (Jean Markale, *L'Amour courtois ou le couple infernal*, *op. cit.*, p. 139).

86. On retrouve ici un thème exploité dans la version de Béroul du *Roman de Tristan* : contre-texte au texte sacré que Chrétien vient de décrire, ces taches de sang dans le lit de Guenièvre ramènent l'attention sur l'adultère qu'elles prouvent. Elles « transforment en silence le lit de la Merveille en lit de la Honte... (elles sont) comme une note d'infamie, la mémoire de la Loi » (Charles Méla, *La Reine et le Graal*, *op. cit.*, p. 296-297). Mais l'amour courtois, on le sait, est par définition nécessairement adultère : comme le souligne Jean Markale, le couple courtois est *aussi* un couple infernal.

87. Le seul moyen dont dispose Keu pour se défendre est de réclamer le duel judiciaire — appelé parfois jugement de Dieu — fort répandu à l'époque et dans lequel la victoire de l'un des deux combattants était réputée prouver son bon droit. Cf. Marguerite Rossi, *Le Duel judiciaire dans les chansons du cycle carolingien : structure et fonction*, dans les *Mélanges René Louis*, p. 945-960.

88. Dans le duel judiciaire, l'offensé peut être représenté par un champion.

89. Il y a dans la réplique de Guenièvre un certain machiavélisme comparable à celui d'Yseult jurant qu'elle n'avait jamais accueilli entre ses cuisses que son mari, le roi Marc, et le mendiant qui lui avait fait traverser le gué sur ses épaules — et qui n'était autre que Tristan déguisé.

90. Tout en étant en fait le vrai coupable, Lancelot peut ainsi s'engager sans risquer d'être parjure et de subir comme tel la colère divine.

91. Ce sont effectivement les règles du duel judiciaire.

92. On oppose une nouvelle fois le comportement de Lancelot, le chevalier courtois totalement soumis à la volonté de sa dame, même exprimée indirectement et celui de Méléagant antichevaleresque par excellence qui ne respecte aucune règle et se conduit lâchement. Sa future défaite s'inscrit déjà dans ses actes.

93. Ce nain est un être féerique : il en porte les attributs spécifiques.

94. La situation triviale dans laquelle se trouve Gauvain détruit complètement son aura de parangon traditionnel de la chevalerie arthurienne et elle est de plus le signe de son échec cuisant. D'ailleurs, il semble que Chrétien prenne un malin plaisir à faire de Gauvain celui qui échoue : dans *Le Conte du Graal* ce sera aussi son lot.

95. C'est de nouveau ici le motif du don contraignant.

96. Ce nom de lieu symbolise par un jeu de mots ce qui va arriver à Lancelot car au tournoi Guenièvre lui demandera de « faire au noauz » c'est-à-dire de « faire au pire » en se comportant en lâche devant les spectateurs, ce qui pour un chevalier est bien la pire des hontes.

97. *Baron* désigne d'abord un chevalier au sens général de « guerrier » et comme tel, il s'oppose aux termes de *seigneur* qui évoque l'autorité, de *vassal* qui indique la dépendance, et de *chevalier* qui signale la fonction sociale. Son emploi au sens de « mari » montre aussi qu'il souligne la virilité d'où son emploi pour désigner la vaillance, le courage. A partir de là, il a sans doute été utilisé pour distinguer les plus courageux des chevaliers et donc les plus compétents. De l'idée de vaillance et de liberté il en vient à désigner la noblesse et la distinction et par suite il devient le qualificatif désignant les nobles attachés au suzerain, en temps de guerre les proches vassaux du seigneur qui constituent un corps d'élite et une espèce d'état-major, et en temps de paix les conseillers et hauts fonctionnaires qui forment le conseil privé du suzerain. Qualificatif général au départ, le terme en vient donc à désigner une élite : il devient un titre nobiliaire.

98. L'expression « *Or est venu qui l'aunera* » a fait couler beaucoup d'encre. *Auner* a le sens de « mesurer à l'aune ». Le sens général de l'expression est donc : « il est arrivé celui qui prendra la mesure des autres » ou « qui donnera la mesure » donc « qui s'imposera dans le tournoi ». Jean Frappier (*op. cit.*, p. 189) rappelle que *auner* avait pris au figuré le sens de « donner des coups de bâton, frapper avec vigueur, rosser de belle façon » et que l'expression était proverbiale et apparemment traditionnelle dans les tournois.

99. L'épreuve imposée ici par Guenièvre renouvelle celle de la charrette et cette fois en public. Elle est pour le *fin'amant* un test décisif car cette fois il n'a pas l'ombre d'une hésitation. Peut-on aussi admettre que si la charrette était une épreuve rituelle d'entrée dans l'initiation, celle-ci, qui la renouvelle, est une épreuve de sortie qui marque qu'au terme de son initiation le héros s'est définitivement débarrassé de sa *persona* en réintégrant le monde conscient : il se situe maintenant au-delà des critères de jugement de la collectivité.

100. Prendre la croix pour un chevalier c'était se consacrer entièrement au service de Dieu et dès lors son engagement lui interdisait de risquer sa vie — ou même simplement d'être fait prisonnier — dans un tournoi.

101. Dans un *lai* du début du XIIIᵉ siècle « le galant Ignauré » termine sa carrière châtré par les douze maris qu'il a trompés et qui contraignent leurs épouses coupables à déguster les parties sexuelles de leur amant. Cf. Danielle Régnier-Bohler, *Le Cœur mangé, récits érotiques et courtois*, Stock-Plus, Paris, 1979, p. 221.

102. Le langage de l'héraldique, science des armoiries, fait partie de la culture aristocratique au Moyen Age. Le chevalier est identifié par son blason.

103. Il y a dans la description des prouesses de Lancelot une exagération épique traditionnelle. Mais on se demande si le clerc Chrétien de Troyes ne cherche pas à créer ainsi une distanciation satirique ou à tout le moins ironique.

104. Mario Roques suggère que ce géant qui répand la terreur à l'entour du Mont Saint-Michel pourrait être le géant Dinabuc vaincu par Arthur au Mont Saint-Michel comme le rapportent Geoffroy de Monmouth dans son *Historia regum Britanniae*, et Wace dans son *Roman*

de Brut. Mais peut-être est-il tout simplement un des multiples géants qui hantent le folklore breton, comme Gargantua.

105. Cet enfermement de Lancelot dans la tour symbolique placée sur une île traduit son entrée dans une crise névrotique profonde pendant laquelle le moi conscient est submergé par les pulsions instinctives. Il évoque les dangers d'une initiation qui n'a pas encore atteint son terme avec la domination définitive du Mal. C'est la dernière « petite mort » avant le retour au conscient. Rappelons aussi que l'enfermement dans une tour est un thème celtique qui se trouve dans le fameux récit de *Childe Rowland*. D'autre part, l'intention symbolique de Chrétien de Troyes est rendue manifeste par le nombre de jours qui, d'après lui, ont été nécessaires pour construire la tour : 57. Ce nombre est en effet la somme des nombres entiers compris entre zéro et vingt (1,3,5,7,11,13,17). Or les nombres entiers, parce qu'ils ne pouvaient être divisés, étaient des nombres forts ; de ce fait, le nombre 57, qui est leur somme, peut être considéré comme un symbole d'indestructibilité.

106. Baudemagus résume ici sous la forme d'un dicton la morale illustrée par les comportements divergents de Lancelot et de Méléagant. L'humilité étant considérée comme la première vertu chrétienne, elle est celle dont le respect ou l'irrespect conduisent au bien ou au mal.

107. Image traditionnelle de la fameuse roue de Fortune.

108. Pour notre part, nous suggérerions de lire *a poigne* (« avec quelque chose dans la main ») plutôt que *a poinne* qui est déjà utilisé au vers précédent (car il est assez rare de retrouver exactement le même mot à la rime). Le proverbe évoqué serait ainsi plus conforme à l'original : « dans l'abondance il est facile de trouver des amis, mais c'est dans le besoin que l'on reconnaît les vrais ». C'est dans le dernier quart du XIIe siècle que fut composé, à la cour de Philippe de Flandre pour qui Chrétien écrivit son *Conte du Graal*, le recueil intitulé *Li Proverbe au vilain* qui comporte environ deux cent quatre-vingts adages suivis chacun d'un commentaire en vers de six syllabes. Mais Chrétien utilise peu les proverbes : Mario Roques n'en a relevé que huit dans *Le Chevalier de la Charrette* et tous se trouvent dans la partie écrite par Godefroi de Leigni. Pourtant Marcelle Altiéri en relève au moins dix-sept (*Les Romans de Chrétien de Troyes, leur perspective proverbiale et gnomique*, Nizet, Paris, 1976, p. 126 sq.).

109. Les *valets* sont des jeunes gens de famille noble placés à la cour pour y recevoir leur éducation de futurs chevaliers. Comme le remarque Jean Frappier (*op. cit.*, p. 191), le fait qu'ils n'aient pas encore revêtu leur manteau, complément obligé du costume de cérémonie, les rend apte à exécuter sur-le-champ le service demandé.

110. Le roman laisse percer le désir de Guenièvre de poursuivre sa liaison coupable, ce qui tout en étant conforme à son portrait celtique, tend à la désacraliser et à la ravaler au sang de simple amante. Godefroi de Leigni est-il ici fidèle à la pensée profonde de Chrétien ? On peut en douter.

111. Le royaume de Logres sauvé de la pétrification par l'action de Lancelot est redevenu un véritable paradis : c'est ce dont témoigne cette description du lieu idyllique et hautement symbolique où se déroule le dernier combat entre Lancelot et Méléagant, combat qui se solde par

l'élimination du Mal. Une prairie au milieu de laquelle se dresse l'axe du monde, l'Arbre de la Connaissance, d'où jaillit, par un conduit d'or, l'eau de la régénérescence et de la vie. Un tel décor donne tout son sens à l'analyse de Marcelle Altiéri pour laquelle « Chrétien a surtout voulu créer un climat de rêve, mettre en éveil la curiosité du lecteur, l'intriguer, faire naître en lui, par la nature pseudo-mythologique du récit, une inquiétude métaphysique, en un mot le rendre réceptif à un message philosophique, une expérience personnelle si subjective qu'elle ne peut être communiquée par des mots ». (*op. cit.*, p. 141)

BIBLIOGRAPHIE

ÉDITIONS CRITIQUES (par ordre chronologique)

Signalons les éditions, aujourd'hui dépassées, de P. TARBÉ (Paris, 1849 ; ms. de base : B.N. f. fr. 12560) et de W.J. JONCKBLOET (La Haye, 1850 ; ms. de base : B.N. f. fr. 794).

FOERSTER, Wendelin, éd., Christian von Troyes, *Sämtliche erhaltene Werke*. Grosse Ausgabe, 4 Halle : Niemeyer, 1899 réimpr. : Amsterdam : Éditions Rodopi, 1965.

ROQUES, Mario, éd. : *Les Romans de Chrétien de Troyes, édités d'après la copie de Guiot (Bibl. Nat. fr. 794)*, III, *Le Chevalier de la charrete (Lancelot)*. Classiques français du Moyen Age, 86, Paris : Champion, 1958.

KIBLER, William W., éd. et tr. : *Lancelot or, The Knight of the Cart (Le Chevalier de la Charrete)*. Garland Library of Medieval Literature, 1, Series A, New York et Londres : Garland Publishing, Inc., 1981 ; cette édition comporte une traduction anglaise.

FOULET, Alfred et UITTI, Karl D., éd. et tr. : *Le Chevalier de la Charrette, (Lancelot)*, Classiques Garnier, Bordas, Paris, 1989.

TRADUCTIONS

COMFORT, William W. *Arthurian Romances*. Everyman's Library, 698. London : Dent ; New York : Dutton, 1914.

FOUCHER, Jean-Pierre, *Romans de la Table Ronde : Le Cycle Courtois*. Livre de Poche classique, 1998, Paris, Gallimard, 1970.

FOULET A. et UITTI K. D., *op. cit.*

FRAPPIER, Jean. *Chrétien de Troyes, Le Chevalier de la Charrette (Lancelot) : Roman traduit de l'ancien français*. Paris, Champion, 1962 ; 2ⁿᵈ rev. ed., 1969.

C.-R. de J. DUFOURNET dans le *Moyen Âge*, 1964, n° 3-4, pp. 506-523.

GUIDES BIBLIOGRAPHIQUES

KELLY, Douglas, *Chrétien de Troyes : An Analytic Bibliography*, Research Bibliographies and Checklists, *17*. London, Grant & Cutler, 1976.

SHIRT, Davis J. « Chrétien's *Charrette* and Its Critics, 1964-1974. » *Modern Language Review*, 73 (1978), 38-50.

OUVRAGES GÉNÉRAUX

COHEN, Gustave. *Un grand romancier d'amour et d'aventure au XII° siècle : Chrétien de Troyes et son œuvre.* Paris, Boivin, 1931 ; new ed., 1948.

FRAPPIER, Jean, *Chrétien de Troyes, l'homme et l'œuvre.* Connaissance des Lettres, *50.* Paris : Hatier, 1957 ; new rev. ed., 1968.

GALLAIS, Pierre, *Dialectique du récit médiéval (Chrétien de Troyes, et l'hexagone logique)*, Éditions Rodopi, Amsterdam, 1982.

HOFER, Stefan, *Chrétien de Troyes : Leben und Werke des altfranzösischen Epikers*, Graz-Köln, Bölhaus, 1954.

HOLMES, Urban Tigner, Jr. *Chrétien de Troyes.* Twayne's World Authors Series, *94.* New York, Twayne, 1970.

KELLY, Douglas. *Sens and Conjointure in the « Chevalier de la Charrette. »* The Hague, Mouton, 1966.

KÖHLER, Erich, *Ideal und Wirklichkeit in der höfischen Epik : Studien zur Form des frühen Artus und Graddichtung.* Beihefte zur Zeitschrift für romanische Philologie, 97 ; 2° éd. Tübingen : Niemeyer, 1970 ; trad. fr. par Éliane Kaufholz : *L'Aventure chevaleresque : Idéal et réalité dans le roman courtois : Études sur la forme des plus anciens poèmes d'Arthur et du Graal*, Paris : Gallimard, 1974.

LACY, Norris. *The Craft of Chrétien de Troyes; An Essay on Narrative Art.* Davis Medieval Texts ans Studies, 3. Leiden, The Netherlands : E.J. Brill, 1980.

MARKALE, Jean, *Lancelot et la chevalerie arthurienne*, Imago, Paris, 1985.

MELA, Charles, *La Reine et le Graal, La conjointure dans les romans du Graal de Chrétien de Troyes au Livre de Lancelot*, Éditions du Seuil, Paris, 1984. (Sur *le Chevalier de la Charrette* voir plus particulièrement pp. 257-323.)

RIBARD, Jacques, *Le Chevalier de la Charrette : Essai d'interprétation symbolique*, Paris, Nizet, 1972.

SHERMAN LOOMIS, Roger, *Arthurian Tradition and Chrétien de Troyes*, New York, Columbia University Press, 1949.

TOPSFIELD, Leslie T., *Chrétien de Troyes : A Study of the Arthurian Romances*, Cambridge, Cambridge University Press, 1981.

UITTI, Karl D., *Story, Myth and Celebration in Old French Narrative Poetry 1050-1200*, Princeton, Princeton University Press, 1973.

VINAVER, Eugène, *A la Recherche d'une poétique médiévale*, Paris, Nizet, 1970.

ZADDY, Z.P. *Chrétien Studies : Problems of Form and Meaning in « Erec », « Yvain », « Cligés », and the « Charrete ».* Glasgow, University of Glasgow Press, 1973.

OUVRAGES SUR LA COURTOISIE

BENTON, John, « Clio and Venus : An Historical View of Medieval Love. » In *The Meaning of Courtly Love.* Ed. F.X. Newman. Albany : State University of New York Press, 1968, pp. 19-42.

FERRANTE, Joan M., « *Cortes'Amor* in Medieval Texts ». *Speculum*, 55 (1980), 686-95.

FRAPPIER, Jean, *Vues sur les conceptions courtoises dans les littératures d'oc et d'oïl au XIIe siècle*, dans *Cahiers de civilisation médiévale*, t. II, 1959, pp. 135 sq.

LAZAR, Moshé, *Amour courtois et « fin'amors » dans la littérature du XIIe siècle*, Klincksieck, Paris, 1964.

LAFFITTE-HOUSSAT, J., *Troubadours et cours d'amour*, Paris, P.U.F., Coll. *Que sais-je ?*

MARKALE, Jean, *L'Amour courtois ou le couple infernal*, Imago, Paris, 1987.

NEUWMAN, F.X., ed. *The Meaning of Courtly Love.* Albany, State University of New York Press, 1968.

PAYEN, Jean-Charles, *Les Origines de la courtoisie dans la littérature française médiévale*, C.D.U., Paris, 1966-1967.

REY-FLAUD, Henri, *La Névrose courtoise*, Bibliothèque des analytica, Navarin, Paris, 1983.

WIND, Bartina, « Ce jeu subtil, l'Amour courtois », *Mélanges offerts à Rita Lejeune.* Gembloux, Duculot, 1969, II, 1257-61.

ETUDES SUR LE CHEVALIER DE LA CHARRETTE

Les études sur ce texte étant fort nombreuses, nous nous bornerons à citer celles qui nous paraissent les plus importantes.

(BBSIA : *Bulletin bibliographique de la Société Internationale Arthurienne*)

ACCARIE, Maurice, *L'éternel départ de Lancelot. Roman clos et roman ouvert chez Chrétien de Troyes*, Publications de la Faculté des Lettres et Sciences humaines de Nice, Nice-Paris, Les Belles Lettres, 1984, p. 1-20.

BELTRAMI, Pietro G., *Chrétien, l'amour, l'adultère : remarques sur le Chevalier de la Charrette*, BBSIA, 36, 1984, p. 284.

BELTRAMI, Pietro, *Racconto mitico e linguaggio lirico : per l'interpretazione del Chevalier de la Charrette*, Studi mediolatini e volgari, XXX, 1984, pp. 5-67.

BRAULT, Gerard J., « Chrétien de Troyes' *Lancelot :* The Eye and the Heart. » BBSIA, 24, 1972, 142-53.

BRUCKNER, Mathilda Tomaryn, *An Interpreter's Dilemma : Why Are There 88 so many Interpretations of Chrétien's « chevalier de la charrette »* ? RPh, XL, 1986-1987, pp. 159-180.

BURELL, Margaret, *The Sens of « le Chevalier de la charrette » and the Court of Champagne*, BBSIA, 37, 1985, pp. 298-308.

CALIN, William, *A Muse for Heroes : Nine Century of Epic in France*, Toronto, University Press of Toronto, 1983. Voir surtout le chapitre IV.

CROSS, Tom Peete, and William A. Nitze, *Lancelot and Guinevere, A study on the Origins of Courtly Love*. Chicago, University of Chicago Press, 1930.

FOULON, Charles, « Les deux humiliations de Lancelot. » *BBSIA, 8* (1956), 79-90.

FOURQUET, Jean, « Le rapport entre l'œuvre et la source chez Chrétien de Troyes et le problème des sources bretonnes. » *Romance Philology*, 9 (1956), 298-312.

FOURRIER, Anthime, « Encore la chronologie des œuvres de Chrétien de Troyes. » *BBSIA*, 2 (1950), 69-88.

FOWLER, David C., « L'amour dans le *Lancelot* de Chrétien. » *Romania*, 91 (1970), 378-91.

FOWLER, David C., « Love in Chrétien's *Lancelot.* » *Romanic Review*, 63 (1972), 5-14.

FRAPPIER, Jean, « Le Prologue du *Chevalier de la Charrette* et son interprétation. » *Romania, 93* (1972), 337-79.

GALLAIS, Pierre. Review of Chrétien de Troyes, *Le Chevalier de la Charrette (Lancelot)*, trans. J. Frappier. *Cahiers de civilisation médiévale*, 6 (1963), 63-66.

GALLAIS, Pierre, *Méléagant et la contradiction*, Actes du Colloque Lancelot, ed. D. Buschinger, Kümmerle Verlag, Göppingen, 1984, pp. 39-50.

GRIGSBY, John. « Narrative Voices in Chrétien de Troyes : A

Prolegomenon to Dissection. » *Romance Philology, 32* (1979), 261-73.

HAUG, Walter, *Das Land, voon welchem niemand wiederkehrt. Mythos, Fiktion und wahrheit in Chrétiens « chevalier de la charrette », im « Lanzelet » Ulrichs von Zatzikhoven und im « Lancelot »-Prosaroman*, Tubingue, Niemeyer 1978.

HUNT, Tony, « Tradition and Originality in the Prologues of Chrestien de Troyes », *Forum for Modern Language Studies, 8* (1972), 320-44.

JONIN, P., *Le Vasselage de Lancelot dans le Conte de la charrette*, dans le *Moyen Age*, t. LVIII, 1952, pp. 281-298.

KELLY, Douglas, *Les Fées et les arts dans la représentation du Chevalier de la Charrette*, Actes du Colloque Lancelot, éd. D. Buschinger, Kümmerle Verlag, Göppingen, 1984, pp. 85-98.

KELLY, Douglas, « Two Problems in Chrétien's *Charrette* : The Boundary of Gorre and the Use of *Novele* », *Neophilologus, 48* (1964), 115-21.

KRUEGER, Roberta L., *Reading the « Yvain/Charrette » : Chrétien's Inscribed Audiences at Noauz and Pesme Aventiure*, FMLS, XIX, 1983, pp. 172-187.

LACY, Norris, « Thematic Structure in the *Charrette* », *L'Esprit créateur, 12* (1972), 13-18.

LACY, Norris, « Spatial Form in Medieval Romance », *Yale French Studies, 51* (1974), 160-69.

LOOZE, Laurence N. de, *Chivalry Qualified : The Character of Gauvain in Chrétien de Troyes, Le chevalier de la charrette*, RR, LXXIV, 1983, pp. 253-259.

LOT-BORODINE, M., *De l'amour profane à l'amour sacré. Etude de psychologie sentimentale au Moyen Age*, Paris, Nizet, 1961.

LUTTRELL, Claude A., *The Creation of the First Arthurian Romance : A Quest*. London, Edward Arnold, 1974.

LYONS, Faith, « *Entencion* in Chrétien's *Lancelot* », *Studies in Philology, 51* (1954), 425-30.

LYONS, N., *Chrétien's Lancelot and Perceval : « Some contrasts in Method, Style and the Nature of Love »*, dans l'*University Review*, Kansas City, XXXI, 1965, pp. 313-318.

MADDOX, Donald, *Lancelot et le sens de la coutume*, CCM, XXIX, 1986, pp. 339-353.

MANDEL, J., *Elements in the Charrette World : « The Father-Son Relationship »*, dans *Modern Philology*, t. LXII, 1964-65, pp. 97-104.

MARANINI, Lorenza, « Queste e amore cortese nel *Chevalier de la Charrette* », *Rivista di letterature moderne e comparate*, N.S. 2 (1951), 204-23.

MARX, J., *Nouvelles Recherches sur la littérature arthurienne*, Paris, Klincksieck, 1965.

MÉNARD, Ph., *Le Temps et la durée dans les romans de Chrétien de Troyes* dans le *Moyen Age*, t. LXXIII, 1967, pp. 375-401.

MÉNARD, Philippe, « Un terme de jeu dans le *Chevalier de la Charrette* : le mot *san* », *Romania*, *91* (1970), 400-05.

MÉNARD, Philippe, « Note sur la date du *Chevalier de la Charrette* », *Romania*, *92* (1971), 118-26.

MICHA, Alexandre, « Sur les sources de la *Charrette* », *Romania*, *71* (1950), 345-58.

MICHA, Alexandre, *La Tradition manuscrite des romans de Chrétien de Troyes*, Geneva, Droz, 1966.

MICHA, A., *Le Pays inconnu dans l'œuvre de Chrétien de Troyes*, dans les *Studi in onore di Italo Siciliano*, t. II, pp. 785-792.

MICKEL, Emanuel J., « The Theme of Honor in Chrétien's *Lancelot* », *Zeitschrift für romanische Philologie*, *91* (1975), 243-72.

MISRAHI, Jean, « More Light on the Chronology of Chrétien de Troyes », *BBSIA*, *11* (1959), 89-120.

MOLLE, José Vicenzo, *Le réalisme des cérémonies et des conventions sociales dans le « Lancelot » de Chrétien de Troyes*, Actes du Colloque Lancelot, éd. D. Buschinger, Kümmerle Verlag, Göppingen, 1984, pp. 117-134.

MORGAN, G., *The Conflict of Love and Chivalry in « Le Chevalier de la Charrette »*, Romania, *102*, 2, 1981, pp. 172-201.

MULLALLY, Evelyn, *The Order of composition of Lancelot and Yvain*, BBSIA, 36, 1984, pp. 217-229.

NITZE, William A., « Sens et matière dans les œuvres de Chrétien de Troyes », *Romania*, *44* (1915), 14-36.

NITZE, William A., « " Or est venuz qui aunera " : A Medieval Dictum », *Modern Language Notes*, *56* (1941), 405-09.

OWEN, D.D.R., *Theme and Variations : Sexual Aggression in Chrétien de Troyes*, FMLS, XXI, 1985, pp. 376-386.

PARIS, Gaston, « Etudes sur les romans de la Table Ronde ; *Lancelot du Lac* », *Romania*, *10* (1881), 465-96 ; and *Romania*, *12* (1883), 459-534.

PAYEN, Jean-Charles, *Un auteur en quête de personnage : Chrétien de Troyes à la découverte de Lancelot*, Actes du Colloque Lancelot, éd. D. Buschinger, Kümmerle Verlag, Göppingen, 1984, pp. 163-178.

RAHILLY, Leonard J., « Le manuscrit Garrett 125 du *Chevalier de la Charrette* et du *Chevalier au Lion :* un nouveau manuscrit », *Romania, 94* (1973), 407-10.

RAHILLY, Leonard J., « La tradition manuscrite du *Chevalier de la Charrette* et le manuscrit Garrett 125 », *Romania, 95* (1974), 395-413.

ROBERTSON, D. W., Jr., « Some Medieval Literary Terminology with Special Reference to Chrétien de Troyes », *Studies in Philology, 48* (1951), 669-92.

ROQUES, Mario, « Pour l'interprétation du *Chevalier de la Charrete* de Chrétien de Troyes », *Cahiers de Civilisation Médiévale, 1* (1958), 141-52.

RYCHNER, Jean, « Le Prologue du *Chevalier de la Charrette* », *Vox Romanica, 26* (1967), 1-23.

RYCHNER, Jean, « Le sujet et la signification du *Chevalier de la Charrette* », *Vox Romanica, 27* (1968), 50-76.

RYCHNER, Jean, « Le Prologue du *Chevalier de la Charrette* et l'interprétation du roman », *Mélanges offerts à Rita Lejeune.* Gembloux : Duculot, 1969, II, 1121-35.

RYCHNER, Jean, « Encore le prologue du *Chevalier de la Charrette* », *Vox Romanica, 31* (1972), 263-71.

SALY, Antoinette, *L'épisode du Pré aux Jeux dans le « Chevalier de la charrette »,* Actes du Colloque Lancelot, éd. D. Buschinger, Kümmerle Verlag, Göppingen, 1984, pp. 191-198.

SARGENT, B.N., *L'autre chez Chrétien de Troyes,* dans les *Cahiers de Civilisation Médiévale,* 10ᵉ année, n° 2, avril-juin 1967, pp. 199-205.

SHIRT, David J., « Chrétien de Troyes and the Cart », In *Studies in Medieval Literature and Languages in Memory of Frederick Whitehead.* Manchester University Press, 1973, pp. 279-301.

SHIRT, David J., « Chrétien de Troyes et une coutume anglaise », *Romania, 94* (1973), 178-95.

SHIRT, David J., « Godefroy de Lagny et la composition de la *Charrete* », *Romania, 96* (1975), 27-52.

SHIRT, David J., « How Much of the Lion Can We Put Before the Cart ? Further Light on the Chronological Relationship of Chrétien de Troyes' *Lancelot* and *Yvain* », *French Studies, 31* (1977), 1-17.

SOUTHWARD, Elaine, « The Unity of Chrétien's *Lancelot* », *Mélanges offerts à Mario Roques.* Paris, Didier, 1953, II, 281-90.

STANESCO, Michel, *Sous le masque de Lancelot : le comportement romanesque au Moyen Age,* BBSIA, 36, 1984, pp. 335-336.

STONE, Herbert K., « Corrections : Le *Karrenritter* de Foerster », *Romania, 63* (1937), 389-401.

TAYLOR, Archer, « " Or est venuz qui aunera " and the English Proverbial Expression " To Take his Measure " », *Modern Language Notes*, 65 (1950), 344-45.

VINAVER, Eugène, « Les deux pas de Lancelot », *Mélanges pour Jean Fourquet*. Paris, Klincksieck, 1969, pp. 355-61.

VINAVER, Eugène, *A la recherche d'une poétique médiévale*. Paris, Nizet, 1970.

VINAVER, Eugène, *The Rise of Romance*. New York and Oxford, Oxford University Press, 1971.

WALTER, Philippe, *Lancelot, l'Archange apocryphe (réminiscence et réécriture dans le « Chevalier de la charrette »*, Actes du Colloque Lancelot, éd. D. Buschinger, Kümmerle Verlag, Göppingen, 1984, pp. 225 sq.

CHRONOLOGIE SOMMAIRE
Le XIIe siècle sous les règnes de Louis VI le Gros
et de Louis VII le Jeune

1099 : Prise de Jérusalem par les croisés.

A la fin du XIᵉ siècle, exécution de la tapisserie de Bayeux, début de la construction de Saint-Gilles et Sainte-Trophime à Arles et de la Madeleine de Vézelay. Premières *chansons de geste* (*Gormont et Isembart, Chanson de Roland, Chanson de Guillaume*) ; développement de la lyrique occitane avec les chansons de Guillaume IX d'Aquitaine (1086-1127). Essor de la médecine à Montpellier. Grandes foires de Champagne.

1108 : Début du règne de Louis VI le Gros.

1109 : Mort d'Anselme, philosophe dont la pensée sous-tend toute la préscolastique du XIIᵉ siècle.

vers 1110 : Les villes obtiennent des seigneurs des chartes de franchise (Noyon, Laon, Sens, Amiens, Soissons). Fondation de l'Ordre des Hospitaliers (1113), de l'Ordre des Templiers (1118). Abélard (1079-1142), précurseur du rationalisme moderne, créateur de la scolastique, entre en conflit avec saint Bernard, mystique de Clairvaux (1091-1153). *Elucidarium* d'Honorius Augustodunensis. En Islam (Egypte, Espagne, Maroc), début d'un vaste mouvement philosophique qui prépare, par l'étude de Platon et d'Aristote, l'épanouissement de la pensée chrétienne du XIIIᵉ siècle : l'écho de ces spéculations se fera sentir dès 1150 dans le monde chrétien. L'ogive, d'origine islamique, apparaît dans le Midi vers 1115. Nombreux recueils de Vies de Saints en vers et en prose ; les *Vies de saint Cadoc, saint Paterne, saint Caradoc* où apparaissent les premières mentions d'*Arthur*.

vers 1120 : *Voyage de saint Brendan* de Benedeit.

1125 : Les *Gesta rerum Anglorum* de Guillaume de Malmesbury font d'*Arthur* et son neveu *Gauvain* les modèles des vertus chevaleresques.

1127 : Mort de Guillaume IX d'Aquitaine. L'archevêque Raymond de Tolède fait traduire en latin des textes arabes. Voûte d'ogive à Saint-Etienne de Beauvais.

vers 1130 : Naissance du style gothique lié au mouvement urbain et à l'épanouissement des villes épiscopales ; début de la construction des cathédrales de Sens et de Tournai et de l'abbaye cistercienne de Fontenay. Après 1132, Suger fait construire Saint-Denis. *Vita Gildae, Vie de saint Grégoire* et *Bestiaire* de Philippe de Thaon.

1135 : Mort d'Henri Ier d'Angleterre, fils de Guillaume le Conquérant. Son neveu, Etienne de Blois, comte de Boulogne, s'empare de la couronne qui devait revenir à la fille d'Henri, Mathilde, alors mariée au comte d'Anjou Geoffroy Plantagenêt. Il faudra une guerre de quinze ans pour que Henri Plantagenêt, fils de Mathilde, s'empare de l'Angleterre et de la couronne (l'ouest de la France est alors réuni à l'Angleterre). *Prophetia Merlini* et *Historia regum Britanniae* de Geoffroy de Monmouth (à sa mort, *Arthur* est transporté dans l'île des Fées, l'île d'Avallon, d'où un jour, il reviendra). Poésie de Jaufre Rudel et de Marcabru.

1137 : Louis VII le Jeune succède à Louis VI le Gros. Il épouse Aliénor d'Aquitaine (petite-fille de Guillaume IX et fille de Guillaume X, protecteur à la cour de Poitiers des troubadours Marcabru et Cercamon) : l'influence du Midi sur le Nord va s'exercer par son intermédiaire.

vers 1140 : Développement de la lyrique occitane (Marcabru, Cercamon, Bernard Marti, Jaufre Rudel) et de la *chanson de geste* (geste Guillaume : *Le Couronnement de Louis, Le Charroi de Nîmes, La Prise d'Orange*). *Estoire des Engleis* de Geffrei Gaimar. Abélard est condamné au concile de Sens. Pierre le Vénérable fait traduire le Coran en latin (1141). Orderic Vital écrit son *Historia ecclesistica* (1142). Dans la décennie 1140-1150 : construction des cathédrales du Mans, d'Angers, de Senlis, de l'abbatiale de Cîteaux et début de la construction de la cathédrale de Bourges.

1145 : Saint Bernard prêche la deuxième croisade à Vézelay. Naissance de Marie, fille d'Aliénor et de Louis VII.

1147 : Louis VII se croise avec l'empereur d'Allemagne Conrad III. La croisade échoue l'année suivante. Romans de *Floire et Blancheflor* et d'*Apollonius de Tyr*.

vers 1150 : Naissance de la polyphonie. Naissance du roman français avec les romans antiques : *Roman d'Alexandre, de Thèbes, d'Enéas, de Troyes* ; romans grecs et byzantins.

1152 : Divorce d'Aliénor qui épouse Henri Plantagenêt lequel va unir sous la même couronne, dès 1154, l'Anjou, l'Aquitaine et l'Angleterre. Aliénor accueille Bernard de Ventadour et commande à Wace sa traduction de Geoffroy de Monmouth, le *Roman de Brut* (1155) ; elle s'intéresse sans doute aussi à la composition du Roman de Troie, où l'éloge ne lui est pas ménagé. *Ysengrinus* de Nivard, *Sentences* (somme théologique) de Pierre Lombard, *Policraticus* de Jean de Salisbury. *Les Sept Sages de Rome* (première version). Première organisation de l'université de Paris (étude du droit romain). Premier drame liturgique : le *Jeu d'Adam*.

1153 : Mort de saint Bernard.

1154 : Henri Plantagenêt est roi d'Angleterre. Début des hostilités franco-anglaises et, en France, de la carence du pouvoir royal qui facilite l'extension des juridictions seigneuriales et ecclésiastiques.

1155 : Frédéric Barberousse est empereur d'Allemagne.

vers 1160 : Début de la construction de la cathédrale de Laon. Averroès entreprend le commentaire d'Aristote. *Le Moniage Guillaume* (chanson de geste) ; *Tristan* de Beroul. Alain de Lille écrit le *De planctu Naturae*.

1163 : Les cathares sont dénoncés comme hérétiques. Début de la construction de Notre-Dame de Paris.

1164 : Marie, fille d'Aliénor et de Louis VII, épouse Henri Ier, comte de Champagne. Comme sa mère, elle protège les poètes (Gace Brule) et encourage les romanciers courtois (Gautier d'Arras et Chrétien de Troyes).
C'est l'époque où Chrétien de Troyes commence à écrire ses premières œuvres.

1170 : Assassinat de Thomas Becket.

vers 1170 : Construction de l'église fortifiée des Saintes-Maries-de-la-Mer. Poursuite des chansons de geste : *Le Moniage Rainouart, La Bataille Loquifer, Fierabras* ; Thomas écrit son *Tristan* et Chrétien de Troyes *Erec et Enide*.

1172 : Louis VII attaque la Normandie et l'Anjou.

1174 : Traité de Gisors entre la France et l'Angleterre. Benoît de Saint-Maure écrit l'*Histoire de Normandie* et Guernes la *Vie de saint Thomas Becket*.

1175 : Première branche du *Roman de Renart. Cliges* de Chrétien de Troyes, *Eracle* de Gautier d'Arras. Premières poésies de Bertrand de Born. Construction de la cathédrale de Canterbury.
Premiers fabliaux.

1178 : Chrétien de Troyes écrit *Le Chevalier de la Charrette* et *Yvain* et Gautier d'Arras *Ille et Galeron*.

1180 : Philippe-Auguste succède à Louis VII.

vers **1180** : Alain de Lille écrit son *Anticlaudianus*, véritable
   épopée philosophique ; Gautier Map son *De nugis curialium* et
   parallèlement aux chansons de geste (*Chanson d'Antioche,
   Chanson de Jérusalem, Girart de Vienne, Hervé de Metz, Guy de
   Nanteuil, Floovant...*) fleurit la matière de Bretagne, notamment avec les *Lais* de Marie de France.

vers **1185** : *Ipomedon, Partonopeus, Prothesilaus, Le Bel Inconnu,
   Amadas et Ydoine* et le dernier roman de Chrétien de Troyes :
   Perceval ou le conte du Graal. Le théoricien de l'amour
   courtois, André le Chapelain, écrit son *De arte honeste amandi*.

1187 : Saladin, sultan d'Egypte, reprend Jérusalem, ce qui
   entraîne la troisième croisade à laquelle vont prendre part
   Philippe-Auguste, Richard Cœur de Lion et Frédéric Barberousse en 1190.

Note : il est bon de rappeler qu'en **1180,** à l'avènement de
Philippe-Auguste, le domaine royal est des plus réduits : il ne
comprend qu'une mince bande de terre dont Paris est le centre
et qui s'étend d'est en ouest de Sens à Orléans, et du nord au sud
de Senlis à Bourges. Ce domaine royal est entouré par les
puissants comtés de Flandre, de Champagne, de Bourgogne, de
Nevers, de Blois et de Toulouse et par les fiefs du roi
d'Angleterre : les duchés de Normandie, de Bretagne, de
Guyenne et les comtés d'Anjou et de la Marche.

CHRÉTIEN DE TROYES
Bref aperçu sur l'homme et l'œuvre

De l'homme, nous savons fort peu de choses. Pourtant, dans un livre récent [1], Claude-Alain Chevallier a tenté avec une certaine vraisemblance, de reconstituer sa biographie conjecturale « à partir de quelques indications éparses dans son œuvre et de quelques trop rares documents d'archives ». C'est à lui que nous emprunterons la majeure partie des lignes qui suivent.

1135 (?) : Naissance présumée de Chrétien à Troyes en Champagne. Il semble avoir été apparenté à la famille royale d'Angleterre. Peut-être même serait-il un cousin bâtard des comtes de Blois et de Champagne. Toujours est-il qu'il a appartenu à la catégorie des clercs tonsurés, sans être prêtre pour autant. L'atteste sa vaste culture latine et biblique, sa connaissance des romans antérieurs et de la poésie occitane, son humanisme.

1154 : Chrétien, qui s'est déjà fait connaître par quelques pièces lyriques, par des adaptations d'Ovide (*Les Remèdes d'Amour*, *L'Art d'aimer*, textes perdus), par de courts romans antiques qui s'inscrivent dans le courant alors en vogue (un texte sur la *Métamorphose de la Huppe, de l'Hirondelle et du Rossignol* qui est sans doute le *Philomena* conservé dans l'*Ovide moralisé*, très postérieur ; un *Mors de l'espaule* qui relatait la légende de Pélops et s'est perdu) se rend en Angleterre dans la suite de l'évêque Henri de Blois, qui était sans doute son oncle, et qui avait été nommé évêque de Winchester en 1129. C'est

1. Chrétien de Troyes, *Yvain, le chevalier au lion*, préface, traduction, commentaire et notes de Claude-Alain Chevallier, Livre de Poche n° 6533, Paris, 1988.

vraisemblablement au cours de ce séjour à la cour d'Henri II (couronné en 1154) et d'Aliénor que Chrétien s'imprégna de la « matière de Bretagne » et des légendes celtiques centrées autour du roi Arthur et des chevaliers de la Table Ronde, légendes dont la diffusion était encouragée par Henri II. C'est sans doute là, aussi, qu'il a pu lire *l'Historia regum Britanniae* (v. 1135) de Geoffroi de Monmouth et le *Roman de Brut* (v. 1154) de Wace.

Ce séjour de douze années laissera des traces profondes dans sa mémoire et son œuvre : en témoignent la description exacte du château de Windsor dans *Cligès*, le choix de Wallingford, dans le même *Cligès*, comme lieu d'un grand tournoi (souvenir de la grande cour tenue dans cette ville le 10 avril 1155 par Henri II), la description du couronnement d'*Erec et Enide* manifestement inspirée de celui d'Henri II et d'Aliénor, à Westminster le 19 décembre 1154, la charrette d'infamie de *Lancelot* inspirée du *tumbril* anglo-normand, ses conceptions anti-absolutistes proches de celles de Jean de Salisbury, sa conception du rôle de la femme qui porte la marque de la civilisation celtique...

1166 : Séjour à la cour de Poitiers auprès d'Aliénor séparée d'Henri II, cour qui est alors le centre de rayonnement des arts courtois après avoir été le lieu d'éclosion de la *fin'amor* dont l'œuvre de Guillaume IX, grand-père d'Aliénor, constitue la première expression. C'est sans doute à Poitiers que Chrétien écrivit son roman « du roi Marc et d'Iseult la blonde » aujourd'hui perdu, pseudo-*Tristan* dont on peut à bon droit se demander s'il n'était pas « une version moins provocatrice que les autres, destinée à conjurer les prestiges dangereux d'un mythe qu'il aurait vigoureusement condamné[2] ». « Ce qui est sûr, c'est que toute l'œuvre ultérieure de Chrétien prend parti contre la subversion des *Tristan*[3] » et réoriente l'érotique de la *fin'amor* en conciliant la passion amoureuse et le service généreux d'un ordre exemplaire, celui du monde arthurien.

1169 : Chrétien assiste au mois de mai, à Nantes, à l'investiture donnée par Henri II à son fils Geoffroi comme duc de Bretagne. Il assiste aussi à la fastueuse assemblée plénière tenue par Henri II et Aliénor devant les barons et prélats de

---

2. *Dictionnaire des littératures de langue française*, article *Chrétien de Troyes* par J.-Ch. Payen, Bordas, Paris, 1984, pp. 453-460.
3. *Ibid.*

Bretagne : elle lui sert de modèle pour décrire la cour
d'Arthur.

1170 : Premier roman : *Erec et Enide* que l'on peut rattacher à la
tradition alors en genèse, du roman idyllique. Chrétien s'y
présente comme celui qui a su mettre en forme un conte oral
confus et mal structuré, qui en a réalisé *une molt bele
conjointure*. C'est là un plaidoyer pour une culture vernacu-
laire qui se détourne des modèles antiques et s'enracine dans
un folklore immémorial avec ses aspects mythiques et initiatiques.

1172 : Chrétien est chanoine de l'église collégiale de Saint-
Maclou à Bar-sur-Aube à quarante kilomètres de Troyes.

1173 : Chrétien passe au service de la comtesse Marie de
Champagne, fille aînée d'Aliénor et de Louis VII, mariée à
Henri le Libéral, prince lettré. La cour de Troyes est alors un
important foyer d'activités littéraires et galantes et d'opposition à la monarchie française jugée antiféodale (son chapelain,
André, y composera en 1184 son célèbre *Traité de l'Amour
courtois* qui rapporte sept jugements rendus par la comtesse
Marie, à l'occasion de « cours d'amour », sur des points de
casuistique amoureuse). Il est d'ailleurs fort possible que
Marie ait joué un rôle déterminant dans la diffusion de la
légende arthurienne en tant que véhicule de la propagande en
faveur de la féodalité ; de plus, Arthur y présente une image
fort voisine de celle d'Henri II et antithétique de celle de
Louis VII.

Chrétien est nommé chanoine de l'abbaye de Saint-Loup, près
de Provins.

1175 : *Cligès*, roman à la fois arthurien et byzantin, rempli de
réminiscences mythiques dont la thématique est identique à
celle d'*Amadas et Ydoine* (« roman d'une nouvelle érotique [4] » : Fénice refuse le partage auquel consent Yseult ; le
philtre d'amour n'est plus ici qu'un philtre d'illusion comme
dans le roman iranien de *Wis et Ramin*), et dont le prologue
énumère les œuvres antérieures de Chrétien et insiste sur la
translatio studii, argument d'une profession de foi nationaliste
qui plaide pour la dignité des lettres romanes.

1177-1181 : Composition simultanée, voire entrelacée d'*Yvain,
le chevalier au Lion* et de *Lancelot, le chevalier de la Charrette*,
écrit selon les directives de Marie de Champagne et que
Chrétien laissera terminer à Godefroi de Leigni.

Dans ces deux romans, Chrétien semble s'orienter vers une

4. *Ibid.*

nouvelle idéologie chevaleresque : Gauvain, qui fait le lien entre les deux textes, n'est plus tout à fait le chevalier modèle ; il cède la place à Yvain, modèle d'une chevalerie « qui ne se gaspille pas en prouesses inutiles mais qui se met délibérément au service de l'ordre et de la justice [5] », et à Lancelot, modèle d'une *fin'amors* qui assume la mort et le déshonneur, nouveau héros qui se projette au-delà des normes communes et devient une sorte de surhomme.

1181-1185 (?) : Durant cette période Chrétien aurait écrit un *Guillaume d'Angleterre*, roman qui se réfère à la tradition que représente le roman latin *Apollonius de Tyr* et qui s'inscrit dans une temporalité plus actuelle (plus « réaliste ») et plus diffuse, comme celle des romans hagiographiques : Guillaume se signale par sa foi et sa résignation à la volonté divine même au milieu des pires catastrophes. Chrétien tenterait ainsi « de renouveler sa matière et son écriture, mais mal à l'aise dans un type de roman qui ne correspond pas à sa vocation profonde, il ne parvient pas à rédiger un chef-d'œuvre ; d'où son retour à l'imaginaire arthurien [6] » dans son dernier roman qu'il dédie au comte de Flandre, Philippe d'Alsace, grand mécène, premier conseiller de la Couronne, qui exerce une sorte de régence auprès du nouveau roi, Philippe-Auguste, né en 1165 et monté sur le trône en 1180. Il n'est pas certain que Chrétien soit passé à son service mais il a pu le connaître à la cour de Troyes où Philippe se rendait fréquemment depuis le veuvage de la comtesse Marie (1182).

Le dernier roman de Chrétien, *Le Conte du Graal,* son chef-d'œuvre, est resté inachevé, sans doute par suite de la mort de son auteur, mais il a suscité de multiples continuations et adaptations dans l'Europe entière (jusqu'au film récent d'Eric Rohmer et au *Graal-théâtre* de F. Delay et J. Roubaud).

Puisé sans doute à une source celtique (dont le *Peredur* gallois donne une autre version), ce roman est le premier où apparaît le mythe du Graal et son inachèvement a sans doute contribué à lui tisser cette aura de mystère qui a tant attiré les exégètes et critiques : adaptation romanesque d'une structure folklorique de conte de *nice*, roman d'éducation et d'initiation, roman qui revivifie tout un arrière-plan mythique celtique, roman qui offre des analogies certaines avec la pensée indo-iranienne, roman christique, roman qui illustre le fameux processus d'individuation jungien… *Le Conte du Graal* est tout cela et

5. *Ibid.*
6. *Ibid.*

son héros, Perceval, ouvre la voie à une mutation profonde des mentalités : avec lui la conception chevaleresque mondaine du premier âge féodal dont Gauvain est le représentant est définitivement morte et laisse place à la conception d'une chevalerie qui trouve sa valorisation dans une quête constamment renouvelée de l'Absolu appuyée sur la Foi. Tel semble être le legs testamentaire de Chrétien de Troyes.

TABLE